고건 회고록

나남
nanam

고 건

최초의 대통령 권한대행, 두 번의 총리, 두 번의 서울특별시장, 세 번의
장관, 최연소 전남지사, 최초의 사회통합위원장을 역임한 한국의 대표적
정치가, 행정가다. 보수와 진보에 치우치지 않는 행정의 달인, 안정적 리
더로 국내외에 알려졌다. 새마을·치산녹화사업을 기획했으며, 세계 5대
지하철교통의 구축, 서울시 도시교통도로 건설, 난지도 생태공원 조성,
한옥마을 복원들을 통해 서울을 현대도시로 가꿨다. 클린서울 노력을 인
정받아 세계청렴인상을 수상하기도 했다.

－《위키백과》에서 발췌 요약

나남신서 1923

고건 회고록
공인의 길

2017년 11월 30일 발행
2017년 12월 15일 2쇄

지은이　　高建
발행자　　趙相浩
발행처　　나남
주소　　　10881 경기도 파주시 회동길 193
전화　　　(031) 955-4601(代)
FAX　　　(031) 955-4555
등록　　　제 1-71호 (1979.5.12)
홈페이지　http://www.nanam.net
전자우편　post@nanam.net

ISBN 978-89-300-8923-4
ISBN 978-89-300-8655-4 (세트)

책값은 뒤표지에 있습니다.

고건 회고록

공인(公人)의 길

나남
nanam

나는 50년을 공인으로 살았다. 실제 공직에 있었던 시간은 다 합해 30년이지만 야인으로 지낸 20년 역시 공인의 마음가짐으로 살았으니 50년을 공인으로 살았다 해도 틀린 얘기는 아니다. 처음에는 정치를 지망해 서울대 정치학과에 들어갔는데 당시의 혼탁한 정치현실에 실망해 행정으로 마음을 돌렸다. 고시를 봐 행정부에 들어간 뒤 새마을 담당관을 거쳐 지방 목민관, 세 번의 장관, 두 번의 서울시장, 두 번의 총리를 맡아 도정, 시정, 국정의 현장을 넘나드는 행운과 보람의 한 세월을 보냈다.

내가 의욕에 넘치는 초임 사무관에서 담담하게 지난 공인 시절을 되돌아보는 나이가 된 그 50년 사이, 우리나라는 엄청난 변화와 발전을 경험했다. 헐벗었던 산하를 푸르게 가꾸었고 빈한하던 농업국가에서 세계와 경쟁하는 고도 경제를 일구어냈으며 권위주의를 물리치고 민주주의의 가치가 존중되는 사회를 만들어냈다. 원조를 받는 세계의 빈국이 원조를 하는 나라로 바뀌었고, 초라하던 잿빛 서울은 훌륭한 인프라, 매력 있는 경관과 풍부한 문화를 갖춘 글로벌 도시로 탈바꿈했다. 뒷날, 역사학자들은 상전벽해의 탈바꿈이 이루어진 이 반세기를 역동의 시대, 대변혁의 시대로 표현하지 않을까?

민간부문의 역량이 크게 자라난 지금은 다르지만, 이 대변혁의 시대에서 변혁을 이끌어낸 주체는 정부 등 공공부문이었으며, 이 시대를 공인으로 산 나는 그 주체의 일원이었음을 자부한다. 이 50년의 세월, 나는 일정부분 변혁의 방향을 설정하고, 그 실현방법을 설계하며, 그 과정을 관리하고, 변혁이 불가피하게 만들어내는 갈등과 후유증을 예방하고 극복하는 데 나의 모든 것을 바쳤다. 그렇기 때문에 공인으로서 나의 삶은 우리나라와 서울의 현대사와 깊게 얽혀 있다. '무엇을 왜 어떻게 하려 했고 실제 어떻게 했는가'(또는 하지 못했는가)에 대한 회고의 기록을 남기는 일은 공인으로서 나의 마지막 의무라는 생각이다.

나는 지난 2007년 대통령 불출마 선언을 하고는 현실정치에서 완전히 물러나 언론과도 거리를 두고 지냈다. 그런 가운데에서도 어떠한 형태로든 공인 50년의 기록을 정리해야 하겠다는 생각은 하고 있었다. 다만 워낙 긴 세월, 다양하고 많은 일들을 겪고 했던 터라 어떻게 손을 대야 할지 엄두를 내지 못하고 있던 터였는데 마침 〈중앙일보〉에서 요청이 왔다. 〈중앙일보〉가 진행하고 있던 '남기고 싶은 이야기' 시리즈에 나의 공직 경험담을 담자는 것이었다. 그렇게 해서 5개월 동안 일주일에 5번, 총 115회에 걸쳐서 '고건의 남기고 싶은 이야기' 연재가 이루어졌다.

기사를 읽고 오랜만에 소회를 전하는 예전의 동료, 후배, 지역주민도 많이 나타났다. 나도 까맣게 잊고 있던 옛날 일을 상기시켜주고, 새로운 자료들을 보내준 사람들도 있었다. 2013년, 이렇게 연재했던 글들을 손보아 묶고 새 글들을 추가해서 단행본으로 출간했다. 제목은 전편을 관류하는 주제대로 '국정은 소통이더라'로 정했다. 미처 신문연재를 다 보지 못한 독자들로부터의 요청도 있었고, 매 꼭지를 독립적으로 취급해야 하는 일간지 매체의 구속에서 벗어나 큰 그림을 보이고 싶은 생각도 있었다. 소통이 사라진 국정, 공인답지 않은 공직자들이 늘어나는 현실상황에 대한 안타까움 역시 단행본 출간을 서두른 배경이 되었다.

책을 내고 나니 큰일을 치른 뒤처럼 후련했다. 내가 했던 일의 특성상, 내 책은 학술서적이 아니라 내가 실제 했던 일들의 경위와 과정을 기록한 일종의 사례집 성격의 책이었다. 책을 내기는 냈지만 누가 보랴 싶었다. 그런데 웬걸, 무슨 일만 나면 내 책은 타산지석을 구하는 사람들, 특히 기자들이 참고하는 자료집이랄지 매뉴얼이 된 것 같다. 특히 2015년 메르스 사태가 터지고 정부의 대처가 갈팡질팡하자, 2003년 내가 국무총리이던 시절, 범정부 차원으로 사스방역을 이끌었던 경험을 이야기해 달라는 요청이 쇄도했고, 작년, 탄핵결의안이 국회에서 통과되고 나서부터는 2004년 3월 노무현 대통령 탄핵정국에서 대통령 권한대행으로서 일했던 체험을 얘기해달라는 요구도 폭증했다. 그럴 때마나 새삼 인터뷰할 것 없이 책에 다 적혀 있으니 책을 보라고 했는데, 보려 해도 책이 없다고 했다. 그 사이 다 매진된 것이다.

그래서 회고록을 다시 발간하기로 했다. 내가 겪고 했던 일들의 기록이 지금의 문제를 다루는 사람들에게도 도움이 된다는 사실도 확인했지만, 보다 근본적으로 내 회고담의 핵심주제라 할 공인의 길과 소통의 문제야말로 지금 우리가 회복해야 할 가장 중심적인 과제라고 느꼈기 때문이다. 국민으로서 정부의 무능은 참을 수 있을지 모르지만 공사의 혼돈과 독선은 참지 못한다. 지난 겨울 내내 광화문을 달군 '이것이 나라냐'의 절규는 바로 공인정신의 소멸과 소통의 부재에 대한 전 국민적 절망의 표현이 아니었던가?

회고담을 회고록으로 재편하면서 몇 가지 변경했다. 신문연재의 특성상 주제별로 편집된 것을 연대기순으로 바꾸었고, 초판본에는 빠져 있던 두 꼭지를 추가했다. 서울시를 세계에서 가장 앞서가는 정보화 도시로 탈바꿈시킨 정보화 사업의 추진과정과 역대 가장 극렬할 뻔했던 지하철 파업을 노사정의 대타협으로 극복했던 경험담을 추가했다. 관련자 인터뷰도 빼고 그 내용은 본문에 삽입했다.

새로 추가한 큰 꼭지는 전영기〈중앙일보〉논설위원과의 대담록이다. 역사는 현재와 과거의 대화라고 한다. 지난 이야기는 그저 흘러간 이야기에 불과할 수도 있지만 현재의 시각에서 의미와 교훈을 찾을 때 현재에도 살아 있는 이야기가 된다. 더욱이 지하철 건설, 대기 질 개선, 반부패 시스템 구축처럼 과거의 활동으로 현재가 탄생된 경우라면 특히 그렇다. 이런 점에서 통찰력 깊은 언론인과 함께 나의 지난 50년을 되돌아보는 시간은 긴장되면서도 보람 있는 시간이었다. 이 자리를 빌려서 내 책을 통독하고 예리한 질문들을 제기해 준 전영기 논설위원과 이러한 방식을 제시해 준 나남 출판사에 고마움을 전하고 싶다.

이 책은 공인으로서의 내 역정과 생각의 기록이다. 위낙 긴 기간, 다양한 자리에서 펼쳤던 일들이라 일일이 소상하게 소개하지 못하는 것이 아쉽다. 꼭지마다 내 기억에만 의존하지 않고 옛 자료와 증언으로 확인을 했다. 그 과정에 많은 옛 동료들이 자료를 발굴해 도움을 주었다. 만일 잘못된 기술이 있다면 그것은 순전히 서

술자인 나의 잘못이다.

　마지막으로 이러한 회고록을 가능하게 해 주신 수많은 분들에게 감사를 표한다. 반세기에 걸쳐 많은 선배와 동료, 후배 공무원, 많은 전문가, 정치가들이 조언을 주기도 하고 힘을 실어 주거나 견제나 비판을 통해서 일을 더 잘하도록 도와주었다. 서울과 서울시정의 기틀을 함께 만들고 시청 복마전의 오명 추방에 함께 애써 준 시청 전 직원, 노무현 탄핵정국에서 의연히 나를 보좌해 준 총리실 직원들에게도 감사드린다. 무엇보다도 나를 신뢰해 준 이름 없는 시민, 국민들께 감사드린다. 이런저런 공공사업을 위해 삶의 터전을 옮기게 된 사람들, 오랜 지하철 공사를 참아 준 시민들, 탄핵정국에서 권한대행 총리를 신뢰해 준 국민들, 모두 내게는 은인들이다.

　이 책이 나오기까지 많은 분들이 도움을 주었다. 흔쾌하게 새로 출판을 맡아 준 나남출판사의 조상호 회장, 고승철 사장, 이자영 과장과 그 바탕을 만들어 준 〈중앙일보〉와 조현숙 기자, 책 제작의 실무적 뒷받침을 해준 박종열 주간과 김덕봉 전 총리비서실 공보수석, 정경아 씨, 박은신 씨에게도 고마움을 전하고 싶다. 마지막으로 공인의 삶 50년 동안 긴장과 절제 속에 살아야 했던 내 아내, 세 아들, 며느리들에게 미안한 마음과 함께 고마움의 뜻을 전하고 싶다. 이들이 없었으면 나의 공인생활도 불가능했을 것이다.

2017년 11월
낙산 아래에서
우민 고 건

고건 회고록
공인의 길

차 례

고건과 행복했던 국정대화 여행

나는 그에게 계몽되었다

- **일시**　2017년 8월 16일, 2017년 8월 22일
- **장소**　서울 종로구 연지동 여전도회관 아시아녹화기구 사무실
- **대담자**　고건(전 국무총리), 전영기(중앙일보 논설위원)

이승만에서 문재인까지 – 고건은 역정의 70년 한국을 이끌었던 대통령들 모두를 곁에서 지켜 봤다. 이 중 박정희·전두환·노태우·김영삼·김대중·노무현 대통령의 국정엔 최근접 거리에서 참여했다. 고건에겐 권력자의 허세나 정치인의 위선이 없다. 공리공론을 멀리하며 문제해결에 집중한다. 공직자로서 청렴성과 담백함과 애민정신, 행정인으로서 법과 질

서, 예산과 현장 중시가 그의 특징이자 미덕이다. 고건의 얘기 속에서 언뜻언뜻 행정을 시녀화, 정치화하는 권력에 대한 한과 분노 같은 것이 느껴졌다. 그가 한때 대통령의 자리를 추구했던 이유가 이 때문일 것이라는 생각도 해봤다. 하지만 좋은 의미든 나쁜 의미든 고건은 권력의지가 허약했다. 고건과 국가경영을 주제로 긴 대화 여행을 떠나는 건 행복한 일이었다. 나는 계몽되었다. 국가 지도자를 꿈꾸는 이들이나 정치인, 공직자들도 배울 게 많을 것이다.

전영기는 1961년 서울에서 태어나 우신고와 서울대 정치학과를 졸업했다. 1987년 〈중앙일보〉에 입사해 정치부장, 〈중앙 SUNDAY〉 편집국장, 〈중앙일보〉 편집국장을 지내고 JTBC 저녁뉴스 앵커를 거쳐 현재 〈중앙일보〉 논설위원 겸 칼럼니스트로 활동하고 있다. 단독 저서 《성공한 권력》(2000), 《2007년 대선승자는 누구인가》(2006)를 포함, 다수의 책을 냈다. 〈중앙일보〉 대하기획 《김종필 증언록》(2016)을 집필했으며 박태준 전 국무총리를 일대기를 다룬 TV 드라마 〈불꽃 속으로〉(2014)를 기획했다. 요즘엔 성공하는 국가와 실패하는 국가의 현실과 특성을 취재해 〈중앙일보〉 월요칼럼 '전영기의 시시각각'으로 풀어내고 있다. ⓒ전영기

역대 정권과 최근 4년의 역사적 의미는?

전영기 2013년 총리님의 회고록 초판이 나오고 2017년 오늘에 이르기까지 4년간 대한민국은 '세월호 사고', '최순실 국정개입', '촛불 시민혁명', '대통령 탄핵 및 재판', '진보세력에 의한 정권교체' 등 격동의 사건들이 연쇄적으로 확산된 전인미답(前人未踏)의 세월이었습니다. 이 시기를 공인의 옷을 벗고 순수 시민, 민간인의 눈으로 관찰해왔는데 대한민국 호는 지금 제대로 항해하고 있는 겁니까? 선진국 진입 문턱에서 좌절한 나라라는 자괴감이 있는가 하면 비로소 시민이 주인이 된 성숙한 민주국가라는 자부심이 퍼져 있기도 합니다. 대한민국 건국 70주년을 코앞에 두고 최근 4년의 시기는 역사적으로 어떤 의미가 있다고 생각하십니까?

먼저 단도직입적으로 여쭤보고 싶습니다. 정권이 성공했다, 혹은 실패했다고 판단하는 기준이 있을까요? 총리님께서 오랫동안 권력을 관찰하시면서 터득한 성공한 정권과 실패한 정권을 가르는 선이 있습니까?

정권의 성패기준 … 시대적 과제를 수행했는가?

고 건 모든 정권은 그 정권이 권력을 잡고 있을 때 시대적 과제를 수행하기 위해서 열심히 노력하는데 그걸 얼마나 잘했느냐를 그만둘 때는 국민으로부터 평가받고 그 이후에는 역사로부터 평가받는 거다, 이렇게 생각합니다. 결국은 역사가 평가하는 것 아닐까요? 그 평가기준은 "그 정권이 시대적 과제를 얼마나 수행하였는가"라고 봐요.

전영기 평가의 방법은 첫째, 국민이 선거로 평가하는 방법, 둘째, 그 후에 역사가 평가하는 방법. 이거는 형식적 평가이고 내용적 평가는 대통령이 시대적 과제를 잘 수행하였는지의 여부. 단순 명쾌합니다. 하나만 더 여쭤보면 여론조사는 어떨까요? 그때그때의 장면일까요?

고 건 여론조사란 항상 움직이는 거지요. 여론을 무시할 수는 없지만 여론에 휘둘려서는 안 되지요. 물론 모든 정권은 국민과 대화하고 소통해야 하는 건 사실이고 여론을 정책에 참작해야 해요. 물론 여론을 추수(追隨)하면 안 되지요.

전영기 여론은 소통의 수단으로서만 필요한가요?

고 건 공론과 여론은 다르거든요. 여론은 항상 변하는 거니까요.

역대 정권에 대한 평가

전영기 그 시대의 과제를 수행했느냐의 기준으로 역대 정권을 한마디씩만 평가해 주십시오.

고 건 어려운 이야기예요. 그건 역사에게 물어봐야지요.

전영기 개인 의견을 말씀해 주시죠. 총리님 말씀이니 무게감이 있죠.

이승만 대통령: 한국전쟁 수습과 국가건설

고 건 이승만 대통령은 공과 과가 있지민 제일 큰 공은 한국전쟁이 났을 때에 미국을 비롯한 UN의 참전을 유도한 거예요. 국가건설(Nation Building)을 시작하는 과정에서 한국전쟁을 수행하고 수습한 그 공로는 정말 크지요. 그때 이승만 대통령이 있었다는 건 우리에게는 행운이지요. 왜냐하면 이승만 대통령이 미국에도 있었고 외교 감각이 탁월한 분이거든요.

박정희 대통령: 산업화와 빈곤탈출

그다음 박정희 대통령이 추진한 빈곤탈출을 위한 산업화 과정은 마침 그때의 국제정세, 국제경제 질서와 맞아떨어졌어요. 그것도 운이 좋았다고 생각해요.

전영기 그리고 전두환, 노태우 대통령은요?

고 건 그분들도 그때그때 당면한 시대적 과제를 수행하려고 노력했지요. 그러나 그걸 다 구체적으로 말할 순 없고.

전영기 노태우 대통령도요?

고 건 노태우 대통령은 북방정책은 인정해 줘야지요.

전영기 한중수교도요.

김대중 대통령: 외환위기 극복

고 건 김대중 대통령이 외환위기를 당했을 때에 구조조정을 성공적으로 했잖아요. 만약 보수정부에서 그걸 하려고 했으면 더 어려웠을 거예요. 진보 쪽에서 김대중 대통령이 나와서 외환위기를 잘 수습했지요. 여기까지는 평가할 수 있어요.

저자는 김영삼 대통령과는 국무총리로, 김대중 대통령과는 서울시장으로 만나 함께 일했다.

김영삼 대통령: 금융실명제와 문민화

전영기 김영삼 대통령은요?

고 건 김영삼 대통령은 정말 개혁을 한 분이지요. 정말 민주화를 위한 개혁을 한 분이에요. 금융실명제와 문민화를 추진했잖아요. 그다음에 노무현 대통령 이후부터는 앞으로 역사가 평가하겠지요. 아직 평가하기엔 일러요. 한 세대는 지나야 하니까요.

지금 우리나라의 객관적 위치

전영기 그럼 다음 질문드리겠습니다. 지금 우리나라의 상황이 선진국 앞에서 좌절한 것인지, 성숙한 민주국가로 가는 과도기인지, 총리님이 보시는 우리 한국의 객관적 위치가 궁금합니다.

고 건 나는 보통 국민들의 생각과 똑같아요. 우리나라는 광복 후 국가건설 과정에서 전쟁을 치르고 그 전쟁의 폐허 위에서 산업화, 민주화를 압축적으로 이루어낸 국가라고 세계적으로 평가받고 있어요. 이건 잘한 거지요. 그런데 압축적 산업화·민주화를 달성하는 과정에서 여러 가지 문제가 생겼어요. 그래서 선진국 문턱에서 지금 좌절까지는 아니지만 주춤거리는 건 사실이에요. 그렇다면 지금 우리는 무엇을 해야 하는가? 새로운 정치·경제·사회의 틀을 만들어야 한다는 거예요. 그런데 그 틀, 말하자면 패러다임 전환(paradigm shift)을 해야 할 때인데 그걸 안 하다가 정권교체(regime change), 즉 권력이동(power shift)이 된 거지요.

그럼 앞으로 어떻게 되느냐? 그건 우리가 하기에 달린 거죠. 지난 4년의 의미가 산업화, 민주화의 반세기를 넘어서 새로운 국가 어젠다가 추동하는 새로운 시대로 이행하는 변곡점이 될 것인지, 아닌지는 지금 우리가 어떻게 하느냐에 달려 있습니다. 결국 나는 구보수가 궤멸했다고 진보가 승리했다고 보지는 않아요. 구보수는 자멸했으니까요.

전영기 구보수의 궤멸적 상황은 진보에 의해 이루어진 게 아니라 스스로 자초한 것이다, 구보수가 스스로 자멸한 것이다, 이런 말씀이지요.

보수, 진보 모두 새로 태어나야

고 건 요즘 아주 이색적인 것은 '보수가 혁신해야 산다'고 하는 거예요. '혁신'은 진보의 가치였는데 '보수도 혁신해야 한다'는 것을 자타가 공인했어요. 그러니 진보도 새로 태어나야지요.

전영기 진보는 정권을 잡았으니까 지금 새로 태어났죠.

고 건 정권을 잡은 것과 새로 태어나는 것은 다르지요. 좌우간 신보수와 신진보가 시대적 과제를 해결하기 위해서 새로이 환골탈태하지 못하고 지난 시대처럼 양측이 흙탕물 싸움이나 하면 희망이 없다고 봅니다. 새로운 시대에 맞는 이념과 의제(agenda)를 갖추어 재탄생하겠다는 자세로 나아가야 되지 않는가, 이렇게 생각합니다.

전영기 총리님이 가늠하시기에 총리님 자신은 진보라는 소리를 더 많이 듣습니까? 보수라는 소리를 더 많이 듣습니까?

고 건 글쎄요, 보수 쪽에서 내가 보수는 아니라고 생각하는 것 같아요. 그런데 진보도 아니라고 생각하는 것 같아요.

전영기 그런 상황에 만족하세요?

고 건 내가 중도실용의 행정을 지향하는 사람이니까 올바른 평가다, 이렇게 생각합니다. 나는 행정을 비롯해서 전부 실사구시(實事求是) 해 왔어요. 지금 보수나 진보나 실사구시해야 한다고 봐요. 그래서 환골탈태해야지요.

국가비상시국 때 박근혜 대통령에게 드린 진언

전영기 보수가 스스로 궤멸했다는 건 박근혜 대통령이 스스로 너무 정치를 못한 거죠?

고 건 맞아요. 정말 답답했지요. 오만, 불통, 무능…. 하시지 말았어야 해요. 아버지 기념사업이나 하셨어야지요.

전영기 처음부터 권력욕이 있었을까요?

고 건 없었다고 할 수는 없겠지요. 하지만 물론 그 당사자가 제일 큰 책임이 있겠지만 그 사람을 뽑고 추동하면서 진영대결에 앞장선 사람들에게도 책임이 있지요. 박근혜를 검증 안 하고 대통령 후보로 뽑은 거 아닙니까? 보수진영이 이기기 위해서는 이렇게 해야 한다는 진영대결의 논리이고 결과이지요. 중도실용을 안 한 거지요.

전영기 2012년에 박근혜 대 문재인, 문재인 대 박근혜가 3.6%p 차이였으니 정말 엄청나게 충돌했죠. 돌이켜 보면 그때 안 나섰어야 했는데요.

고 건 맞아요. 그런데 본인의 욕심도 있었지만 결국은 진영대결의 결과이지요.

전영기 보수가 정권을 뺏길 수 없다?

고 건 그럼요, 그러려면 그 사람밖에 없다.

전영기 총리님께서 박근혜 대통령 탄핵소추안이 국회에서 논의되기 전인 2016년 국가비상시국에 박근혜 대통령을 만나 충고했다는 사실이 언론에 보도된 적이 있는데, 그때 무슨 얘기를 하셨나요?

고 건 2016년 10월 30일, 일요일이었는데요. 박근혜 대통령의 초청으로 청와대에서 박근혜 대통령과 사회원로 몇 분이 함께 티타임을 가졌어요. 충고라기보다는 국가비상시국에 드리는 진언을 한 적이 있어요. 저는 대통령의 리더십 위기가 국가의 총체적 위기를 초래했을 때, 권한대행으로서 위기관리를 직접 겪었지 않습니까? 그 경험을 살려 몇 가지 말씀을 드린 거지요.

전영기 뭘 중점적으로 건의하셨습니까?

고 건 당시 우선 이렇게 건의드렸습니다. "국민들의 의혹과 분노는 한계점을 넘어서고 있습니다. 이제부터는 모든 것이 국민을 납득시키는 데 초점을 두어야 합니다. 다른 탈출구는 보이지 않습니다. 그래서 두 가지를 건의드립니다. 첫째, 대통령께서 '성역 없는 수사'를 표명하셔서 모든 의혹이 객관적으로 규명되어야 합니다. 그래야 국민들이 납득할 수 있을 것입니다. 10월 29일, 청와대 관계자 사무실의 검찰 압수수색에 불승인 조치를 했는데 이런 일은 국민들의 오해를 불러올 수 있습니다."

전영기 당시로선 적절한 건의를 하셨네요. 그럼 두 번째 건의는요?

고 건 "인적 쇄신은 물론이지만, 동시에 국정시스템을 혁신해서 새로운 국정의 모습을 보여주어야 합니다. 국정시스템의 혁신 없이 인적 교체만으로는 국정의 동력이 복원되기 어렵다고 봅니다. 새로운 국정시스템으로 지금 거론되고 있는 거국내각제이든 책임총리제이든 하루라도 빨리 정치권과 진지하게 협의를 시작하기를 건의드립니다. 바로 3당대표와 원내대표를 초청해서 함께 고민해 주시기 바랍니다." 결국 "비상시국의 수습은 시간과의 싸움입니다. 성역 없는 수사와 인적 쇄신 그리고 국정시스템 혁신이 단계적이 아니라 동시병행적으로 결단하고 단행되어야 비상시국을 극복할 수 있다고 생각합니다." 이런 점을 건의드렸어요.

전영기 그것도 시의적절한 건의였네요. 그런데 듣고 보니 박근혜 대통령이 그 건의를 하나도 받아들이지 않았는데요.

고 건 예. 그래서 결국 촛불집회가 연이어 일어나고, 국회에서 탄핵안이 발의되고, 가결되지 않았습니까.

현 정부의 방식

전영기 지금 정부의 특징은 모든 걸 다 해주겠다는 것입니다. 가난한 사람도 잘살게 해주고, 비정규직도 정규직으로 해주고, 낮은 임금도 살 수 있는 임금으로 바꿔 주겠다고 합니다.

　마치 국민이 가진 여러 가지 어려움과 고통을 국가가 다 해결해 줄 수 있다는 듯한, 심지어 국가의 재정과 자금으로 다 해결해 줄 수 있다는 듯한 느낌을 받는데 그런 저의 인상이 상식(*common sense*)에 맞습니까? 또 오랜 행정 경험으로 비춰 보시기에 이런 방식이 얼마나 지속가능하며 개선할 점은 없습니까? 실사구시적으로 말씀해 주십시오.

고 건 두 가지 면이 있다고 봐요. 아까 얘기한 것처럼 지금 우리는 시대 발전의 흐름으로 보면 변곡점에 있기 때문에 새로운 정치·경제·사회의 틀을 만들어야 해요. 새로운 틀을 만든다는 건 우리가 안고 있는 시대적 과제와 문제에 대해 회피하지 않고 대처한다는 면에서는 그런 것들을 해야 해요. 다만 그걸 추진하는 속도에서 의문을 가진 사람이 많은 거지요. 또 하나 중요한 것은 훌륭한 지도자는 현재뿐만 아니라 미래에 대해서 책임을 느끼는 사람입니다. 나는 문재인 대통령이 훌륭한 지도자가 되기를 바라고 있습니다.

전영기 미래에 대한 책임은 없는 것 같아요.

고 건 아, 좀더 봐야지요.

전영기 "내 임기 중에는 전기세 안 오른다"는 발언을 했어요. 실제로 원전을 없애면 30~40년 후에 어떻게 될지 내다보지 않고 5년 내에는 전기세 안 오른다는 게 국민들이 듣고 싶은 말인가요?

고 건 앞으로 5년 이후의 일도, 미래도 생각하는 지도자가 되실 것이라고 봅니다.

전영기 참 좋으신 말씀이시네요. 정리하면 지금 정권의 미션, 목표, 비전은 올바르다고 보는데 다만 속도가 급한 거 아닌가, 그리고 현재 세대뿐만 아니라 미래 세대에 대한 책임도 생각한다면 조금 아쉽다는 말씀이신 것 같습니다.

고 건 아니에요. 훌륭한 지도자는 그래야 한다는 거지요. 그리고 훌륭한 지도자가 되실 것이고, 그렇게 기대한다는 말이에요.

현 정부의 청산·통합 동시실행 시도

전영기 문재인 정권은 청산과 통합을 동시에 실행하려고 합니다. 말은 청산을 잘해야 통합이 된다고 하지만 실제로는 매우 혼란스럽습니다. 두 개의 행정목표 혹은 모순되는 행정목표를 현실적으로 막상 추진해 보았을 때 어느 정도 가능한 겁니까?

고 건 탄핵소추 의결 전후인 2016년 12월에 〈국민일보〉가 아주 의미 있는 여론조사를 했어요. 국민들에게 최순실 게이트, 국정농단의 원인을 뭘로 보느냐고 물었더니 상류층 및 고위 공직자의 부패 47.8%, 정경유착 11.5%, 연고주의 11%, 합계 70%로 결국 특권과 반칙이 70%였어요. 대통령제의 결함은 21%에 불과했어요. 그러면 적폐청산이란 특권과 반칙이 없는 공정사회로 가기 위해서 해야 하는 거예요. 다시는 이런 사건이 재발하지 않도록, 다시 말해 특권과 반칙 없는 공정사회로 가기 위한 국정운영 시스템 혁신을 목적으로 해야 하는 겁니다.

특권과 반칙 없는 새로운 시스템 혁신

전영기 실제로 현실에서는 그 경계가 애매하지 않습니까? 그게 정치보복을 위한 것일 수도 있고, 자기들의 새로운 자리를 찾기 위한 욕심일 수도 있구요.

고 건 특정 세력에 대한 조사와 처벌이 목적이 되어서는 안 되지요. 조사해서 처벌할 것은 처벌해야겠지만 기본 목적은 재발을 방지하기 위한 새로운 시스템의 혁신을 목적으로 해야지요. 특권과 반칙이 없는 새로운 시스템을 만드는 건 바로 국민통합으로 가는 길이에요. 거기서 국민화합과 사회통합으로 연결되는 거지요. 그러니까 목적을 분명히 해야 한다는 얘기입니다.

중도실용 정치는 설 자리가 없는가?

전영기 총리님께서는 한국 정치에서 중도, 실용을 추구한 희귀한 정치인이었습니다.

한국의 정치문화는 지역, 이념, 계층, 세대에서 양극화됐고, 이를 조장하거나 뒷받침하는 양당정치가 뿌리내렸습니다. 총리님의 정치 실패는 극단화된 양당체제에서 중도와 실용이 설 곳이 없다는 점이 재확인된 것입니까? 아니면 한국에서 중도실용 정치가 한발짝씩 현실화되는 과정이라고 봐야 할까요?

부연 설명을 좀더 하겠습니다. 총리님은 중도성, 통합성을 추구했던 분이셨는데 우리 정치문화라는 게 그와는 다르게 무척 양극화되어 있습니다. 지역, 이념, 계층, 세대에서 양극화되어 있고 이를 뒷받침하듯이 양당정치, 양극단정치가 기승을 부리는 것이 우리 정치문화의 현실 아니겠습니까? 좀 야박하게 말하자면 저는 총리님이 행정에선 성공했을지 몰라도 정치에선 실패했다고 봅니다. 중도와 실용과 통합, 이 강한 가치들이 그 어떤 극단적인 정치권 내에서 시련을 겪은 겁니다.

결국 총리님의 정치시련이 우리나라 정치문화에서는 총리님의 정치철학이 성공할 수 없다는 것을 확인시켜 주는 걸로 봐야 되겠습니까?

총리님의 중도실용 정치는 왜 실패했는가?

고 건 나의 정치적 실패를 놓고 보면 지금 지적해 주었듯이 중도실용의 정치가 설 입지가 좁았던 건 사실입니다. 중도실용의 정치가 설 자리도 좁았지만, 비정당 출신 제3의 정치인이 설 자리가 더 좁았습니다. 지적해 주신대로 이념대립, 지역대립 등 여러 가지 양극화 이런 것도 있지만 우리나라 정치제도의 문제라고 생각해요. 대통령중심제 하에서의 소선거구제라는 것은 양당제도의 피해를 필연적으로 발생시킨다, 그건 정치학적으로 그래요.

그런데 그건 차치하고 좌우간 중도실용의 정치가 설 자리가 좁았지만 사실은 내 경우에 비춰보면 비정당 출신의 제3의 정치인이 설 자리가 더 좁았던 거예요. 말하자면 내가 양대정당 중 어느 정당에 속해 있으면서 중도실용의 정치를 주장했으면 또 얘기가 달라진다고 봐요. 새로운 중도실용의 제3의 정치인이 독자세력을 만드는 데는 현실정치의 벽이 높았던 거지요.

제3의 정치인이 설 자리가 좁았다

전영기 입지의 외연을 확대하거나 혹은 심화하거나 이런 노력에 대한 생각은 안 해보셨습니까?

고 건 총리 그만둔 뒤에 1년 반 동안은 일체 인터뷰도 안 하고 활동을 안 했었지요. 그게 현직 대통령에 대한 예의라고 생각했어요. 그런 가운데에서도 출마의사 표명을 한 일도 없는데 여론조사에서 지지율이 고공유지를 하게 되니까.

전영기 일단 40%까지 나왔었습니다.

고 건 이렇게 되자 내가 소명의식을 느끼게 된 겁니다. 그러면 내가 그 기대에 부응해서 새로운 정치를 해야겠다고 생각했습니다. 그럼 새로운 정치라는 게 뭐냐. 그때 이념, 계층, 지역 간 갈등이 아주 심각했거든요. 난 행정에 있을 때에도 중도실용의 행정을 해온 사람이었어요. '아, 통합의 리더십이 필요한 거구나. 그러면 중도실용을 내세우는 국민대통합 신당을 만들어야겠다.' 이렇게 구상했어요.

중도실용 정치를 위한 정치권과의 접촉

전영기 중도실용의 신당을 만들어야겠다는 뜻인가요?

고 건 예. 중도실용의 신당을 만들어야겠다, 대안정당으로서 말입니다. 역시 정치는 기존 정치인들이 모여야 하잖습니까. 그래서 기존 정치인들한테 "원탁회의에 나와라" 그랬어요. 그런데 정치인들이 관심이 있어서 대화는 다 하면서 막상 나와라 하니깐 이 사람들이 위험감수(risk taking)를 안 하는 거예요. 왜 그러냐. 국회의원은 다음의 당선이 목적이에요. 그런데 그때 다음번 국회의원 선거까지 2년이 남았었지요. 2년 전부터 자기가 위험감수를 할 필요가 없다고 생각한 겁니다.

전영기 2006년에 출마를 생각하셨으니까 2008년에 총선이 있었죠.

북한 1차 핵실험 충격의 정치적 파장

고 건   예. 그런데 일단 뜻은 좋다고 그렇게 얘기는 하면서 선뜻 나서 기는 주저하니 중도실용의 신당이 시기적으로 봐서 잘 안 맞는구나. 어렵다. 그러면 기존 정당에 들어가서 하는 방법도 있지 않겠느냐, 그래서 대학로 석정에서 문희상 의원을 만났지요. "기존 정당에 들어가서 중도실용의 개혁을 통해 새 정치를 하면 좋지 않겠느냐." 그랬더니 찬성은 하면서도 "열린우리당의 법통(法統)은 이어가야 한다"고 얘기하더군요. 나는 리모델링이나 재건축을 주장하는 건데 문희상 의원은 신장 재개업에서 조금 나가는 정도밖에 안 하는 거예요. 그래서 '그러면 이것도 안 되는 거다.'

그땐 호남후보 한계론도 아직 있었을 때고, 제일 결정적인 것은 2006년 10월 북한의 1차 핵실험이었어요. 나는 참여정부의 총리를 했잖아요. 그러니깐 보수 쪽의 정당인은 아니지요. 아무래도 진보 쪽으로 포지셔닝이 되는 그런 상황에서 이건 아주 결정적인 거예요. 지금 북한의 6차 핵실험 충격이 컸다고 하지만 1차 핵실험 때는 처음이었으니까 그 충격이 몇 배 더 컸어요. 운동장은 이미 기울었고 그래서 내가 역부족이다. 결국 2007년 1월 16일 대선 불출마를 선언해요. 언론에서 뭐라고 했는가 하면 '새 정치를 표방한 제3후보의 정치적 좌절'이다. 맞는 얘기입니다. 또 하나는 '권력의지가 약한 비정당 정치인의 중도하차'다. 이것도 맞는 얘기입니다. 그럼 이런 경험에 입각해 중도실용 정치의 앞으로의 발전단계하고 관련하여 생각해 보면 어떻게 되는 거냐.

전영기   예. 그게 제일 큰 핵심이죠.

제3지대가 아닌 기존 양대정당에서 중도실용 했어야

고 건 나도 정답을 가지고 있진 않습니다. 다만 내가 노력했던 중도실용의 신당이 아니라 할지라도 하나는 보수와 진보 양쪽 기성정당 가운데에서 중도실용을 위해서 계속 지속적으로 수렴하는 역할 그런 정치 과정을 통해서 중도실용으로 가까워지지 않겠는가, 이걸 기대하는 거지요. 또 하나는 제3지대에서 하는 게 아니고, 제1지대나 제2지대에서 중도실용이라는 제3의 길을 모색해 가자는 거지요. 그런 예로 토니 블레어를 들 수 있지요. 토니 블레어가 제3지대에서 제3의 길을 내세우는 시작을 한 거는 아니거든요. 노동당···. 새로운 영국의 노동당 그런 걸 기대해 보는 거지요. 중도실용이라고 해서 중용의 정당을 새로 만드는 것은 참 어렵다. 특히 대통령중심제의 소선거구제 하에서는···.

전영기 총리님 경우에는 경험에서 우러나오는 것처럼 느껴지는데요. 결국은 새로운 정당, 새로운 정치세력을 만드는 것보다는 기존의 정당 안에서의 중도실용을 추구하는 것이 현실적이라는 그런 교훈을 주신 겁니까?

고 건 예. 그것이 오히려 현실적인 길이 아닐까요? 그리고 새로운 정치인이 나와야지요.

전영기 새로운 정당이라기보다는 기존 정당에서의 새로운 정치인, 새로운 정치세력. 그게 현실적이라는 말씀이시죠?

고 건 예. 그렇지요.

전영기 아니, 새로운 정치세력이라도 기존 정당 안에서 하는 게 현실적이라는 말씀이시죠?

고 건 아, 뭐 그건 그렇죠.

전영기 제3당인은 아니라는 말씀이시잖아요? 결과적으로.

고 건 예. 그게 왜냐하면 나는 이렇게 봤어요. 대통령중심제 하에서의 소선거구제는 양대정당의 기초가 되는 거예요. 대선거구가 되어야 중소정당도 진출해서 연정 등이 이루어지는데 소선거구제, 이건 양자택일이거든. 그래서 소선거구제는 양대정당의 기초가 되는 거예요. 또 대통령제라는 건 양대정당을 기초로 하고.

권력의지가 부족했는가

전영기 경험적으로 보면 결국 제3당을 추진하는 사람이 좌절하는 것은 권력의지에서 좌절해요. 그건 다 공통적인 거예요.

권력의지는 직업 정치인과 달라

고 건 그 밖에 호남 출신이라는 점도 있고요. 그리고 권력의지라는 것은 말하기 나름인데 직업적 정치인은 실패해도 자기 본업으로 돌아가요. 나 같은 경우는 직업적 정당출신 정치인이 아니잖아요. 그러니깐 불출마 선언을 하게 되면 정치가 끝나는 거예요. 내가 2007년 1월 16일 불출마를 선언을 하고 보길도 세연정(洗然亭)을 갔어요. 고산(孤山) 윤선도의 그 세연정, 자연으로 마음을 씻었지요. 중도실용을 제3의 정치인, 제3의 정당 자꾸만 그렇게 얘기를 하는데 내가 이런 생각을 했어요. '정치에서 중도실용을 위해선 제3의 길을 내세우는 것이 좋다. 그렇다고 해서 반드시 제3지대를 만들 필요는 없다. 제3지대는 대통령중심제의 소선거구제 하에서는 어렵다. 제3지대를 만드는 것이 중도실용을 실천하는 유일한 길이 아니다.'

전영기 제 1지대나 제 2지대에서도 제 3의 길을 만들어내면 된다! 공감이 갑니다.

고 건 그래서 토니 블레어를 얘기한 거예요. 그 사람은 거기에서, 즉 제 2정당에서 제 3의 길 깃발을 들고 새 정치를 했거든요.

전영기 제 3의 길은 제 1지대나 제 2지대에서 나오면 된다. 그런 말이지요?

고 건 아, 나올 수 있는 것이지. 그것이 오히려 빠른 길이다. 이런 얘기지요.

전영기 우리 경험을 보면 총리님께서 아주 솔직히 말씀하신 거예요. 제 3의 지대, 제 3의 정당은 현실의 벽에 좌절한 경험이 많았던 거죠. 본인이 또 그걸 경험하셨고요. 대통령중심제의 소선거구제는 결국 양당정치제, 양극단정치가 될 가능성이 높다는 점이 밝혀졌습니다.

불출마 선언의 배경

전영기 권력의지라든가 개인적인 거라고 하셨잖아요? 그러나 한편으론 총리님께서 지금 가진 것에 안분지족해서 뭘 추구하려 하는 의지가 없어서 실패했다는 말도 있는데요?

고 건 그건 동의 못 해요. 나는 정부에 몸담고 있을 때 내가 해야하는 일에 대해 아주 치열한 열정을 가졌고 국민을 위해 봉사하는 길을 추구하려 했던 그 의지는 누구에게도 안 진다고 생각했습니다. 다만 직업적인 정당출신 정치인이 아니었기 때문에 내 개인적 여건이 그걸 허용을 안 한 거지요.

전영기 공익의지는 가장 치열했죠. 근데 권력의지가 약한 거죠. 권력의지는 다른 말로 뻔뻔스러움이지요.

고 건 공익의지와 권력의지를 나눈다면 그래요. 그러나 막스 베버가 얘기하는 '소명으로서의 정치'를 하려고 한 거지요. 정치에는 행정도 포함되는 거니까. 그다음에 정치인으로서 가져야 할 세 가지 중 하나는 패션(passion), 즉 열정이지요. 난 국민을 위해 내가 봉사하는 일에 대해서 누구보다도 뜨거운 열정을 가졌어요. 그런 데서는 내가 양보할 수 없어요. 또 하나는 균형감각이지요.

전영기 그런 것을 하기 위해서는 진군할 마차를 타야 되는데 "꽃가마를 타려 했다. 손에 더러운 거 묻히면서 가지 않고. 모시라고 했다", 이런 비판이 있을 수 있지 않습니까.

고 건 그건 아까 말했잖아요. 중도실용의 국민통합 신당을 만들려고 했다고.

전영기 그게 치열하지 못했다는 거죠.

고 건 그러니까 치열하게 하려면 오래전부터 시작해서 시간이 걸리지요. 예를 들면 이런 거예요. 2007년 1월 16일 불출마 선언을 하고 지방으로 갔을 때 사흘 후인가 돌아왔더니 DJ 쪽에서 사람을 보냈어요. 정세현 전 장관을 보냈어요. 그래서 정세현 전 장관의 얘기가 동교동에서 번의(飜意)하라고 하신다, 이런 말이에요.

전영기 DJ가?

고 건 그건 후원해 주겠다는 얘기거든요. 그때는 DJ당은 이상한 형태였어요. 그래도 좌우간 그때가 당에 들어갈 수 있는 기회였지요.

전영기 맞습니다.

이미 기울어진 운동장

고 건 이미 문희상 의원을 통해서 내가 그걸 타진한 거예요. 당을 개혁할 수 있느냐. 그렇다면 개혁하는 데 시간이 많이 걸리고. 북한이 1차 핵실험을 했어요. 이미 기울어진 운동장이에요. 그리고 지금 열린우리당이 아무리 간판 바꿔서 해도 떨어지는 건 확실한 거였어요. 그럼 떨어질 걸 각오하고 그쪽으로 가서 떨어진 뒤에 당을 개혁하고 제3의 길을 추진하려고 했어요.

그런데 그럴 경우는 다음 대선에 재수로 후보가 되어서 당선될 수 있는 추동력이 있어야 하거든요. 그래야 개혁도 되잖아요. 낙선된 후보가. 그때 나이가 얼마냐? 그럼 내 나이가 DJ가 대통령에 당선됐을 때가 73세인데 그거보다 많은 거예요. '그건 노욕이다. 그건 아니다.' 이렇게 판단했지요. 노욕을 덮어 버릴 만큼 권력의지가 강하지 못했던 건 사실이죠.

전영기 정당 안으로 들어가서 한 5년 정도 정치할 수 있는 여지가 없었군요.

고 건 훨씬 일찍부터 정당활동을 했어야 했는데 나는 정당체질이 아니어서 그럴 수도 없었고 여러 가지 타이밍 문제도 있었고요.

전영기 앞으로는 점점 더 대통령이나 집권을 하려면 항상 정당활동을 해야 한다는 교훈이 있겠네요.

고 건 정당이 없이는 안 돼요.

노무현 대통령의 고건 총리 기용은 인사 실패인가?

전영기　총리님께서는 다르게 생각하실지 모르겠지만 저는 이렇게 봅니다. 노무현 대통령의 총리님을 향한 정확한 말폭탄, 말비수가 총리님의 의지를 꺾어 놨다. 노 대통령이 2006년 12월에 자기가 임명한 총리에 대해 이렇게 얘기했어요. "우리가 좌우대립, 전쟁, 군사독재라는 세월을 거치는 동안 서로를 인정 못 해 언어가 통하지 않았다. 그래서 고건 총리가 그 다리가 되길 바랐다. 그런데 그분이 양쪽을 다 끌어당기지 못하고 스스로 고립됐다. 결국 나와 정부에 참여한 사람들이 왕따가 됐다. 결과적으로 실패한 인사다." 이런 얘기를 해서 고건은 실패한 인사였다는 말이 돈 겁니다. 그래서 이 연설이 결국 총리님의 어떤 그 권력의지라고 할까 어떤 집권을 향한 추진력, 이런 것을 굉장히 무너뜨린 아니 무너뜨렸다기보다는 상당히 약화시킨 건 아닌가요?

그런데 저는 이렇게 생각합니다. 그 통합, 양극단을 끌어들이는 힘은 정치가 할 일이지 행정이 할 일이 아닌 거죠. 2003년에 총리로 임명하면서 몽돌 받침대가 되어 달라고 했는데 총리로서는 할 수 있는 한계가 명백한 거 아닙니까? 근데 총리를 앉혀 놓고선 통합을 해달라고 하는 건 자기가 할 일을 총리한테 미룬 건 아닌가? 저는 한 번 더 생각해서 그런 생각이 드는데. 그때 억울하지 않으셨어요? 노 대통령의 그 말이 억울하지 않으셨나요?

먼저 총리님께서 양쪽을 끌어당기지 못하고 고립을 시켰다는 말에 대해서는 어떻게 생각하십니까?

노무현 대통령 비판 내용의 사실관계

고 건 중간에 선 사람이 양쪽을 끌어당기지 못하고 스스로 고립되어 버렸다는 말은 완전히 사실과 달라요. 사실은 총리인 내가 여소야대의 4당체제에서 여야를 아우르는 여야정 협력, 국회와 정부 간의 협력시스템을 만들어서 가동시켰어요. 그것도 일시적이 아니라 지속적으로 가동시켰어요.

전영기 청와대의 도움도 없이요?

총리가 아니라 대통령 본인이 고립됐다

고 건 없었지요. 자, 예를 들면 2003년 7월 21일에 그때는 4당체제가 되기 전인데, 총리로서 여당인 새천년민주당 정균환 총무, 야당인 한나라당 홍사덕 총무와 마주앉았어요. 그때 청와대에서는 국회에 대해서 전혀 관심이 없었어요. "지금 외국인 고용제도를 처음 시작하니 외국인 근로자의 고용에 관한 법률안이 급하다. 또 하나는 주 5일제 근무하는 근로기준법 개정도 급하다. 그리고 우리나라의 첫 FTA인 한·칠레 자유무역 FTA 협정도 급하다." 이 중요한 세 가지를 하려고 총리가 양당 총무를 만난 거예요. 양당의 도움을 받아서 결론적으론 그걸 해결했어요. 그래서 내가 속으로 '몽돌 대통령하고 받침대 총리의 역할분업이 진화되는구나' 그렇게 생각했어요. 진화됐다고 난 지금도 생각하고 있어요. 노무현 대통령은 중장기 개혁 국정과제 같은 로드맵 만드는 데 열중했어요. 로드맵 위원회가여러 가지 있었어요. 그래서 그때 NATO라는 얘기가 나왔어요.

전영기 No Action Talk Only.

2003년 2월 27일 청와대 춘추관에서 새 정부 조각 발표가 있었다. 저자가 발표하러 나가면서 노무현 대통령에게 인사하는 장면. 저자의 오른쪽으로 강금실 장관이 보인다. 〈중앙일보〉

고 건 액션(*action*)은 국회에 가서 총리가 했어요. 일상적인 국회의 일은 전부 내 몫이었어요. 근데 현안은 쌓여 있는데 대국회관계는 전적으로 총리 몫이었어요. 다만 청와대는, 대통령은 로드맵 위원회에 매달렸지요. 나도 거기 참석했지만. 그리고 그때 문제는 대통령이나 청와대는 당내 정치게임에 몰두했어요. 당내 문제가 있었어요.

그러다가 나는 대형 암초를 만났어요. 내각은 국회에서 잘하고 있는데. 여당인 새천년민주당이 분당이 된 거예요. 민주당과 통합신당, 열린우리당의 전신이지요. 두 개로 쪼개졌어요. 그러고선 2003년 9월 29일 노무현 대통령이 열린우리당 만들기 위해서 새천년민주당을 탈당해 버려요.

전영기 분열은 자기가 시켜 놓고 통합은 총리한테 하라는 게 억울하지 않았습니까?

고 건 노무현 대통령의 그 말을 듣고 '이분이 무슨 착각을 한 게 아닌가' 우선 그렇게 생각했습니다. 그리고 나도 그때 정부를 비판했거든요. 비판하는 정치인에 대해 대통령으로서 정치적 공격을 한 게 아닌가라고 생각했는데요.

박상천 민주당 최고위원이 당시 이런 말을 했어요. "노 대통령은 재산을 모으자 조강지처 버리고 새장가 가듯 단 한마디 의논도 없이 민주당을 배신했다"는 거예요. 탈당했으니까요. 또 김원기 통합신당 위원장은 "자기 후보를 낙마시키기 위해 도저히 해선 안 되는 일을 민주당은 했다", 이렇게 말했어요. 자, 그럼 국정은 어떻게 하느냐, 내가 고민했지요. 총리가 "국회를 담당해야 된다", 내가 이렇게 결론을 스스로 냈어요.

그래서 나는 4당의 원내총무를 총리공관 만찬에 초청했어요. 그때 한나라당 홍사덕, 민주당 정균환, 열린우리당 전신인 통합신당 김근태, 자민련 김학원, 이분들을 초청해 놓고 내가 사정한 거예요. "이렇게 되면 국정이 어떻게 됩니까. 그러니까 국회와 정부의 협력시스템을 만듭시다. 국회, 정부 간 협의회를 만듭시다." 당정협의회가 아니라 국정협의회예요. 그걸 합의해서 한 달에 두세 번씩 총리공관, 국회귀빈식당에서 모인 거예요. 모든 대국회 중요 국정과제를 여기서 논의해서 결정한 대로 다 됐어요.

그러니까 이게 아까 얘기한 한·칠레 FTA 비준안, 그때 마침 태풍 매미 피해복구를 위한 추가경정예산, 이라크 추가파병까지도 그 4당 국정협의회를 거쳐 국회에서 통과되었어요. 4당의 정책위의장은 정책위의장대로 협의회를 만들었어요. 한 달에 2번씩 열몇 번인가 회의했어요. 그러니까 여야를 아울러서 국정을 수행한 건 나예요. 그런데 내가 물러난 지 2년 후 노무현 대통령이 그런 발언을 했을 때는 노 대통령 본인이 고립됐던 건 사실인가 봐요.

전영기 총리가 고립된 게 아니라 대통령 본인이 고립됐다?

고 건 고립이란 내가 총리 그만둔 후에 몇 년 후의 얘기예요. 근데 내가 총리를 하면서 권한대행을 하면서 4·15 총선을 했거든요. 내가 선거관리를 제대로 했어요. 그래서 제3당이었던 여당이 제1당이 됐어요. 그리고 나는 물러났는데 1당이 된 후에 문제는 더 복잡해지는 거예요. 내가 했던 그 협치시스템도 작동이 안 되고. 그러니까 너무 답답해서 노무현 대통령이 대연정 제안까지 하잖아요.

　노 대통령 스스로 고립된 거예요. 나는 총리 그만둔 지 몇 년 후 얘기예요. 시계열에 대한 착각이 있었던 게 아닌가? 내가 정부에 있을 때도 신4당체제라고 그랬지만 첫 번째 신4당체제는 여당이 제3당일 때였어요. 지금은 여당이 제1당인 신신4당체제이지요. 그런데도 아직 여야정 협의체제가 안 되잖아요. 오히려 내가 총리일 땐 여야정 협의가 잘됐다고 기록이 남아 있는데요.

전영기 아주 초중량급 총리를 하셨군요.

고 건 중량급은 아니고 치열하게 일한 총리였지요.

전영기 노 대통령은 총리님이 부담스럽지 않았을까요?

고 건 글쎄요. 그리고 그때에 보수와 진보, 여야를 아울러 달라고 나한테 말 한마디라도 했으면 몰라요.

전영기 그런 말 안 했어요?

고 건 없었어요.

전영기 국회에 대해서 한마디 안 하고 보수, 진보 가교에 대해서도 한마디 안 하고?

고 건 한마디도 얘기 없었어요.

전영기 그렇습니까?

고 건 내가 나서서 한 거죠. 대통령께선 로드맵 위원회에 전념했고요.

전영기 그럼 왜 이런 말을 했을까요?

고 건 그러니까 시계열을 착각하신 거 아닌가요? 본인이 고립된 건 사실이니까. 그래, 내가 총리 물러난 몇 년 후 얘기지요. '대연정'이라는 건 집권 3, 4년차나 되어서 나온 얘기일 걸요.

전영기 맞습니다. 2005년인가.

고 건 나는 집권 2년차 초반에 총리를 그만뒀으니까요.

케미가 좀 안 맞은 건 아닌가?

전영기 노대통령과 처음부터 케미(*chemistry*: 사람 사이의 조화나 궁합. 서로 뜻이 잘 맞는 경우 케미가 좋다고 함)가 좀 안 맞은 거 아니에요?

처음에는 인선까지 협의
고 건 별로 안 맞는 건 없었어요.

　노무현 대통령이 당선자 시절 12월 25일 저녁 신라호텔에서 만나 저녁식사를 하면서 총리 제의를 받았지요. 완강히 고사했는데 노 당선인은 뜻을 굽히지 않더군요. '개혁 대통령'을 위해선 '안정 총리'가 필요하다고 했어요. "제가 몽돌처럼 생긴 돌이라면 총리는 그 돌을 잘 받치도록 나무 받침대처럼 안정적인 사람이어야 짝이 잘 맞습니다."노 당선인은 전혀 물러설 기색이 아니었어요. 더 이상 버티는 것은 도리가 아니라는 판단이 섰지요. "다른 총리 후보자들을 구해 보십시오. 그래도 없으면 연락 주십시오."'조건부 수락'이었지요.

자연스레 대화는 내가 김영삼 정부 마지막 총리로 임명되던 때 얘기로 옮아갔어요. 나는 국무위원 해임제청권 행사를 전제로 김 전 대통령의 총리직 제의를 조건부 수락했던 일을 얘기했지요. 내 이야기를 듣던 노 당선인이 거기서 한발 더 나가더군요. "해임제청권뿐만 아니라 아예 실질적인 내각 인선까지 맡아서 해주시죠." 잠시 뜸을 들이다 한마디 더 꺼냈어요. "다만 법무장관만은 제가 이미 생각해 둔 사람이 있는데…"라면서 누구인지 노 당선인은 말하지 않더군요. 나도 묻지 않았죠. 나중에 보니 강금실 변호사였어요.

강금실 장관의 소극적 권한대행론

전영기 장관 인선까지 얘기했었다면, 케미가 맞았다고 볼 수 있는데요. 그런데 간단히 지나가는 말로 궁금했던 건 강금실 장관에 대한 심정이 그때 어땠어요? 강 장관이 어느 날 갑자기 총리님께서 권한대행이 되자마자 아주 불쾌하고 불편한 말을 한 적이 있는데요. 권한대행이 딱 들어선 분께 "소극적으로 업무하라"고 그렇게 얘기할 수 있는지…. 어떻게 받아들이셨는지요?

고 건 권한대행 첫 번째 국무회의 때에 그 얘기를 해요. "권한대행은 소극적 권한대행이지 적극적 권한대행은 아니다." 그래서 그 자리에서 "내가 그것에 대해 가타부타 얘기할 자리는 아니다", 그러고 다른 얘기로 넘어갔어요. 그다음에는 내가 '한 번 주의를 줘야겠다' 그렇게 작심하고 있는데 언론에서 "국회에서 탄핵을 취소해야 된다" 그런 돌출발언이 나왔어요.

그건 가능하지도 않은 얘기잖아요. 그래서 그다음 국무회의 때에 내가 알아듣도록 (강 장관에게) 주의지시를 했지요. "민감한 시기에 정치적 발언은 국무위원으로서 신중하게 해달라"고 주의를 주었어요. 그런 말이 다시 한 번 나오면 경질하려고 했어요.

전영기 권한대행으로서 경질하려고요?

고 건 아, 그럼요. 경질하려면 했지요.

전영기 근데 임명 자체가 처음부터 노무현 대통령이 직접 찍어서 이루어진 사람인데 아무리 탄핵의결이 올려져 있더라도 경질은 쉽지 않았을 것 같은데요?

고 건 그건 상관없지요.

전영기 그럴까요?

고 건 아, 그럼. 그건 상관없어요. 아니 노무현 대통령이 탄핵소추되기 전에도 내가 국무총리로서 할 얘기는 다 했으니까요. 이 사람 바꿔야겠으면 바꿔야겠다는 얘기도 하고 말하자면 이제⋯.

전영기 경질하려고 했군요. 그런 일이 또 벌어지게 되면.

고 건 이런 일이 있었어요. 2003년 7월에 김영진 농림부 장관이 사표를 냈거든요. 그 후임을 노무현 대통령이 진보진영의 민○○라고 하는 양평군수를 시키자고 나온 거예요. 그래서 내가 "그건 안 된다.

지금 농림부 장관이 해야 할 일이 뭐냐. 환경농업 하는 것은 장관 아니라도 된다. 지금 농림부 장관이 해야 할 일은 WTO 도하 라운드에 가서 우리나라 쌀을 어떻게 지키고 농업을 어떻게 하고 이거 해야 할 사람이 필요한 거지. 그건 안 된다." "그럼 추천해 봐라." 그래서 내가 두 사람 추천했어요. 한 사람은 허상만 순천대학교 총장, 또 한 사람은 박상우 전 농림부 차관. 그러자 민 양평군수, 허상만 총장, 박상우 전 차관, 이 세 사람을 놓고 청와대에서 비공개 인사청문회를 열었어요. 결국 노무현 대통령이 허상만 총장을 장관으로 선택한 일이 있지요. 이처럼 노 대통령이 탄핵소추 되기 전에도 내가 국무총리로서 인사문제 등 할 얘기는 다 했어요.

전영기 강금실 장관이 그랬던 이유는 뭐라고 생각하십니까?

고 건 그건 본인의 캐릭터지요. 판사출신이기도 하고. 노무현 대통령을 지켜내기 위해서였기도 했고요.

싫어했던 진짜 이유

전영기 그런데 몽돌과 받침대 역할을 했지만 화학적 작용은 안 됐을 수 있거든요. 그리고 노무현 대통령이 싫어하게 된 진짜 이유는 뭐라고 생각하십니까?

날 싫어하게 된 이유는 짐작건대 …

고 건 그 당시에 노무현 대통령의 정치적 의도가 있었다면 …. 날 싫어하게 된 이유는 짐작할 수 있어요. 총리를 그만두기로 하고 신문에다 났는데 신임 장관 두 사람을 제청해 달라는 걸 내가 거부했거든요. 그리고 또 하나는 정치적으로는 친노세력에게 메시지를 보낸 게 아닌가 생각합니다.

전영기 그거 재미있네요. 그건 무슨 말씀일까요? 친노세력에 대한 메시지라는 것은?

고 건 고건을 밀지 말라. 그런 얘기지요. 그 얘기 아니겠어요?

전영기 바로 그거네요.

고 건 나도 정치인으로서 그때 당시 정부와 정부정책을 비판하는 일이 없을 수 없지요. 그때 바다이야기니 뭐니 일이 있을 때는 한 마디씩 해야 하니까.

전영기 그럼 이 발언은 친노 지지층에 대한 하나의 정치적 메시지일 수 있다는 것이지요?

고 건 아마도.

말폭탄 피해의 규모와 파장

전영기 실제로 이 말폭탄 피해의 규모와 파장은 어느 정도였습니까?

고 건 나는 그것을 가지고 불출마 결정을 하진 않았어요.

전영기 아프지 않았어요? 이 말씀을 듣고?

고 건 없는 거보다는. 그러나 그때는 노무현 대통령의 발언이 일반 국민들에겐 영향력이 전혀 없었고, 친노 직계에 대한 메시지 아니겠는가 생각했지요.

전영기 그렇기는 하지만 현직 대통령이 임기 중에 여권에 뿌리를 둔 대선후보에 대해 부정적 언급을 한 것은 굉장히 큰일 아닙니까?

고 건 그건 뭐. 싫으면 싫다고 얘기하는 거니까요.

대선 불출마 요인의 재론

전영기 그럼 몇 가지 대선 불출마 요인이 잡히는데요. 아까 말씀하신 2006년 10월 북한 핵실험 부분이 있었고요. 그다음에 1월 넘어가면서 지지율이 정체상태에 머물렀고 그리고 그다음에 건강문제가 있었습니다.

고 건 건강문제는 좀 있었어요. 내가 10월부터 역동적 활동을 못했어요. 폐렴이었어요. 그런데 그것이 원인은 아니에요. 2007년 연말에 대통령 선거가 있었고, 그때 장기입원을 했어요. 그 폐렴이 재발해서. 그래서 전직 총리로서는 신임 대통령 취임식에 가야 하는데 못 갔어요. 이명박 대통령 취임할 때 못 갔어요.

전영기 그럼 다시 한 번 정리하면 지지율의 정체와 건강문제와 북한 핵실험, 이 세 가지를 불출마에 끼친 영향력 기준으로 순서를 매기면 1, 2, 3번은 어떻게 됩니까?

중도실용의 내 정치세력 못 만든 게 가장 큰 요인

고 건 제일 큰 불출마 요인은 중도실용의 기치를 내걸고 내 정치세력을 못 만든 거예요. 그러면 기존 정당이라도 들어가야 하는데 그러자니 나는 보수당은 아니고. 그런데 북한이 1차 핵실험을 했기 때문에 이미 운동장은 기울었어요. 안 되는 거예요.

또 하나는 호남출신의 한계론이에요. 지지율이 정체되기 시작하고 선거가 가까워질수록, 정치의 계절이 왕성해질수록. 대구 서문시장에 갔을 때 1년 전과는 눈빛이 달라요. 호남출신은 영남에서 25% 이상 지지율을 얻지 않으면 안 돼요. 수학적으로 안 돼요. 내가 불출마 선언을 하고 돌아왔더니 지지자들이 집 앞에서 농성하고 그러기에 그 사람들을 데리고 저녁에 소주 한잔 사주면서 설득할 때 그 얘기를 했어요. 그 사람들한테 딴 얘기해 봐야 소용이 없거든요.

전영기 DJ는 됐지 않습니까?

고 건 아, 그렇죠. 그런데 그분은 나하고 다른, 아주 오랫동안 노력한 직업적 정당출신 정치인이고 결정적인 건 뭐냐? 이인제라는 변수가 있었어요. 이인제 없었으면 안 되는 거예요. 영남에서 이인제가 많은 표를 가져가 버렸거든요.

전영기 짧은 질문인데, 이인제 분열효과가 더 컸다고 보세요? DJP 연합효과가 더 컸다고 보십니까?

고 건 그거까진 내가 모르겠네요.

현 정부의 공론화 정책에 대한 평가는?

전영기 총리님은 실사구시적 입장에서 사패산 터널, 천성산 도롱뇽 등 숱한 이해(利害)관계 조정활동을 펴오신 전문가이자 행정의 달인이십니다. 지금 정부는 어느 때보다 공론 정부를 표방하고 있는데 올바른 공론을 위해서 놓쳐서는 안 될 점들을 조언해 주실 수 있을까요? 또 현재 진행되고 있는 사안의 개선점은 무엇인지요?

고 건 공론조사란 말하자면 거버넌스의 한 유형이거든요. 거버넌스는 정부가 일방적으로 주도해오던 공공영역의 정책결정에 민간이 참여해서 협력하는 방식으로 이것이 현대행정의 세계적 조류이죠. 시민참여의 토의민주주의로 대의민주제도의 취약점을 보완하는 거지요. 거버넌스에는 규제협상, 합의회의, 시민배심원제, 공론조사 등 여러 가지 형태가 포함돼요. 공론조사는 대표성과 숙고, 두 가지가 본질이에요. 좌우간 공론조사는 공정성, 신뢰성, 대표성, 이 세 가지가 확보되어야 한다고 생각합니다.

과학적으로 응답자를 선정한다든지, 다양한 과학적 방법을 동원한다든지, 투명성을 확보한다든지 여러 가지가 있겠죠. 다만 지금 한 가지 걱정되는 것은 갈등이 있을 때 정부가 갈등의 중재자냐 당사자냐 하는 문제인데요. 그런데 이번엔 정부가 당사자란 말이에요.

전영기 그거 문제네요. 포인트 좋네요. 중재자여야 할 정부가 당사자가 되었다?

신고리 5·6호기 공론조사의 어려움

고 건 꼭 뭐가 되어야 한다고 볼 수는 없고 갈등의 성격에 따라 당사자인 경우도 있고 중재자인 경우도 있지요. 그런데 당사자인 경우에 더 어렵습니다.

그리고 갈등의 쟁점이 이해관계냐, 가치관계냐 하는 문제인데 이해관계보다 가치관계가 어려운 거지요. 예컨대 원전이냐 탈원전이냐는 가치문제예요. 결국은 우리 사회 참여문화의 성숙이 앞으로 풀어야 할 어려운 숙제지요. 그런데 내가 느끼는 가장 중요한 문제는 토론의 쟁점인데요. 지금 상황은 토론의 쟁점이 '신고리 5·6호기 중단이냐? 속행이냐?' 만인지, 아니면 찬핵 대 탈핵 등 탈원전

문제까지 포함하는 것인지 불분명해요.

시민들이 참여해서 충분히 토의하는 숙의과정에서 신고리 5·6호기 중단 여부를 논의하려면 원전의 필요성 여부도 이야기해야 한다는 거지요. 또 장기 에너지 정책이 당연히 논의되어야죠. 이런 과정에서는 탈원전은 이미 결정된 것으로 전제하고 그 전제하에서 신고리 5·6호기의 원전 건설중단 여부를 결정하는 것인지, 아니면 탈원전 여부까지 같이 결정하는 것인지 분명히 밝혀야지요.

전영기 그러니까 탈원전 문제는 지금 공론으로 정할 게 아니라 일단 급한 불인 건설중단 문제부터 끄고 나서 해봅시다 이런 식인 거죠.

갈등해결에 대한 법제화 필요

고 건 공론조사에 대한 법적 근거가 없다는 얘기도 많이 나오니까 이 문제를 계기로 공론조사 등 갈등해결에 대한 법제화가 필요하다고 봐요. 미국에는 대안분쟁해결법(Alternative Dispute Resolution Act)이 있거든요. 내가 사회통합위원회에 있던 2010년에 공공갈등의 예방과 해결에 관한 법률안을 만들었어요. 정당과 학회 등과도 상의 후에 공론조사, 협상, 중재 등 사회적 갈등을 해결하는 기본법을 만들어서 총리실에 줬지요. 다른 여러 나라들과 마찬가지로 우리나라도 이런 법을 만들 필요가 있어요. 이 문제를 떠나서라도.

탈원전이 결정돼 있다면 그 탈원전에 대해서 원전을 새로 건설하느냐 마느냐 하는 논의는 필요가 없잖아요. 그러나 탈원전 하는 속도를 몇십 년간 할지 단기간에 할지에 따라서 중도에 중단하는 경우도 있고 신규 착공만 안 하는 경우도 있고 여러 대안이 있을 수 있지요. 그런데 지금은 탈원전 여부가 결정되지 않았잖아요. 이런 상황에서는 공사를 중단하는 것은 쟁점이 불분명하다는 겁니다.

전영기　네. 알겠습니다. 아무튼 이 부분은 공론화에서는 정부가 갈등의 당사자냐 중재자냐, 쟁점의 성격이 이익갈등이냐 가치갈등이냐, 쟁점의 범위가 명확하냐 모호하냐, 이 세 가지가 요점이라는 말씀이었습니다. 그런데 탈원전 문제의 경우 정부가 당사자이고 가치갈등이며 쟁점의 범위도 모호하여 매우 어렵다는 말씀이죠.

바람직한 국무총리의 역할은 무엇인가?

전영기　역대 총리 역할을 제대로 했거나 해보려고 했던 사람으로 김종필, 이회창, 고건, 이해찬 등이 꼽힙니다. 현행 대통령중심제 헌법이나 정치·문화적 제약 조건 하에서 국무총리가 제 역할을 하기 위해 어떤 처신을 해야 하는지요.

　2018년 개헌에서 대통령과 총리의 역할은 어떻게 재조정되는 게 바람직하다고 보시는지요. 총리라는 존재가 그 역할이 정치·정무적 기능을 크게 해야 할 때도 있고, 행정적 기능을 해야 할 때도 있고, 집사적 역할을 해야 할 때도 있는데, 어떻게 생각하십니까?

주주형과 전문적 CEO형

고 건　대개 총리를 바꾼다고 하면 새 총리는 정무형이냐, 집사형이냐, CEO형이냐, 의전형이냐 뭐 이런 얘기가 나오지요. 그래서 내가 스스로의 경험을 통해서 국무총리론을 정리한 것이 있어요.

　첫째 총리의 위상과 역할이라고 하면 우선 위상은 대통령과의 관계에서 정해집니다. 대통령과의 관계가 총리로 지명받고 임명하는 과정에서 권력의 분점이냐. JP처럼 정치권력 형성과정에서의 지분이 있는 경우, 정치적 지분이 있는 주주형이죠. 나는 그런 거 없잖아요.

그다음 유형은 전문적 CEO형입니다. 이건 서로 상호 필요에 의해, 즉 오너가 필요에 의해 전문경영인을 구하는 겁니다. 오너(대통령)와 전문경영인(총리)이 계약하는 거지요. 나는 전문적 CEO형이었어요. 그래서 대통령에게 이러이러한 건 전문경영권이고 내 역할을 분명하게 해달라고 요청했죠. 김영삼 대통령한테는 총리 수락조건으로 해임제청권을 달라. 그래서 내각 국무조정, 내각통할권을 보장받는 거지요. CEO는 말하자면 전문경영의 권한이 있어야 해요.

전영기　바로 그 점이 아주 중요한 거죠. 핵심이에요.

집사형 혹은 대독형

고 건　총리는 주주형이나 CEO형이 아니면, 사람에 따라 흔히 집사형 혹은 의전형, 대독형이라고 하지요. "총리로 와 주십시오. 아이고, 고맙습니다" 하고 모자 쓰고 들어가는 거지요. 총리를 크게 봐서 주주형, CEO형, 집사형으로 나눠 볼 수 있다는 겁니다. 이제 그건 위상에서 본 유형이고요. 아까 질문은 역할이었는데 내가 해 보니깐 총리가 '권력은 없어도 할 일은 참 많다' 이거죠. 할 일이 뭐냐? 총리가 새로 물망에 오르고 할 때는 신문이 정무형이다, 통합형이다, 대독형이다, 의전형이다, 그렇게 택일적으로 얘기한다고요. 난 그거 다 틀렸다고 봐요. 총리는 국회와의 관계, 내각 각 행정부처와의 관계, 국민과의 관계에서 다양한 역할을 해야 합니다. 국무총리를 제대로 하려면 대국회관계에서는 정무형이 되어야 합니다.

국회와의 관계에서는 정무형이 돼야

전영기 그 정무형의 가장 인상적인 역할이 말하자면 권한대행 시절에 야 3당이 국회에 나와서 시정연설 하라고 했을 때 4자가 합의하면 나갈 수 있다는 정치적 대응을 하신 거잖아요.

고 건 그건 정치적으로 대응한 거지요. 내가 얘기하는 정무형이라는 것은 국회와 정부의 협력시스템을 만들어서 총리가 국정운영을 위해 국회와 협력하는 거예요. 그게 정무형입니다. 그다음에 내각과의 관계에서 행정형이에요. 행정을 통할해야 하니까 내각과의 관계에서 총괄조정형 그거 하려면 거기 노하우도 필요하지요. 그래서 나는 국회와 정부의 관계에서는 국회·정부 협력시스템을 만들고 작동시켰어요. 행정형은 내각과의 관계인데 국정현안정책 조정회의를 제도화했어요. 관계부처에 관련된 정책현안을 가져오라고 해서 그 자리에서 논의시키고 공론화해서 거기서 총리가 결정을 내려줬어요. 그게 행정형이에요. 그래서 나는 정무형과 행정형의 역할을 다 하는 멀티플레이어가 되려고 했습니다.

국민과의 관계에서는 총리가 어떤 유형

전영기 그럼 국민과의 관계에선 총리가 어떤 형이 돼야 하는 가요?

고 건 국민과의 관계에선 통합형이 돼야 합니다. 그게 뭐냐. 지역갈등이나 이념갈등을 완화하는 상징적 또는 실질적 역할을 해야 합니다. 사회갈등을 해소하고 사회적 합의를 도출하는 것 그 역할을 해야 해요. 나는 그런 역할을 하려고 했어요. 한창 문제가 되던 NEIS(교육행정정보시스템), 그걸 내가 사회적 합의를 도출해서 시스템을 확정시켜 줬어요. 그때 전교조가 반대하면서 파업하고 난리 피는 걸 해결해 줬지요. 이런 사회통합 노력을 하는 거지요. 특히 제주 4·3 사건 보고서 있잖아요. 내가 참여정부 국무총리가 되어서 1주일인가 2주일밖에 안 됐는데 무슨 회의가 열렸는데 그게 4·3 회의였어요. 내가 위원장이에요. 4·3 보고서 초안을 심의하는 거였어요. 분위기는 초반부터 심상치 않았어요. 제주 4·3 보고서는 좌우익 간, 보수·진보 간 아주 격렬하게 대립하고 제주도 도민들은 그냥 거기다가 좌우간 대대로 뭐가 묶여 있는 그런 사건이거든요.

보고서 초안을 작성한 기획단장은 지금의 서울시장인 박원순 변호사였어요. 박 단장이 초안을 읽어나가자 여기저기서 고성이 터져 나왔어요. 김점곤 교수, 유보선 국방부차관 등이 소리치며 불쑥 자리를 박차고 일어났어요.

전영기　김점곤 교수, 6·25 참전용사 아니에요?

고 건　네. 맞아요. "지나치게 과잉진압에 초점이 맞춰져 있어요. 내용에 절대 동의할 수 없습니다." 얼굴을 붉히며 아예 회의장을 떠나려 하더라고요.

나가려는 위원들을 간신히 붙들어 앉힌 다음 말했어요. "여러 가지 의견을 수렴해서 조정할 건 조정하겠습니다. 저를 위원장으로 하는 소위원회를 만들어 여러분의 의견을 충분히 듣고 반영하겠습니다." 강금실 법무부 장관, 조영길 국방부 장관과 민간의 중립적 학자·전문가를 소위원회에 참여시키겠다고 약속하며 겨우 상황을 수습했지요. 그래서 소위원회를 총리집무실에서 3번인가 했어요. 이의 있는 문장은 다 가지고 오라고 해서 토론하고 협의해서 557쪽 보고서 가운데 30여 건, 100여 쪽 내용을 고쳤어요.

그 단어가 봉기냐, 반란이냐, 폭동이냐 이런 거에서부터 시작해서. 그래서 총리가 직접 그걸 매달려서 조정했어요. 대부분 우파에서 얘기하고 해서 문제가 되는 100군데를 가지고 그 합의를 유도했다는 데 의미가 있는 거예요. 내가 쓴 건 아니지만 양쪽을 놓고 이렇게 하면 되지 저렇게 하면 되지 합의를 유도했어요.

국민과의 관계에선 통합형이 돼야

전영기 그게 아마 총리의 권위가 없다면 쉽지 않겠죠? 양쪽이 워낙 시각차가 커서요.

고 건 글쎄 나도 뭐 권위는 별로 없었지만 날 무시하진 못했지요. 양쪽에서 봐도 나는 저쪽은 아니라고는 한 거죠. 자기편이라고 생각은 안 했어도 상대편은 아니라고 생각하니까.

전영기 이해관계자들을 조정할 경우에는 상대방 편이라고 오해받지 않도록 하는 게 노하우겠네요.

고 건 그렇지. 그건 얘기하자면 역지사지(易地思之)하는 거지요. 양쪽을 역지사지해야죠. 그래야 일단 중재가 돼요. 그리고 공감을 유도하는 거지요. 고통스럽지만 합의를 꼭 도출해내겠다는 열정(passion)을 가지고 30여 건 고치는 합의를 유도했어요. 그랬더니 그때 성우회 회장이 나한테 고맙다는 인사가 담긴 편지까지 보내왔어요.

그래서 합의시킨 결론은 뭐냐. 양쪽의 주장이 있거든요. 한쪽은 '과잉진압으로 무고한 주민들이 희생된 사건'이다. 이걸 인정해야 한다고. 우파에게 이 부분을 받아낸 거지요. 또 하나는 왜 과잉진압을 하게 되었느냐. 그러면 이건 뭐냐면 그때 '노동당의 남한 단독 정부수립 반대지령에 의한 남로당 제주도당의 무장봉기'가 발화점이 되어서 일어난 것이다. 이걸 인정해야지요.

보고서가 완성돼 그걸 통과시키려고 회의를 했어요. 전체 위원회 회의를 하기 전에 노무현 대통령이 그 얘기를 듣고 반가워서 그 사람들 전부 오시라고 청와대에서 오찬까지 했어요. 수고들 하셨다고.

그런데 본위원회를 하는 때에 내가 생각을 조금 다시 했어요. '이건 상당히 중요한 문제인데 이렇게 합의됐다고 해서 바로 넘길 수 있을까? 또 들고 일어나고 할 거 아닌가?' 그래서 그 자리에서 내가 얘기를 했어요. "여러분 합의해 줘서 참 고마운데 한 번만 더 양해해 달라. 앞으로 몇 달 동안 유보기간을 달라. 이 합의된 원안을 놓고도 또 이의가 있거나 새로운 사실이 발견되면 전부 가져와라." 그래서 다시 100가지 사항을 받았어요. 또 심사해서 서른몇 가지를 고쳤지요. 그래서 그 최종 보고서가 나왔어요. 제주 4·3 보고서에 대해서 뭐 이상하게 얘기하는 사람들이 있지만 그건 한 부분만 본 주장이고 주요 보수언론도 정면으로 맞닥뜨리고 얘긴 못 해요.

바로 그런 게 총리가 할 일이에요. 사회적 갈등을 사회적 협의과정을 통해 해결하고 사회적 합의를 도출해 냈습니다. 통합형 총리의 역할은 그런 것입니다.

통합형 총리가 남기는 교훈

전영기 이 대담을 하는 이유가 디테일을 얘기하는 게 아니라 '디테일에서 어떤 교훈을 얻을 수 있는가' 그 점이 아니겠습니까? 말씀 들어보니까 이해관계가 다른 사람의 입장을 역지사지의 입장에서 이해한다는 것과 어떤 시간의 숙성함을 믿는다는 것이 핵심이네요.

고 건 갈등상황을 해결할 때는 우선 경청해야 합니다. 예를 들면 내가 서울시장일 때 민원심사위원들과 '시민과의 토요데이트'를 열면서 모든 집단민원을 가져오라고 하고 얘기를 듣는데 30분간은 무조건 민원인에게 시간을 줬어요. 그렇게 입에 거품 물고 하던 것도 얘기하라면 10분, 20분밖에 못 해요. 더 할 얘기 더 하라고 해도.

그럼 민원의 반이 해결됐어요. 그게 말하자면 경청이지요. 그다음에는 양쪽에 주장이 있잖아요. 그 양쪽에 다 공감해 줘야 해요. 다 이유가 있으니까. 그리고는 역지사지하는 대안을 만들어 줘야 해요. 이게 갈등을 해소하는 3단계예요. 사실은 이게 소통의 3단계지요. 갈등해소라는 게 사실 소통을 통해서 하는 건데요.

전영기 경청, 공감, 대안, 이런 소통의 3단계. 또 디테일에 파고들어가고 역지사지를 하면서요.

고 건 그렇죠, 그리고 사실은 총리 물러난 후에도 보수·진보 양쪽의 합의를 유도하려는 열정은 식지 않았어요. 2010년 사회통합위원장으로 "미래 한국의 비전"에 대해 보수와 진보가 함께 모색하는 사회적 협의 과정으로 9차례의 끝장토론을 열었습니다. 의견이 대립되는 가운데에서도 9개 분야 60개의 합의사항을 도출해낼 수 있었죠. 이를 토대로 2010년 12월 〈사회통합 컨센서스 2010: 보수와 진보가 함께 가는 미래한국〉을 발표했습니다.

국무총리란 만인지중(萬人之中)

전영기 국무총리를 한마디로 정의하신다면?

고 건 옛날부터 국무총리는 일인지하(一人之下), 만인지상(萬人之上)이라고 불렸는데요. 저는 국무총리가 대통령의 명을 받아 일인지하는 분명하나, 행정각부를 통할한다고 만인지상은 아니라고 생각했습니다. 저는 국무총리가 국민과의 관계에서 만인지중(萬人之衆, 萬人之中)이라고 생각했습니다.

전영기 여기서 중은 가운데 중(中)인가요?

고 견 가운데 중(中)도 있고 무리 중(衆)도 있고.

전영기 무리 중(衆)은 무슨 뜻인지 모르겠어요. 그러니까 만인의 위가 아니라 가운데 있다는 거죠?

고 견 만인과 무리 중(衆)은 겹친다는 거지요.

전영기 가운데 중자를 써서 만인지중(萬人之中)이라고 한 뜻은요?

고 견 제 아호가 우민(又民) 아닙니까? 관을 그만두면 또다시 백성, 또다시 국민이라는 뜻이지요. 한편 관에 있을 때에도 국민의 눈높이를 항상 생각했어요. 국무총리가 국민 위에 있는 만인지상이 아니라 국민의 한가운데 있는 사람이다, 국민 속의 한 사람이라는 뜻이죠.

전영기 뜻이 깊은 말이네요.

소선거구제 폐단의 개선 방향 … 석폐율제 도입

전영기 2018년 내년 6월 개헌에서 대통령과 총리의 역할은 어떻게 재조정되는 게 바람직하다고 보시는지요? 우선 소선거구제의 폐단을 어떻게 고쳐 나가야 할지, 그 문제부터 얘기해 볼까요?

고 견 소선거구제가 민주화하는 데는 도움이 됐다고 해요. 민주화하는 데는 도움이 됐다고 해도 그 뒤에 오히려 폐단이 많은 거예요. 왜냐하면 호남당, 영남당 지역패권 정당이 거기서부터 기반을 닦았죠. 내가 사회통합위원장 할 때 이것만은 고쳐야겠다, 이렇게 생각했어요.
　그래서 정당학회와 사회통합위원회가 같이 공동으로 추진해서 심포지엄도 하고 의견도 듣고 해서 개선안을 내놨어요. 그게 뭐냐면 석패율제예요. 일본식으로 비례대표를 늘리고 석패율제를 도입하면 훨씬 달라질 거예요. 제 3지대 형성에도 도움이 될 것이고.

개헌에서 대통령과 총리의 역할

전영기 그럼 내년 개헌에서 대통령과 총리의 역할은 어떻게 재조정되는 게 바람직하다고 보시는지요?

고 건 개헌과 관련해서는 지금 뭐 권력구조 개편 얘기가 나오고 아니면 대통령중심제를 약간 부분 수선하는 걸로 얘기가 나오고.

전영기 아니면 내각제로 가느냐? 이런 문제도 거론되고요.

고 건 내각제로 가느냐 하는 문제는 권력구조 개편이지요. 그래서 내각제로 가든지 또는 이원집정부제로 가든지 하는 권력구조 개편이 아니라고 한다면, 현행 대통령제를 중임제 등 대통령제를 개선하는 그런 차원이라고 한다면, 나는 국무총리가 아니라 국무조정총리, 국무를 조정하는 총리의 역할을 구체적으로 제도화해야 한다, 그리고 해임건의를 내가 했던 해임제청권으로 헌법에서도 바꿔야 한다고 생각합니다. 해임도 제청하면 대통령은 특별한 이유가 없는 한 수행해야 한다, 이렇게 돼야 한다는 거예요.

전영기 제청을 하면 상당히 강제성이 있군요.

행정각부 실·국장급 인사권은 총리와 각부 장관에게 부여해야

고 건 그러면 헌정절차에서 우리가 연습해오던 것 중에 문제점을 수선할 수 있게 되지요. 그다음에 국무위원 임명제청권도 절차를 아주 확실하게 제도화해서 서면으로 제도화해라. 그리고 제일 중요한 건 총리와 내각의 인사권을 분점시키는 거예요. 지금은 청와대가 모든 인사권을 가지고 있기 때문에 엄청난 줄서기 인사예요. 각 부처의 국장급까지도. 전부 줄서기 하는 거야, 줄서기. 그게 안 된다는 얘기지요. 그러니까 행정각부의 실·국장급의 인사권은 총리와 각부 장관에게 부여해야 해요.

전영기 헌법에 넣자는 거죠?

고 건 헌법에 넣어도 좋고 법에 넣어도 좋고 법적으로 그 정도는 해야 시스템이 작동하지요. 또 하나는 내가 실제적으로 했던 국정현안정책 조정회의, 지금 대통령이 위원장 하는 회의가 헌법에 많이 나와 있지요. 그건 다 유명무실하지요. 사실은 내가 총리로 있을 때 국정현안정책 조정회의를 직접 해서 여기서 모든 각 부처 관련 사항을 조정하고 결정했어요. 그 국정현안정책 조정회의를, 국무조정정책회의를 법적 수준에서 제도화할 필요가 있다고 봐요. 그러니까 너무 바꿀 수가 없다면 현행제도에서 우리가 운영해 본 것을 토대로 해서 현실적으로 실효성 있을 만한 제도를 채택하는 것이 좋지 않겠는가, 그렇게 생각합니다.

대통령중심제, 내각책임제, 이원집정부제 중 최선은?

전영기 개헌 얘기 한 말씀 더 여쭤보면 지난 수십 년간 공직생활에서 여러 대통령을 거치며 총리를 두 번이나 하면서 바라본 대한민국의 오늘의 모습은, 한발짝 더 진전한 대한민국으로 만드는 거버넌스 체제 관점에서 본다면 우리는 어떻습니까? 대통령중심제가 지금처럼 가는 게 좋습니까? 혹은 내각제로 가는 게 좋습니까? 아니면 이원집정부제라고 할 수 있습니까? 대통령과 총리가 실질적 권한을 헌법에 규정한 상태로 부분적으로 나눠 가지는 게 좋습니까?

개헌은 오래 학습해온 대통령제를 수선해서 쓰는 방향으로

고 건　이론적으로만 제도를 놓고 보면 여러 가지 찬반이 있을 수 있어요. 우리는 오랫동안 대통령중심제를 학습해왔어요. 또 남북 대립관계에 있어요. 이런 상황에서는 새로이 내각책임제니 뭐니 해서 새로이 학습을 시작하면 이건 또 오래 걸려요. 그러니까 기왕에 대통령제를 학습해오면서 우리가 '아, 이런 점은 잘못됐구나' 느꼈던 게 있지 않습니까. 그걸 고치는 것이 좋다고 생각해요.

내치와 외교, 국방을 구분, 어불성설

내치와 외교, 국방을 구분한다고 하는 건 어불성설(語不成說)이에요. 어떻게 구분이 돼요? 이원집정부제도 개념도 여러 가지가 있을 수 있지요. 흔히 얘기하는 이원집정부제에서 내치와 외치를 구분한다는데 그게 가능하나요? 꼭 이원집정부제라고 이름 붙일 일이 있나요. 우리가 학습해오면서 느꼈던 것을 고쳐 나가면 됩니다.

전영기　그럼 대통령분권제인지요?

고 건　대통령권한분산형이지요.

전영기　그럼 대통령제의 큰 틀 속에서 권한분산형 헌법으로 보면 되겠습니까?

고 건　나는 그렇게 생각해요. 아니 여러 가지가 있을 수 있어요. 지금 와서 우리가 몇십 년 해오던 걸 수선해서 써야지. 또 새 집 짓는다고 나서면 집 짓다가 말아요. 개헌에 대해 구체적 아이디어는 없어요. 다만 지금 얘기가 나와서 그 부분은 총리를 한 사람으로서 제안하는 거지요.

전영기 그래서 저는 다시 계속해서 중도와 실용으로 들어가는데요. 그렇다면 그런 권력분산형 대통령제 그렇죠? 그렇게 되고 그다음에 소선거구제를 좀더 융통성 있게 조정하고 이렇게 돼야 중도실용의 정치가 뿌리내릴 수 있는 여지가 생기겠죠?

고 건 그렇게 봐야 하지만 그것만으로 되는 건 아니지요. 이게 여러 가지 조건 중의 하나지요.

전영기 그러면 오늘 대담이 큰 성과를 얻은 것 같네요. 대한민국에서 극단정치를 극복할 수 있는 몇 가지 일들을 수행해야 하는데 제도적 측면에서 헌법과 선거구제, 그다음에 정치적 측면에서 기존 정당 내에서의 제3의 길, 이 말씀을 하시고 또 리더십, 한 개인이 가진 강한 권력의지라든가 돌파력, 이런 것들을 갖춰 주면 우리에게도 중도실용의 정치가 좀더 넓어질 수 있다는 점을 아주 고맙게 받아들입니다.
　　그런데 양당정치보다는 그렇게 가긴 가야 합니까? 지금 그 문제의식이 아주 커요. 한 정권에서 다른 정당으로 정권이 넘어갈 때 이 양극단이 너무 원심력으로 작동해서 국민들이 혼란스럽고 수렴이 안 되는 거죠. 지금 우리가 총리님에 대해서 느끼는 안타까움은 그 정치가 실패하고 좌절했기 때문에 그렇죠.

고 건 그건 뭐 여러 가지 요인이 아까도 얘기했지만 구체적 요인이 있지만 내 개인적 요인도 겹쳐진 거라고 봐요.

시대변화와 맡은 행정의 진화과정은?

전영기 총리님께서는 1930년대생이면서 시대의 변화를 앞서거나 또 따라잡는 적극적이고 액티브한 행정관을 지니셨습니다. 개발행정, 민주행정, 협치행정(거버넌스), 이렇게 자신의 산 역사를 구분지어서 역사발전 단계와 개인의 성장단계를 일치시킬 수 있는 경험과 통찰력이 참 소중하게 보입니다.

먼저 스스로 깨닫게 된 '개발행정 → 민주행정 → 협치행정(거버넌스)의 진화과정'에 대해 설명해 주십시오.

고 건 그동안 많은 시대적 변화를 겪어왔는데 나는 그 변화하는 시대마다 새로운 시대적 과제에 도전하거나 대처하는 역할을 맡는 자리에 있을 수 있었습니다. 보통사람들은 그걸 관운이라고 하지만 나는 공직자로서 행운이었다고 생각합니다.

개발행정 시대엔 치산녹화와 식량자급

고 건 1970년대 개발행정 시대에는 치산녹화 10개년 계획을 수립했습니다. 그때 제일 중요한 게 식량자급이에요. 전남 도지사일 때는 도지사로서 열심히 식량증산을 했고, 농림부 장관을 하면서는 그때 쌀 자급이 안 되니까 수입해서 먹자는 걸 반대하고 쌀 자급 7개년 계획을 세워서 쌀 자급이 되도록 했습니다. 1980년대는 권위주의 시대였지만 나로서는 민주화를 위해 노력을 많이 했어요. 예를 들면, 아까 얘기했다시피 국회의원으로서는 지방자치, 정치적 민주화의 기반인 지방자치법을 위해 노력했습니다.

전영기 12대 국회지요?

고 건 예. 현행 지방자치법은 내가 입안해 지금 시행되고 있어요. 법개정은 1988년인데 시행은 1990년대 넘어서 됐죠. 왜냐하면 그 중간에 대통령 선거가 있었기 때문에. 1980년대 권위주의 시대에 내가 주로 한 일은 국회의원을 짧게 했고 서울시장을 했어요. 그러니까 1980년대 말에서 1990년대 초까지 관선 서울시장을 했고 1990년대 말부터 2000년대 초까지 민선 서울시장을 했지요. 서울시장 때의 일을 말씀드리는 게 좋을 거 같은데 관선 서울시장이던 1980년대 말에서 1990년대 초는 개발시대가 마무리되던 탈개발(脫開發) 시대이자 정치적으로는 민주화 시대가 시작되는 시절이었어요.

탈개발시대 초기 서울시정 모토
공개행정 · 참여행정 · 생활행정

고 건 나는 그때 무얼 했느냐? 개발사업으로는 2기 지하철, 5·6·7·8·9호선을 건설했어요. 그리고 지금 시민들이 이용하는 내부순환도로와 외곽순환고속도로를 착공, 건설했습니다. 서울시, 수도권의 하드웨어 기반을 그때 마무리 짓는 역할을 했지요. 그러고 나서는 소프트웨어, 시정시스템을 새로 만드는 일을 했습니다.

1980년대 말에 관선 서울시장으로서 내세운 시정지표가 그때 보통 사람들은 생각하기 어려운 거였어요. 공개행정이다. 참여행정이다. 생활행정이다. 행정은 공개하고 참여로써 하되 내용, 콘텐츠는 생활행정이다. 이건 사실 우리나라 행정사에서 하나의 분기점이에요.

전영기 그게 민주행정입니까?

귓속말에 능한 사람 가까이 두지 않아

고 건 예. 나는 민주행정이라고 봅니다. 이게 말하자면 거버넌스와 통하는 말이죠. 참여행정 이후로부터 15년 후에 참여정부가 나왔어요.

공개행정은 판공비 영수증까지 공개했어요. 또 그때만 해도 공사계약을 발주하면 전부 수의계약으로 했어요. 형식은 지명경쟁계약으로 해도 내용은 수의계약으로 하느라고 지명경쟁 입찰공고를 해놓고는 공사설계서는 안 보여주는 거예요. 내정된 계약당사자에게만 설계서를 주는 거죠. 그래서 내가 공사설계 열람실까지 만들었어요. 그리고 서울시는 주요정책이 아주 중요하거든요. 특혜, 이권과 관련되고 말이죠. 그래서 밀실행정을 많이 하였는데 그걸 잘하는 사람, 귓속말 잘하는 사람들은 멀리 했어요.

난 그런 사람 절대로 가까이 안 두고 모든 주요 정책을 공개적으로 토론하고 그 자리에서 결정했어요. 그래서 정책회의라는 것을 제도화했고.

그다음 참여행정. 집단민원을 시민대표로 구성되는 민원심사위원회, 말하자면 시민배심원이 해결하는 거예요. 집단민원이 뭐냐면 도시계획, 토지감정계획, 또 여러 가지가 있는데 그 분야 전문가들을 뽑아 민원심사위원회를 만들어서 그 자리에서 아까 말한 민원인들 대표 5명을 오라고 해서 얘기를 경청합니다. 경청만 해도 원성의 반은 해결이 되지요. 그러고 나서 공감하고 대안을 연구하는 거지요. 그때에 이것을 갈등해소의 새로운 시스템이라고 해서 서울대 행정대학원이 심포지엄을 했어요. 시민과의 토요데이트를 매주 토요일마다 했는데 100번째 되는 날 상공회의소 회의실에서 서울대 행정대학원 주최로 심포지엄을 했어요. 이것이 새로운 갈등해소의 방법이고 일종의 거버넌스 행정이자 시민배심원제예요.

10년 앞서 펼친 생활정치·민생정치

전영기　생활행정은 뭔가요?

고 건　행정의 콘텐츠이죠. 시민들 삶의 질 향상이죠. 지금 서울의 대중교통, 도시가스, CNG버스, 한강의 수질관리제도는 모두 그때 만든 시스템이에요. 시스템 혁신을 통해 삶의 질을 향상시킨 거죠. 이로부터 10~15년 후에야 정치권에서 생활정치, 민생정치란 용어가 나왔어요.

　1990년대 말 민선 서울시장이 되니까 그때는 정보화 시대예요. 정보화 시대를 전망하고 전자정보시스템을 그때 만든 거지요. 서울의 전자정보시스템은 세계적으로 유명하지요. 1999년에 오픈시스템이라는 부패방지를 위한 전자정보시스템을 만들었어요. 그런데 국제투명성기구에서 국제반부패회의를 아프리카 더반에서 열었는데 오픈시스템에 대해 강연해 달라고 해서 제가 직접 연설하고 그 제도를 UN이 채택해서 회원국에 보급했지요.

전영기　전자정부 수출시장이 열린 거네요.

고 건　에. 그래서 이제 본격적인 거버넌스 시정을 하게 됐는데 거버넌스 시정에 대해 이해가 부족한 것 같아요. 2002년 당시 미국 행정학회장을 역임한 홀저(Holzer) 교수와 김병준 국민대 교수가 공동편집한 *Building Good Governance*라는 학술서적에는 서울시의 우수한 거버넌스 사례를 체계적으로 소개하고 있지요.

거버넌스 행정의 과잉 문제

전영기　거버넌스, 협치행정이 너무 과잉되어서 시민행정으로 치우치면서 발생하는 부작용은 없습니까? 예를 들면, 시민이 법과 같은 제도를 흔들 수도 있지 않습니까?

68

NGO가 'Next Government Organization'이면 안 돼

고 건 거버넌스란 것은 두 가지 점에 대한 보완으로 나온 겁니다. 과거 행정은 공공영역에서 정부가 일방적으로 주도해온 결과 문제가 많이 발생했죠. 또 대의민주주의 제도가 여러 의견을 다 수렴을 못 하니까 대응책으로 나온 게 거버넌스지요. 과거 일방적으로 수행해오던 공공영역에 시장, 기업, 시민사회, 개인 등이 참여해서 의견을 수렴하고 거기서 사회적 합의를 도출해서 서로 협력하는 토의민주주의의 한 방법입니다. 이게 뭘 무시하고 탈레반이고는 아니죠. 나도 지금 NGO 시민단체에 몸담고 있는데 걱정하듯이 NGO가 문자 그대로 'Non-Government Organization'인데 'Next Government Organization'이면 안 된다는 거죠.

전영기 촌철살인의 말씀이시네요.

고 건 여론에 이끌려서는 안 되지요. 그러나 여론이란 국민의 의견이니까 국민과의 의사소통차원에서 여론과 대화하고 또 그걸 참작하는 것은 바람직한 여론과의 관계라고 봅니다. 물론 휘둘려서는 안 되겠지요. 그리고 여론과 공론은 다르지요. 여론이란 일반적 대중의 생각이지만 공론의 경우 정확한 정보와 지식을 전달받고 나온 것으로 일종의 사회적 합의과정이거든요. 공론화 과정에서 사회적 합의를 거쳐 의미 있는 합의를 도출해냄으로써 갈등을 해소하는 것, 이것은 거버넌스의 효과라고 생각합니다.

행정은 없고 정권만 강하다

전영기 총리님은 국정운영의 전문가이신데요, 요즘은 행정이 실종된 거 같습니다. 총리님께서 국무총리로써 이끌었던 행정은 찾아보기 어렵습니다. 왜냐하면 첫째, 행정과 정권의 문제로 행정은 없고 정권, 정치가 강합니다. 둘째, 행정과 여론과의 관계에서 행정은 없고 여론이 지배하는 사회이기에 행정의 고유성은 찾아보기 어렵습니다.

예컨대 어제까지도 원전의 중요성을 외치던 산자부가 정권이 바뀌니까 하루아침에 원전은 비용이 너무 비싸서 안 되겠다는 공식자료를 냅니다. 이것은 임명권을 쥔 정치에 의해 행정이 하루아침에 표변하는 겁니다. 국민들은 너무 혼란스럽죠.

그래서 누구보다 행정의 독립성과 중립성, 창조성을 몸으로 구현해오신 분으로서 이렇게 정권에 의해 지배당하고 여론에 대해 흔들리는 행정의 시대에 도대체 이들이 자기회복을 하기 위해서는 어떤 자원과 근거, 자세, 그리고 무기로 버텨야 합니까?

정권은 임기가 있지만 행정은 임기가 없다

고 건 정권은 임기가 있지만 행정은 임기가 없습니다. 정권은 권력이기 때문에 임기가 있지만 행정은 봉사이기 때문에 임기가 없는 거지요. 행정의 역할은 헌법 7조에 나와 있잖아요. "공무원은 국민 전체에 봉사하고 국민에 대해 책임을 진다. 공무원의 정치적 중립은 법률에 의하여 보장된다." 공무원들은 이 헌법 7조만 지키면 돼요.

그걸 지키기 위해서는 아까 얘기한 대로 첫째, 청와대가 행정 각부에 줄서기 인사를 시키면 안 돼요. 각 부처의 실·국장급 인사는 총리나 장관이 하도록 제도화해야 합니다. 내 경우는 정권에 충성한 적은 없어요. 국민 전체를 위한 중도실용의 행정을 하려고 했어요. 중도로서 보수나 진보처럼 한쪽으로 치우친 정권에 충성한 적은 없어요. 항상 중도실용의 행정을 지향해왔어요.

정치와 행정의 역할분담에서 문제가 항상 생기는데 아까 무슨 장치가 없겠느냐고 했는데 나는 이렇게 생각해요. 주요 국정과제에 대한 지속

가능한 중장기 계획을 준거틀로 삼고 정치와 행정이 협업해야 한다. 그러니까 그 준거, 지속가능한 중장기 계획은 제대로 만들어야지요.

전영기 누가 만들죠? 행정인이 만드나요?

고 건 그것은 국회도 참여하고 정부도 참여하고 국민도 참여해야지요. 예를 들어, 지금 탈원전 국론조사를 해야 한다는 얘기가 있잖아요. 그럼 중장기 국정과제가 전력 수급정책이거든요. 앞으로 30~40년을 내다보는 에너지 수급정책을 국민적 합의로 만들어서 그것을 준거틀로 삼고 정치와 행정이 가는 것이 원칙입니다.

전영기 총리님이 행정의 독립이라면 너무 거창하고 국민에 대한 봉사만을 하려는 과정에서 정권의 입김이 들어와서 자꾸 흔들어 놓잖아요. 그걸 극복한 사례 중에 기억나시는 게 있습니까? 저는 오늘의 장관과 오늘의 실·국장들이 그걸 해줘야 한다고 봅니다. 정권이 입장을 바꾸면 논리를 잘 조작해서 갖다 바치는 게 행정인가요?

고 건 정치와 행정은 아까 얘기한 중장기 국정과제에 대한 준거틀 내에서 해야 하는데 거기서 분업한다면 이런 거예요. 정치는 자기네 정권이 지향하는 방향이 있어요. 그 준거틀 내에서도 국정정책의 방향, 이것은 정치의 몫이지요. 그것을 구현하고 실천하는 것은 행정의 몫이고. 물론 그 사이에서 방향에 따라 왔다갔다 하는 것이 아니라 옳은 방향이면 해야지요.

아까 탈원전의 예에서 우리에게 탈원전이냐 아니냐에 대한 지속가능한 중장기 정책이 있어야 해요. 그런데 이것이 확고하지 않기 때문에 왔다갔다 하는 거지요. 그럼 우리가 탈원전으로 가기 위해 우리나라 중장기 정책 방향이 정해져 있느냐? 그것도 아니거든요.

전영기 그렇다면, 어떻게 하는 것이 좋을까요?

고 건 '지금 우리가 탈원전 하는 것이 바람직한가'에 대한 국민적 합의가 있어야 해요. 나는 환경단체 NGO로서 탈원전의 기본 방향은 옳다고 생각해요. 그래도 그 기본 방향을 확고하게 국가 방향으로 설정하고 또 그것을 어떻게 단계적으로 실천할 것이냐에 대해서는 국민적 합의가 필요하지요. 그 안에서 신고리-탈원전 결정은 앞으로 30~40년을 내다보고 단계적으로 나아가든 갑자기 두들겨 맞추든 국민적 합의가 이루어져야 돼요. 그 과정에서 신고리 5·6호기 문제가 나올 수 있는 거예요.

전영기 국무회의에서 제일 먼저 한 것이 신고리 5·6호기 중단 결정이었어요. 그리고 "이제 탈원전을 할 건지 말 건지 지금부터 말해보자" 이렇게 나오고 있어요.

고 건 본말의 순서가 바뀐 거지요. 그러나 어차피 그 두 가지가 공론화 과정에서 같이 논의되지 않겠어요? 탈원전 여부는 나중에 결정하기로 하고 신고리 5·6호기 문제를 결정할 수 있을까요?

역대 정부에서 소신과 철학을 지켜낸 한 장면은?

전영기 박정희, 최규하, 전두환, 노태우, 김영삼, 김대중, 노무현 대통령과 일하면서 행정인으로서 소신과 철학을 지켜낸 한 장면씩을 소개한다면요. 총리님께서는 품안에 사표를 갖고 다니신 적이 있다고 하셨죠? 그것은 부당한 정치 방향에 대한 행정의 하나의 수단이나 자원, 무기가 될 수 있습니까? 지금 많은 행정인이 딜레마에 빠져 있어요. 공직자로서 사표 내기가 어디 쉽습니까? 사표 냈던 이야기부터 해주시죠.

고 건 나는 1960년대에 수습 행정사무관으로 공직을 시작해 2004년 권한대행으로 물러나기까지 순수한 공직기간은 30여 년이에요. 그 30년 동안 내 나름의 원칙과 소신을 지키려고 애썼지요. 그러다 보니 사표를 7번 썼어요. 임명직은 당연히 임명권자인 청와대 눈치를 보는데 그걸 거부한 거예요. 임명권자인 청와대의 방침과 지시에 겁도 없이 반기를 든 거지요.

5·17 쿠데타 군정반대 사표

전영기 그럼 1980년 신군부의 5·17 비상계엄령 전국확대 때 사표를 낸 일부터 얘기해 주실까요?

고 건 내 공직생활을 1기, 2기로 나눈다면 1기를 마감하는 분기점에 있었던 일이에요. 내가 최규하 대통령 때 청와대 정무수석이었는데 1980년 5·18 민주화운동 전야 5월 17일에 신군부가 국보위와 군정을 위한 비상계엄령 확대조치를 했어요. 거기에 내가 반대하고 사표를 냈어요. 그래서 직업공무원은 그때 끝났어요.

전영기 반대 표명을 하시고 사표를 내신 건가요? 아니면 그냥 사의 표명만 하신 건가요?

고 건 그때는 안개정국으로 문제가 많아서 학생들 시위도 있었어요. '신현확 물러가라' '전두환 물러가라' 시위가 격렬해졌을 때인데 내가 정국 수습방안으로 여야, 학계를 다 만나서 의견을 수렴한 거였어요. 제일 중요한 문제는 "과도기간을 언제까지 할 것인가"였어요. 그때가 5월인데 연말까지 한다든지 내년 5월까지 한다든지 해야 하는데 그게 아니고 그냥 갈 수도 있다는 식이었어요. 그래서 그걸 분명히 밝히자. 그다음에 지금 비상계엄 해제해 달라고 하는데 앞으로 3개월간 데모하지 마라. 그럼 3개월 이후에 해제하마.

전영기 일정을 밝혀야 된다는 말씀이죠?

비상계엄 전국확대 의결 국무회의에 참석하라

고 건 그렇지요. 그때 신현확 총리가 공격목표니까 '개각해라.' 그래서 그에 대한 건의안을 올렸는데 전혀 거들떠보지도 않고 신군부가 들어와서 다 하는 거예요. 나는 부르지도 않고. 그때 신군부가 국보위를 만들기 위해 우선 경찰을 시켜서 이화여대에 모인 전국의 학생회장을 모두 체포했어요. 그걸 정무수석인 나도 모르고 있다가 〈중앙일보〉 성병욱 기자가 전화를 해줘서 알았어요. 그래서 본관으로 뛰어 올라갔더니 최광수 실장이 나머지 수석들도 불렀으니 조금 기다렸다가 회의를 하자고 하더라고요. 그 회의에서 군부의 건의를 받아들여 비상계엄령을 전국으로 확대하는 조치를 오늘 9시 임시국무회의에서 의결하기로 했으니 고 수석이 국무회의에 임석을 좀 하라고 해요. 그래서 "내가 거기에 왜 가냐?"고 갑자기 소리를 지르니까 모두 깜짝 놀랐지요.

전영기 최광수 실장한테요? 원래 소리 지르시는 분이 아닌데 왜 그러셨어요?

고 건 막 치밀어 오르니까. 그리고 한동안 침묵이었어요. 그때 이경식 경제수석이 "전두환이 국군보안사령관 하면서 중정부장 겸직하면 안 되는데. 중정부장을 내놓으면 되는 건데"라고 했어요. 사실 그게

2~3주 전에 수석비서관 회의에서 나온 얘기거든요. 난 분명히 그 자리에서 말했어요. "이건 안 된다. 첫째, 법규정상 안 된다. 두 번째, 정보기관인 국군보안사령관이 어떻게 또 하나의 정보기관인 중정부장을 겸임하는가? 정보기관은 3개가 분립되어 있어야 한다." 근데 가타부타 얘기도 없이 나중에 신문에 보니까 겸임이 됐어요.

말하자면 그런 식이었어요. 건의를 올렸는데 받아들여지지 않고 정무수석은 부르지도 않았기 때문에 분노가 생겼던 거지요. 무엇보다 또다시 군정으로 가면 안 된다는 것이 중요했지요. 비상계엄 전국 확대는 군정을 의미하는 거였어요. 군정으로 돌아가면 안 되기 때문에 이것에 반대하고 임시국무회의에 못 가겠다고 말한 후에 사표를 쓰고 나왔지요. 당시가 비상계엄 중이라서 보도통제 때문에 이것이 보도가 안 돼서 루머가 도는 거예요. "고 수석이 김대중에게 고급정보를 빼돌리다가 잡혀갔다"는 루머가 경찰 정보시장에 돈 거예요.

전영기 아, 그래요? 호남끼리 통했다?

고 건 그때 내가 사표를 내고 칩거하고 있었는데 그 이야기가 돈다고 해서 각 신문의 정치부에 전화를 했어요. 가급적이면 정치부장과 통화했고 없으면 데스크나 청와대 출입기자들과 통화했지요. "나는 국보위에 반대해 사표를 내고 내 발로 걸어 나와 있다. 소문의 그런 일은 없다."

사표를 쓰던 때 정황은 양김(金)이 붙잡혀 갔을 때니까 국보위 군정에 반대하고 사표를 내면 수석비서관 하나 잡혀가는 건 간단하거든요. '약점은 없지만 끌고 간다면 어떻게 할 것인가?' 혹시 걸릴 것이 없는지 다시 한 번 생각해 본 거예요. 그때가 전남 도지사 떠난 지 1년 반 정도 되었을 땐데 지사 떠나면서 전별금까지 안 받았는데 무서울 게 뭔가 해서 내 소신대로 사표를 낸 거예요.

전영기 행정관료가 자기를 지켜내려면 역시 깨끗해야겠군요. 털어도 먼지 하나 안 나게요.

두렵지 않으셨어요? 어떤 게 가장 두려웠습니까? 구타당하는 것? 옷 벗는 것? 먹고사는 것?

고 건 두렵지 않으니까 사표를 냈지요. 내가 죄가 없으니까. 그다음 이야기예요. 우선은 사표를 냈으니까 월급을 받을 수 없잖아요. 그래서 연금이라도 받아서 생활하려고 사표를 빨리 수리해 달라고 했지요. 그랬더니 최규하 대통령이 "아, 그럼 들어와라. 만나자" 해서 독대했지요. 그 자리에서 "각하, 제가 도와드릴 일이 없습니다. 사표를 수리해 주십시오" 했더니 그 양반은 마음에 안 들면 눈을 감고 '으흠…' 하는데 그게 시작됐어요. 자기가 데리고 있던 정무수석이 자기 결정에 반대해서 나갔다면 체면이 말이 아니잖아요.

그래서 내가 "그럼 이렇게 해주십시오. 제가 서울대 행정대학원에서 환경공부를 했으니 국토개발연구원 같은 곳에 연구위원으로 보내주십시오. 그럼 앞으로 공직은 안 하고 연구만 하겠습니다." 그땐 정말 학자가 되려고 했는지도 모르지요. 그랬더니 최 대통령 눈이 번쩍 뜨이는 거였어요.

전영기 아이디어가 좋았다고 생각되는데요.

고 건 그래서 정말 즉각 그게 추진되었는데 연구위원은 아니고 국토개발연구원 원장의 고문으로 발령이 난 거예요. 연구실이 충무로 극동빌딩 원장실 바로 옆방에 있었지요. 그 방 유리창으로 내다보면 위로 남산이 보였고 아래를 보면 수방사에 장갑차도 죽 있었어요. 그때 수방사 사령관이 노태우였어요. 5·17 때 9사단장이었다가 그 얼마 사이에 군의 구조가 바뀌어서 사령관이 된 거예요.

그때 내가 요주의 인물이라 사람들이 못 찾아오는 상황인데 전남지사 때 알던 호남유지들이 찾아와서 너무 상심하지 말라고 위로했어요. 상심하지 않고 저 남산을 보면서 책 보고 있다고, 이 남산재가 참 좋다고 했지요. 그때 방 이름을 남산재(南山齋)라 지었거든요. 1980년 7월쯤인데 친구들도 무서워서 못 오는데 성병욱 청와대 출입기자 등이 위로차 내방했고 또 고명승 경호실 상황실장이 찾아왔어요. 고 실장은 국보위에 참여해 달라고 부탁하러 왔는데 나는 행정밖에 모르는 사람이라고 하고 거절했지요.

명동성당 전경 투입 반대

전영기 1987년 6·10 민주항쟁 때 총리님께서 내무부 장관으로서 명동성당에 전경투입을 반대했다는 얘기가 있던데요? 이것이 6·29 선언이 나오게 된 계기가 되었다는 얘기도 있습니다만.

호구에 왜 들어가냐

고 건 다시 헌정체제로 돌아오고 내가 국회의원을 하고 있었어요. 그때 박종철 고문사건이 일어났는데 정호용 내무부 장관이 사태수습을 못하고 있었지요. 새벽 4시에 내가 자고 있는데 전화가 왔어요. 전화를 받았더니 "여기 청와대 제2부속실(관저)인데요. 각하께서 전화하신다고 합니다"하기에 잠이 깜짝 깼지요. 전두환 대통령이 직접 내무장관을 맡아 달라고 하더라고요. 내무부는 사실 내 친정인데 참 어려운 자리였지요. 호구(虎口)였지요. 그런데 호구에 들어가기 싫다고 친정인 내무부 맡는 걸 고사하지는 못하겠더라고요. 어려울 때 고사하는 것은 옳지 않다고 생각했어요.

애꿎은 담배 반 갑을 피면서 2층의 아버지가 기침(起枕)하기를 기다리는 거예요. 위로 올라가서 보고해야 하니까. 기침소리가 나서 올라가서 말씀드렸더니 아니 호구에 왜 들어가냐고 하시지. 그래서 나라가 어려운데 호구라고 안 들어갈 수 있냐고 이렇게 부자간에 이야기를 했지요. 그리고 내무장관을 하는데 시위학생들이 명동성당으로 들어가 농성을 했어요. 이걸 그냥 두면 되는데 포위해서 문제가 생긴 거예요.

전영기 경찰이 포위했죠?

고 건 그렇지요. 그래서 경찰한테 "너희는 왜 나한테 보고도 없이 포위했냐"고 했더니 "지금까지 현장지휘는 안기부에서 했습니다" 하더라고. 그러더니 1987년 6월 12일인가? 2~3일 후에 청와대 안가에서 공안장관 회의를 하는데 "농성 중인 시위대의 해산을 위해 성당 안으로 전투경찰대를 투입하라"는 이야기예요. 그것에 대해 내무부 장관, 외무부 장관, 안기부장, 비서실장, 경호실장, 수석 등이 다 참여해서 이야기하는 거예요. 주로 안현태가 말하더라고요.

전영기 안현태는 그때 경호실장이었습니까?

고 건 그렇지요. 아마 경호실장이 지시를 받았는지 박영수 비서실장은 가만히 있고 안현태 경호실장이 지시를 전달하는 거예요.

전영기 대통령 지시를요?

대통령 비서실장에게 "각하 잘 모셔라"
고 건 그렇지요. 전투경찰을 투입해야 하는데 그러기 전에 24시간의 여유를 주고 추기경에게 통보하라고, 24시간 내에 농성학생들을 해산시키지 않는다면 전투경찰대가 들어가서 해산시킬 것이라는 최

후통첩을 보낸다는 거지요. 그러면서 의견들을 앉은 순서대로 얘기하라는 거예요. 두세 사람을 거쳐서 내 차례가 되었는데 내 앞 사람들은 불가피하다고 찬성했어요. 전투경찰은 내무부 산하로 나는 주무부처 장관이니까 나중에 얘기하겠다고 하고 쭉 돌아갔는데 다 찬성이에요. 다시 내 차례가 돼서 "나는 반대합니다" 했더니 다들 깜짝 놀라는 거예요. 거기서 내가 박영수 비서실장한테 "실장님, 각하 잘 모시십시오!"라고까지 했어요.

전영기 그래요? 내무장관이 비서실장에게 "잘 모셔라!"

고 건 이래선 안 된다 이거지요.

전영기 그건 저번 저서에 안 나오는 이야기인데요.

고 건 저서에 그 얘기까진 안 했지요.

전영기 이번엔 반드시 넣어야 해요. 비서실장한테 "각하 잘 모셔라"라고 한 거요. 이거 김재규가 차지철한테 한 소리랑 비슷하네요.

고 건 왜냐하면 경호실장이 대통령 지시를 전달한 것이 그걸 전부 설명해 주니까요. 그리고 내가 대통령 지시에 반대하는 이유를 세 가지로 얘기한 거예요. 첫째, 전투경찰대가 성당에 들어가면 수녀 방까지 다 수색해야 하는데 2차 세계대전 때 나치도 수녀 방에 들어간 일은 없다. 둘째, 그 많은 학생들이 이리 뛰고 저리 뛰고 하다가 거기 높은 절벽에서 인명 사고가 날지 모른다. 문제가 되면 계엄령을 선포해야 하는데 신부와 수녀가 탱크 앞에 누우면 어떻게 할 것인가?
세 번째는 가장 중요한 얘긴데 "성당에 전투경찰이 들어갔다고 하면 바티칸에서 뭐라고 하겠는가? 만약 '한국상품 사지 말라'는 말 한 마디라도 하면 우리 수출경제는 결정적 타격을 받을 수 있다. 그리고 88 서울올림픽 개최가 결정적 타격을 받을 수 있다."그렇게 얘기하고 있는데 그 중간에 벌써 보고가 청와대 본관으로 올라갔어요.

전영기 안현태가 했나요? 누가 했나요?

고 건 그건 모르지요. 요만한 쪽지를 나한테 갖다줘요. "각하 전화이십니다."

옆에 전실로 나와서 전화를 받았더니 전 대통령이 "이봐 해방구라는 거 알아?" 묻기에 러시아 혁명 때 나온 말이라고 했지요. 그때 명동성당에서 농성 중인 일부 학생들이 "여기는 해방구다"라고 했거든요.

전 대통령이 "그 빨리빨리 결정하지 말이야, 회의한다고 물이나 마시고" 하는 거예요. 그래서 "각하, 사태를 좋은 방향으로 수습하기 위해서 토론하고 있습니다"라고 했지요. 끝까지 "알겠습니다. 그렇게 하겠습니다"라는 말은 안 했어요. 그리고 전화를 끊고 들어와서 다시 내가 얘기를 다 매듭짓고 나니까 그때서야 가톨릭 신자들로부터 약간의 호응이 있는 거예요.

전영기 아, 대책회의에 참여했던 사람들 중에 가톨릭 신자가 있었군요. 누구예요?

고 건 강우혁 행정수석, 또 누구 하나, 그리고 안무혁 안기부장도 가톨릭 신자일 거예요. 이거는 신중하게 검토해서 결론짓자고 하고 회의를 해산하고서 결국 몇 사람이 남았지요. 안무혁, 나···. 안현태, 청와대는 빠지고, 또 하나는 누군가? 이춘구 당 사무총장. 그 때는 이상연 안기부 차장이 같이 합석했어요. 그래서 그 자리에서 털어놓고 이야기한 결과 재검토 건의를 하기로 했어요.

전영기 대통령한테 그럴 수 있나요? 그것도 전두환 대통령한테요?

고 건　전화받은 사람이 오케이 안 했는데요 뭐. 내가 주무부처 장관인데 안 하면 그만이지요.

전영기　1987년에요? 1987년에 누가 감히 전두환한테 그럴 수 있어요? 1987년 6월 민주항쟁 때인데. 대단하십니다.

6·29를 나오게 한 계기

고 건　작전을 이렇게 짰어요. 나는 청와대에 독대면담 신청을 하기로 했어요. 그전에 안기부장이 들어가서 오늘 몇 사람이 나눈 이야기를 말씀드리고 재검토를 건의드리기로 했어요. 그리고 돌아와서 청와대에 독대신청을 했어요. 내일 오전 중에 급히 해야 한다고 했더니 조금 있다가 내일 9시인가 10시에 회의를 소집하겠다고 해요. 결국엔 그 문제로. 그런데 우리가 회의를 하면 조그만 회의실에서 기다리고 있다가 나오실 때 되면 옆에 쭉 선단 말이에요. 대통령이 저기서부터 오시는데 뒤에 안기부장이 따라오더군요. 그래서 내가 눈짓으로 어떻게 되었냐고 물으니까 손으로 'O'자를 그리더라고요. '아 이제 안심이다.' 그 자리에서 대통령이 우리가 조금 참자고 하더라고요. 아까 말한 반대 이유 중에 올림픽도 들어갔는데, 그때 한국이 정쟁으로 어려우니 올림픽을 런던으로 옮기자는 얘기가 있었거든요. 그것도 문제라고.

전영기　대통령의 가장 아픈 부분을 딱딱 찍으셨군요.

고 건　이거 아니었으면 6·29가 안 나오는 거예요.

전영기　방향이 틀어지는 계기가 된 건가요?

고 건　네.

한보 수서특혜 거부

전영기 관선 서울시장 때 노태우 대통령의 압력사안이었던 한보 수서택지 특혜부여 지시를 거부한 것도 대단한 결단 아닌가요?

도시계획국장 후임은 아무개로 임명하라

고 건 1990년 노태우 대통령 때 임명직 서울시장을 할 때였어요. 청와대 수석비서관들을 통해서 수서택지를 한보건설에 특혜를 주어라 하는 거였어요. 끝까지 청와대 지시를 거부했더니 그동안에 국장 잡아넣는 것도 있었고 협박도 있었지요. 그래도 끝까지 안 된다고 했더니 결국은 마지막으로 L 법무부 장관이 전화를 했어요. "중요한 이야기를 전할 게 있으니 S 법무부 국장을 보낼 테니 말씀을 들어보시라"고. 그래서 단 둘이 만났는데 S 국장이 말하길 "사태가 심각합니다. 김학재 도시계획국장을 바꾸지 않으면 구속이 됩니다. 그걸 예방하려면 국장을 바꾸셔야 합니다."

내가 화를 잘 안 내는데 그땐 화가 머리끝까지 올라오는 거예요. 김학재 국장은 전임국장이 검찰에 잡혀가서 후임인사를 할 때 아주 청렴한 사람을 발탁했거든요. 이 사람은 온 지 두 달밖에 안 됐고 한 일은 내 지침에 따라 특혜는 안 된다고 반대한 것밖에 없어요. 그래서 "잘못이 있다면 내가 잘못한 거니 구속하려면 나를 구속하라"고 했죠. 그전에 가관인 게 "후임은 ○○○로 했으면 좋겠습니다" 하는 거예요.

전영기 후임은 누가 지시했을까요?

고 건 후임 천거는 L 법무부 장관이 한 거고, 사표 받으라고 한 거는 청와대에서 압력을 넣은 거지요.

전영기 대통령의 명을 비서관이 받아서 말한 건가요?

김학재 국장 구속 땐 신문광고 통해 사회고발 하겠다

고 건 수석비서관이겠지요, S 법무부 국장을 보내 놓고 김학재 본인, 부시장 등 몇 사람을 불러서 "오늘 이런 일이 있었다. 내가 이건 안 된다고 했지만 혹시 모른다. 검찰이 무조건 잡아가면 어떻게 되겠는가? 그땐 내가 옥쇄를 한다"고 했지요. 그랬더니 "무슨 소립니까?" 하기에 "김학재를 구속해서 데려가면 내가 고발하겠다"고 했지요. "아니 검찰이 그러는데 어디다 고발합니까?"고 질문해서 "사회고발을 한다. 내 개인 돈으로 신문에 전면광고를 낼 것이다. 여차여차하더니 이렇게 잡아갔다"고.

전영기 행정관리의 자세가 아니라 애국지사와 정치인의 자세인데요.

고 건 공인 1기는 1980년 5월 16일로 끝났다고 했잖아요. 5월 17일 사표 낸 이후부터는 공인 2기이지요.

전영기 정치적으로 싸울 줄도 아는 관리라는 말이네요.

고 건 그 후에도 몇 가지 에피소드가 있는데 아무튼 그렇게 완강히 버티니까 '그래, 그럼 너 그만둬' 해서 경질된 거예요. 경질되고 난 뒤에 박세직 시장이 와서 청와대 말대로 결정해서 나온 게 수서특혜죠.

대통령 아들 구속과 총리

전영기 YS 때 국무총리로 일했었는데요. 그때 뭐 없었습니까?

고 건 YS 때도 있었죠. YS가 한보철강 사태 때문에 임기 말에 위기에 몰렸었는데 그때 총리로 나를 지명한 거예요.

전영기 사태수습 총리로요.

첫날부터 법무장관 해임제청권 행사

고 건 예. 내가 두 번 사양하니까 "나라를 위한 일입니다" 해서 수락했는데 조건부 수락을 했지요. "총리를 하려면 내각을 통할해야 하는데 그러려면 해임제청권을 주셔야 합니다. 제가 해임제청하면 그 사람을 해임시키십시오. 그래야 총리 말을 들을 거 아닙니까?" 그랬더니 "그게 뭐 어렵나. 그렇게 하자." 그러고 나서 내가 취임했는데 취임식 한 날 바로 청와대로 들어오라고 그래요. 갔더니 YS가 혼자 명단을 읽는 거야. 개각을 해야겠다고. "경제부총리 강경식, 산자부 장관 임창열 …" 쭉 읽는 거야. 나도 명단 한 장을 주면 좋겠는데…. 다 읽고 나서 내 표정을 보는 거예요. 어떠냐는 얘기지요.

그래서 내가 "경제개각만 하셨네요." "그렇다"고 해서 내가 이의를 단 것은 "지금 한보사태 수습해야 하는데 국민들이 한보철강 특혜대출 사태에 대한 수사가 제대로 이루어질 거라고 믿지 않습니다. 왜냐하면 법무부 장관도 경남 출신이고 검찰총장도 경남 출신이고 한보 정태수도 경남 출신이고 대통령께서도 경남 출신이니 잘 안 될 거라고 생각합니다. 수사에 대한 강력한 의지를 표명하기 위해서는 법무부 장관을 바꾸셔야 합니다." 해임제청권을 약속했으니까 즉석에서 해임제청권을 행사한 거예요. 그랬더니 누가 적임이냐고 묻는 거예요. 간단해요.

전영기 YS 답네요.

고 건 "내가 그쪽 사람들을 잘 모르는데 근래 신문에 거명되는 사람들을 보니까 최상엽 전 법제처장, 또 아무개가 있습니다" 했더니 바로 비서실로 인터폰을 해요. "최상엽이 전화 바꿔라" 전화통 옆에 있어야 돼요. 없으면 제 2 후보자한테 거는 거예요. 그래서 최상엽이 "알겠습니다. 열심히 하겠습니다" 했죠.

전영기 총리님이 들어가면서 최상엽한테 이야기해 논 거 아니에요? 그런데 갑자기 사람이 생각이 나요?

고 건 법무부 장관은 당연히 개각을 할 줄 알았지요. 그래서 그걸 유심히 본 거지요.

전영기 아, 후보감들이 신문에 오르내리는 걸요.

고 건 예. "아 그럼 다 됐나" 물어요. "네 다 좋습니다. 다만 한 가지, 앞으로 연말에 대통령 선거가 있는데 선거 주무장관이 내무부 장관입니다. 그 내무부 장관을 지금은 여당 서정화 의원이 겸직하고 있습니다. 이걸 선거 전에 바꿔야 합니다. 그래야 야당으로부터 공격을 안 받습니다." 그랬더니 "언제 또 개각하노. 그럼 누가 좋나?" 물어요. 그래서 "아무개하고 두 번째로는 강운태…" 했는데 다시 '삑' 인터폰 버튼을 누르더니 "강운태 바꿔라" 하는 거예요. YS가 첫 번째 사람은 잘 모르나 봐요.

그러고 나니까 "이제 다 됐나? 이제 곧 10시인데 10시에 발표한다고 기자들이 밖에서 기다리고 있어. 기자회견이 있거든" 해서 "한 가지 더 있습니다" 그랬더니 "누구야?" 물어요. 그래서 "지금 경제개각을 주로 하는데 경제는 부총리를 팀장으로 해서 팀워크가 잘 이루어져야 합니다. 혹시 강경식 부총리 내정자한테 그 장관들의 이름을 이야기하셨습니까? 제가 불러서 명단을 불러 주고 팀워크가 되겠는가 확인하겠습니다. 확인하고 연락을 올리겠습니다" 했더니 "발표 연기해라" 해서 2시로 연기된 거예요.

전영기 YS는 참 괜찮은 대통령이네요.

고 건 그럼요. 그래서 2시로 연기했어요. 긴 시간은 아니지만 강경식 부총리 내정자와 단 둘이 앉아서 "부총리로 내정된 걸 알고 계시죠?" 했더니 안다고 하는데 "경제각료들을 아세요?" 했더니 모른다고 해서 쭉 불러 준거예요. "괜찮소? 팀워크가 되겠소?" 했더니 "괜찮습니다" 하더라고요.

전영기 대부분 총리로 지명받으면 그것에 감읍해서 더 이상 얘기를 안 하는 게 보통 인지상정인데요.

중수부장을 바꿔야하겠소

고 건 법무부 장관을 바꿨는데도 수사가 안 되고 지지부진한 거예요. 중수부장이 경북(TK) 출신 최병국 검사장이었어요. 언론에선 난리고. 그렇다고 검찰총장을 또 바꿀 수는 없고 해서 중수부장을 바꾸려고 최상엽 장관과 상의했어요. 최 장관은 내가 천거했고 본인도 이 사실을 알고 고시동기이기도 해서 터놓고 이야기할 수 있었지요. 내가 문제가 있는 것 같다고 하니까 공감을 해요. 그럼 중수부장을 바꾸자고 했지요.

누가 있냐고 하니까 검찰에서 자타가 공인하는 수사통이 인천지검장으로 있다고 하더라고요. 그럼 중수부장을 그 사람으로 바꾸라고 얘기했어요. 장관이 갑자기 중수부장을 바꿀 수는 없으니까 내가 내일 국무회의에서 지시를 하마, 했지요. 그리고 국무회의에서 "국민들이 지금 한보사태 수사가 지지부진하다고 하는데 법무부 장관은 어떻게 할 거요? 사람을 바꿔서라도 수사를 제대로 신속하게 하십시오" 하고 공식적으로 지시했어요. 그래서 중수부장이 심재륜 검사장으로 바뀌었어요. 신문에서는 유사 이래 국무총리가 처음으로 수사에 관여했다고 대서특필됐지요. 그래도 그때는 힘이 있었지요.

전영기 청와대나 YS한테 얘기 안 해도 됩니까? 검찰권인데요.

고 건 그 얘기가 빠졌는데요. 내가 중간에 청와대 문종수 민정수석을 만났어요. 검찰출신으로 검찰에서 존경받는 사람 중 한 분이에요. 그 문 수석한테 상황 설명을 하고 "이거를 수사를 하려면 김현철이를 구속하는 수밖에 없다. 내가 대통령께 진언하겠으니 그렇게 알고 있으시오" 하면서 그 얘기는 내밀하게 보고하라고 했는데 보고했겠지요. 그리고 독대하는 날에 … .

전영기 매주 독대합니까?

고 건 그렇지요.

전영기 무슨 요일입니까?

고 건 화요일. 좌우간에 들어가서 이야기를 했어요. 현철이 구속하겠다고는 못 하고, 그거는 수사해 봐야 아는 거니까. "지금 한보철강 사태수습에 있어서 수사가 지지부진하다고 언론에서도 그리고 사실도 그러합니다. 그러나 이렇게 얼버무릴 수는 없기 때문에 중수부장을 경질하고 제대로 수사통을 기용해서 수사하도록 하겠습니다." 이거는 무슨 얘기냐 하면 '김현철이를 잡아넣겠습니다' 하는 이야기거든요. 숨은 이야기는 그렇지요. YS가 잠깐 침묵하더니 "그렇게 하세요."

전영기 중수부장 바꾸세요?

고 건 "그렇게 하세요" 해서 내가 국무회의 하고 그렇게 진행되었어요. 그리고 김현철이 구속돼요.

전영기 이건 매우 흥미로운 대목입니다. 총리가 필요에 따라 검찰 인사에 개입할 수 있다. 국민의 뜻을 받들어서.

고 건 그럼 안 되지요 사실은. 그래서 그게 그때 신문에 뭐라고 나왔냐 하면 그 전말을 알 리 없는 언론은 "총리가 법무부 장관에게 검찰 재수사를 요구하는 초유의 사태"라며 대서특필했어요.

신임각료 제청 거부

전영기 노무현 대통령 때 총리로서 신임각료 제청을 거부했던 일이 언론에 보도되었던 일이 있는데요?

고 건 노무현 대통령이 탄핵소추에서 5월에 대통령으로 복귀했는데 복귀한 날 내가 "저녁을 좀 주시죠" 해서 청와대에 들어가서 만찬을 했어요. "아, 이제 강을 건넜으니 말을 바꾸십시오" 하고 나는 사의표명을 하고 대통령께서 가납했다고 해서 신문에 그 이튿날 아침에 청와대가 발표했어요. 나는 이미 물러나는 총리였지요.

전영기 그러면서 제청해 달라고…

물러나는 총리가 신임 장관을 제청할 수 없습니다

고 건 그런데 사흘 후에 새 장관들을 임명제청해 달라는 요청을 했어요. "그건 안됩니다. 물러나는 총리가 신임 장관을 제청할 수 없습니다. 신임총리의 제청을 받도록 하시죠." 그런데도 미련이 있어서 노무현 대통령은 나한테 비서실장을 두세 번 보냈어요.

전영기 김우식인가요?

고 건   예. 김우식 실장. 그래서 안 된다고 했는데 마지막으로 또 온다고 하는 거예요. 그때 신문들이 그 정황을 알고 있었어요. 사진 찍히면 곤란하잖아요? 그럼 총리공관으로 오라고. 비서실장 집하고 총리공관 뒷문 사이에 통하는 길이 있어요. 그래서 총리공관 집무실에서 만났어요. "죄송하지만 이건 안 됩니다. 안 되는 이유를 학자들 몇 사람한테도 물어봤고 여야와 국회의원에게도 물어봤는데 그분들의 이야기가 여기 정리한 게 있듯이 모두들 안 된다는 의견이었습니다. 이것을 대통령께 갖다 드리십시오." 그리고 이미 난 사임하기로 결정되었으니까. 사표를 낼 필요가 없지만 내가 마련했던 사표를 동봉해서 보냈어요. 그 이튿날 국무회의가 열렸는데 "인사를 하시죠" 그래서 사임인사를 간단히 하고 그만두었지요.

전영기   이런 소신과 철학을 드러낼 때 대통령 뜻에 거스르는 주장과 요청을 하는 건데요.

고 건   그렇지요. 완전히 역린을 건드린 거지요.

전영기   그럴 때 마음가짐은 뭡니까? 이러다 쫓겨나도 좋다라든가, 심지어 내가 구속되어도 좋다라든가.

고 건   아니, 구속돼도 좋지만 구속될 사유가 없다고요.

전영기   아니, 정치라는 것이 그렇지 않잖아요? 애꿎은 사람을 벼랑 끝에 몰고 갈 수도 있고. 그런 걱정은 안 하셨어요?

고 건   내가 누구한테 돈 받았다고 나를 잡아넣을 수 있는 정권은 없어요, 사실은. 이미 정평이 나 있기 때문에. 그래서 난 그렇게 생각해요.

전영기   '돈 받지 말라' 군요.

고 건 그건 내 생존철학이었으니까. 왜냐하면 야당 국회의원 아들이었거든요.

전영기 철학이 아니라 생존수칙이 되겠습니다.

고 건 처음에는 아버지가 그렇게 이야기했지만 나중에는 생각해 보니까 그게 생존수칙이에요. 야당 국회의원 아들이 생존하려면 돈 받지 말아야지요.

실패사례와 후회사례는?

전영기 위 각 정권에서 중책을 맡으면서 뼈아픈 정책 실패사례, 혹은 그렇게 하지 말았어야 했는데 하는 후회사례 한 장면씩 소개해 주실 수 있는지요.

행정분야 실패사례

먼저 행정분야에서 실패사례를 말씀해 주시죠.

고 건 내가 전남지사 나가기 전에 4~5년간 치산녹화 10개년 계획을 수립해서 확정, 집행된 것에 자긍심을 갖고 있었거든요. 그런데 전남지사로 내려갔을 때 산림국장이 건의안을 가져왔어요. 건의안을 보니까 지리산 일대에서 고로쇠물을 채취하는데 살아 있는 나무에 금을 그어서 하기 때문에 나무의 생장에 나쁘다는 거예요. 옳은 얘기거든요.

전영기 그러니까 고로쇠물을 채취하자는 얘긴가요, 말자는 얘긴가요?

고 건 금지해야 한다는 거지요. 그래서 " 귀하 얘기가 옳다"고 하고 젊은 지사가 덜컥 금지시켰어요.

고로쇠물 채취 금지령

전영기 금지시키면 안 되나요?

고 건 사방에서 난리였어요. 고로쇠물을 채취해서 먹고사는 사람들이 있고, 고로쇠물을 먹고 건강을 관리하는 사람들이 있으니까요. 말하자면 내가 현실을 잘 몰랐던 거지요. 그리고 무엇보다도 고로쇠물을 뽑으면 나무가 죽는지도 확인해 보지 않았고요.

전영기 그 산림국장은 나무가 죽는다고 했어요?

고 건 아니요. 나무 생장에 나쁘다고 했지요. 아무튼 다 금지시켜 놓으니 난리가 났지요. 지역 언론에서도 그렇고. 그래도 끝까지 갔어요. 그러다 나무 생장에 얼마나 지장이 있는지 알아보기 위해 그전에 고로쇠물을 뽑아서 죽은 나무가 있는지 확인해 보았는데 없더란 말이에요. 고로쇠물을 뽑는 사람들도 다음번 작업을 위해서 그렇게는 안 하는 거죠. 아, 내가 지방에 가서 실사구시 하겠다고 하고서 그걸 못한 거지요. 그래서 결국 취소했어요. 실패한 거죠. 정책 실패지요.

전영기 그때가 1970년대인데 중앙에서 조사를 온다거나 정보부에서 온다든가 그런 건 없었나요?

고 건 그런 건 없었고, 일종의 섣부른 선무당이 사람 잡은 거지요. 사실 내가 치산녹화 10개년 계획을 하면서 이전에 경험을 했거든요. 박정희 대통령이 입산금지를 승인해서 경찰이 입산통제를 하도록 했는데 부작용이 많이 생겼던 거예요. 우선 약초 캐는 사람들이 문제인데 경찰이 그 사람들을 어떻게 구분해요? 파출소에 있는 젊은 경찰들은 대학생들이 방학 때 내려와서 뒷동산에서 연애하고 있으면 그거 잡고 있어요. 그래서 '아, 이건 경찰을 시키면 안 되겠구나' 싶어서 산림계와 새마을지도자를 시켜서 자율적으로 마을에서 입산통제를 하라고 했지요. 이런 경험이 있는데도 비슷한 잘못을 저지른 거였어요.

정치분야 실패사례

전영기　그럼 정치분야에서 실패사례를 말씀해 주신다면요.

고 건　정부분야보다 정치분야에서 후회스러운 일이 적지 않았어요. 자치구제 도입은 잘못한 일입니다. 우리나라에 자치구라는 게 없었어요.

전영기　시, 군은 괜찮으나 '구'는 잘못됐다?

고 건　그러니까 '구'는 자치단체가 아니었어요. 그런데 내가 현행 지방자치법을 입안해서 통과되고 도입되었는데 그때 문제가 뭐냐 하면 정부 여당 입장에서는 모든 자치단체장 선거를 한꺼번에 못 해요. '단계적으로 하자.' 그리고 한쪽에서는 '광역자치단체부터 하자', 아니면 '기초자치단체부터 하자' 그랬는데 '기초자치단체부터 하는 것이 자치원리에도 맞다'는 거지요. 그래서 '기초자치단체부터 하자' 했는데 그러려면 시장·군수 선거와 서울시장·부산시장 선거를 같이 해야 해요. 왜냐하면 서울시와 부산시는 기초자치단체이면서 동시에 광역자치단체였어요. 그리고 밑에는 행정구만 있는 거였어요.

전영기　단순히 자치구가 아니네요. 지방자치제 실시 전에는.

고 건 그렇지요. 그러니까 지금 간단히 얘기하면 그 '자치구'라는 의제된 개념을 도입한 게 나였어요. 단계적으로 기초자치단체장부터 먼저 선거한다고 했을 때 서울시장은 빼놓고 해야 한다. 그럼 광역자치단체 겸 기초자치단체의 장인데 광역자치단체로만 치고 기초자치단체는 하나 만들어야 해요. 그래서 '구'를 '자치구'로 만든 거예요.

전영기 말하자면 그 용어를 만드셨군요.

고 건 아니, 그 용어는 이미 있었어요. 도쿄의 23개 구는 자치구라고 했어요. 교토의 구는 자치구가 아니고. 좌우간 그런 개념을 도입했죠.

전영기 그럼 그때 '시'나 '군' 개념은 있었나요?

고 건 그건 원래부터 있었어요. 시, 군은 원래 자치단체고.

전영기 평택시, 의왕시 등은 원래 있었고요?

자치구제 도입은 잘못

고 건 예. '구'도 있었지요. 예컨대 동대문구도 있었지만 동대문구청장은 자치단체장이 아니고 행정기관장이에요. 즉, 여당의 전략적 판단에 의해 불필요한 '자치구'의 개념을 도입한 거죠. 그래서 "직할시, 광역시인 서울·부산·인천의 구청장은 자치구의 구청장으로 해서 선거한다. 그 대신에 서울시장·부산시장·인천시장 선거는 나중에 한다"고 여당이 전략을 정하고 법안을 만들어 통과됐죠. 그런데 그게 바로 시행됐더라면 그렇게 됐을 텐데 6·29로 헌법이 개정되어 직선제가 됐어요. 그러니까 시행이 늦춰져서 지방자치제 부활이 2, 3년 늦춰진 거예요. 결국 YS가 대통령 당선되고 난 후에 시행하게 돼요.
　3년 터울로. 그때 모 신문사가 연재하는 '지방화 시대'라는 지상포럼이 10번 정도 열렸는데 내가 거기서 각 당 대표 모셔 놓고 사회를 보면서 "이제는 자치구청장을 빼야 한다. 그리고 서울시장 선거를 하게 되면 필요 없다"고 했지요. 그런데 야당에서는 선거를 하나라도 더 해야겠다고 하고 여당인 YS도 민주주의니까 선거는 다 해야 한다는 거예요. 그래서 그대로 시행돼 버린 거예요.

나는 그걸 다시 되돌리려고 했는데 안 된 거지요. 그래서 지금 어떤 결과가 생겼는가요? 예컨대 서울시의 구청장은 선거하는데 수원시의 구청장은 임명제니까 불합리하지요. 그런데 불합리한 것만이 문제가 아니라 요즘 박원순 서울시장과 신연희 강남구청장 사이에 갈등이 있잖아요. 이게 자치구의 구청장 선거제로 인한 폐해예요. 이걸 볼 때마다 내가 잘못했다고 느끼지요.

전영기 강남구와 서울시가 적이 되었어요.

고 건 불필요한 지방자치의 높은 비용(cost)을 지불하고 있는 거지요. 일이 안 되잖아요. 기왕에 구자치를 해서 구의원까지 선거로 뽑았는데 지금 어떻게 되돌리느냐고 하지만 최소한의 방법은 민선 서울시장이 구마다 구청장 후보를 내서 구의회의 동의를 얻는 거예요. 그러면 신연희 강남구청장 사건 같은 것은 안 일어나지요.

전영기 그럼 구청장을 간선제로 하자는 말씀이신가요? 시장이 제청하고 구의회가 동의하고요?

고 건 그렇지요. 총리 임명하듯이 하자는 말이에요. 그게 자치원리에도 반하지 않는 방법이에요. 신연희 강남구청장 이야기 나올 때마다 후회스러워요.

전영기 그 말씀은 서울시나 부산직할시 같은 곳은 구가 필요 없다는 건가요?

고 건 아니요. 구가 행정구역이자 기왕에 자치구인데 어느 정도 자치권까지 인정하는데 구청장 선거까지는 하지 말자는 거지요.

전영기 직할시와 비슷한 영토의 규모를 가진 일반시의 일반구는 선거를 하는데도요?

고 건 지금 일반시의 일반구는 선거를 안 하지요. 성남시나 수원시는 구청장 선거를 안 하잖아요. 거기는 행정구예요.

전영기 그런데 성남시에서의 분당구와 서울시에서의 강남구는 다르지 않습니까?

고 건 서울시장의 직급이 높다는 것밖에 다른 건 없어요.

전영기 아니, 직급이 높을 수밖에 없을 만큼 행정수요나 자치수요가 많다고 볼 수도 있죠.

고 건 오히려 작은 도시일수록 구청장의 자치수요가 많은 거예요. 서울 같은 대도시에서 나는 종로구에 살지만 종로구와 동대문구, 종로구와 중구의 경계도 몰라요. 구청장도 자동차 타고 왔다갔다 하면 헷갈린다고. 그런데 무슨 자치구냐는 말이지요.

전영기 그러면 다시 질문드리는데 평택시장이나 양양군수는 왜 자치를 줘야 하죠?

고 건 하나의 지역공동사회를 이루고 있으니까요. 서울은 서울시 전체가 하나의 유기체와 같은 지역공동체라는 거지요.

전영기 현재 우리나라의 경우로 보면 성남시 분당구는 행정구이고 서울시 강남구는 자치구인 거죠.

고 건 내가 고민하다 서울시 구청장을 기초자치단체의 장으로 해서 선거제를 만들기 위해 도쿄도의 자치구 개념을 차용해온 것인데 당시 도쿄는 이렇게 되어 있었어요. 도쿄에는 신주쿠구(新宿區) 등 23개의 특별구(자치구)가 있었는데, 원래 도쿄는 특별구가 자치구였는데도 불구하고 특별구 구청장을 구의회가 도쿄도지사(도쿄특별시시장)의 동의를 얻어 임명하고 있었어요. 그러다가 1974년에 구의회 임명제를 직선제로 바꾸는 지방자치법 개정이 이뤄져서 1976년도부터 도쿄의 23개 특별구 구청장이 주민 직선제로 바뀌어 있었어요.

구청장은 구의회 동의 얻어 시장이 임명해야

전영기 제가 예상컨대 환원은 어려워 보이는데요.

고 건 이제 환원이 어려워요. 그래서 내 안은 구청장을 구의회의 동의를 얻어서 시장이 임명하자는 거지요.

전영기 구체적으로 지금 안 되겠네요. 예컨대 박원순 서울시장이 제청한다면 자유한국당이 기필코 반대하죠.

고 건 그럼 3년 후부터 하면 되지요.

전영기 그렇네요. 다시 돌아가면 총리님께서는 정치권의 요구와 압박 때문에 불필요한 자치구를 만들었던 것이 큰 실수라는 거죠?

고 건 나도 1986년 12대 국회의원으로서 한 거니까요.

전영기 정치적인 전략적 판단으로 실사구시적 수요와는 관계없이 만든 제도가 실패였던 거네요. 그리고 "지금 박원순 시장과 신연희

구청장 사이를 보니까 그 폐해가 커서 다시 돌아가고 싶은데 돌아가는 방법은 특별시와 광역시의 경우 시장이 임명제청해서 해당 구의회 동의를 얻는 방식이다. 현실적으로 어렵겠으나 현직들의 이해관계를 충족시킨 뒤 경과규정으로 두었으면 좋겠다"는 말씀이죠? 내년에 지방선거가 있기 때문에 시기적절한 제안이네요.

고 건 그런데 이미 지났죠. 이번 선거는 하고 그다음부터 생각해야죠.

전영기 그러니까 지금 만들어 놔야죠.

고 건 그렇지요. 이번 개헌할 때에 같이 논의되어야지요.

전영기 이번 선거는 그대로 가되 개헌이 발효되는 2022년부터 이 지방자치법대로 가자는 거죠?

고 건 예. 기초자치단체란 하나의 지역공동사회를 형성해야 하는 거예요. 그런데 지금 종로구와 중구가 별도의 지역공동사회냐? 그건 아니란 말이지요.

전영기 총리님, 정말 잘못하셨네요. 1987년 법이 통과된 건가요?

고 건 아니요. 1986년 8월 18일 고위당정회의를 거쳐 '시·군·구 등 기초자치단체부터 지방자치제를 도입한다'는 쪽으로 방침이 확정됐어요. 그러니까 1986년 내가 민정당 12대 국회의원 할 때 이야기예요. 그때 내가 위원장이었거든요.

전영기 자치구 도입 법 개정 시, 당 지방자치위원장이셨어요?

고 건 그렇죠. 내가 민정당 지방자치제도 특별위원회 위원장이었어요.

전영기 집권당 지방자치제도 위원장이시니까 사실상 정치권 전체를 끌고 가신 거죠.

고 건 그래서 확정해서 발표까지 했어요. 그런데 몇 달 후에 1987년 6·29 선언이 나오면서 직선제로 바뀌니까 개헌과 맞물리게 되면서 시행이 늦어진 거예요.

전영기 총리님의 정치적 판단이었나요? 당의 요청이었나요?

고 건 나도 당의 일원이니까 같이 한 거지요. 내가 아이디어 제공 안 했으면 그게 됐겠어요? 아무튼 실패작이에요.

전영기 평생 처음으로 국민이 아니라 당을 위해서 일하신 거네요. 단 한 번 공익이 아니라 당리당략을 선택하신 거죠. 그런데 그 당시에 야당도 원했던 거죠?

고 건 그렇지요. 야당은 선거가 많을수록 좋으니까.

전영기 그러니까 정치권 전체가 공범이라고 볼 수 있겠네요.

고 건 아무튼 실패작이에요.

전영기 큰 실패를 하셨네요.

소선거구제 도입도 잘못

전영기 정치분야에서 소선거구제 도입도 잘못이라고 말씀하신 적이 있는데?

고 건 예. 자치구제 도입보다 더 큰 실패는 소선거구제 만들어 놓고 소선거구에 입후보해서 낙선한 거지요.

전영기 소선거구제도 총리님이 만드셨죠?

고 건 제가 입안했지요. 그것도 잘못한 거라고 했잖아요.

전영기 소선거구제도 1986년에 하신 거예요?

고 건 아니, 그건 1987년이에요. 선거법 개정은 1988년이고요.

전영기 당의 지방자치위원장과 선거제도위원장을 하면서 각각 자치구도 만들고 소선거구도 만드신 거네요. 극단정치의 바이러스가 될 수 있는 소선거구제를 끌어들인 것에 대해 통한하고 있다고 쓰겠습니다. 그런데 DJ도 소선거구제를 강력히 요구했었잖아요. 그때 협상에도 참여하셨습니까?

고 건 그럼요. 소위가 마련한 선거구제 개정 방안은 두 가지였어요. 1안은 1구 1의원의 소선거구제, 2안은 인구 비례 지역대표제인 중대선거구제였죠. 소위의 협의를 거쳐 1988년 1월 초 노태우 대통령 당선인에게 보고를 했어요. 이 자리에 이재형 국회의장, 채문식 민정당 대표가 참석했지요.

  2개 안을 가지고 3당 대표가 협상에 들어갔어요. 여당에서는 나와 강원도 출신 사무총장 심명보 의원 둘이 대표로 나갔지요. 그리고 통민당은 황낙주 의원과 청주 출신 정책의장 김모 의원, 평민당은 김봉호 의원이랑 또 누군가가 나왔지요.

야당은 사무총장하고 정책의장이 나왔는데 여당만 정책의장이 아니라 내가 주로 한 거예요. 셋이 같이 회의하기도 하고 일대일로 협의하기도 했는데 통민당이 중요하잖아요. 통민당만 합의하면 끝나는 거예요. 그런데 황낙주 의원이 중대선거구제에 서명을 했어요. 그대로 추진하면 되는 거였어요.

전영기 그때가 노태우 대통령 시절인가요?

고 건 그렇지요. 노태우 대통령 취임 직후였는데 최병렬 정무수석, 채문식 국회의장·당의장 때였지요. 그때가 청와대와 여당이 과신하고 있었죠. 소선거구제를 해도 당선이 많이 되겠다. 그래서 소선거구제로 돌았다고요.

전영기 아, 그럼 황낙주와는 중선거구제로 합의했다가요?

설악산에서 속리산으로 가면서 소선거구제로 바뀌어

고 건 그렇지요. 중선거구제로 합의까지 했다가. 그런데 중간에 그 반전 계기가 하나 있었어요. 황낙주 의원이 서명했을 때 YS가 민주산악회 모임으로 설악산에 있어서 거기다 보고하고 서명까지 했어요.

그리고 이틀 후에 뭔가 달라졌어요. YS가 설악산에서 충북 속리산으로 옮겼어요. 그러면서 마음도 바뀌었어요. 중선거구제에서 소선거구제로요. 좌우간 그런 판국에 이런 방법도 있었어요. 황낙주 의원이 서명한 합의안을 발표하고 국회에서 통과시키면 돼요. 왜냐하면 여당이 과반수 의원을 갖고 있으니까.

전영기 그때 최병렬 정무수석은 무엇을 요구했어요?

고 건 여권 핵심의 뜻에 따라서 너무 당선이 많이 될 것 같은데 뭐가 걱정이냐는 거예요. 소선거구제 해라.

전영기 아, 바꿔도 좋다. 즉, 황낙주와 합의했으나 YS가 마음을 바꾸는 바람에 소선거구제로 가야겠다고 했을 때 그것을 동의해 주었다는 말씀이죠?

고 건 그렇지요. 이건 숨겨진 이야기(back story)예요.

고건식 성공 비결은 무엇인가?

전영기 대통령 권한대행부터 국무총리, 교통장관, 내무장관, 서울시장, 전남지사, 청와대수석까지 그 아래 국장까지 수많은 행정 및 정치 자리를 하셨습니다. 대통령 빼고는 다 하셨는데요. 그 시기를 거치면서 아주 매우 다양한 정보, 지식을 갖고 정책결정을 하셨고요. 그 과정에서 고건식 돌파방법이나 고건식 해결방법이 있었을 것 같은데요. 오로지 고건만이 가진 고건 스타일의 어떤 그것을 암묵지(Tacit Knowledge)라고 하는데요. 성공 비결, 암묵지가 있습니까?

고건 스타일의 성공 비결 암묵지

고 건 암묵지는 없어요.

전영기 공개지입니까?

고 건 암묵지 같은 건 없고 말하자면 공개지인데 답이 바로 질문한 그 속에 있어요. 암묵지나 비결 같은 건 없고 이런 건 있어요. 내 나름의 나만의 행정감각, 행정스타일은 있다고 생각해요. 그러면 나만의 행정스타일은 어디서 왔느냐? 두 가지로 설명할 수 있어요. 첫째는 내 공직경력이에요. 여러 곳에서 일한 공직경력에서 나온 그 스타일. 둘째는 공직 시작할 때부터 끝까지 지켰던 내 나름대로 공직철학에서 나온 것. 이 두 가지로 나눠서 설명할 수 있어요.

관·민을 7번 왕복, 몸으로 체득한 경험과 소통

우선 첫째 공직경력부터 얘기할까요. 나는 다른 사람하고 다른 나만의 독특한 공직경력을 갖고 있어요. 내가 원했든 원하지 않았든. 우선 중앙과 지방을 세 번 왕복했어요. 나와 고시동기인 사람들은 처음부터 정년퇴임 때까지 중앙정부의 탁상에서만 있었던 사람들이 대부분이에요. 나는 지방 갔다 중앙 오고 다시 중앙 갔다 지방 오고 양쪽 경험을 직접 교류했다는 거예요.

또 하나는 관과 민을 일곱 번 왕복했어요.

그 과정에서 행정을 보는 시각. 이런 용어가 있는지 모르겠지만 행정시각을 스스로 교정하게 돼요. 바꿔 얘기하면 중앙에 있을 때는 지방의 시각으로 보고, 또 관에 있을 때는 민의 시각으로 보고. 그래서 그런 교정된 시각으로 정책을 구상했다는 거지요. 요즘 말로 하면 국민의 눈높이에 맞춘 거지요. 다시 한 번 얘기하면 난 탁상과 현장, 중앙과 지방, 관과 민 사이를 직접 왕복하면서 몸으로 직접 소통한 거예요. 내가 하는 일, 경험을 통해 소통한 거지요. 그래서 나는 실사구시의 행정이다. 실사구시의 행정을 실천하려고 했다. 그러니까 현장감각으로 실사구시의 행정을 하다 보니까 이게 중요해요. 나도 그걸 나중에 느꼈어요. 무슨 어려운 사안이나 그 행정사안을 사안의 본질을 보게 돼요. 사안의 본질을 투시하는 습성이 생겨요.

공직경력에서 얻은 비결

전영기 그럼 공직경력에서 터득한 비결부터 얘기해 주시죠.

고 건 가장 좋은 예의 하나를 말하자면 내가 겪은 행정사에서 하나의 획기적 사건이기도 한데요. 이런 거예요. 내가 관선 서울시장으로 1988년 11월에 부임했을 때 서울시내에는 25개 구청 어디가나 산이 시뻘겠어요. 산을 깎아서 아파트 짓느라고 서울시내 70개소의 주택 재개발 현장이 공사중이었어요. 그게 주택 재개발 사업이에요.

서울시 임대아파트 탄생 비화의 서곡
집 없는 사람에게 집을 주기 위해서 하는 주택정책인데 주택 재개발 지역 70개소 어딜 가나 싸우고 살인사건까지 나는 거예요. 왜냐하면 원래 그 판자촌에서 살던 원주민들은 나가라는 거예요. 그러니까 그 사람들은 못 나가겠다고 하고 재개발 조합에서는 철거용역회사 시켜서 철거시키고.

전영기 그러니까 세입자에게 나가라는 거죠?

난장이가 쏘아올린 작은 공
고 건 근데 판잣집의 주인도 있고 세입자도 있고. 좌우간 원주민이지요. 70개소가 전부 원주민과 철거용역회사가 충돌하는 현장이에요. 그래서 그 현장을 배경으로 한 소설이 조세희의 〈난장이가 쏘아올린 작은 공〉인데 그 당시 베스트셀러였지요. 내가 취임하고 한 달도 안 됐을 때 노원구 중계동에 잇는 어느 난민정착촌을 간 적이 있었어요. 거기서 통장이 앞에서 날 안내하는데 판자촌이 얼마나 어려웠냐면 안에 들어가려니까 내가 그렇게 넓지 않은 어깨지만 비스듬히 해야 들어가겠더라고요.

전영기 골목길 안이요?

죽어서도 서서 나오는 동네

고 건 예. 내가 늘 하듯이 솥뚜껑은 열어보고 나오는데 그 통장이 그러더라고. "여기는 사람이 죽어서도 서서 나와야 하는 곳입니다." 그게 무슨 소리냐니까 골목이 좁아서 관을 회전시켜서 누일 수 없다는 거예요. 관이 서서 나와야 된다는 거지요. 그게 그때 평지의 달동네 이야기예요. 이제 그다음에 칼산 지역이라는 곳을 갔어요. 양천구 신정동의 칼산마을.

전영기 지금 칼산아파트로 유명하죠?

고 건 네. 그 아파트를 짓기 위해서 문제가 생겼을 때예요. 살인사건까지 나고 그랬거든요. 내가 현장에 가서 가만히 본 거예요. 도대체 문제의 본질이 뭐냐? 우선 문제를 현장에서 보는 거예요. 아무리 오밀조밀한 판잣집이지만 단층이잖아요. 그 땅은 국공유지가 대부분이고 공원이고 녹지지역이고 해서 도시계획에 주택을 건축할 수 없는 곳이거든요. 근데 그걸 재개발구역이라고 해서 특혜를 주는 거예요. 여기다 10층 아파트를 지어라 하고.

전영기 건설업자한테요?

고 건 아니요. 주택 재개발 조합이란 이름으로. 그럼 거기다가 엄청난 특혜를 주고 10층 아파트를 지어요. 그러니깐 내 의문은 첫 번째 단층에서는 좁지만 평화롭게 잘 살고 있던 원주민들을 주택정

104

책 추진하고 10층 아파트 지으면서 왜 쫓아내냐는 거지요. 이게 이해가 안 되는 거예요. 그 사람들은 계속 쫓겨 다니면서 더 취약지역으로 가서 달동네 들어가면 그곳이 또 재개발지역이 돼서 다시 쫓겨나는 거예요. 그 사람들이야말로 그 지역에 생활근거지가 있거든요. 노점상도 하고 가사도우미도 하고 그런 거잖아요. 근데 다 쫓아낸다고. 그래서 이건 안 되겠다. 이건 문제다. 그것을 문제의 첫 번째 본질로 본 거예요.

　두 번째는 뭐냐? 이게 왜 이렇게 되었느냐? 주택건축이 안 되는 공원구역을 해제하고 10층 아파트를 지을 수 있는 특혜를 줬는데, 그 특혜에 의한 재개발의 이익을 누가 가져가느냐 그거예요.

원주민에게 딱지 2장을 줘라

전영기　이익을요?

고 건　이익을. 아, 주택 재개발은 이익재배분이 문제입니다. 본질은 그렇지요. 재개발 조합과 건설회사가 이익을 가져가지요. 그러고는 원주민은 쫓아내고 그다음에 투기세력이 들어오는 거지요. 그런데 투기세력도 원주민이 되어야 입주권이 있으니까 원주민은 쫓아내고.

전영기　원주민한테 딱지를 사가는 거지요.

고 건　그렇지. 딱지 2장을 줘요. 원주민한테는 딱지 1장만 줘요. 딱지 2장을 사야 입주권이 생기는데. 그럼 딱지 2장을 산 사람은 누구냐? 원주민인 척하는 거야. 그래서 위장전입이 여기서 시작되는 거예요. 여기가 위장전입의 원조야. 지금 청문회마다 얘기 나오는 위장전입의 원조라 할 수 있죠. 원주민이라는 증명이지요.

전영기 입주권을 사기 위해서?

고 건 네. 그래서 천문학적 재개발 이익이 생겼는데 이걸 원주민들한테 일부만 나눠 주면 되겠다고 생각했지요. 이건 대단한 아이디어예요. 재개발 이익의 극히 적은 부분을 원주민에게 배분한다면 이게 달동네 재개발 과정에서 갈등과 충돌을 해결할 수 있겠다는 중요한 사실을 발견했지요. 돌아와서 김인식 건설관리국장을 불렀어요. 이 사람들한테 입주권을 줘라. 2장을 주라는 얘기지요.

전영기 지금까지 1장을 줬으니깐 2장을 줘라? 2장이 있어야 집 한 채를 얻으니까요? 그럼 왜 처음부터 그렇게 안 줬을까요?

건설부 규정에 의해 안 된다

고 건 이제 들어봐요. 그랬더니 건설부 규정에 의해서 안 된다는 거예요. "건설부 규정 무시해." 무시하라고 해놓고 검토해 오라고 했더니 그 이튿날 와서는 "건설부 규정 무시해도 안 됩니다" 해서 "그래, 왜 안 돼?" 물었더니 "결국 입주권을 주는 건데 돈이 있어야 아파트를 사 가지고 들어올 거 아닙니까?" 하는 거예요. 살 능력이 없다고.

전영기 입주권은 자격증일 뿐 그 사람들이 돈이 있느냐 그거죠.

고 건 예. 그러니까 안 됩니다. 아, 그게 맞거든요. 아, 그래. 그럼 해결방법이 없을까?

전영기 이익을 좀더 줘야겠네요.

〈중앙일보〉 박기정 화백 만평에 웃음거리로 등장

고 건 신문에 보도가 됐을 거 아니에요? 그 당시 언론에서 "상황도 잘 모르는 시장의 정치적 생각이다", "업무파악을 못 한 정치인 출신 시장의 황당한 공약이다" 등의 비판이 쏟아졌어요. '공약'이라니 내가 입후보하는 것도 아닌데 뭐 그렇게 썼어요. 그러고 박기정 화백의 〈중앙일보〉 주간만평에 어느 날 내가 등장한 거예요. 내가 농악대 상모 있죠? 그걸 돌리고 있어요. 그러니까 상황도 잘 모르고 머릿속에 아무것도 안 들은 사람이 머리만 돌린다는 얘기지요.

전영기 근데 그런 거 보면 어때요? 불쾌하고 부끄럽고 그렇습니까? 화나고?

고 건 화나지요.

전영기 전화도 하고 그러고 싶지 않아요?

고 건 아니죠. 그러니까 그거를 이 문제를 해결함으로써 갚아야지요. 그래서 이제 잠을 못 잤어요. 그러다 '아, 임대아파트를 만들자.'

전영기 그 생각이 어떻게 났을까요?

고 건 그때가 정부가 영구 임대아파트를 만들려는 초기였어요. 그러니까 그걸 여기다 하면 될 거 아니냐. 그래서 그 자리에다 원주민이 들어갈 만한 임대아파트를 무조건 지어라. 그래야 재개발사업 해준다. 그리고 짓고 나면 시가 원가로 사요. 시유(市有) 임대아파트예요. 그래서 그걸 싸게 만들어서 원주민들 입주시킨 거예요.

전영기 강남 아파트에도 보면 대형아파트 지으면 반드시 일정 물량의 소형아파트가 있는데 그게 그거죠?

사안의 본질을 봐라

고 건 그게 내가 만든 거예요. 서울시에 임대아파트는 그렇게 시작됐어요. 그래서 뭐 복지니 뭐니 여러 가지 이름이 붙은 게 있지만 서울시가 가진 임대아파트의 반 이상이 내가 해서 지금까지 유지돼 온 재개발 임대아파트예요.

전영기 발명품이군요?

고 건 에, 이거는 정말 획기적인 거예요. 내가 생각해도. 그래서 여기서 내가 얻은 결론이 뭐냐. 실사구시. 문제는 현장에 있고 해답도 현장에 있고 사안의 본질을 보면 해답이 나온다. 그래서 그때부터는 사안의 본질을 보는 거예요. 사안의 본질을. 주택 재개발, 이거는 결국 재개발 이익의 배분문제예요.

제동이 걸릴 때 돌파한 비결

전영기 사안의 본질을 발견하고 해법을 발견해서 결정하면 좋습니다. 서울시장이라고 해도 그 결정을 하고 하라고 하면 그게 추진이 됩니까? 왜냐하면 청와대면 청와대, 장관이면 장관, 다 권력의 연결고리가 있어서 견제하거나 하는 여러 가지 층층의 권한 제한요인이 있을 텐데 그런 것에 구애받지 않고 가시는 거 같아요?

고 건 아니에요. 구애를 받았지요. 그걸 헤쳐 나가는 것을 실사구시로 하는데 결국 공직자로서의, 말하자면 열정이에요. 열정을 가지면 정말 이런 경우 문제에 부딪치면 치열한 고뇌를 하게 돼요.

전영기 총리님 같은 분은 별로 없어요. 적당히 하다 타협하고 말죠.

고 건   아니. 그래서 청와대에 4, 5번 반기를 든 거 아니겠어요.

전영기   항상 방해세력이 있는 거잖아요? 제동 거는 데가요.

고 건   있지요. 청와대나 중앙부처의 관료적·권위적 사고가 큰 방해세력이죠.

전영기   청와대가 임명해 놓고 방해해요?

고 건   네. 그러니까 이제 그렇다고 내가 뭐 위연(魏延: 삼국지에서 제갈공명이 반골 기질이 있다고 지적한 촉나라 장수) 이처럼 반골이 있는 건 아닌데, 그건 일종의 열정이에요.

공직 사표를 내고 사는 방법

전영기   열정이라는 거 알겠고 또 하나 민관을 말씀하셨는데 민으로 돌아간다는 건 말하자면 직업이 없어진다는 거 아닙니까? 그때 얼마큼 재산이 있으셨는지 모르지만 대부분의 가장들은 거기서 꺾이거든요.

고 건   연금이 나와요. 우리나라 연금제도가 잘 되어 있는데 5·17 때 처음 사표를 내서 백수가 됐을 때에는 일시불로 받았어요. 공직 20년이 안 됐기 때문에.

전영기   그때 얼마 받으셨어요?

고 건   그때 돈 3천몇백만 원 받았어요.

전영기   그게 퇴직금인가요?

고 건 그렇지요. 일시불로. 20년이 되어야 매월 나오거든요. 근데 19년밖에 안 돼서. 나중에 다시 정부에 들어갔을 때는 그걸 다시 넣고 연금이 계속됐는데 그다음부터는 연금이 상당한 수준이 돼요. 20년이 넘으면 생계비는 돼요.

전영기 공무원 생활 20년이면 연금이 생계비는 된다고요? 사모님이 따로 돈이 없으세요?

고 건 없어요.

전영기 요즘 세상은 모르겠어요. 저도 회사 잘리면 뭘 할까 그 걱정이 큰데요. 하물며 더 많은 사람들은 민관을 오가면서 열정을 불태우기보다는 어떻게 먹고살까 걱정하는 사람들이 상당히 많은데 그런 사람들에게 주실 수 있는 말씀 있으세요? 그런 공익적 인물들한테요.

고 건 연금을 믿어라. 하하. 아니에요.

전영기 아버님이 그때그때 지원해 주셔서 더 당당할 수 있지 않았나요?

고 건 그거는 전남 도지사 나갔을 때 얘기예요.

전영기 그 후엔 안 받았습니까?

고 건 안 받았어요. 도지사는 판공비가 필요하잖아요. 그럼 업자들로부터 신세를 지게 돼서 문제가 생기고. 그러니까 집에서 선친이 매월 판공비를 보내준 거예요. 선친은 무슨 돈이 있어서 보내줬나. 그건 아니에요. 그때 종친회 회장이셨거든. 그 종친회 중에 사업하는 몇 사람을 정해서 갹출했을 거예요. 그중에 한 사람은 누구라는 걸 아직도 내가 알고 있어요. 군산 출신의 기업인이에요. 선친하고 각별한 사이고. 그렇게 해서 마련한 것을 아들한테 매월 보내주면서 제대로 하라고 하셨으니까.

전영기 그 후에도 계속 아버님이 주셨나요?

고 건 지사를 마치면서는 그건 끝이에요. 지사는 판공비가 필요하죠.

전영기 그때 얼마 받으셨어요?

고 건 지금으로 치면 월 천만 원 정도.

전영기 참 아버님이 대단하신 분이시네요. 그러니까 구애 없이 소신껏 할 수 있었던 거죠.

고 건 월급보단 많았어요. 그때는 기관장 판공비가 부족했거든요.

전영기 에이, 지금도 마찬가지예요.

고 건 아니에요. 그 이후에 지금은 판공비는 괜찮아요. 그만큼 판공비라는 게 내 경우에는 제일 중요한 게 야근하는 아랫사람들 격려금이거든요.

전영기 밤참이요?

고 건 그렇지요. 그게 판공비지 뭐. 그리고 솔직히 언론인들과 술 마시는 비용이지요. 두 가지예요. 판공비라는 게 뭐 있어요.

행정에는 사각지대가 있다

전영기 모든 정책에는 부작용이 있다는데 어떻게 해소하셨습니까?

고 건 그리고 또 내가 중앙과 지방, 관과 민을 오가면서 느낀 거는 모든 행정에는 사각지대가 있고 모든 정책에는 부작용이 있다.

전영기 공감이 가는 말씀이네요.

모든 행정에는 사각지대와 부작용이 있다

고 건 지방에 있던 사람이 중앙에 와서 정책을 수립해서 지시하려면 정말 치밀한 숙고를 해야 했어요. 지방 실정에 맞아야 하니까요. 지방의 실정에 안 맞는 중앙의 지시를 숱하게 봤거든요. 그래선 안 되지요. 그래서 그게 습성화됐어요. 머릿속으로 하나의 정책을 완성할 땐 가상해 보는 거예요. '그 정책의 부작용은 이런 게 있을 것이다. 그리고 그것의 해소책은 이렇게 해야 한다.' 나중에 보니까 그걸 '시뮬레이션'이라고 그러더군요. 지금은 시뮬레이션이라는 건 흔히 많이들 하잖아요. 그땐 그런 게 없을 때죠.

전영기 부작용은 어떨 것인가?

바둑 세 수 앞을 내다봐야

고 건 바둑으로 치면 최소한 세 수를 보는 거예요. 하나는 정책의 부작용이 뭐가 있을 것인가? 우선 그게 한 수죠. 그러면 그다음은 그 부작용에 대한 해소책을 무엇일까? 이게 두 수지요. 그다음에 그 해소책이 효과가 있을지 시뮬레이션 하는 게 세 수예요. 최소한도 세 수는 봐야 한다. 바둑으로 치면 그런 건데요.

112

그걸 모르는 실무자들은 열심히 생각해 가지고 와서도 내가 질문을 던지면 답변을 못 하는 거예요. 그 문제에 대해서 나만큼 고민을 안 한 거지요. 그럼 그걸 고민하고 생각해 보라고 하면 이제 하나의 해소책을 가지고 오는 거예요, 그럼 난 또 두 번째 수를 얘기하거든요. 그러면 또 대답을 못 하는 거예요. 그러니까 항상 한 수만 보고 하다가 내가 두 수째 가르쳐 주면 두 수만 보고 조금도 앞으로 안 나가는 거예요.

그걸 잘 모르는 사람들은 고건이라는 사람은 너무 결정이 늦어진다고 그래요. 그런 얘기를 많이 들었어요. 그거예요. 바둑에서 그런 얘기지요. 또 재미있는 얘기들이 많이 있는데요. 우선 지방에 있으면 중앙관료들은 획일적 지시를 해요. 전남지사만 해도 도지사는 최소한도 4가지를 생각해야 해요.

전남평야에는 매년 한해(旱害)가 들어요. 그런데 전체가 들 때보다는 평야부에 한해가 들 때, 평야부는 괜찮은데 산간부만 들 때, 아니면 해안부 도서만 들 때 등 제각각이지요. 그래서 이게 한해뿐만이 아니라 도지사가 도정할 때는 하나의 시책을 놓고도 평야부는 어떻게 하고 산간부는 어떻게 하고 해안부는 어떻게 하고 도서부는 어떻게 해야 한다고 정해야 돼요.

전영기 행정의 사각지대네요?

고 건 획일적으로 하는 게 아니라 행정은 최소한도 유형별로는 해야 한다는 거예요. 제일 좋은 건 개별로 하는 게 제일 좋지요. 그런데 개별적으로 다 못 하지요.

전영기 비용이 드니까요?

유형별 행정

고 건　네. 그래도 유형별 행정이 필요하다는 거지요. 이게 지방에서 근무한 사람의 시각이에요. 그러니까 요새 비정규직 대책이 나오는데 그것도 유형이 많을 것 같다는 생각이 들어요.

전영기　그렇죠. 최저생계비도 마찬가지구요.

고 건　유형별로. 그러니까 방직공장 같은 데의 유형이 있고. 유형화하는 것이 우리나라 행정에서는 반드시 필요하다는 거예요. 그러니까 무기계약직은 그대로 놔둔다고 그렇게 나오잖아요. 지금.

전영기　최저임금은 전국 누구에게나 관계없이 하나의 임금으로 주지 않습니까? 17.9% 다 올리라고 그러고.

고 건　그러니까 내가 보기에는 이제는 아마 유형화할 거예요.

전영기　약간의 시행착오를 겪으면서요?

고 건　시행착오는 아니지만 1단계는 그렇게 선언을 해야겠지요. 그렇게 해놓고 유형화하면서. 좌우간 유형별 행정이라는 것이 필요한 거예요. 그게 말하자면 '맞춤행정'이라는 거지요. 맞춤행정이라는 게 바로 유형별 행정인데요. 나는 행정에 있어서 유형화가 중요하다는 거예요. 중앙이나 지방이나 관료들은 똑같이 범하는 실수인데 평균행정을 하는 거예요. "통계가 이렇고 평균이 이렇다. 그러니 이렇게 하겠다." 그런데 실제로 평균에 해당하는 사람은 별로 없어요.

전영기　맞습니다.

평균행정이 아니라 한계행정을 해야

고 건 그러니까 내가 얻은 결론은 "평균행정이 아니라 한계행정을 해야 한다. 행정의 효용도 평균효용이 있고 한계효용이 있다면 한계효용이 큰 부분을 해야 한다"는 거지요. 예를 들어, 기초생활수급자 정할 때도 차상위계층이 항상 문제가 되는데 그게 한계행정과 연관이 있지요. 또 내가 농림부에 있을 때 보면 아래 직원들이 미곡생산비를 평균생산비만 가지고 얘기해요. 그런데 그렇게 하면 안 돼요. 아니 김제평야에서 기계로 생산하는 것과 무진장(무주·진안·장수) 다락논에서 생산하는 것이 다른데 평균생산비 가지고 추곡수매가를 따질 수 있어요?

전영기 그럼 무진장으로 맞춰 줘야 한다는 거죠?

고 건 그건 아니지요. 꼭 맞춰 줘야 한다는 건 아니지만 우리가 농업을 어느 한계까지 보장해 줄 것이냐? 어느 경계선의 한계생산비를 보장해 주는 방향으로 하라는 거지요. 한계행정 문제에서 고려해야 할 것은 한계선에 있는 사람들이지요. 부작용은 그 '한계'에서 나오는 거예요. 그걸 고려하는 게 한계행정이라고 생각하면 돼요. 그런데 그게 아니라 자꾸 평균에 있는 사람을 놓고 생각한다는 거지요.

전영기 독특한 말씀이네요. 평균행정이 아니라 한계행정을 해야 한다. 유형별 행정을 해야 한다.

고 건 그렇지요. 그리고 제가 말해온 '중도실용'은 전체의 평균이나 양쪽 끝의 단순한 중간이라는 뜻과는 다릅니다. 《중용》(中庸)에서 말하듯이 양쪽 극단을 고려해서 그 중(中)을 적용한다는 뜻인데요. 중용에서 때에 맞춰 중을 실현한다는 시중(時中)과 같이 '중도'(中

道)는 그때의 시대정신의 가운데에 서서 시대적 과제를 수행하는 길이라고 생각하고 정책을 수립해왔습니다.

공직철학에서 얻은 비결

전영기 이제 공직철학에서 터득한 비결을 얘기해 주시죠.

고 건 지금까지는 중앙과 지방을 오가는 공직경력에서 터득한 거고. 그다음은 내 공직철학. 여러 번 소개됐었지만 나는 공직생활을 시작할 때 아버지가 준 훈시도 있지만 내 스스로 터득한 것까지 합쳐 세 가지 원칙이 있는데 바로 '지성감민(至誠感民), 지자이렴(知者利廉), 일일신(日日新)'이에요.

맡은 일에 올인하는 지성감민

지성감민(至誠感民). 이건 내 가친의 말씀을 바탕으로 내가 만든 말이에요. 내가 공직생활을 시작할 때 아버지께서 우선 "줄서지 마라. 누구 사람이라고 낙인찍히지 마라" 하시는 거예요. 그러니까 인사 운동하지 말고 누구의 가신이 되지 말라는 얘기예요. 결국은 "일을 열심히 해서 인정받아라. 실력으로 승부해라" 하는 얘기지요. 그러려면 내가 맡은 일에 지극정성을 다해야 할 거 아닌가요? 그게 지성이지 지성. 그래서 맡은 일에 정말 몰입해서 올인했어요. 예를 들면 전북도청 식산국장일 때 소 문제가 일어나서 소의 관상까지 봤으니까요.

전영기 우상(牛相)?

고 건 네. 우상. 그리고 면사무소에 우적대장(牛籍臺帳)이 있다는 거까지 알아냈다고요.

전영기 우적대장.

고 건 그거 아는 사람이 별로 없어요. 면사무소에 가니까 호적대장 외에 우적대장이 있더라고요. 좌우간 내 일에 올인하면서 열정(passion)을 가지고 최고의 전문가가 되려고 노력했지요. 그러다가 3년 만에 받은 보직이 행정과 기획계장인데 전공하고 맡은 일이 지방자치제도예요. 그때는 지방자치제가 폐지된 지 오래라서 학자들도 지방자치 공부를 안 했어요. 그런데 "지방자치 하면 정부에는 아무개가 있다"고 할 땐데 전문가가 된 거예요.

전영기 일본 책도 보고요?

감민 정도를 측정해 보자

고 건 그렇지요. 그래서 《지방자치 백서》도 내고 정일권 총리가 이걸 가져가서 국회에까지 보고됐어요. 전문가가 되려면 지성이면 감천이라고 하는데 감천은 못해도 주민들이 감동할 때까지 감민은 해야겠다. 어느 정도 감민을 해야 할 거냐? 우스운 얘기지요. 허허. 송덕비가 있어야 하는 건 아니고. 그러다 보니 이 감민을 측정해 봐야겠다.

그래서 감민을 측정하는 척도로 서울시장 때 시정서비스 시민평가제라는 걸 만들어서 실시했어요. 서울시에서 시장 한 사람 바뀌어 봐야 아래서는 꿈쩍도 안 하지요. 주인은 시청 터줏대감인 자기들이고 시장은 과객이라고 생각하니 시장 하나 바뀌었다고 바뀌지 않는단 말이에요. 그렇다면 시정을 바꾸려면 어떻게 해야 하나? 시정시스템, 즉 같이 일하는 시스템을 바꿔야 하거든요. 그래서 시정서비스를 개선하기 위한 시스템 혁신, 즉 구조조정을 하기 위해 나온 게 시민평가제예요.

서울시장 산하에 별의별 기관이 다 있는데 차 타고 가다 보면 '저

것도 내 소관이네. 저런 곳 안에서는 무엇을 하는지 내가 어떻게 다 감독하지?' 하다가 '아, 이 감독을 시민들한테 맡기면 되겠다' 깨달은 거예요. 그래야 서비스가 좋아질 거 아닌가요? 호텔에 가면 고객만족도 조사를 하잖아요. 똑같은 걸 하자 이거지요. 그래서 1999년에 서울시가 시민이 직접 참여하는 시정서비스 시민평가제를 우리나라 정부기관으로서는 처음으로 실시한 거예요. 행정사에 기록될 만한 일이지요.

전영기 그럼 써내는 거예요?

고 건 시가 서비스하는 게 뭐냐? 지하철·시내버스, 청소, 수돗물, 보건·의료, 민원행정 등이야. 이 6개 분야에 대해서 한국갤럽 등 전문조사기관 6군데에서 한 분야에 대해 1천 4백~3천 명의 시민을 표본으로 조사한 거예요. 실제로 서비스를 받은 사람을 대상으로 해서. 그러니까 획기적인 거지요.

그렇게 1차 평가를 해서 발표했는데 보건소가 무료로 치료해 주는 게 많으니까 만족도가 제일 높고, 지하철은 돈 내고 타는데 불편한 게 더러 있으니까 만족도가 제일 낮더라고요. 그러니까 지하철 담당 직원들이 입이 부루퉁하기에 "너무 안 좋게 생각하지 마라. 금년에 이렇게 지하철이 60점이 모자라게 나왔는데 내년에 1점만이라도 올리면 성공이다"라고 했지요.

공무원들의 행정 마인드를 바꾸다

전영기 상대평가 하는 게 아니고요?

고 건 전년도와 상대평가 하는 거지요. 그러니까 이 사람들이 그 눈빛이 달라지는 거예요.

전영기 전년보다는 잘하자?

고 건 네. 그래요. 그리고 이걸 교수단한테 의뢰했거든요. 단장이 누구냐? 김병준 전 부총리예요. 그때는 노무현 전 대통령이 이사장으로 있는 지방자치연구소 소장이었을걸요. 한양대 최병대 교수 같은 사람들이 거기에 들어가서 행정을 연구하니까 이 사람들과 갤럽이 시민평가제 관련 일을 했어요. 매년 조사하니까 나중에는 중앙정부도 그걸 가져가서 실시하잖아요. 아무튼 그때 종합병원도 의료서비스에 포함시켰어요. 왜냐하면 서울대학병원도 서울시민들한테 서비스하는 거니까요. 요즘 서울대학병원에 가 보면 앞에 "고객만족도 1위 금년에도 했습니다" 하고 써 붙어 있지요? 그게 이때 시작한 거예요.

전영기 뭐 병원들도 시장님께 부들부들 떨었겠군요.

고 건 환자들에게 그렇지요. 내 산하는 아니지만 제일 큰 서비스 기관이거든요.

전영기 들어보면 영향력을 행사하는 방법을 잘 아셨네요.

고 건 그건 맞아요. 우선 제일 큰 효과는 시청 공무원들의 행정마인드가 관료위주, 관청본위에서 시민본위로 바뀐 거야. 공무원들의 시각을 교정한 거지요. 그게 말하자면 지성감민이에요.

청렴이 이로운 지자이렴(知者利廉)

전영기 '남의 돈 받지마라'에 대해서 얘기해 주시죠.

고 건 지자이렴인데요. 예전에 가친이 나한테 '남의 돈 받지 마라' 했는데 이건 공직윤리상 당연한 거예요. 고위공무원이 되어서는 나의 청렴함을 브랜드로 삼아서 지켜야겠다고 결심하고 이 '청렴 브랜드'를 지키게 된 거죠. 그런데 나만 깨끗하면 뭐하냐 말이죠. 내가 몸담고 있는 기관, 조직이 깨끗해야 할 거 아닌가?

그래서 서울시장 취임하면서는 그 당시 서울시가 복마전(伏魔殿)이라는 오명을 갖고 있었는데 내가 시장으로서 복마전을 추방하고 깨끗한 시정을 펼치겠다고 한 거예요. 그리고 시청직원들한테 훈시를 하는 거야. "서울시청이 복마전이라는데 여러분들은 깨끗하게 하려 해도 외부압력 때문에 안 되는 경우가 많을 거다. 외부의 압력, 청탁은 내가 자신하고 방파제 노릇 해주겠으니 깨끗이 행정을 해라. 지혜로운 자는 청렴함을 이롭게 여긴다." 공직자의 사명감으로도 깨끗해야 하겠지만 사명감만으로는 안 되지요. 그래서 깨끗한 사람들을 이롭게 해주기 위해 청렴함을 인사기준으로 한 거예요. 지자이렴이 통하는 공직사회를 내가 만들겠다고 결심하고 인사기준을 그렇게 만들었다고요. 다산선생의 말씀을 인용한 거지요.

상탁하부정(上濁下不淨)이란 말이 있잖아요. 윗물이 맑아야 아랫물이 맑다, 즉 윗물이 흐리면 아랫물이 맑을 수 없다는 얘기예요. 그 반대로 상정하불탁(上淨下不濁)이냐? 윗물이 깨끗하다고 아랫물도 깨끗해지느냐? 그건 아니다, 이거지요. 윗물이 깨끗해야 하는 건 아랫물이 깨끗하기 위한 필요조건일 뿐이지 충분조건은 아니라는 거예요. 그러면 아랫물을 맑게 하기 위해선 어떻게 해야 하나? 결국 공개행정하고 백벌백계(百罰百戒)하고 또 시스템을 만들어야 한다.

재미있는 얘기를 하나 해볼까요? 1988년에 서울시장에 취임해서 1주일쯤 됐을까? 아직도 이름을 안 잊었는데 권완 목동지구 개발사업소장이 시장실에 결재를 받으러 서류를 가져온 거예요. 목동에 한창 공사발주가 많았거든요. 근데 내 앞 책상에 놓는 걸 보니까 공사발주 명단에 공사이름과 사업규모는 써 있는데 그 옆은 공란으로 비어 있는 거예요. 거기에 건설회사 이름을 써 달라는 거예요. 지정해 달라는 거지요.

전영기 어느 회사든 지정만 하면 거기로 하겠다?

고 건 네. 받아쓰려고.

전영기 예컨대 현대건설, 삼성중공업, 삼성물산?

고 건 네. 그래서 내가 "이봐요. 내가 공개행정 한다고 그랬지. 공개해. 공개입찰 해", 그랬더니 이 사람이 머리를 긁적긁적하더니 나갔어요. 그리고 1주일 후에 다시 온 거예요. 그걸 다시 가져왔어요. "몇 개만이라도 지정해 주십시오. 그동안은 다 시장께서 해주셔서 저희들이 이걸 다 못 정하겠습니다. 큰 거 몇 건만이라도 좀 정해 주십시오."

그래서 야단을 치고 공개입찰에 붙이기로 했지요. 그런데 서울시가 그렇게 진짜 공개입찰 해본 일이 없으니까 또 우스꽝스러운 사태가 벌어진 거예요. 공개입찰 하려면 설계서를 다 공개해서 알려줘야 하는데 그런 경험이 없거든요. 공사 맡을 때마다 한 회사에 설계서 한 장 주고 끝냈으니까. 그래서 공사설계 열람실이라는 걸 시청현관 입구 옆에 만들었어요.

전영기 공사설계 열람실이요?

고 건 네. 정식명칭은 '공사계획 시민열람실'이에요.

전영기 누구나 와서 누가 무슨 공사하는지 보도록요?

고 건 그렇지요. 공사설계서와 발주절차 그리고 입찰결과, 입찰에서 계약까지 모든 과정을 공개한 거예요. 그런 일까지 있었어요.

행정의 혁신, 일일신(日日新)

전영기 이제 일일신에 대해 말씀해 주시죠.

고 건 '일일신'. 원래는 "술 잘 먹는다고 소문내지 마라"는 것이 아버지 말씀이었는데 면직원들과 소주미팅을 하면서 도지사가 술 잘 마신다고 소문이 나 버렸기 때문에 못 지키게 되었지요. 그래서 내 나름대로 '일일신'으로 바꾼 거예요. 왜 '일일신'이냐? 행정의 환경이 급속하게 변하니까 그에 대처해서 행정도 변화해야지요. 행정도 일상적으로 업데이트해야 하니까. 그래서 내가 지사나 시장이었을 때 새로운 임지에 가서 인사사령장 주면서 "6개월간 한 가지라도 고쳐라"고 말하고 나 스스로도 그렇게 했어요.

특히, 새로운 시스템을 만드는 것, 시스템 혁신을 위해 노력했는데 그 예가 한강 수계관리 시스템이에요. 내가 한강 수질관리를 시작할 때만 해도 오염방지 책임은 상류 주민들에게만 있었어요. 그 혜택으로 하류 주민들이 상수도를 사용하는 거지요. 그런데 강원도 춘천의 공지천에서 더러운 하수처리를 하려면 주변 자치단체 시민들이 부담해야 하는데 돈이 없잖아요. 내가 강원도 부지사를 해봐서 잘 알거든요. 그래서 '한강 수질을 제대로 관리하기 위해서는 한강 상류와 하류의 수질관리를 일원화해야 한다. 그러려면 수혜받는 하류 주민들도 돈을 내게 해서 오수처리 시설도 만들고 상류 주민들에게 보상도 해야겠다'고 결심하고 물이용 부담금을 생각해냈지요.

출마한 후보가 세금 더 부과한다고 공약

전영기 서울시장 때요?

고 건 아니요. 서울시장 입후보했을 때.

전영기 아, 1998년이요?

고 건 그렇지요. 그래서 그걸 팔당호에 가서 시연하면서 공약을 해요. 선거 나온 사람이 돈을 더 받겠다고 한 거예요.

전영기 그거 이상하네요. 유권자들에게 세금을 더 걷겠다는 얘기잖아요?

고 건 똑같지요. 그때는 나만 하면 소용이 없잖아요. 최기선 인천시장 후보와 임창열 경기도지사 후보도 함께 가서 공약을 하고 셋이 모두 당선돼서 제대로 시행한 거예요. 한강이 지나가는 5개 시·도와 환경부, 한국수자원공사 등이 참여하는 한강수계관리위원회를 1999년 정식기구로 설치했어요. 자치단체가 스스로 수도권 행정협의회를 만들어서 이루어진 거지요. 그래서 그때 물이용 부담금제가 생겼는데 지금도 몇조 원 되지요. 그걸 가지고 상류의 오염방지 대책비로 쓰기 때문에 한강의 수질이 유지되는 거예요. 그게 시스템입니다.

전영기 대단한 업적이고 혁신이네요. 그런데 그때 상대 후보가 누구였죠?

고 건 최병렬 후보였지요.

전영기 최병렬 후보에게 너무 쉽게 이길 수 있을 것 같아서 유권자에게 부담 주는 공약을 할 수 있었던 것 아닌가요?

고 건 서울시민의 수준을 높게 본 거지요.

전영기 만약 박빙이거나 지는 분위기였다면 어땠을까요? 득표에 도움이 안 되는 선택을 할 수 있었을까요?

고 건 물이용 부담금제를 하는 대신 물을 깨끗이 하겠다고 하면 되죠.

전영기 그런 말은 당선되고 해도 되는데 군이 입후보 단계에서 그럴 필요가 있었을까요? 내부에서 반대는 없었나요?

고 건 없었어요. 그냥 내가 하면 따라왔지요.

전영기 워낙 그때 지지율이 높았으니까 가능했겠죠.

고 건 그 말도 일리가 있는데요, 나만 한 게 아니고 최기선 인천시장 후보와 임창열 경기도지사 후보도 같이 한 거예요. 그때 임창열 후보와 손학규 후보가 경쟁했거든요.

전영기 그때만 해도 정말 정의가 살아 있었네요. 국가경영의 도(道)가 살아 있었어요. 표에만 매몰되지 않고요.

고 건 그렇지요.

최근엔 북한 산림녹화 사업에 몰두

전영기 총리님, 이명박 정부 때 사회통합위원장으로 활동하셨고, 그 후 기후변화센터 초대 이사장을 하셨습니다. 요즈음엔 어떤 일을 하고 계십니까?

2014년 3월 19일 대한상공회의소에서 열린 아시아녹화기구 창립식.

고 건 북한 산림녹화 사업을 추진하고 있습니다.

전영기 아니, 총리님께서는 내무부 새마을 담당 국장 때 우리 대한민국 1차 산림녹화 10개년 계획을 입안해서 성공시켰던 분인데 이제 한반도 전체 녹화사업에 총대를 메게 된 것입니까. 산림녹화와는 천생연분이네요.

고 건 네. 2014년 3월에 그린 코리아 프로젝트(Green Korea Project) 국제 심포지엄을 열고 아시아녹화기구를 출범시켰습니다. 제가 운영위원장을 맡아 북한의 산림녹화 사업을 이미 시작했습니다.

전영기 그린 코리아라! 이름이 참 좋습니다. 우선 북한의 산림 황폐화는 어느 정도인가요?

고 건 보통 황폐화 수준은 30% 정도로 알려져 있고요. 매년 여의도 면적의 15배가량의 산림이 사라지고 있습니다. 원인은 북한이 식량증산을 할 때 산지개간을 해서 계단식 다락밭을 조성했다는 것이 첫째 원인이에요. 둘째 원인은 땔감이 없어 주민들이 남벌했기 때문입니다.

전영기 그럼, 밑 빠진 독에 물 붓기일 텐데 북한 산림녹화 사업을 시작했다는 말씀은 무슨 얘기인가요.

고 건 우리가 작성한 한반도 녹화계획이 북측 아태위원회에 전달되어서 남북이 합의를 보고 그 첫 번째 사업이 2015년 5월에 시작됐습니다. '성불사 깊은 밤에 그윽한 풍경소리…' 이런 노래가 있잖습니까. 그 성불사가 있는 황해도 사리원 산에 1차 묘목지원 사업을 시작했어요.

전영기 흥미 있는 얘긴데요. 지원사업 내용을 좀더 설명해 주시죠.

고 건 비탈밭 개간으로 인하여 무림화된 마을 주변 산지에 식량, 연료, 소득을 결합한 림농복합(林農複合) 방식의 조림사업을 추진하고 있습니다. 예를 들면 마을에 잣나무와 낙엽송을 심습니다. 주변에 땔감용으로 아카시아 나무를 심고 나무를 열식한 사이에 간작으로 콩을 심습니다. 그러면 마을 주민들이 소득과 땔감이 생기니까 의욕을 갖고 산림녹화에 나서게 됩니다. 아시아녹화기구는 2차 지원사업으로 2015년 10월에 양묘장 온실 기자재와 낙엽송, 아카시아 묘목을 사리원시에 전달했어요.

전영기 북한 당국의 협조가 없으면 추진하기 어려울 텐데요.

고 건 다행히, 2012년에 김정은 위원장이 북한 산림복원 10개년 계획을 발표하고 추진하고 있죠. 그래서 앞으로 남북협력사업으로 추진될 기초가 마련돼 있습니다.

2017년 9월 14일 강원도 철원군에서 대북 산림 협력사업을 위한 업무 협약식이 열렸다.
왼쪽부터 김동근 아시아녹화기구 상임대표, 이현종 철원 군수, 안병훈 통일과나눔재단 이사장,
윤석홍 상임이사, 고건 아시아녹화기구 운영위원장, 조상호 나남출판 회장, 최문순 강원도지사.

전영기 그럼, 요즈음도 시행중입니까.

고 건 아니요. 2016년 개성공단 폐쇄 이후 잠정 중단상태입니다.

전영기 그럼, 재개될 경우를 대비해서 어떤 일을 하고 있는지요?

고 건 철원군·산림조합과 협력해서 휴전선 접경지역에 대규모 북한조림용 양묘장(통일양묘장)을 조성하고 있습니다. 묘목을 대량으로 생산해서 공급하자는 거지요. 사업이 재개되면 북한 내의 양묘장 시설개선과 묘목공급에 중점을 둘 거예요. 2016년에는 '북한 산림수종전시원'을 만들어 국민들에게 개방하고 한반도 녹화에 대한 의지를 홍보하고 있어요.

전영기 북한의 핵개발로 인한 UN의 대북제재 등으로 사업이 재개되려면 오랜 시간이 걸릴 것 같은데요.

고 건 한반도 녹화사업은 비군사적, 비정치적 사업이고 UN 권장사업이라서 언제라고 단정할 수는 없습니다만, 머지않아 재개되리라고 봅니다.

전영기 듣고 보니까 아주 훌륭한 사업이네요. 이 사업과 통일 한국의 연관성을 말씀해 주신다면 … .

고 건 이 사업은 우선 통일비용을 크게 줄일 것입니다. 그대로 두면 북한 산지의 산성화가 심화되어서 산림녹화 비용이 몇 배 더 늘어날 겁니다. 지금 하면 비용이 훨씬 적게 들어가지요. 그리고 백두대간의 생태적 통일이 이뤄져서 통일 한반도의 건강한 생태공동체가 탄생할 것이고요.

전영기 우리 한국을 2차 세계대전 이후 인공조림으로 성공한 유일한 나라로 만들었던 총리님께서 한반도 녹화사업의 성공을 통해서 이것을 마무리해 주시기를 기대해 봅니다.

에필로그

전영기 이제 이번 대담의 에필로그로 하시고 싶으신 말씀이 있으시다면 해주시길 바랍니다.

고 건 공인의 보람과 공인의 책임이란 게 있어요.

전영기 아, 공인의 보람과 책임.

고 건 일단 우민(又民)으로 돌아가서 매일 아침 느끼는 거. 아침에 눈뜨면 우선 TV 뉴스부터 보잖아요. 그럼 매일 일기예보 나오지요. 거기서 "여기는 상암동 하늘공원입니다", "여기는 상암동 평화공원입니다" 하면 보람 같은 걸 느끼지요. 내가 서울시장 때 만들어놓은 월드컵공원이니까요.

전영기 아, 보람을 느끼시는군요.

고 건 그리고 내가 2기 지하철을 만들어서 서울시가 5대 지하철 도시가 되었어요. 그런데 지난해 2016년 세계최대의 여행정보 사이트 '트립어드바이저'가 전 세계 국가에서 '관광객이 해야 할 단 한 가지'를 꼽았어요. 한국은 무엇이었을까? 다름 아닌 '서울지하철 타기'였어요. 다른 나라 도시의 지하철과 비교할 때 서울지하철의 서비스는 탁월하다는 것이죠. 외국인들이 서울지하철을 이용하면서 가장 놀라는 것은 통합 교통시스템이죠. 노선에 관계없이 하나의 교통카드로 타고, 갈아타고, 버스의 무료환승까지 제공하는 대중교통 시스템은 세계의 다른 도시에서는 찾아보기 쉽지 않다고 합니다. 서울의 대중교통 시스템은 2016년 스페인의 나바라대학 경영대학원이 발표한 '세계 도시 발전도' 평가의 '도시교통' 부문에서 1위를 차지했습니다.

전영기 전 옛날엔 일본 지하철이 세계 최고라고 생각했는데 지금은 서울지하철이 더 나은 것 같아요.

고 건 그럴 때 보람을 느끼지요.

전영기 5·6·7·8·9호선 하셨잖아요.

고 건 그런데 스크린도어에 발이 끼어 사고가 났다는 이야기를 들으면 지하철 만든 사람으로서 뭔가 책임도 느끼지요. 실제 책임 여부를 떠나 그런 사고가 날 때마다 '내 책임은 없는가' 자꾸 생각하게 된다고요. '아, 이런 게 공인의 책임감이라는 거구나' 느끼지요.

또 공인의 보람을 하나 더 얘기하면 예컨대 어느 날 지하철을 탔는데 어떤 사람이 와서 말하길 "시장님, 저 전에 노숙자 대책 같이 했던 ○○○입니다" 그래서 "아, 그때 우리 같이 고생했지" 하면서 보람을 느꼈지요. 그리고 한때 시장 그만두고 백수로 있을 때 어디 급하게 갈 곳이 있어서 지하철을 안 타고 택시를 탔단 말이지요. 그런데 택시기사 분이 알아봐서 한참 이야기를 하다가 내릴 때 요금이 5천 원이 나왔어요. 그래서 만 원을 주면서 받으라니까 안 받겠다고 버텨서 뒤차가 밀린 적이 있지요. 그것도 황당한 보람이지요.

뭐 이런 게 일상적으로 느끼는 공인의 보람과 책임이에요.

전영기 아 그러시군요. 여러 가지로 좋은 교훈 많이 배웠습니다. 감사합니다.

제1장

나의 삶, 나의 아버지·어머니

경이 건이*

경이, 건이는 내 동료요 친구의 하나가 지난 봄 내 집 앞으로 이사 온 이래 새로 생긴 어린 두 친구다. 경이는 다섯 살, 건이는 세 살. 경이는 아버지 닮아 귀엽고 건이는 어머니 닮아 귀엽다. 얼굴이 더 귀여운 것은 아래 건이일까? 그러나, 경이는 이마 바로 위에, 이 세상에 아무도 가지지 못한 귀엽고 귀여운 가마를 가졌다.

이 가마 때문은 아니겠지만, 내게는 경이가 더 사랑스럽다. 내 친구, 즉 이 두 형제의 아버지 되는 사람은 나와는 또 아주 의견을 달리하여, 단연코 아우 되는 건이를 사랑한다. (중략)

내가 외로울 때나 갑갑하고 무료할 때, 길을 하나 건너 경이, 건 이를 찾으면, 나는 거기 언제든지 나를 100% 환영하는 두 친구를 발견하는 것이다.

---

* 이 글은 《이양하 수필집》에 수록된 〈경이 건이〉란 수필을 옮긴 것으로 저자와 작은형의 어린 시절 이야기다. 수필가 겸 영문학자 이양하 선생님은 선친의 직장 동료이자 이웃이었다.

"경이, 건이 있나?"

하고 문을 두드리면, 경이, 건이는 와당탕퉁탕 마루를 울리며 문으로 달려 나온다. 그리고,

"드와여, 드와여."

"드와여, 드와여."

하며 문을 열고는, 하나는 오른쪽 소매를 잡아 이끌고, 하나는 왼쪽 소매를 잡아 이끈다. 눈이 뜨거워지는 순간이다. 참말로 관대한 주인들이다. 나는 일찍이 이들의 내방(來訪)을 이렇게 환영하여 본 일이 없는데, 이들은 나의 내방을 참으로 기뻐해 준다.

나를 이끌어다 아버지 방에다 앉혀 놓으면, 경이, 건이의 기세는 갑자기 높아진다. "야이, 양이", "야이, 야이" 하고 책을 던진다, 벽을 친다, 책상 위에 올라섰다 내리뛴다.

"야이, 이 자식, 권투다이, 덤벼라!"

경이가 두 주먹을 그러쥐고 건이에게 달려들면, 건이도 지지 않고 조그만 주먹을 꼭 그러쥐고,

"야이, 권투, 야이, 권투!"

하며 달려든다. 물론, 아버지는 잔뜩 얼굴을 찌푸린다.

"이놈들, 저 방으로 가거라."

"앙 가, 앙 가."

"앙 가."

"아이, 귀찮아. 여보, 뭘 하오? 애들 좀 데려가오."

"아부지, 조고만 있다 가요."

경이의 탄원이다. 건이도 덩달아,

"아부지, 조고만, 아부지, 조고만", 하고 본다.

그러나 어머님께서는 다른 술책을 쓰신다.

"이애, 경아, 깡 주마. 이리 오너라."

깡은 이 두 애에게만 통용되는, 사탕이라는 말이다. 경이는

"나 깡 싫어. 아부지, 나 조고만 있다 가."

하고 또 탄원이다.

그러나, 이 점 건이는 아주 공리주의자(功利主義者)다. 두말없이 깡을 받으러 안방으로 달려간다. 그리고, 깡을 가지고는 다시 돌아오기를 잊지 아니한다. 하기는, 어떡하면 경이가 더 큰 공리주의자가 될지도 모른다. 왜 그러냐 하면, 건이, 깡을 가져오면, 경이는 반드시 공평한 분배를 요구하고, 또 분배하지 아니하고 다 한데 놓고 나눠 먹게 되면, 경이, 조금도 밑질 리가 없기 때문이다.

"그럼, 이놈들, 가지 않으려면 글이나 읽어 봐라."

우리는 교환조건을 제출한다. 경이, 건이는 물론 이 조건을 거부하지 아니한다.

"으어 으어 으어."

"랠 랠 랠."

'으어 으어'는 아버지 신문 읽으시는 흉내요, '랠 랠'은 큰형 영어 읽는 흉내다.

"그러면 이번은 사장(社長) 해봐야지."

사장이라는 것은, 가난한 내 친구가, 제발 이 애들의 장래만은 좀 나아졌으면 하는 심사(心思)에서 창안해낸, 이 애들의 재롱의 하나다. 먼저 경이가 일어서서 뒷짐을 지고 배를 내밀며 "이놈", 하고 호령한다. 그러면, 건이도 덩달아 일어서서 같이 뒷짐을 지고 배를 한층 더 내밀며 "이놈", 하고 호령한다.

그러면 우리는 "아이, 무서", "아이, 무서" 하며 저두평신(低頭平身) 하는 것이 임무다. 그러면 그럴수록 경이, 건이의 배는 불러가고, "이놈" 소리는 높아간다.

경이, 건이의 귀여운 재롱은 이것뿐이 아니다. 그러나, 언제까지든지 이러고 앉아 있을 수는 없는 일이다. 그래 돌아오려고 일어서면, 이때는 물론 또 "조고만", 하면서 경이가 한 소매를 붙들고, 건이가 또 한 소매를 붙든다. 눈이 한 번 다시 뜨거워지는 순간이다.

경이, 건이는 으레 문까지 따라 나와 "안녕"을 한다. "안녕, 또 와요", "안녕, 또 와요" 하고, 그리고는 이건 또 대체 어느 나라 인사인지 — 페르시아 나라 인사인지 터키 나라 인사인지 — 한 손으로 코를 붙잡고 꾸뻑한다. 이런 때는 나도 물론 코를 잡고 '안녕' 하지 아니하면 아니 된다. 이 코 쥐고 '안녕' 하는, 출처를 알지 못할 인사는, 이 밖에도 내가 아침에 일터까지 친구와 동행하게 되는 날이면 받게 된다. 항상 받는 인사이지만, 받고 나면 몹시 유쾌해진다. 어떤 날은 이 인사 때문에 종일 유쾌하게 지내게 되는 수도 있다.

그리운 마음의 고향, 어머니

어머니 성함은 장정자(張貞子)이시다. 어머니는 1915년, 황해도 연안에서 안동 장 씨 가문의 딸로 태어나셨다. 상당히 개화된 집안 분위기 덕분에 숙명여고를 졸업하셨고, 1933년 시집올 때 서울 한복판인 청진동에 집을 한 채 가지고 오셨다 한다. 나중에 그 집을 팔고 우리 가족은 마포 서강 와우산 밑으로 옮겨갔다. 어머니는 2남 2녀를 낳으셨다.

나를 낳으신 건 어머니가 스물셋 되던 해. 1937년(정축년) 10월 29일(음력), 나는 외가가 있던 서울 마포 도화동에서 태어났다. 1937년은 중일전쟁, 스페인내전 등 동서양 곳곳에서 총성이 울리던 전란(戰亂)의 해였다. 나의 출생일은 당시 양력으로는 12월 1일이었다. 부모님이 출생신고를 한 달가량 늦게 하는 바람에 내 호적상 생년월일은 1938년 1월 2일이다.

나는 4살까지 어머니 젖을 먹고 자란 덕분일까, 별다른 병치레 없이 건강했다. 좀체 어머니 젖을 떼려고 하지 않는 나 때문에 급기야 여느 집에서처럼 최후 수단이 강구되었다. 어머니 젖꼭지에 쓴맛이 나는 약을 바르고, 내게 "찌찌"라며 겁을 줘 가까스로 젖을 뗄 수 있었다 한다.

내 뒤통수가 납작해진 건 어머니 책임인지 아버지 책임인지 불확실하다. 두 분은 내 뒤통수가 삐뚤어지지 않도록 책 한 권을 받쳐주었다고 한다. 그런데 결과는 엉뚱했다. 뒤통수가 납작해지는 한편 양쪽 옆 윗머리가 튀어나와 버린 것이다. 하여튼 나는 내 머리 모양이 맘에 들지 않는다. 일종의 콤플렉스다.

해방되던 해인 1945년 초봄, 나는 서강초등학교 1학년생이었다. 2차 세계대전은 막바지에 접어들고 있었고 여의도 상공에는 미군 B-29 폭격기가 뜨기 시작했다. 우리 가족은 서울을 떠나 황해도 연안 외가 동네로 피란 비슷한 '소개'(疏開)를 하게 되었다. 6개월 정도 연안초등학교를 다녔을 때 8·15 해방을 맞이했다.

어머니는 한글을 깨치기 전인 나를 앉혀 놓고 글을 가르치셨다. 어머니의 방식은 요즘 널리 쓰이는 '가갸거겨…' 교습과는 달랐다. 어머니는 'ㄱㄴㄷㄹ'을 한쪽에 쓰시고 다른 쪽에 모음을 쭉 늘어놓으셨다. 한쪽의 자음과 다른 쪽의 모음을 조합해서 내게 읽기와 쓰기를 시키셨다. 나중에 알고 보니 바로 그것이 훈민정음이 만들어진 원리였다. 자음과 모음의 원리를 직강(直講)하신 어머니의 방식 덕분에 나는 이틀 만에 한글을 터득했다. 어머니의 조직적 사고는 내가 어머니로부터 상속받은 핵심 유산이기도 하다.

어머니의 부업이 되다시피 한 양계(養鷄)는 연안 시절부터 시작됐다. 아버지(고형곤)의 대학 전공은 철학이었지만 소년시절에 이리농림학교를 다니신지라 양계는 어쩌면 아버지의 선택이었을 것이다. 아버지가 연희전문(연세대 전신) 교수로 근무하실 때나 모교인 서울대 교수로 자리를 옮기셨을 때도 어머니는 변함없이 양계로 가족 뒷바라지를 하셨다.

초등학교 시절 방학 내내 놀기 바빴던 나는 개학을 하루이틀 앞두고 으레 벼락치기 숙제에 돌입했다. 그때마다 어머니는 나를 도와 작문 숙제를 대신 해주시기도 했다.

어머니와 아버지가 산책을 하며 평화로운 한때를 보내시고 있다.

경기중학 입학시험을 보러 가던 날, 어머니는 어디선가 생어리굴을 구해 오셔서 아침밥상을 차려 주셨다. 은행알만 한 크기의 자연산 굴로 담근 어리굴젓은 당시 귀한 반찬이었는데 생굴인 어리굴은 더욱 귀했다. 아직 별이 채 사라지지 않은 어둠 속에서 서강 집을 출발해 경기중으로 가던 그 입학시험 날 아침에 먹었던 생어리굴 맛은 거의 황홀했다. 그 덕분인지 나는 거뜬히 경기중에 합격해 어머니를 기쁘게 했다. 어머니가 나이 드신 후 이번에는 내가 자연산 생굴을 구하러 다녔고 어머니는 언제나 맛있게 드셨다.

황해도 출신이지만 서울생활을 오래 하셔서일까. 어머니는 주로 서울 스타일 음식을 만드셨다. 시금치, 콩나물에 무나물이 우리 집 밥상의 단골메뉴였다. 꽁치나 고등어는 1주일에 한두 번 밥상에 올랐다. 어머니는 특히 무로 온갖 반찬을 만드셨다. 무나물, 무국, 무장아찌 솜씨가 뛰어나셨던 어머니 덕분에 요즘도 나는 무나물, 깍두기 없이는 밥을 먹지 못한다. 무나물 외에는 시금치와 콩나물, 거기다 생선 한 토막이 요즘 우리 집의 기본 상차림이다.

어머니는 내내 레그혼(Leghorn) 종 닭 100여 마리를 키우는 양계를 부업으로 삼으셨지만 닭고기는 입에도 대지 못하셨다. 나 역시 한동안 찐 계란을 먹지 못했다. 닭 냄새 때문이었다. 닭을 오래 기르다 보면 온 집안에 닭똥 냄새가 배기 마련이다.

다른 형제들처럼 나도 어릴 적에 닭에 모이와 물 주기로 시작해 커갈수록 더 힘든 일을 맡아야 했다. 중고등학교 시절에는 아침에 일어나자마자 호미를 들고 닭장 속 횃대 밑에 엉켜 붙은 닭똥 치우는 일을 해야 했으니 닭똥 냄새가 몸에 스며들까 겁이 날 정도였다. 찐 달걀에서는 묘하게도 닭똥 냄새가 났다. 내가 찐 달걀을 먹을 수 없었던 이유다.

진짜 고역은 따로 있었다. 종종 아버지 친구분들이 오시면 손님 대접을 위해 고등학생인 내가 닭을 잡아야 했다. 닭의 목을 비틀어 닭이 기절하거나 죽으면 녀석의 목을 식칼로 내리쳐 동강내는 게 내 일이었다. 어쩌다 덜 죽은 닭의 목을 내리치다 자칫 놓칠 때도 있었다. 문자 그대로 죽을 지경이 된 닭이 푸드득거리며 냅다 집안을 휘젓고 뛰어다니는 광경을 상상해 보라. 온 집안은 닭이 뿌린 피로 유혈이 낭자해진다. 이러니 어머니가 닭고기를 입에 대지도 못하게 되신 것이다.

대학교수라면 아무리 봉급이 적어도 중류층은 됐을 텐데, 우리 집 사정은 양계를 해야만 우리 형제들 교육비를 감당할 정도였던 모양이다. 그 무렵 스케이트가 몹시 갖고 싶었지만 그걸 사달라고 어머니를 조르지 못했다.

고등학교 3학년이 되던 해, 어머니께서 오버코트를 하나 사 주셨다. 대개 면으로 만든 교복을 입던 시절이었지만 잘사는 집 아이들은 '사아지'(serge) 같은 고급 모직옷감으로 교복을 맞춰 입고 다녔다. 부러웠다. 차마 어머니를 조를 수 없었는데, 어머니께서 큰맘 먹고 장만해 주신 오버코트를 떨쳐입고 나는 한껏 뻐기면서 다녔다.

8순에 이르러서도 아버지 밥상을 직접 차려내셨던 어머니는 내가 서울시장이 된 후 화장(火葬) 유언 서명운동을 벌이자 선뜻 동참하셨다. 어머니는 2001년 5월 11일 백혈병으로 세상을 떠나셨다. 그 무렵 백혈병 치료제인 글리벡이 막 시판되기 시작했지만 미처 그

약을 써 보기 전에 어머니는 별세하셨다. 어머니가 돌아가시자 우리 형제는 화장을 치른 후 용미리 '추모의 집'에 3년간 모셨다가 아버지가 유명(幽冥)을 달리 하시자 경기도 남양주시 수동면 송천(松泉)리에 있는 가족묘지에 어머니를 다시 모셨다.

이양하 선생이 쓰신 수필, 〈경이 건이〉에 보면 우리 아버지는 나를 편애하셨다는 구절이 나온다. 어머니는 내 형제 중 어느 누구도 편애하지 않으셨다. 사랑한다는 말 한마디 없어도 나는 언제나 어머니의 사랑을 느꼈다. 중학교 입학시험 날, 별을 보며 시험 치러 떠나던 내게 말없이 차려 주신 어리굴 밥상에 백 마디 말보다 더 많은 어머니의 사랑이 담겨 있었듯이.

세상의 모든 아들은 어머니의 사랑과 눈빛을 받고 자란다. 어머니의 무한 신뢰는 봄날 햇빛처럼 아들을 키워내는 것 같다. 넘치지도 모자라지도 않은 사랑을 주신 어머니의 아들로 태어난 나. 세상을 살면서 내가 어느 한편에 치우치지 않고 양극을 포용하는 길을 언제나 모색하게 된 배경은 어머니의 사랑을 받고 자란 아들이 갖는 정서적 안정감이 아니었을까? 세상을 떠나신 어머니에 대한 그리움은 해마다 깊어진다.

영원한 스승, 아버지

철학자 청송(靑松) 고형곤(高亨坤, 1906~2004) 박사.

나의 '영원한 스승'인 아버지이시다. 선친이 돌아가신 지 벌써 10년이 넘었다. 2004년 6월 25일 부친이 별세하자 모두들 호상(好喪)이라고 했다. 아흔아홉의 백수(白壽)를 누리면서 끝까지 맑은 정신을 간직하다 돌아가신 점이 그렇고, 철학으로는 동양과 서양을, 생활에서는 정치와 참선(參禪)을 두루 경험한 남다른 인생경로를 놓고도 그런 말을 하는 사람이 많았다.

맞는 말이다. 참으로 홍복을 누리신 분이다. 요즘도 늘상 아버지가 떠오른다. 시국이 어수선할 때, 어떤 것이 옳은 길인지 판단이 잘 서지 않을 때면 더욱 그렇다.

'아버지라면 이럴 때 어떻게 판단하셨을까?'

그만큼 아버지는 일생을 통해 나를 일깨워 주셨다. 때로는 비판하고 때로는 조언을 주시며 항상 버팀목이 되어 주셨던 최고의 멘토(mentor)이자 의논상대였다.

아버지는 전북 옥구군 임피면 월하리(지금의 군산시 근교)에서 1906년 할아버지 고병소(高炳韶), 할머니 조(曺) 씨 사이에서 출생했다. 취성산, 오성산 준령을 등지고 앞으로 만경평야가 툭 트인 농촌 마을이었다.

어린 시절 서당에서 선각자 제당(霽塘) 신일균 선생 문하에서 한학(漢學)을 배우고 14세에 뒤늦게 신교육을 받으러 임피보통학교에 편입했다. 초등학교 과정을 1년 반 만에 마치고 지방 명문인 이리 농림학교에 입학했다. 중고교 5년 과정을 3년 만에 끝내고 전국 최고 명문인 경성제대 철학과에 입학한 걸 보면 상당히 총명하셨던 모양이다. 가정형편이 넉넉지 못해 아버지는 가정교사를 하면서 어렵사리 대학에 다녔다.

아버지는 철학 전공이지만 문학에도 재능이 있었던 모양이다. 대학 2학년 때 〈대중공론〉이란 종합 교양잡지에 〈머슴 문성이〉라는 단편소설을 발표해 주목을 끌었다. 그 잡지에 당대 쟁쟁한 소설가 이효석의 〈깨뜨려지는 홍등〉과 염상섭의 〈세 식구〉가 나란히 실렸다.

1932년 늦여름 어느 날, 대학 졸업반 학생이던 아버지는 서울 광화문 네거리의 동아일보사 건물에 들어섰다. 마지막 학기 등록금을 마련하지 못해 애를 태우다 송진우(宋鎭禹)〈동아일보〉사장을 찾아가 융통을 부탁해 볼 작정이었다. 송 사장은 형편이 어려운 청년들에게 관대하다는 소문을 들은 터였다.

"경성제대 철학과에 다니는 고형곤입니다. 오늘 고하(古下) 선생님을 찾아뵌 것은 제 인생 진로에 대한 조언을 구하고 또 현실적인 어려움에 대한 청(請)을 드릴까 하여 … ."

사정을 들은 송 사장은 초면인데도 그 자리에서 누런 봉투에 등록금을 넣어 건네주었다.

"졸업 후 갚겠습니다."

"굳이 갚지 않아도 되네. 열심히 공부하는 것으로 보답하시게."

1933년 3월 아버지는 대학을 졸업하셨다. 철학과 졸업 동기생 가운데 박종홍(朴鍾鴻) 박사는 훗날 한국 철학계의 석학으로 활동하신다. 문학과 졸업생 가운데는 이숭녕(李崇寧) 박사가 훗날 국어학계의 거목으로 자리 잡는다. 경성제국대학은 소수의 엘리트를 키우는 국립대학으로 1929년 3월에 첫 졸업생을 배출했다.

아버지는 졸업 후 1933년 5월 어느 날 송진우 사장에게 인사하러 다시 동아일보사를 찾아갔다.

"자네가 쓴 소설 〈머슴 문성이〉를 잘 읽었네. 글재주가 있더구먼! 소설 말고 다른 글을 하나 써서 다시 찾아오게."

아버지는 며칠 후 국제정세에 관한 논평 원고를 들고 〈동아일보〉 사장실 문을 노크했다. 송 사장은 원고지를 넘기며 빙그레 웃었다.

"오늘부터 〈동아일보〉 기자로 일하시게."

"예?"

"자네 소설을 춘원에게 보여주었더니 극찬하더군. 창간 1주년을 막 넘긴 월간 〈신동아〉에 가면 일거리가 많을 것이네."

'당대 최고의 문호 춘원(春園) 이광수(李光洙)에게 인정받다니! 또 으뜸가는 사상 교양 잡지에서 내로라하는 문필가들과 함께 일하게 되다니!'

아버지는 감개무량했다. 당시 〈동아일보〉 편집국장은 이광수였다. 아버지는 송진우 사장을 따라 편집국에 인사를 하러 갔다. 복도를 걸어가던 중 화장실에 다녀오던 이광수와 마주쳤다.

"여보, 춘원!"

송 사장이 춘원을 부르자 이광수는 공손히 머리를 조아렸다.

"예. 웬일이십니까?"

"여기 이 청년이 경성제대를 졸업한 고형곤 군인데 글재주가 좋고 영민해서 기자로 쓰기로 했소."

"아! 〈머슴 문성이〉를 쓰신 분…."

아버지는 소설가 주요섭(朱耀燮, 1902~1972) 편집장 밑에 들어가 잡지 편집을 도맡다시피 했다. 주 편집장은 훗날 〈사랑손님과 어머니〉라는 소설로 필명을 날린다.

아버지는 '형고은'(荊古銀)이란 필명으로 주로 국제문제에 관한 논평 및 해설 기사를 썼다. 이때 쓴 글은 '나치스 독일은 정당정치의 종언을 고하다', '위기일발의 구라파 국경지대', '중국 정국의 다각적 갈등', '만몽(滿蒙)에 있어서의 일로(日露) 관계 재인식', '석유를 싸고도는 국제적 암투' 등이었다.

이와 함께 문예란을 맡아 유명 문사들에게 원고 섭외를 하고 신진 문인을 발굴했다. 이때 교유한 문인으로는 채만식(蔡萬植), 현진건(玄鎭健), 유치환(柳致環), 심훈(沈熏) 등이었다.

아버지는 〈동아일보〉에서 1935년 2월까지 근무한 후 학문에 대한 열정을 끊을 수 없어 경성제대 대학원에 진학하셨다. 석사학위를 받은 아버지는 내가 태어난 직후인 1938년 연희전문학교(연세대학교 전신) 철학과 교수로 임용된다.

아버지와 송진우 사장과의 인연은 오래 이어진다. 내가 어릴 적에 와우산 아래 작은 우리 집을 방문하신 도포 차림의 고하 선생을 본 기억이 있다. 1945년 12월 30일 고하 선생이 정치 테러로 암살당하자 아버지는 오랫동안 오열(嗚咽)을 멈추지 않으셨다. 그 후 아버지는 고하 선생의 기일(忌日)이면 어김없이 노구를 이끌고 추모의 정을 표하러 가시곤 했다.

내가 기억하는 최초의 아버지는 철학 선생님이었다. 내가 태어날 무렵부터 아버지는 연희전문에서 철학을 가르치셨다. 그래서 내 어

144

린 시절의 기억은 대부분 연희전문 부근에 머물러 있다. 한때는 서강 와우산 아래에서 살았고, 한때는 신촌 안산 아래에서 살았다. 내가 신촌의 창천초등학교를 다닌 것도 그 때문이다.

당시 우리 형제는 장난이 심했던 것 같다. 와우산 집 옆에는 아버지와 연희전문 동료인 이양하 교수가 살았는데, 당시 3살, 5살배기였던 나와 가형(家兄)이 아버지와 무척이나 절친했던 이 친절한 옆집 아저씨를 꽤나 들볶았던 모양이다. 훗날 중학교 3학년 국어교과서에 실리기도 한 이양하 교수의 수필에 나오는 '옆집의 작은 악당, 경이 · 건이'가 바로 우리 형제 얘기다.

당시 아버지는 내게 무척 자상한 가정교사였다. "이게 뭐예요, 저게 뭐예요?"하며 끊임없이 이어지는 질문에 짜증 한 번 내는 일 없이 차근차근 설명해 주셨다. 때때로 "이게 뭘까, 너 아니?"하고 오히려 질문을 유도하기도 하셨다. 오죽하면 학교에서 선생님께 질문한다는 것이, 손을 들면서 "아버지이~!"하고 운을 뗄 때는 바람에 반 아이들의 놀림감이 되었을까.

아버지는 가끔 집이나 인근 산에서 친구분들과 막걸리 파티를 가지곤 했다. 그분들이 나눈 고담준론(高談峻論)을 어린 내가 이해할 수는 없었지만, '사람은 그릇이 커야 한다'는 등의 이야기는 지금도 또렷이 기억에 남아 있다.

이 무렵 아버지는 내 이름을, 당초 지으신 '건강할 건(健)'에서 '세울 건(建)'으로 바꾸셨다. '높이 세운다'는 이름만큼이나 내게 거신 아버지의 기대도 컸던 모양이지만, 그렇다고 해서 내게 이래라 저래라 강요하신 적은 한 번도 없었다. 그저 스스로 노력하도록 동기를 제공하시고 다른 사람을 통해 간접적으로 칭찬해서 나를 북돋아

주실 뿐이었다.

아버지는 태평양전쟁이 한창이던 1944년 연희전문 교수직을 그만두고 독자적으로 연구활동을 하시다가 해방 후 1947년 서울대 문리대 철학과 교수로 임용된다. 3년 후, 그러니까 내가 중학교에 들어간 해에 6·25 전쟁이 터졌다.

피란시절의 추억

나는 1950년 경기중에 입학했다. 당시 학제상 새 학기는 6월에 시작됐다. 중학과 고등학교를 합쳐 5년제였다. 모두가 부러워하는 일류학교에 입학했지만, 학교 다니는 게 별로 즐겁지 않았다.

서울 도심에 있던 재동, 교동, 수송, 덕수초등학교 출신들의 숫자가 워낙 많았던 탓이다. 녀석들은 네 활개를 치며 몰려다녔다. 반면에 당시 서울 변두리 서강 출신인 나는 존재감이 거의 없었다. 입학 성적은 괜찮은 편이어서 부반장이 됐지만, 꿔다 놓은 보릿자루 같은 처지였다. 보통 새벽 5시에 일어나 등교했다. 마포 종점의 전차는 운행횟수가 적고, 기다리는 사람들의 줄이 워낙 긴 탓에 하루 한 번 전차를 얻어 타면 재수가 좋은 날이었다. 학교(현재 정독도서관 자리)까지 걸어가면 두 시간 걸리는 날이 많았다.

1950년 6월 25일 일요일, 북한군은 물밀듯 치고 내려왔다. 중학교에 입학한 지 3주 만이었다. 하지만 이승만(李承晩) 대통령은 "안심하라"는 라디오 방송을 했다. 전쟁이 터진 다음날, 6월 26일 월

요일 우리는 평소대로 등교했다. 대통령의 '안심 연설문'을 곧이곧
대로 믿었기 때문이다.

나는 1학년 4반으로 우리 교실은 운동장 끝머리에 있었다. 갑자
기 "따따따따" 하는 소리가 요란했다. 모두 깜짝 놀라 유리창가로
몰려갔다. 북한군 야크기 2대가 중앙청의 돔형 '모자' 지붕에 기총
소사를 하고 있었다. 현재 복원된 경복궁 자리에 있던 중앙청의 돔
형 모자 부분에 우리 정부의 최고위직 인사들이 있다고 믿었던 때
다. 무섭기도 했지만 신기하기도 했다.

"이게 뭐지?"

모두들 서로 얼굴을 쳐다봤지만, 아무도 정확히 몰랐다. 그때 휴
교령이 내려졌다. "1학년부터 3학년까지는 학교에서 연락할 때까지
휴교"라는 것이었다. 고학년인 4학년과 5학년, 그러니까 오늘의 고
등학생들은 학교에 남으라고 했다. 가방을 챙겨 교정을 걸어 나오
면서 보니 고학년 형들은 목총을 들고 교련을 하고 있었다.

2시간을 걸어 서강(西江) 집으로 갔다. 밤에는 포탄 떨어지는 소
리에 잠을 못 잤다.

다음날인 6월 27일 아침, 아버지가 "책가방을 챙기라"고 말했다.
아버지 자신은 《칸트 전집》 10여 권과 나의 중학교 1학년 교과서들
을 짐 보따리에 넣었다. 가장으로서 가족의 식량인 쌀자루를 어깨
에 메는 대신 아버지답게 책을 선택한 것이다.

이미 한강다리가 끊어져 버린 후였다. 우리 가족은 서강에 사는
덕분에 밤섬 맞은편 나루터에서 고깃배를 타고 한강을 건넜다. 밤
새 걸었다. 젖먹이인 막내 여동생까지 온 가족이 끝없이 걸었다.
목적지는 아버지 고향인 전북 군산 임피면이었다.

수원까지 40㎞를 내려오니 발이 부르텄다. 다급한 김에 가족 모두가 비누를 발바닥에 칠했다. 발바닥과 신발의 마찰을 줄여 물집이 생기는 걸 막아 보려는 응급조치였다.

내려가는 길에 반은 걷고, 반은 기차든 뭐든 닥치는 대로 얻어 탔다. 처음엔 기차 화물칸 위에 탔다. 삼각형 지붕이 있는 화물칸 지붕에 타면 자칫 떨어져 죽을 수도 있었다. 여기저기 줄을 매서 안 떨어지도록 몸을 묶고, 오산인지 병점까지 갔다.

가는 도중에 '쌕쌕이'라고 불리는 아군 비행기가 느닷없이 나타나서 기차에 대고 총을 쏴댔다. 오폭(誤爆)이었다. 별수 없이 내려서 걸어야 했다. 천안에서 장항 방향으로 걷고 또 걸었다. 북쪽의 인민군과 30리, 그러니까 12㎞ 정도의 거리를 두고 남쪽으로 내려갔다.

충남 서천에서 금강을 건넜다. 간신히 쌀 싣는 배를 얻어 탔다. 장항의 양곡 창고에 있던 쌀가마니를 적군에게 뺏기지 않기 위해 일단 군산으로 옮기는 배였다. 그 배를 타고 싶은 성인 남자는 그 창고에서 벼 한 가마니를 배에다 옮겨 실어야했다. 뱃삯인 셈이었다. 부녀자와 미성년자는 그냥 태워 줬다.

빼빼 마른 철학교수 아버지에게 벼 한 가마니를 번쩍 둘러맬 힘이 있을 리 만무했다. 먼저 배에 올라탄 어머니와 우리 형제들은 아버지가 배에 못 타실까봐 눈물 콧물을 흘렸다. 그때 아버지가 배에 올라왔다. 어디서 그런 힘이 생겼는지 끙끙대며 벼 한 가마니를 어깨에 짊어지고 왔다. 모두들 아버지를 얼싸안고 이번엔 기쁨의 눈물 콧물을 찍어댔다.

마침내 전북 군산 임피면에 도착했다. 나로서는 난생처음 아버지의 고향에 갔다. 학교 가방에 넣어간 교과서로 새막에서 새를 쫓으며 공부한 적도 많았다.

임피 피란시절의 어느 겨울날, 잊을 수 없는 사건이 일어났다. 여느 때처럼 지게를 지고 산에 땔나무를 하러 가는 길이었다. 이웃마을의 13살 또래 아이 하나가 신발에 철사를 대어 만든 어설픈 스케이트를 타다 저수지 가운데에 빠지고 말았다. 그곳에서 같이 스케이트를 타던 친구 둘은 놀랍고 무서운지 그만 도망가고 있었다. 물에 빠진 소년이 두 팔로 얼음을 딛고 나오려 허우적거릴수록 저수지 한복판의 얼음 구멍은 커져만 갔다.

때마침 그 장면을 목격하게 된 나 역시 놀라고 당황하긴 마찬가지였다. 하지만 물에 빠진 사람을 구해야 한다고 생각했다. 물속으로 뛰어든다면 필사적으로 허우적대는 그 아이를 구할 수 없다는 생각이 머리를 스쳤다. 뭔가, 그를 끄집어낼 수 있는 도구가 있어야 한다. 들고 있던 지게 작대기는 너무 짧았다. 근처 외딴 농가 마당에 빨랫줄이 보였다. 빨래가 널린 빨랫줄을 지탱하는 긴 막대기, 바로 그거였다. 나는 망설임 없이 그 막대기를 빼들고 저수지로 내려갔다.

그리곤 얼음장 위에서 자세를 최대한 낮추어 엎드려서 접근했다. 얇은 얼음이 깨지지 않도록 조심하면서, 나는 그 긴 막대기를 물속에서 허우적대는 소년에게 뻗어 내밀었다. 만일 내가 엎드린 곳 주변에 있는 얼음이 깨져 버린다면 나까지 저수지에 빠질 처지였다. 다행히도 허우적거리다 힘이 빠져 기진맥진한 소년이 필사적으로 붙든 막대기를 잡아끌어 당기면서 가까스로 구할 수 있었다. 그때는 소년이 누구인지 이름도 몰랐다.

집에 돌아와 그 이야기를 자랑삼아 했다. 할머니는 그러다 자칫 나까지 큰일을 당할 뻔했다며 다시는 그러지 말라고 꾸짖으셨다. 아버지는 끝까지 듣고도 별말씀 하지 않았다.

하지만 백 번을 다시 생각해도 그런 일이 일어났을 때 물에 빠진 사람을 그대로 내버려 둔 채 지나치지는 못할 것이다. 그를 구하는 건 당연한 일이었다. 다만 그 순간 중요한 것은 어떻게 소년을 구할 수 있는가? 어디서 기다란 막대기를 구할까, 어느 지점에서 그 막대기를 내밀며 나는 어느 지점에 위치해야 하는가 등, 극히 현실적인 방법론이었다. 나는 이때부터 이미 실용주의자였는지 모른다.

1951년 그때 물에서 건진 소년은 나와 동갑내기이고 이웃마을 문 씨 집성촌에 산다는 것밖엔 아는 것이 없었다. 28년의 세월이 흐른 1979년 10·26 직후, 역사적 현장에서 우연히 그를 조우하게 됐다.

부자(父子)의 동행**

1953년 환도(還都)하고 나서 3년 후 나는 대학생이 되었다. 전쟁을 겪고 난 뒤라 어머니는 아들이 의사가 되어 편안하게 살기를 원하셨지만, 1956년 나는 서울대 문리대 정치학과에 들어갔다. 어머니와 달리 아버지는 나의 결정을 지지하셨다. 워낙 자식들에게 자신의 생각을 강요하지 않는 성품인 데다 아무래도 이과보다는 문과에 대해 호감을 가지셨던 것도 같다.

** 이 글은 2004년 12월 〈신동아〉에 기고한 "나의 삶, 나의 아버지"를 일부 수정한 것이다.

1956년 봄, 서울대 문리대 본관(현재 대학로 마로니에 공원) 앞에서 정치학과 신입생들에 대한 간단한 오리엔테이션이 있었다. 청년처럼 보이는 젊은 조교 김영국(金榮國) 선생의 안내로 돌계단으로 올라선 민병태(閔丙台) 정치학과 주임교수께서 허리를 꼿꼿이 세우고 일갈(一喝) 하셨다.

"여러분들은 지금 정치를 하는 정치과에 입학한 것으로 착각하고 있는 것 같은데, 정치하는 과(科)가 아니라 정치학을 공부하는 정치학과에 입학했다는 사실을 분명히 알고 공부 열심히 하시오!"

그러나 문리대에서 구름다리 너머 있는 법학과보다 10여 점 높은 커트라인을 넘어 합격해서 의기충천해 있던 60명 새내기 가운데 누구 한 사람도 그 훈시(訓示)를 귀담아 듣지 않는 듯했다. 나도 예외는 아니어서 공부보다는 직선제 학생회장으로 가기 위한 캠퍼스 정치에 몰입하기 시작했다. 더욱이 민병태 교수의 정치학 강의는 라스키(Laski)의 다원론(*Pluralism*)을 역설했지만 당시에 우리에게는 참으로 난해(難解)하였다.

대학에 들어가서는 아버지와 사제(師弟) 관계가 되었다. 당시 '철학개론'은 모든 문리대 학생에게 필수과목이었는데, 주요 과목의 개론은 주임교수가 직접 담당했기 때문이다. 동기동창인 송복(宋復) 교수 말에 따르면 〈논어〉에서도 '역자이교지'(易子而敎之)라 하여 자식은 서로 바꾸어 가르치는 법이라고 했다지만, 나에게도 영거북한 일이었다. 그렇다고 해서 피할 길이 있는 것도 아니었다.

대학 2학년 때던가, 홍릉 숲에서 여학생과 난생처음 데이트란 것을 하다가 산책 나오신 아버지에게 들킨 적이 있었다. 사실, 내 딴에는 먼저 아버지를 발견하고 재빨리 피한 것으로 알고 있었다. 아버지역시 나를 봤다는 말씀을 안 하셔서 오랫동안 그런 줄로만 알았다.

그런데 어느 날 신문에 실린 아버지의 신춘수필을 보니 홍릉 숲에서 나를 발견하셨던 이야기가 있는 게 아닌가. 이 수필은 "우리 건이한테 완전히 점령당한" 이 홍릉 숲은 당신도 "언젠가 여인(麗人)과 함께 거닐고 싶었던 숲"이었다는 술회로 끝난다. 아버지의 숲을 본의 아니게 점령(?)해 버려 뒤늦게나마 죄송스러운 마음이었다.

아버지는 내게 주도(酒道)를 가르쳐 주신 분이기도 하다. 나는 그래서 술주정을 모른다. 아버지는 내가 청소년 때부터 제삿날마다 음복(飮福)을 시켰고 대학생이 되자 저녁 밥상에서 한잔의 반주를 권하곤 하셨다. 대학생 때 언젠가는 아버지의 호출에 따라 명동의 '뽕쏘아'(Bonsoir)라는 '빠'(Bar)로 찾아갔더니 동료교수들과 둘러앉아 대작하고 계시다가 내게 합석하라고 하시고는 '마티니'란 술을 시켜 주셨다. 처음 마셔본 칵테일이었다.

1959년부터는 아버지를 서울 문리대 캠퍼스에서 볼 수 없었다. 전북대 교수협의회에서 투표로 아버지를 총장으로 선출해 아버지께서 서울대에 사직서를 내고 전북대로 가셨기 때문이다.

1950년대 후반의 나의 대학생활에서 우리나라 대학 최초의 이념연구 서클이었던 신진회(新進會) 활동과 문학 서클이었던 정문회(政文會) 활동을 빼놓을 수 없다. 나는 김지주(金志柱) 선배(회장)의 권유로 신진회 연구활동에 참여했고 류근일(柳根一), 한영환(韓瑛煥) 같은 또래들이 뒤따랐다. 월 1회 양호민(梁好民) 교수 등을 초빙해서 사회민주주의 이념에 대한 발표와 토론을 했었다. 그러나 이른바 문리대 필화(筆禍)사건으로 신진회는 사실상 해체되고 〈문리대학보〉는 정간되는 수난을 맞게 되었다. 1년 후 학생회장에 당

152

선된 나는 문리대 신문을 〈새 세대〉라는 제호로 복간하게 되었다.

또 한편으로 나는 송복과 함께 정문회 활동에도 끼어들었는데 신진회와는 달리 매월 갖는 시작(詩作) 발표나 문학평론 같은 조용한 활동이 잔잔히 이어졌다. 당시 문리대와 법대 캠퍼스는 '구름다리'로 연결되어 있었다. 구름다리 저편의 법대생들은 도서관에서 육법(六法) 전서와 씨름했지만, 구름다리 이쪽의 정치과생들은 마치 구름 위에서 사는 듯 문학을 논하고 이념을 떠드는 캠퍼스 생활을 누렸다.

당시 대학선배들인 신진회의 최서영(崔瑞泳), 이자헌(李慈憲), 최영철(崔永喆), 유한열(柳漢烈), 이억순(李億淳), 정구호(鄭九鎬)와 정문회의 김성우(金聖佑), 남시욱(南時旭), 손세일(孫世一) 등은 언론계에 진출했다. 나는 서울대 총학생회장으로서 국회의원 보좌관으로 정계에 입문할 수도 있었으나 4·19 전야의 현실 정치에 매력을 느끼지 못했다. 비로소 민병태 교수의 '공부하는 정치학과' 훈시가 내 귓전에 맴돌았다.

나는 뒤늦게 구름다리 저쪽에서 하듯이 육법전서와 씨름을 시작했고 이기욱(李基旭), 서석준(徐錫俊), 권인혁(權仁赫)과 함께 공직의 길을 걷게 되었다. 김재익(金在益)은 한국은행에 들어갔다가 미국 유학을 마친 후 경제관료로 공직에 입문한다.

세월이 흘러 공직에서 권위주의 시대와 민주화시대를 거치면서 민병태 교수가 역설하던 '다원론'이 바로 민주주의와 같은 지평선에 닿아 있음을 비로소 알게 되었다.

내가 대학을 마친 직후인 1960년 4·19가 일어났다. 자유당 정권이 붕괴하면서 전국에서 기관장 배척운동이 일어나는 바람에 아버지는 전북대 총장 자리에 앉아 있기가 불편하셨다.

총장직에서 물러난 아버지는 이듬해인 1961년 5·16 군사정변이 일어나자 군정(軍政)에 저항하는 투사(鬪士) 지식인으로 변신하셨다. 이인(李仁), 전진한(錢鎭漢) 등 야당 정치인과 함께 군정반대를 외치는 대중 강연에 나서셨다. 아버지는 대학강의 때처럼 두 손을 뒤로 모은 채 연단 위를 왔다갔다 하며 구수한 입담으로 청중들을 끌어들였다. 결국 아버지는 군사정권의 눈엣가시 같은 존재가 되어 옥고(獄苦)를 치르셨다. 내가 고시에 합격해 내무부 지방국의 수습 행정사무관으로 공직에 첫발을 내디딘 1962년 때였다.

이듬해인 1963년 6대 국회의원 총선거에서 아버지는 통합야당인 민정당(民政黨) 후보로 군산·옥구 지역구에 출마해 당선되셨다. 대통령을 역임한 윤보선(尹潽善) 민정당 총재 아래에서 당의 정책위원장과 사무총장이란 요직을 맡았다. 군사정권을 상대로 가시밭을 걷는 셈인 야당 정치활동의 선봉장이 되셨던 셈이다. 아버지는 정치 풍토를 쇄신하는 모임인 명정회(明政會)를 주도하기도 하셨다.

권위주의 시대의 정치상황에서 야당 정치가인 아버지와 공무원인 아들의 입지는 운명적으로 충돌할 수밖에 없었다. 결국 아버지는 6대 국회의원 4년 임기를 마친 후 정치인의 뜻을 접으시고 다시 철학자의 자리로 돌아오셨다. 반면 나는 본격적으로 전문행정가의 길을 걷게 되었다.

아버지는 그 후 학술원 회원 직함만을 가지고 평생 학문 연구에 정진했다. '단 한 권의 명저를 남기는 게 소원'이라던 염원처럼 1969년엔 저서《선(禪)의 세계》를 출간했다. 아버지는 1970년 서울대에

154

서 뒤늦게 철학박사 학위를 취득했고 1971년엔 학술원 저작상을 받으셨다. 《선(禪)의 세계》는 '하이데거의 실존철학을 불교의 선사상으로 용해시킨 저작'이라는 평가를 받았다.

이때부터 10여 년 동안 봇물 쏟아놓듯 숱한 논문을 열정적으로 발표했다. "선의 존재론적 구명(究明)", "해동(海東) 조계종의 연원 및 그 조류", "하이데거의 존재 현전성(現前性)", "추사(秋史)의 백파망증 15조(白坡妄證十五條)" 등이 그것이다.

아버지는 1980년대 들어 정읍 내장산장에서 평생의 꿈이었던 독거생활에 들어가셨다. 7평짜리 집에서 11년간 홀로 기거하며 원효(元曉)를 연구하고 참선(參禪)을 실천했다. 산속에서 오래 지내다 보니 눅눅한 습기 탓에 류머티즘으로 고생하셨다. 입산 생활을 청산하고 연구 성과를 담은 기록물을 큰 가방에 그득 담아 상경했으나 버스 안에서 돈으로 오인한 날치기꾼에게 털리고 말았다. '일생에서 가장 행복했다'는 그때 아버지의 풍모는 백발이 어깨를 덮었고 흰 수염이 가슴까지 흘러내려 영락없는 도인이었다.

아버지는 1995년《선의 세계》를 증보하여 1권《서양철학과 선》, 2권《한국의 선》등으로 간행했다. 이 책은 1999년 출판저널에서 국내 각 분야 지식인 100명이 뽑은 '20세기 한국고전' 중 하나로 추천되었다. 1997년에는 수상록《하늘과 땅과 인간》을 출간했다.

그 후 아버지는 경기도 안양에서 어머니와 함께 아파트에 사시면서 후설의 독일어 원전을 읽으셨다. 후설 이론을 빌려 원효사상의 가장 어려운 대목인 기신론과 금강경론을 쉽게 쓰는 작업을 하신 것이다.

아버지는 나의 공직생활이 당신의 뜻을 펼치는 또 다른 방편이라고 생각하셨던 것 같다. 내가 공직에 나아갈 때마다 친인척들에게는 청탁 금지령을 내리고, 항상 기성정책의 건전한 비판자, 민심의 전달자 역할을 자임하시며 내가 관료적 타성에 젖지 않도록 엄한 감독의 눈길을 보내셨다. 또 내가 공직에서 물러나 있을 때에는 든든한 버팀목이 되어 주셨다. 나와 아버지 사이에 무언의 파트너십이 형성되기 시작한 것이다.

아버지는 내 공직생활의 3계를 내려주시는 데 그치지 않고 충실한 모니터와 정책 조언자의 역할을 도맡아 해주셨다. 바둑은 두는 사람보다 옆에서 지켜보는 사람이 수를 더 잘 볼 수 있다는 것이 아버지의 지론이었다. 아버지의 이런 도움 덕택에 내가 어느 공직에 있든 그 부처의 공보관실은 꽤나 긴장할 수밖에 없었다. 왜냐하면 공보관실에서도 빠뜨린 기사를 아버지께선 꼬박꼬박 스크랩해서 당신의 의견과 함께 내게 보내주셨기 때문이다.

특히 원고지 뒷면을 깨알 같은 글씨로 가득 채운 '가신'(家信)은 주의 깊게 정독했다. 좋은 정책제안이 많이 들어 있었기 때문이다. 빈곤의 세습을 막으려면 영세서민의 자녀들에게 기능교육을 잘 시켜야 한다는 지적에 서울시립기능훈련원을 개설하여 운영하기도 했고, 장애인 대책을 하도 강조하셔서 수화(手話)를 배우기도 했다.

평생을 현실 속에서 실사구시(實事求是)의 정신을 지키며 공직자의 길을 걸어온 나와는 달리, 아버지는 높은 정신세계 속에서 유유자적한 분이셨다. 한때 정치인으로 변신하기도 하고, 한국철학회를 창립해 초대회장을 맡기도 하는 등 현실에 참여하기도 하셨

156

손자들을 안고 웃고 있는 아버지의 모습.
오른쪽 아이는 저자의 큰아들 진(1961년생),
왼쪽 아이는 둘째 아들 휘(1962년생).

으나 마음은 내내 철학의 세계에 머물렀던 듯싶다. 실존철학을 한
국 철학계에 처음 심어 주셨고, 아울러 불교의 선사상(禪思想)에
심취해 이 둘을 사상적으로 잇고자 하셨다.

한평생 공직에 몸담아 절제하며 사느라 별 재미를 키우지 못한
아들과 달리, 아버지는 멋을 아셨다. 우리 집안의 딸들과 며느리들
은 집안 남자 가운데 제일 멋있는 남자로 아버지를 꼽는다. 하이데
거를 읽던 서재의 벽은 은은한 옥색 한지로 도배되어 있었고, 난초
를 키우셨으며 가야금과 창(唱)을 배우셨다. 불교철학을 연구하실
때에는 모차르트 음악에 심취하시기도 하셨다.

외출하실 때면 옥색 두루마기를 입곤 하셨는데, 휘날리는 흰 수
염과도 잘 어울렸다. 물론 언제라도 입으실 수 있게 두루마기를 준
비하신 어머니에게는 고역이었겠지만 말이다. 동숭동에서 함께 사
실 때는 대학생 손자들을 데리고 동네 호프집을 찾는 것이 큰 즐거
움이셨다. 그때 머리에 눌러쓰신 베레모가 멋있어서 자세히 보니

내가 오래전 쓰다 버린 서울대 교모(校帽)였다.

나는 아버지와 달리 멋을 잘 모른다. 베레모 같은 것은 쓸 엄두도 못 내봤다. 그러나 곰곰 생각해 보면 아버지가 추구하신 멋의 세계를 조금은 이해할 수 있을 것 같다. 하이데거와 불교철학, 참선(參禪)과 모차르트, 혹시 아버지는 상반되어 보이는 것 속에서 조화를 얻으려고 하셨던 것이 아닐까.

항상 이쪽 아니면 저쪽으로 쏠리기 쉬운 사람의 마음과 세상의 흐름 속에서 중용(中庸)과 평형을 찾아내고 화이부동(和而不同)하며 원융회통(圓融會通)을 이루는 것, 이런 마음가짐 속에서 나와 만년의 아버지는 무언으로 통했다. 조화와 중용의 정신이야말로 큰 키, 남다른 건강, 뜻한 일은 이루는 의지와 함께 아버지로부터 물려받은 큰 자산이라고 생각한다.

멋있던 아버지, 어려서는 자상한 가정교사이셨고 자라서는 따뜻한 후원자이셨으며 장성해서는 공직생활의 든든한 자문역이셨던 아버지는 떠나셨다. 아버지가 키우시던 난초는 며느리들이, 남쪽 창 밑의 오죽(烏竹) 대나무는 내가 가꾸고 있다.

끝으로 공인의 삶 50년 동안 긴장과 절제 속에 살아야 했던 내 가족들, 아내와 세 아들, 며느리들에게 한없이 미안하다. 고마운 마음뿐이다.

제 2 장

나랏일을 하고 싶습니다

마이산의 눈 내리는 밤

1945년 광복 직후 백범(白凡) 김구(金九) 선생을 비롯해 해외에서 독립운동을 하던 지사들이 속속 귀국했다. 라디오와 신문에서 그들을 '애국자'(愛國者)라고 불렀다. 당시 애국은 지금처럼 거창한 단어가 아니었다. 늘상 쓰는 말이었다. 나랏일을 하면 바로 애국자였다. 소년 시절부터 나랏일을 맡는 애국자가 되고 싶었다.

커가며 정치인을 꿈꿨다. 어머니는 의사가 되길 바랐고 아버지는 스스로 결정하라고 했다. 서울대 정치학과에 진학하고 문리대 학생회장과 서울대 총학생회장을 한 것도 정치의 꿈이 있었기 때문이었다. 학생회장 출신이면 대개 정치무대로 나갔다. 맘만 먹으면 국회의원 보좌관을 할 수 있었다. 그런데 대학을 졸업할 때는 자유당 말기였다. 장기집권과 부패에 대한 국민의 불만이 고조됐던 시기다. 정치에 대한 환멸을 느꼈다.

정치가 아니라도 나랏일을 하는 길이 있었다. 바로 행정이었다.

내무부(內務部)로 들어가 군수(郡守)가 되려는 계획을 세웠다. 한 고을을 책임지고 개발하면서 잘살게 만드는 일을 하고 싶었다. 뒤늦게 고등고시로 방향을 돌렸다. 그러나 학생회장 일을 하느라, 연애를 하느라 공부가 부족했다.

별수 없이 전북 진안의 마이산 탑사(馬耳山 塔寺)로 갔다. 대학 졸업을 앞둔 1959년 겨울방학 때였다. 지금은 고시학원이나 고시원이 많지만 그 시절엔 외딴 절에서 날밤을 새우며 공부하는 고시생들이 많았다. 말의 귀처럼 생긴 산봉우리 사이에 자리 잡은 탑사는 맨손으로 쌓아올린 돌탑들로 유명하다.

그날은 하루 종일 눈이 내렸다. 고시생은 아니었지만 탑사에 머물던 한 청년이 낮에 마을처녀 두 사람을 데리고 왔다. 그녀들의 웃음소리가 고요한 절 마당을 오후 내내 흔들었다. 젊고 외로운 고시생들의 마음을 아랑곳하지 않는 웃음소리였다. 저녁 무렵이 되자 절은 쌓인 눈에 파묻혔다. 마을처녀들이 돌아갈 길도 막혀 버렸다. 내가 굳이 걱정할 일은 아니었지만, 은근히 그녀들의 거취가 신경 쓰였다.

한밤중에 내 방문을 두드리는 소리가 들렸다. 그 늦은 시각에 내게 올 사람은 아무도 없었다. 방문을 여니 어둠 속에 그 마을처녀 중 한 사람이 서 있었다. 깜짝 놀랐다. 내 등 뒤의 불빛 때문에 그녀의 얼굴은 제대로 보이지 않았다. 그녀는 그냥 서 있었다. 방안으로 들어오라는 처분만 기다리는 모양새였다.

야심한 밤, 생면부지의 남자가 있는 방을 두드리다니, 당황스러웠다. 나는 반사적으로 대답하고 방문을 닫았다.

"여기는 공부하는 방입니다."

가슴을 진정한 후 다시 공부에 매달렸다. 내 옆방에도 고시생 선배

160

한 분이 묵고 있었다. 내 방문을 두드리는 소리와 우리의 짧은 대화를 옆방에서 들었던 모양이다. 그가 다음날 아침에 사태의 전말을 궁금해 했다. 나는 사실대로 말해 주었다. 내 입장을 이해한다면서도 그 선배는 못내 아쉬워했다. '하룻밤의 드라마'를 기대했던 듯하다.

그 눈 내리는 밤의 에피소드 때문에 그 후 나는 '인정머리 없는 냉혈한(冷血漢)'으로 매도당했다. 내 친구들은 "눈 내리는 밤에 갈 곳 없는 아가씨를 내친 것은 야박하고 비인도적인 처사"라며 일제히 내 행동을 꼬집었다. "용기를 내어 방문을 두드린 그녀에게 엄동설한 잠자리를 제공해야 마땅하거늘 거절당하는 아픔을 준 것은 부적절한 처신"이었다는 것이다. 더구나 "백성을 하늘같이 모시는 공무원이 되겠다는 자의 기본이 안 되어 있다"며 나를 놀렸다.

지금도 엄동설한 눈 오는 밤에 가끔 그 일을 떠올리고 '그 추운 겨울밤 시골처녀는 어디서 지냈을까?' 하는 회한(悔恨)에 젖곤 한다.

새로운 길목에서

공부가 부족하면 착각하기 마련이다. '합격이 틀림없다'는 예감이 들어 대학생 때부터 사귀던 동갑내기와 결혼했다. 기세등등하게 신혼여행에서 돌아오는 날짜도 고등고시 합격자 발표일로 잡았다. 동대문 대폿집에 신부를 기다리라고 앉혀 놓고 종로구 동숭동 서울대 법대로 향했다. 그때는 합격자를 알리는 방(榜)이 법대 교정에도 붙었다. 그런데 아무리 들여다봐도 내 이름이 없었다.

신부가 있는 동대문 근처 대폿집으로 돌아왔다. 말없이 술만 들이켰다. 취기가 한껏 오르자 동대문 사거리로 나가 길바닥에 드러누웠다. "이건 무효야, 무효!"라고 소리쳤지만 소용없는 일이었다. 내 인생 최초의 실패였다.

아내 조현숙(趙賢淑)을 처음 만난 건 서울대생들과 이대생들로 구성된 독서 서클, '미네로스'에서다. 지혜와 사랑을 뜻하는 미네르바와 에로스를 합친 이름의 동아리 미네로스에는 서울대생 7명과 이대생 7명이 있었다. 회원들은 토마스 하디의 《테스》를 비롯해 다양한 고전을 읽고 토론했다.

나는 청순 미인형인 현숙을 처음부터 마음에 두었다. 게다가 우리는 서클 모임이 끝나면 같은 버스를 타게 됐다. 현숙의 집은 신설동이었고, 나는 청량리였으니 모임이 끝나면 본격적인 버스 데이트가 이루어졌다. '미네로스'에서 싹튼 연애는 4년이나 지속되었다.

22살 동갑내기 아내와의 신방을 부모님과 함께 살던 청량리 집에 차렸다. 그 집은 서울대 교수 관사였다. 집에 딸린 양계장의 닭들을 쫓아내고 그 자리에 작은방 둘을 들였다. 연탄아궁이로 취사와 난방을 동시에 해결하는 신혼방이었다.

졸지에 가장이 됐으니 생계를 꾸려야 했다. 남선무역회사에 입사했다. 낮에는 회사에 나가 일하느라 밤에 고시공부를 했다. 주경야독(晝耕夜讀)은 고달팠다. 또다시 고시에 떨어지면 그야말로 큰일이 날 것이었다. 나는 신혼방과 공부방 사이에 있는 문에 '여인 출입금지'라고 큼지막하게 써 붙였다. 하지만 내가 써 붙인 '여인 출입금지' 주문을 내 스스로 지키기 어려웠다. 시험준비가 제대로 될 리 없었다. 회사에 사표를 냈다. 다행히 회사는 휴직처리를 해줬다. 월급의 절반을 받았다.

1962년 수습 행정사무관으로 발령받고 상사분들과 고시동기들과 함께 찍은 사진이다.
아래 왼쪽부터 김수학 내무부 기획계장, 김영재 행정계장, 김보현 행정과장, 김성배 인사계장.
그 뒤 13회 고등고시 동기들, 왼쪽부터 노건일, 박병효, 이상배, 저자, 신기악, 최휴섭, 신석호, 김영진.

　반이나마 나오는 월급을 신부에게 생활비로 맡기고 수락산 중턱 홍국사란 절에 들어갔다. 공부를 본격적으로 시작했다. 절에 틀어박혀 공부했고 1961년 10월 고등고시에 재도전했다. 배가 부른 아내는 돈암동 산원(産院)으로, 나는 성균관대 시험장으로 향했다. 이틀 동안 시험을 치고 돌아오니 첫 아들이 태어나 있었다.

　그해 12월 5일 제13회 고등고시 행정과 합격자가 발표됐다. 1년 전 아픈 기억을 억누르며 서울대 법대 교정으로 갔다. 떨리는 마음으로 방을 읽어 내려갔다.

　'제1부 일반행정 … 조재석, 최상엽, 고건 ….'

　내 이름이 있었다. 첫아이 덕인가. 합격했다. 1년 가까이 미뤄왔던 군수의 꿈이 다시 부풀었다. 지방자치제와 지방선거제도가 시행되기 훨씬 전이다. 내무부 공무원이 군수로, 도지사로 임명되던 시절이다. 내무부를 자원했다. 정치의 뜻이 있었기 때문에 군수에 매력을 느꼈다. 고시성적은 나쁘지 않았다. 1962년 원했던 대로 내무부에 배정됐다.

자신만만한 청년 고건으로 다시 돌아왔다. 앞으로 내 인생에 좌절은 없을 줄 알았다. 하지만 더 큰 고난이 기다리고 있었다.

강경 야당 국회의원의 아들

1961년 12월 고등고시 행정과에 합격하고 입영영장을 기다리고 있었다. 영장이 나오면 군대를 다녀온 다음 발령받으면 되겠다고 생각했다. 내각 사무처에서 통지문이 왔다. 공무원 임용신청을 하라는 내용이었다. 통지문을 들고 중앙청 인사과로 찾아갔다.

"입영영장을 기다리고 있습니다. 그런데 지금 공무원 임용신청을 등록해야 하나요? 아니면 군대를 갔다와서 등록해야 합니까?"

인사과 담당 직원이 답했다.

"입영을 기피한 사실이 없으면 지금 임용 후보자로 등록하세요."

그래서 공무원 임용 후보자로 등록했다. 5·16 군사 쿠데타가 있고 군사정권이 들어선 때였다. 병역을 기피했거나 다른 병역문제가 있었다면 공무원으로 임용되지 못했을 것이다.

병역을 기피한 사실이 없는 다른 고시 합격자들과 함께 1962년 2월 수습 행정사무관으로 발령이 났다. 원했던 내무부에서 공무원 생활을 시작할 수 있었다.

아버지는 초강경 야당 국회의원으로
국회만 열리면 박정희 정부를 공격했다.

    그런데 뜻밖의 상황이 발생했다. 공교롭게도 내가 공직을 시작할
무렵 아버지는 야당 정치를 시작했다. 지금도 잊을 수 없는 장면이
있다. 수습 행정사무관이었던 1963년 2월 말 일요일, 서울중학교
운동장으로 향했다. 지금 신문로 서울역사박물관 자리다. 5·16 군
사 쿠데타 후 야권이 주최하는 첫 번째 민간 정치집회가 열렸다.
    연사는 이인(李仁) 전 제헌의원과 아버지인 고형곤 전 전북대 총
장이었다. 연설이 무르익자 L-19 비행기가 공중을 선회했다. 비행
음 사이에서 아버지의 카랑카랑한 목소리가 울려 퍼졌다.
    "번의(飜意·먹었던 마음을 바꿈)의 번의는 무엇입니까?"
    박정희(朴正熙) 국가재건최고회의 의장이 민정(民政) 선거에 불참
하겠다고 해놓고 번복한 사실을 겨냥한 연설이었다. 아버지가 했던
연설은 다음날 신문 제목으로 고스란히 실렸다. 내가 연설장에 왔
다간 사실을 아버지는 몰랐다. 인파 뒤에 서서 저 멀리 아버지의
모습을 물끄러미 바라보다 발길을 돌렸다.

1963년 11월 26일 제 6대 국회의원 총선거에서 아버지는 야당인 민정당(民政黨) 후보로 군산·옥구 지역구에 출마해 당선됐다. 윤보선 전 대통령이 이끄는 민정당에서 핵심인사로 일했다. 정책위의장과 사무총장을 지냈다.

아버지가 야당 정치인의 길을 걷기 시작하면서 나에게 고난이 닥쳤다. 수습 행정사무관으로 내무부 지방국에 입성했을 때만 해도 꿈에 부풀었다. 1년 6개월이 지나면 수습 꼬리표를 떼고 보직을 받는 게 보통이었다. 동기들은 군수로도 나가고, 각 부처의 계장(지금의 팀장) 자리를 받았다. 수습기간이 끝나고 1년이, 2년이 지나도 나에겐 보직이 오지 않았다.

아무도 그 이유를 나에게 말해 주지 않았지만 충분히 짐작할 수 있었다. 강경 중에서도 강경으로 꼽히는 야당의원을 아버지로 뒀다는 까닭에서였다. 상공부 상역국장이었던 형님 고석윤(髙錫尹)은 1963년 결국 공직을 그만두어야 했다. 국장인 형님뿐만 아니라 말단 행정사무관인 나에게도 정치권의 서슬 퍼런 입김이 끼쳤다. 그 시절은 그랬다. 다행히 형님은 고시 행정과뿐만 아니라 사법시험에도 합격한 바 있어 변호사 자격증이 있었다. 형님은 변호사 사무실을 열었다.

내가 쓴 첫 번째 사표

1965년 초 보직 없는 사무관 생활을 한 지 3년이 지나고 있었다. 아마 신입 사무관이 보직 없이 3년 넘게 보낸 것은 지금도 깨지지 않은 기록일 것이다. 무보직 사무관으로 내무부에 출근하고 퇴근하는 생활을 더 이상은 참기 어려웠다.

아버지를 바꿀 수는 없었다. 그래서 내가 직업을 바꾸기로 결심하고 사표를 썼다. 사표만 내고 그만두긴 억울했다. 장관을 만나 따질 건 따지고 사표를 던지기로 마음먹었다. 겉에 사직서(辭職書)라 적은 하얀 봉투를 품고 다녔다. 보직 없는 평사무관이 장관을 만나기란 불가능에 가까웠다.

서울 을지로 내무부 청사 현관에서 기다렸다가 국무회의에 다녀오는 장관을 만나 면담을 요청해 보자는 궁리를 냈다. 하지만 번번이 장관을 만나지 못했다. 허탕을 치고 돌아와 퇴근 후 대폿집에 동기들과 둘러앉아 막걸리를 마시곤 했다. 어느 날 취기가 올라 안주머니에 있던 사직서 봉투를 꺼내 들고 외쳤다.

"나 사표 내기로 했어."

동기들과 술자리에서 한 얘기가 밖으로 새어나갔나 보다. 고 아무개라는 사무관이 사표를 품고 돌아다닌다는 소문이 내무부에 파다하게 번졌다. 얼마 후인 1965년 5월 행정과 기획계장으로 발령이 났다. 야당의원의 아들이 보직도 못 받고 결국 사무관을 그만두게 된다면 국회에서 말썽이 날 수도 있다는 보고가 장관이나 차관에게 올라갔나 보다. 물론 나에게 속사정을 설명해 주는 사람은 없었다. 짐작일 뿐이었다.

무보직 사무관 생활은 그렇게 끝났다. 힘든 시간이었지만 인간적으로 철이 든 성숙의 기간이기도 했다. 3년 반 동안 외국 책을 구해 행정에 대해 공부했고, 지방행정에 대한 기획안도 썼다. 정부 정책에 대해 비판적이면서 객관적인 시각을 갖게 됐다. 중앙부처에서 입안한 정책이 지방현장에서 어떻게 받아들여지는지도 관찰하고 분석했다. 3년 반의 이런 공부는 기획계장으로 일할 때 큰 도움이 됐다.

지방자치제도를 시행하다가 중단된 시기였다. 당시 정일권(丁一權) 국무총리가 국회에 나가면 의원들은 "지방자치를 왜 다시 시작하지 않느냐?"고 몰아세웠다. 정 총리는 "다시 지방자치제도를 시작할 준비를 하고 있다"고 답했다. 국회의 추궁이 이어지자 정 총리는 "지방자치백서를 만들겠다"고 밝혔다. 그 일은 내무부 지방국 행정과의 기획계장인 나에게 돌아왔다.

노융희(盧隆熙) 서울대 교수를 비롯해 지방자치 전문가들과 함께 백서를 만들었다. 3년 반 동안 서울 충무로 외국 전문서적 거리와 도서관을 다니며 공부한 내용을 맘껏 활용했다. 공청회도 열었고, 완성한 백서를 국회에도 보냈다. 지방자치제도에 대한 국내 전문서적이 거의 없던 때였다. 이 백서는 이후 10년간 대학에서 지방자치제도에 대한 교과서처럼 쓰였다.

3년간의 기획계장 시절 〈도시문제〉란 월간 잡지도 창간했다. 이호철(李浩哲) 작가의 《서울은 만원이다》란 소설이 인기를 끌 만큼 도시화 문제가 심각했던 때였다. 그때의 경험과 공부는 먼 훗날 서울시장으로 일하면서 큰 도움이 됐다.

후일담이지만 공직에 처음 나서며 품었던 군수의 꿈을 나는 이루지 못했다. 전북도청 식산국장, 내무부 새마을담당관 등을 거치면서 군수로 나가지 못했다. 딱 한 번 기회가 있긴 했다. 식산국장으로 일할 때 이환의(李桓儀) 전북 도지사가 나를 군산시장으로 추천했다. 하지만 군산·옥구를 지역구로 둔 여당 국회의원인 차형근 변호사가 반대하면서 기회를 잃었다. 내가 군산시장을 했다가 국회의원에 도전할까봐 걱정했던 것 같다.

나의 상사 나의 멘토, 김보현

보직 없이 보낸 공직 첫 3년 반. 힘들었지만 얻은 것이 더 많았다. 그때 멘토를 만났다. 김보현(金甫炫) 전 농림부 장관이다. 1962년 수습 행정사무관으로 내무부 지방국 행정과에 배정됐을 때 그가 행정과 장이었다.

내 자리는 계장 책상 옆에 인공위성처럼 붙어 있었다. 보직이 없으니 계장 책상을 줄 수 없고, 명색이 사무관이니 계원 자리에 앉힐 수도 없어서다. 그때 기획계장이 초등학교 출신의 국세청장에 청백리로 이름을 알린 김수학(金壽鶴) 씨였다. 일과가 끝나면 김보현 과장이 나에게 말했다.

"맥주나 한잔 마시러 가지."

서울 을지로 내무부 청사를 나섰다. 그는 나를 이끌고 옛날 중앙우체국 뒤 샛골목으로 향했다. 충무로와 명동으로 잇는 좁은 골목길을 따라 책방이 다닥다닥 붙어 있었다. 여러 분야의 외국 책을 전문으로 파는 서점 거리였다. 나에겐 신천지였다. 구하기 어려운 책도 주인에게 주문하면 살 수 있었다. 김보현 과장은 필요한 책을 찾아보고 샀다. 주로 지방행정에 관한 서적을 봤다.

1960~70년대 우리나라 산업화를 주도한 엘리트 집단은 두 부류였다. 군인출신과 테크노크라트(technocrat·전문관료)였다. 김 과장은 이후 대표적인 테크노크라트로 성장했다.

나도 그를 따라 지방행정에 대한 책을 섭렵했다. 국립중앙도서관에도 자주 들렀다. 일제 강점기에 총독부에서 발간한 《조선의 촌락》도 그곳에서 탐독했다. 우리나라 농촌지역의 현황과 특성을 일목요연하게 정리한 자료였다. 6·25 전쟁이 불과 10년 전 일이었다. 농촌현실에 대해 체계적으로 정리한 국내 서적은 거의 없었다. 그 책자는 나중에 새마을사업을 기획할 때 귀중한 참고자료가 되었다.

그렇게 서점가를 한참 둘러본 다음 원래 목적지였던 맥줏집으로 향했다. 명동과 무교동에는 직장인들이 일과를 마치고 들르는 맥줏집이 많았다. 요즘의 호프집과 같은데 그때는 '삐어홀'(beer hall)이라고 불렀다. 정종이나 막걸리는 '대폿집', 맥주는 삐어홀에서 마셨다. 저녁이면 넓은 홀이 양복쟁이 직장인으로 꽉 찼다. 맥주잔과 땅콩, 오징어 같은 마른안주를 앞에 두고 토론했다. 행정이 주제였다.

모든 행정에는 사각지대(死角地帶)가 있다.
모든 정책에는 부작용이 있다.

그에게 배운 명제였다. 정책을 입안하고 시행할 때마다 한 번도 잊지 않았다. 마음속으로 이 정책을 현장에 적용하면 국민이 어떻게 받아들이고, 어떤 부작용이 일어날까 생각하는 버릇은 이때 자리 잡았다. 일종의 '상상 속 정책영향 평가'였다.

김보현 전 장관은 저자의
첫 상사이자 멘토였다. 사진은
1970년 체신부 장관 때 모습이다.

즐거운 추억도 많았다. 그때 삐어홀에서 맥주는 1천 cc 잔에도
나왔다. 동료들과 분위기가 무르익으면 술값을 걸고 둘이 서서 누
가 빨리 마시나 내기했다. 덕분에 내가 술값을 낸 적은 없었다. 취
기가 오르면 야당 국회의원 아버지를 뒀다는 이유로 보직을 받지
못하는 신세를 한탄했다.

김 과장은 대기만성(大器晩成)형 인물이었다. 1924년생인 그는
광주사범을 나와 교사를 하다가 서울대 법대를 다시 들어갔다. 고
시에 합격해 행정공무원 생활을 시작하고도 행정과장 밑 계장 생활
을 7년이나 했다. 과장인 그가 내 처지를 해결해 줄 순 없었지만
얘기를 들어주고 이해해 줬다.

우리나라는 1960년대에 행정주도적 국가발전을 지향하는 계획적
전환기에 돌입했다. 이 역사적 전환시대에 나라의 근대화, 산업화
를 이룩하기 위하여 국민들의 노력을 계획적으로 조직화하는 행정
가들의 열정과 헌신이 있었는데 우리나라의 경제성장과 국가발전을

이끌어온 전환시대 행정가로서 김보현은 빼놓을 수 없는 존재다.

역사적 전환기에 김보현은 우리나라의 근대화와 산업화를 주도한 테크노크라트의 대명사였다. 김보현은 전남 도지사, 체신부 장관, 농림부 장관으로서 전환기 나라 정책의 혁신에 많은 역할을 하였다. 나는 1960년대 초, 김보현이 내무부 지방국 행정과장으로 일할 때 수습사무관으로 공직을 시작한 이래 행정인으로서의 시각과 사고방식, 그리고 행정의 명(名)과 실(實)에 이르기까지 많은 것을 그에게 배울 수 있었다.

전환시대의 행정가, 김보현은 지금도 잊히지 않는 공직생활의 첫 멘토였다. 나는 그 인연으로 제남(濟南) 김보현 유고집《전환시대를 이끈 행정가》(나남, 2013년)에 '나의 멘토 金甫炫'이란 글을 쓰기도 했다.

부친이 내린 공직 3계

내무부 수습 행정사무관으로 첫발을 내디딘 1962년. 아버지는 내게 '공직 3계'(公職三戒·공직자로서 지켜야 할 3가지)를 내려줬다. 첫째 '누구 사람이라고 낙인찍히지 마라', 둘째 '남의 돈은 받지 마라', 셋째 '술 잘 먹는다고 소문내지 마라'였다.

먼저 아무개 사람이라고 찍혀선 안 된다는 것은 줄 서지 말고 실력으로 헤쳐가란 뜻이었다. 나는 공직생활을 통해 인사 운동을 하거나 어느 정파에 줄 선 일이 한 번도 없다. 대신 일로서 승부하려면 내가 맡은 일에선 최고의 전문가가 돼야 했다. 일이 주어지면 최선을 다했다. 아버지가 정치인을 그만두고 나서도 지킨 원칙이었다. 지성(至誠)이면 감천(感天)이라고 했다. 감천까지는 못 돼도 감민(感民)은 하자는 '지성감민'은 그때부터 내 좌우명으로 자리 잡았다.

두 번째 뇌물을 받지 말라는 청렴의 원칙도 마찬가지다. 강경 야당 정치인의 아들로서 청렴은 나에게 생존의 법칙이었다. 그러다 보니 청렴이 체질화됐고 나중엔 경쟁력이 됐다. 권력의 판도가 바뀌고 사정(司正) 바람이 휘몰아칠 때도 떳떳이 내 소신대로 일할 수 있었다. 1979년 12·12사태 이후 신군부의 서슬이 시퍼렇던 때 국가보위비상대책위원회(국보위)에 반대해 사표를 던질 수 있었던 것도 내 스스로 청렴을 지켜왔기 때문에 가능했다.

1975년 11월 전라남도 지사에 임명됐을 때 일이다. 37세 나이에 최연소 도지사였다. 의욕이 가득한 젊은 공직자 주변에 검은돈의 유혹이 끼칠 만도 했다. 아버지는 일가친척을 긴급 소집했다. '비상계엄 가족회의'였다. 친척 모두에게 청탁을 해서는 안 된다고 신신당부하고 나에겐 돈을 절대 받지 말라고 엄명하셨다.

물론 도지사 생활을 하다 보면 돈이 아쉬울 때가 있었다. 밤 9시가 넘어서도 불이 켜진 도청 사무실이 적지 않았다. 그럼 사무실로 올라가서 야근하는 사람을 데리고 나가 광주 충장로에 가서 대포 한잔을 같이했다. 공식 예산은 부족했다. 나의 사정을 예감했는지 아버지는 도지사 생활을 할 때부터 그때 내 월급의 3배 정도 되는 돈을 매달 부쳐줬다. 친척들에게 갹출해서 만든 돈이었다. 오랜 공직생활에서 청렴을 지킬 수 있었던 것은 보이지 않는 아버지의 노력이 있었기 때문이었다.

아쉽게도 술에 대한 아버지의 세 번째 조언은 제대로 따르지 못

했다. 아버지에게 물려받은 체질 덕분인지 주량에 대한 문제는 도리가 없었다. 물론 '술을 먹더라도 자세를 흩뜨리지 말라'는 계명이라면 어느 정도 지켰다. 동료직원들과 소주와 막걸리를 자주 했다. 사무실에서 듣지 못하는 진솔한 얘기를 그 자리에선 들을 수 있었다. 도지사를 제대로 하려면 면서기와도 술 한잔을 같이해야 소통이 되지 않는가. '술 잘 먹는다'는 소문은 막을 수 없었다.

대신 공직 3계 중 세 번째 수칙을 '일일신'(日日新·매일매일 새롭게 함)으로 바꿨다. 달라지는 행정환경에 따라 스스로를 늘 새롭게 해야 한다는 원칙이었다. 세상이 바뀌면 행정환경도 따라 달라진다. 여기에 맞춰 일하는 방식과 행정사고 모두 늘 새롭게 하려고 노력했다. 어느 공직에 가든지 한 가지 이상은 반드시 새롭게 고쳤다. 행정의 지속적 혁신(innovation)이 바로 일일신이다.

내가 기획계장으로 일하기 시작한 지 1년 반이 지난 1967년 아버지는 6대 국회의원직 임기를 마치고 정치인의 생활을 접었다. 다시 학자로 돌아갔다. 아버지가 정치인의 길을 접으면서 내 앞에 행정가의 길이 열리기 시작했다. 이때부터 아버지는 나의 공직생활을 당신의 뜻을 펼치는 또 다른 방편으로 생각하셨다. 내가 수행하는 정책에 대한 건전한 비판자, 민심의 전달자 역할을 해주셨다. 내가 공직에 있을 때 아버지는 나의 파트너였다.

실뱀장어와 어민의 시름

아버지가 정계를 떠난 다음해 나에겐 승진의 기회가 왔다. 전북도청에 국장으로 오라는 제안이었다. 이호(李灝) 내무부 장관 때인 1968년 3월. 이환의 내무부 기획실장이 전북 도지사로, 손수익(孫守益) 기획예산담당관이 부지사로 임명되면서다. 기획계장이던 나는 광역시·도의 직제를 관장하고 있었다.

때마침 '식산국'(殖産局)이 새로 만들어졌다. 원래 국장으로 있던 사람을 쫓아낼 필요 없이 전북 식산국장으로 갈 수 있었다. 행정 현장을 처음 몸으로 맞부딪치게 됐다. 식산국은 농어민 소득증대 특별사업(농특사업)을 맡고 있었다.

농특사업은 일명 주산단지 사업이다. 지역별 풍토에 맞는 특산물을 키워 농어촌의 소득이 늘어나게 정부가 지원한 정책이다. 농촌에서 사과·감귤·단감 등 경제작물을 키우고 양잠·축산 등을 하도록 지원했다. 어촌에선 백합·김·미역 등 양식을, 산간지대에서는 한우단지와 화훼단지를 하도록 도왔다.

1968년부터 71년까지 1차 계획기간 중 정부는 459억 원의 예산을 지원했고, 41만 호 농어가가 참여했다. 1972년부터 1986년까지 2차 계획이 실시됐다. 농어촌 근대화와 빈곤 추방에 고심했던 박정희 대통령이 추진한 역점시책이었다.

농특사업의 하나로 군산·부안의 해안에 백합(白蛤) 양식단지를 조성키로 했다. 한국산 백합 조개는 일본에서 '조센 하마구리'라 불리며 비싼 값에 팔렸다. 일본에서 명절마다 먹는 고급 수산물로 인기가 높았다. 정부가 양식어민에게 4~5% 중장기 저리로 자금을 빌려줬다. 당시 은행금리가 20% 정도였으니 파격적인 조건이었다.

하지만 정부지원의 혜택은 대부분 기업형 양식업자에게 돌아갔다. 보통 20정보(약 20만㎡) 넓이 갯벌에 망을 치고 종패(種貝 · 씨조개)를 뿌려 키웠다. 양식 규모가 워낙 크다 보니 일반 어민들은 엄두도 못 냈다. 현장에 나가 보니 문제의 심각성을 더 느꼈다. 금강 하구인 전북 옥구군 선연리(지금의 군산시 옥서면 선연리)에 전국에 백합 종패를 공급하는 보호수면이 있었다. 1,024ha 넓이의 갯벌에 펼쳐진 거대한 자연 종패장이었다.

어민들은 종패를 잡아 노임을 받고 파는 인부 노릇을 했다. 한마디로 불공정했다.

'정부시책은 공정한가?'

의문이 들었다. 중앙정부의 정책만 그대로 따르다가는 농어민의 소득을 고루 늘린다는 농특사업의 원래 목적을 제대로 달성할 수 없었다. 고민을 거듭했다. 그러다 나는 갯벌 근처에 종패 위판장을 만들어 경매로 종패를 팔도록 하자는 구상을 했다. 김병식(金炳植) 군산어협조합장이 나서서 도왔다. 김 조합장은 1960년대 한 · 일 어업협정 회담을 할 때 민간대표단에 참여한 수산업 전문가였다. 경매를 하니 종패가격이 올라갔고 어민의 소득도 따라 불어났다.

지금도 대기업이 수출의 이득 대부분을 가져가는 일이 문제다. 규모만 다를 뿐 40여 년 전에도 비슷한 일이 많았다. 전주와 군산을 잇는 도로를 따라가면 만경강을 가로지르는 목천포 다리가 나오는데 그 다리 입구에 장어집이 하나 있었다. 1968년 식산국장으로 일하며 출장길에 가끔 들렀다. 어느 날 가게주인이 장어를 내오며 말했다.

"여기 주민들이 밤마다 만경강 하구에 나가서 초롱불 켜놓고 실뱀장어(장어 치어)를 잡는데 수출업자들이 받아가요. 근데 일당만 쳐 주지 실뱀장어 가격은 제대로 안 주는 거 같아요. 수출업자들은 일본에 비싼 값에 판다고 하는데."

당시 우리나라에선 장어양식을 거의 안 했다. 실뱀장어를 잡아 양식기술이 있는 일본에 대부분 수출했다. 그런데 밤새 실뱀장어를 잡는다고 고생한 주민들은 몇 푼 일당만 받고 대부분의 이익은 수출업자가 챙긴다니 말이 안 됐다. 수산과장을 불러 대책을 만들라고 했더니 "방법이 없다"는 답이 돌아왔다.

"연안 지선 어민에게 어업 면허권을 주는 방법을 찾아보세요."

"관련규정이 없어서 … ."

"그렇다면 면허권이 아닌 어업허가를 주는 방법을 알아봅시다."

우리는 뜰채와 같은 초망이라는 어구를 사용해 실뱀장어를 잡는 어민에게 초망어업 허가를 내주는 방법을 찾아냈다. 일당만 받던 어민들은 초망어업 허가권을 받은 후 '플러스 알파'의 소득을 올렸다. 뒤늦은 감이 있지만 수출로 벌어들인 이득은 공평하게 분배됐다. 실뱀장어 초망어업 허가권은 전에는 없던 제도로 내가 처음 도입했다.

문제는 항상 현장에 있었고 해답도 현장에 있었다.

젊은 국장이 소 관상을 본다?

1968년 전북 식산국장으로 행정이 펼쳐지는 현장에 처음 뛰어들면서 맡은 일에 관해선 누구보다 전문가가 되자고 마음먹었다. 한우단지사업을 추진하면서 소를 열심히 공부했다. 그러다가 읍·면사무소에 우적(牛籍)대장이 있다는 사실을 알아냈다.

읍·면사무소에 가면 두 가지 대장이 있었다. 사람의 호적대장과 소의 우적대장이다. 키우는 사람의 이름과 소가 태어난 달, 암수가 적혀 있었다. 그리고 소의 인상착의(人相着衣), 아니 우(牛)상착의가 적혀 있었다. 털 색깔, 가마의 좌우 위치, 뿔의 모양을 표기했다. 같은 누렁소라도 지문처럼 코와 입 주위 털색이 달랐다. 그 내용까지도 우적대장에 꼼꼼히 적혀 있었다. 읍·면사무소를 찾아 대장 한 부를 다 보고 나니 소의 생김새를 구분하는 법이 대강 보였다.

농민을 위한다고 중앙부처에서 만들어 시행했지만 지방 현실에 맞지 않는 정책이 적지 않았다. 식산국이 맡은 농어민 소득증대 특별사업의 시책 중 하나가 농가 1호마다 소 5마리를 살 수 있도록 장기저리로 융자해 주는 한우증식단지 사업이었다. 부농이 아니라면 농가당 소 한두 마리를 갖고 있는 게 보통이다. 5마리를 한 농가에서 키우기는 어려웠다. 융자를 받아 소를 5마리 사 놓고는 결국 그중 몇 마리를 파는 집이 많았다. 부적절한 시책이지만 따르는 수밖에 없었다. 대신 새는 융자금을 막아야 했다.

주말마다 운동화를 신고 마을을 돌아다녔다. 한우관리 상태가 어떤지 확인하려고 농가 이곳저곳을 찾았다. 어느 주말 남원군 운봉읍으로 갔다. 마을이름이 대개 '쟁기골', '소머리골' 등으로 옛날부터 목장으로 유명했던 지역이다. 오전에 몇 개 마을을 둘러보고 점심을 먹은 뒤 오후에 다른 마을을 다녔다. 농가에 있는 소머리를 보고 가마가 어디 있는지, 코와 입 주변 색깔이 어떤지 살펴봤다. 그랬더니 오전에 아랫마을에서 본 소가 보이는 게 아닌가. 융자금을 받아 놓고 소를 팔아치운 것을 숨기려고 다른 마을의 소를 빌려 온 거였다. 그걸 지적했더니 희한한 소문이 났다.

"새로 온 젊은 국장이 소 얼굴을 다 외운다. 소 관상까지 본다더라."

시간이 흘러 2004년 4월 16일. 딕 체니 당시 미국 부통령이 한국을 찾았다. 대통령 권한대행 자격으로 서울 삼청동 총리공관에서 그를 맞았다. 북핵 문제에 이라크 파병, 주둔미군 재배치 등 다뤄야 할 엄중한 사안이 많았다. 분위기는 화기애애했다. 회담이 끝날 무렵이 다 되자 체니 부통령은 드디어 본론을 꺼냈다.

"일본에서 미국산 쇠고기 수입재개를 검토하고 있습니다. 한국에서도 조속히 수입을 재개했으면 좋겠습니다."

미국산 소를 둘러싼 광우병(狂牛病) 논란이 아직 가라앉지 않았다. 식산국장 때 일이 떠올랐다. 소에 대한 각별한 국민감정을 생각한다면 안 될 일이었다.

"광우병에 대한 한국 국민의 우려는 아직 큽니다. 지금 미국산 쇠고기 수입재개를 논의하기엔 적절치 않습니다."

통역사가 오역하지 않았으면 하는 생각에 '광우병'(mad cow disease)이란 단어는 직접 영어로 말했다.

2008년 이명박(李明博) 정부 초기 미국산 쇠고기 수입문제로 촛불시위가 일었다. 안타까움이 컸다. 호적과 우적을 같이 관리할 만큼 소에 대한 한국인의 정서는 남다르다. 그런 정서를 이해하고 조심스럽게 정책을 결정했다면 벌어지지 않았을 일이다.

도민이 세운 향토은행, 전북은행

1968년 전북 식산국장으로 일할 때 보리를 하곡수매(가격안정 차원에서 정부가 농산물을 사들이는 제도)를 하는데 농민들의 반응이 시원찮았다. 하곡수매를 독려하려고 각군 읍·면을 돌았다. 읍·면 직원들은 하나같이 하곡수매 실적이 좋지 않다고 했다. 시중가보다 정부에서 사들이는 가격이 약간 높고 조건도 좋았다. 그런데도 호응이 없는 이유가 궁금했다. 현장에 나가 직접 물었다.

"가격이 좋은데 왜 농민들은 하곡수매에 참여 안 하나요?"

"보릿겨(맥강) 때문이죠."

집마다 보통 돼지를 두세 마리 키웠다. 주로 먹이는 사료가 보릿겨였다. 하곡수매에 응한다고 보리를 다 넘겼다가는 보릿겨를 구하기가 어려웠다. 정부는 하곡을 도정하는 과정에서 나오는 보릿겨를 배합사료업자에게 팔았다. 그러면 농민들은 다시 보릿겨 사료를 업자들에게 되사는데 그 비용이 부담이었다. 문제는 엉뚱한 곳에 있었다. 현장에 나가 물어보지 않았다면 몰랐을 일이다.

그래서 전국 최초로 '녹색카드' 제도를 만들었다. 하곡수매로 보리를 정부에 넘기면 그 양에 맞춰 보릿겨를 돌려준다는 일종의 증서였다. 농민들의 반응은 뜨거웠다. 하곡수매 실적을 수월하게 채웠다. 보리 10가마를 찧어 2~3가마의 보릿겨가 나온다고 치면 실

'도민 1인 1주 갖기 운동'에 힘입어 1969년 12월 전북은행이 문을 열었다. 사진은 당시 전북 전주시 경원동에 있던 본사 전경. 전북은행은 1993년 전주 금암동에 건물을 새로 지어 본사를 옮겼다.

비만 받고 녹색카드를 가져온 모든 농민에게 보릿겨를 반환했다.

애써서 정책을 만들었는데 현장에서 호응이 없는 일이 많다. 행정편의주의에 물든 공직자는 정책지연만을 걱정한다. '왜 국민들이 따라주지 않나'며 전전긍긍하고 밀어붙이기까지 해서 혼란을 부추긴다. 정책이 잘못됐다는 생각은 못 한다. 호응이 없다면 잘못되고 불합리한 정책이다. 바꿔야 한다. 생각을 바꾸면 길이 보인다. 현장에 뛰어들어 직접 농민에게 묻고 그들의 참여를 이끌어낸다면 더 나은 정책을 만들 수 있다.

전북은행을 창설하는 과정에서도 그 원칙의 중요성을 체감했다. 1967년 초 박정희 대통령은 지방은행을 설치하라며 '1도 1은행' 정책을 추진했다. 그해 대구·부산은행이, 1968년 광주·충청은행이 문을 열었다. 하지만 전북만 답보상태였다.

식산국 산하에 상공과가 있었다. 전북은행 창립이라는 과제가 식산국장인 나에게 떨어졌다. 이환의 전북 도지사와 함께 도내 기업가를 찾아다니며 출자를 권유했다.

익산 거부인 지태순(池泰淳) 회장을 직접 찾아가 2천만 원 출자 약속을 받아냈다. 고마운 마음에 그에게 큰절까지 했던 기억이 난다. 한국합판 창업자 고판남(高判南) 회장도 거금을 냈다.

백화양조, 전주제지, 삼양사 등을 찾아다니며 5백만~1천만 원씩 자본금을 모았다. 은행을 설립하려면 수권자본금 3억 원이 필요했다. 납입자본금(수권자본금 중 입금 완료된 자본금)도 1억 5천만 원을 채워야 하는데 돈이 모자랐다. 약속한 사람들이 납입금의 일부만 낸 탓이었다.

다시 벽에 부딪혔다. 도청을 출입하던 이치백(李治白) 기자 등 언론인들과 소주를 마시며 하소연했다. 그 자리에서 '도민 1인 1주 갖기 운동'을 벌이자고 의견을 모았다. 향토은행을 세우자는 운동에 도민의 호응은 폭발적이었다.

1969년 12월 10일 드디어 전북은행이 문을 열었다. 외환위기 때 전국의 많은 지방은행이 도산하고 통폐합됐다. 하지만 전북은행은 외환위기를 견뎌내고 지금도 건재하다. 도민 1인 1주 운동이 바탕에 있었기 때문에 가능한 일이었다고 생각한다.

전주북중 시절 도원결의

젊은 나이에 전북 식산국장이 됐다. 도청에 다니다 보니 고민이 생겼다. 나보다 나이가 많거나 같은 사람을 부하직원으로 둬야 하는 문제였다.

어느 날 복도를 걷다 보니 저 멀리 결재서류를 겨드랑이에 끼고 걸어오는 사람이 보였다. 낯이 익었다. 6·25 피란시절 전주북중학교 동기동창 이두복이었다. 반가웠다. 다가가 인사하려는데 갑자기 두복이가 나한테 공손히 목례를 했다.

"야, 두복아. 왜 그래? 오랜만이다."

본 지 오래라 어색해서 그런가. 어깨를 툭 치며 다시 물었다.

"우리 사이에 왜 그래. 어느 과에 있냐?"

그런데 두복이가 존댓말을 쓰며 대답했다. 국장인 나는 행정서기관이었고 그는 행정서기였다. 직급으로 치면 4단계 정도로 차이가 꽤 났다. 서기관과 서기의 어색한 만남이 돼 버렸다.

"도청 안에서도 친구처럼 지내자. 존댓말 말고 서로 반말 쓰자."

"도리가 없다."

두복이는 잘 응해 주지 않았다.

'이래선 안 되겠는데….'

신경이 쓰였다. 고민하다가 조용히 알아보니 도청에 북중 동기가 3명, 군청에 1명이 있었다. 이들을 포함해 7~8명 동기동창을 대폿집인 '이화집'에 불렀다. 의자도 없이 드럼통을 가운데 두고 둘러서서 토끼고기, 도루묵을 구워 먹는 집이었다. 처음 모여 보니 꽤 어색했다. 막걸리 여러 잔이 오갔다. 일 애기는 안 하고 반말로 옛 추억을 꺼내놓기 시작했다. 술기운이 오르고 왁자하게 추억담을 나누다 보니 어느새 북중 시절 동기동창으로 돌아가 있었다.

그들 중 한 명이 조형익이었다. 나는 6·25 전쟁 피란길에 서울 경기중에서 전주북중으로 전학갔다. 전란 때문인지 중학교 1~2학년 때 키가 자라지 않고 154㎝였다. 또래에 비해 작은 덩치였다. 그런데도 '서울내기가 왔다'며 결투신청을 하는 사람이 많았다. 피할 수 없어 방과 후 학교 뒤 언덕배기에서 응전했다. 하지만 전투력이 문제였다. 스파링 상대로 전락하기 일쑤였다. 나를 스파링 상대로 삼았던 북중 학생 가운데 하나가 바로 조형익이었다.

사실 북중 최고의 주먹, 어깨 중 우두머리는 지상수였다. 요새 아이들 말로 '일진'쯤 되겠다. 스파링 상대로 계속 맞기만 하다 보니 도저히 안 되겠다 싶었다. 우두머리인 지상수를 노리기로 했다. 나와 비슷한 신세였던 북중의 친구 김하영과 김기철을 불러 모았다.

"지상수, 그놈을 혼내주자."

도원결의(桃園結義)를 했다. 셋이 좁은 골목길 옆에 숨어 지상수를 기다렸다. 지상수가 지나갔다. 내가 앞으로 나가 말했다.

"너 버릇없어. 한판 붙자."

전략은 성공적이었지만 아쉽게도 전술에서 실패했다. 좁다란 골목길이다 보니 나만 홀로 앞에 나선 꼴이 돼버렸다. 혼자 지상수에게 맞기만 했다. 투닥투닥 하다가 넓은 장소로 나왔는데도 연합군 두 사람은 무기력인지, 배신인지 뒤에서 관전만 하지 참전하지 않았다.

내 전투력만으로는 상대가 될 리 없었다. 엄청 두들겨 맞았다. 그런데 이튿날 '고건이 지상수를 패 주려고 도전했다'는 소문이 북중 안에서 날개를 달았다. 다들 나를 외경(畏敬)스러운 눈으로 보기

184

청량리에서 함께 통학하던 친구들과 홍릉에서 고교 졸업앨범 사진을 찍었다.
이들 중 김동호(문화융성위원장), 김석(음악가), 조내벽(전 라이프주택 회장),
형진한(전 MBC 보도국장) 등 10명과는 매월 청우회 모임을 갖고 있다.

시작했다. 다시는 결투신청이 없었다.

도원결의 형제들과 지상수와는 지금도 가끔 모임을 갖는다. 어쨌든 도청 안 북중 동기들과 이런 얘기를 웃으며 하다 보면 시간이 금방 지나갔다. 이후 동기동창 이화집 모임은 한 달에 한 번씩 가졌다.

처음 부딪힌 숙제는 이렇게 풀었지만 그 후로도 비슷한 일이 많았다. 내무부 새마을담당관을 하면서부터 대학·고시 선배나 동기를 부하로 두는 일이 잦아졌다. 선배가 부하직원이면 차라리 나았다. '선배'라고 모시고 예의에 신경을 썼다. 하지만 학교동기나 고시동기와 상하관계로 얽히니 꽤 난감했다. 전남 도지사 때는 국장 전부가 나보다 나이가 많기도 했다.

공직생활을 하며 늘 고민하던 숙제였다. 나보다 나이 어린 상사를 둔 것은 노무현(盧武鉉) 전 대통령이 처음이자 마지막이었다.

제 3 장

치산녹화와 새마을사업

개발광풍과 광주대단지 사건

1971년 8월 10일 시간은 정오를 향해 가고 있었다. 새로 발령받을 내무부 소속 부이사관급 직원 등 40여 명이 청사 대회의실 근처에서 서성이고 있었다. 그 속에 지역개발담당관(이후 새마을담당관)으로 내정된 나도 있었다.

3년여 만의 내무부 복귀였다. 오치성(吳致成) 내무부 장관은 나를 장관 직속 민원담당관(이사관)으로 불러들이려고 했다. 그런데 손수익 지방국장은 지역개발담당관(부이사관)으로 같이 일하자고 했다. 한 직급 낮은 자리였지만 나는 손 국장의 제안을 선택했다. 장관 측근보다는 현장을 찾아다니며 일하는 자리에 끌렸다.

그런데 그날 사령장을 주기로 한 오치성 장관은 한 시간, 두 시간이 지나도 나타나지 않았다. 청와대로 보고하러 갔다는데 소식이 없었다. 한참을 기다리다 사무실로 돌아갔다. 오후 배달된 석간신문을 봤더니 의문이 풀렸다. 경기도 광주(廣州) 대단지(지금의 성남시 일대) 사건 때문이었다.

1960년대 후반, 서울에 개발 광풍(狂風)이 불었다. 계기판 없는 불도저식 개발이었다. 무허가 판잣집에 살던 주민들은 최소한의 생계 지원책도 보장받지 못하고 시 외곽으로 쫓겨나듯 이전했다. 철거민들을 거여·상계동과 시흥 등지에 강제 이주시켰지만 땅이 부족했다.

1968년 5월 서울시는 경기도 광주군 중부면 일대에 이주민을 위한 주택·산업단지를 조성한다는 계획을 세웠다. 1년 만인 1969년 5월 바로 철거민 등을 이주시키기 시작했다. 선(先)입주, 후(後)투자란 명목 아래 '실어다가 들이붓는' 비인간적인 이주대책이 시행됐다. 이주 2년여가 지나자 인구는 웬만한 시·군 규모인 14만 명으로 늘어났고 누적됐던 주민들의 불만이 폭발했다.

1971년 8월 10일 오전 양택식(梁鐸植) 서울시장이 광주대단지 현장을 찾아 주민과 직접 대화할 예정이었다. 약속한 시간에 양 시장은 나타나지 않았고 갑자기 비까지 쏟아졌다. 야외에서 기다리던 주민들은 격분했고 결국 대규모 시위로 번졌다. 1960~70년대 수도권 철거 이주사(移住史)에서 대표적 비극으로 꼽히는 광주대단지 사건은 그렇게 발생했다.

난동 사건이 발생하자 정부는 지자체 관할이었던 광주단지 업무를 내무부로 이관했다. 지역개발담당관인 바로 나에게 책임이 맡겨졌다. 사령장도 안 받았지만 그날 밤을 새우며 실태를 파악하고 대책을 세웠다. 정식발령을 받고 전석홍(全錫洪) 내무부 도시개발관(이후 도시지도과장)과 함께 광주단지로 향했다. 지역개발담당관 산하 도시개발관이 실무를 맡고 있었다.

서울시의 무차별 이주정책에 반발하여 1971년 8월 10일 광주대단지 주민들이
대규모 시위를 벌였다. 성난 주민들이 시영버스 위에 올라가 있다. 〈중앙일보〉

　단지 내 광주군 중부면 출장소를 먼저 찾았다. 현장은 참혹했다.
도로나 상하수도 시설도 없는 곳에 천막과 판잣집만 빼곡했다. 당
시 도시개발관이었던 전석홍 여의도연구소 이사장은 현장을 목격했
을 때의 기억이 아직도 생생하다고 했다.

　"도시 생활시설이라고는 아무것도 없었습니다. 공장지대를 만들고
있긴 했지만 대부분 완공되기 전이어서 일거리가 거의 없었어요. 서
울과의 거리는 12㎞ 정도로 멀지 않았지만 교통이 워낙 불편했습니
다. 그래도 먹고살 길이 없으니 대부분의 사람들은 서울에 일하러
가고 낮에 판잣집이나 천막 안에는 노인이나 아이들뿐이었죠. 당시
북한에서 기자들이 남쪽에 오게 되면 광주단지를 취재하겠다고 밝혔
다는 설까지 돌았습니다. 광주대단지 문제를 자기들의 체제선전에
이용하려고 말입니다. 당국자로서 긴장할 수밖에 없는 상황이었죠."

　이때부터 전 개발관과 함께 매일 현장에 출근하다시피 했다. 현

장 일을 맡으면 제일 후미진 곳까지 가보는 게 내 버릇이다. 하루는 남한산성 너머 산 중턱에 있는 한 마을을 찾았다. 광주대단지 내 철거민 이주촌 중 하나였다. 하루 벌어 하루 먹고사는 영세민들이 연고도, 변변한 일자리도 없는 곳에 쫓겨 왔다. 당연히 빈곤문제는 극심할 수밖에 없었다. 치안도 형편없어 무법지대나 마찬가지였다. 안내하던 사람이 나에게 가라앉은 목소리로 말했다.

"이 마을에서 굶주림에 아기를 삶아 먹었다는 풍문이 돕니다."

비통함에 아무 말도 할 수 없었다. 그만큼 민심이 흉흉했다.

성남도시계획의 수립

1969년 5월부터 1971년 8월까지 서울에 살던 철거민 12만 6,215명이 경기 광주대단지로 강제 이주됐다. 전체 주민의 80% 정도가 실업자였을 만큼 가난은 심각했다. 도로, 전화, 상하수도 뭐 하나 변변하게 만들어진 게 없었다.

열악한 생활환경만큼 부동산 투기문제가 심각했다. 철거 이주민들에게 분양한 땅 넓이는 가구당 평균 약 40㎡(12평)에 불과했다. 건물 한 채 짓기엔 턱없이 모자란 땅이었다. 먹고살 길이 막막했던 사람들은 분양지(딱지)를 헐값에 다시 팔았고, 삭막한 광주대단지에 복덕방만 110여 개에 달했을 만큼 투기바람이 불었다.

'묻지마' 개발의 부작용은 복잡하게 얽혀 있었다. 행정·치안 문제부터 해결해야 했다. 광주대단지 사건이 발생한 지 20여 일 만인 1971년 9월 1일 경기도에서 직할하는 성남출장소를 설치했다. 부이사관급에게 소장직을 맡겼다. 9월 4일 4개였던 파출소를 8개로 늘렸다. 개발업무는 서울시가 아닌 경기도로 일원화해 책임지도록 했다. 당장 생활에 어려움을 겪는 이주민을 돕는 일도 중요했다. 현장 주민들에게 긴급구호품을 지급하고 월동연료를 지원했다.

1972년 8월 5일 광주대단지(성남시) 종합개발계획을 확정했다. 광주군 4개 면과 용인군 수지면을 아우르는 132㎢ 구역을 20년에 걸쳐 15만 명 규모의 서울 위성도시로 개발하는 내용이었다. 오치성 장관은 1971년 10월 7일 항명(抗命) 파동으로 내무부 장관직에서 물러났고, 이 계획을 재가한 사람은 후임인 김현옥(金玄玉) 장관이었다.

김현옥 장관은 1926년생 군인출신 행정가로 '불도저'란 별명에서 알 수 있듯이 강력한 추진력으로 유명했다. 1966년부터 1970년까지 서울시장으로 있으면서 청계고가도로, 남산 1·2호 터널, 광화문·명동 지하보도 등 수많은 공사를 추진했다.

문제가 된 1968년 광주단지 이주계획은 김현옥 장관이 서울시장일 때 만들어졌다. 일종의 결자해지(結者解之)였다. 그렇게 광주대단지는 성남시로 서서히 모습을 갖춰갔다.

"광주대단지 사건은 우리나라 도시개발 과정에서 큰 전환점이 됐습니다. 지금은 당연하게 여겨지는 선(先)개발, 후(後)입주 원칙은 이 사건을 계기로 만들어졌죠."

나와 같이 광주대단지 사태를 수습하느라 고생했던 당시 도시개발관 전석홍 여의도연구소 이사장의 설명이다. 나에게도 의미가 큰 일이었다. 나중 1998년 12월 임명직으로 처음 서울시장을 맡게 됐을 때 달동네 주택 재개발사업 문제에 직면했다. 해결점을 찾아가는 데 광주대단지 사건으로 쌓은 경험이 많은 도움이 됐다.

조금 다른 일화 하나를 소개한다. 1971년 9월께였다. 성남시 도시계획을 세우려고 오치성 내무부 장관을 수행해 경찰 비행기를 탄 적이 있다. 비행기에서 지형을 살피며 열심히 사진을 찍었다. 땅 밑을 내려다보고 있으니 저절로 감탄이 나왔다.

'아, 이렇게 좋은 땅이 서울 바로 바깥에 있었던가. 옛날 같으면 도읍으로 정할 만도 하구나.'

남한산성·청계산·관악산을 잇는 산줄기가 둥그렇게 땅을 감싸고 안은 넓은 평야였다. 먼 훗날 크게 쓸 땅이라고 생각해서 도시계획을 세울 때 이미 개발된 지역을 제외한 광주대단지 땅의 92.6%는 유보 녹지로 됐다. 개발제한구역(그린벨트)으로 묶고 싶었지만 시간이 부족해 못 했다. 노태우(盧泰愚) 정부 때 2백만 호 주택건설 사업이 추진됐다. 성남시에는 분당 신도시가 들어섰다. 내가 눈여겨본 그 땅 위에 말이다.

지금도 아깝다는 생각이 든다. 꼭 그곳을 아파트 단지 위주로 개발해야 했을까. 연구단지와 주거지가 복합된 테크노폴리스 형태의 생산적인 주거단지로 했으면 더 좋지 않았을까.

지금 성남시는 옛 광주대단지와 분당·판교 신도시를 아우르고 있다. 그 땅을 밟고 사는 사람 중에 40여 년 전 광주대단지 사태를 기억하는 사람은 얼마나 될지 모르겠다. 윤흥길(尹興吉)의 단편소설 〈아홉 켤레의 구두로 남은 사내〉에 그 흔적이 남아 있다. 철거 이주민과 충분한 소통도 없이 행정권력으로 개발을 밀어붙여 발생한 참사였다. 지금의 성남시가 있기까지 철거 이주민의 눈물과 아픔이 있었다는 사실을 알았으면 한다. 그만큼 소통은 중요하다.

대통령의 특명, "저 형편없는 산을 녹화하라"

1960년대 도쿄 하네다 공항에서 비행기를 타면 아래로 일본의 울창한 숲이 보였다. 푸르다 못해 검었다. 숲은 같은 빛깔인 동해로 이어졌다. 하네다와 서울공항을 잇는 하늘길을 따라 내려다보면 제일 먼저 눈에 띄는 한국의 산이 경남 울주군 농소면(지금의 울산시)과 경북 월성군 외동면(경주시)에 걸쳐 뻗어 있는 동대본산이었다.

지금이야 푸르지만 그때는 시뻘건 민둥산이었다. 검푸른 일본의 숲과 누렇다 못해 붉은 한국의 산. 당시 박정희 대통령의 자존심으로는 용납할 수 없는 일이었다.

1967년 11월 11일 박 대통령은 "저 형편없는 산을 사방공사(모래나 흙이 무너져 내리지 않도록 하는 공사)로 녹화하라"고 경상북도에 지시했다. 경상남도·경상북도와 산림청은 매년 봄에 사방사업을 했지만 장마가 닥치면 그때마다 산은 무너져 내렸다.

박 대통령은 1972년 9월 18일 수해 현장을 찾았다 산사태로 엉망이 된 동대본산을 목격하고 김현옥 내무부 장관에게 특명을 내렸다.

"산비탈과 계곡을 복구하시오."

그리고 한마디 덧붙였다.

"새마을 부서에서 하라 그래 봐."

내가 내무부 새마을담당관이었다. 1972년 9월 말부터 경주시내 여관에 숙소를 잡고 전석홍 내무부 도시개발관과 현장을 다녔다. 듣던 대로 동대본산은 악산(惡山) 중 악산이었다. 토질이 문제였다. 평소엔 바위처럼 딱딱하지만 여름철 비만 오면 흙이 곤죽처럼 흘러내렸다.

'매년 실패한 방법이 아닌 다른 공법을 강구해야 하는데….'

고민을 거듭하던 어느 날 여관으로 전화가 왔다. 부산의 한 전문대 토목공학과의 아무개 교수라고 했다.

"지역신문을 보고 연락드렸습니다. 동대본산 녹화사업을 맡고 계시다고…."

"네. 그렇습니다만."

"그런 특수 토질에선 일반 산지 사방방식으로는 안 됩니다. 특수 사방공법을 써야 합니다."

정신이 번뜩 들었다.

"지금 어디 계십니까. 바로 뵈었으면 좋겠습니다."

묵고 있던 경주여관으로 그 교수가 찾아왔다. 보자마자 물었다.

"특수사방 공법이 뭔가요?"

"뭐 타고 내려오셨습니까?"

"새마을호 타고 왔는데요."

"철도 타고 내려올 때 터널도 지났을 텐데, 터널입구 양옆에 보면 콘크리트 옹벽도 있고 석축도 있고 사이사이 나무를 심어 놨죠? 수로도 있고. 그게 특수 사방공법입니다."

"아. 그래요. 동대본산에 적용하려면 어떻게 해야 합니까?"

"우선 장마가 오더라도 무너져 내리지 않도록 물길을 유도하는 수로를 만들어야 합니다. 안에 가느다란 철근을 넣더라도 콘크리트 수로를 만들어야 산비탈이 무너져 내리지 않습니다."

'옳다. 이거다' 싶었다. 그 자리에서 동대본산 사방공사 구역 중 가장 규모가 큰 곳의 설계를 부탁했다.

"현장을 보시고 직접 사방공사 설계 스케치를 해주십시오. 설계한 모델을 가지고 다른 지역도 그에 준해 설계하겠습니다."

경남과 경북 경계에 있는 동대본산 비탈에 콘크리트 수로를 만드는 특수 사방
공법을 적용했다. 공사 1년 후 민둥산이 푸르게 변하기 시작했다. 왼쪽 사진은
공사 전인 1972년, 오른쪽 사진은 공사 후인 1973년 동대본산의 모습이다.

콘크리트 수로를 설치하는 일명 '심줄 박기' 공법을 현장에 적용
했다. 그리고 경남 부지사와 경북 부지사를 현지에 불렀다.

"특별교부세 예산을 투입할 계획입니다. 양 도가 분담해 신속하
고 정확하게 공사를 추진했으면 합니다."

동대본산이 도계(도의 경계)에 위치해 있다는 특성을 이용해 2개
도의 경쟁을 붙였다. 1972년 11월 1일 박 대통령이 사전 연락도 없
이 헬리콥터를 타고 가다 내려 현장을 찾기도 했다. 결과는 성공적
이었다. 1년 반 만에 동대본산이 푸르게 변하기 시작했다. 10년 넘
게 실패를 거듭했던 동대본산 녹화사업이 드디어 결실을 봤다.

부산의 그 교수 덕분이었다. 그런데 아무리 기억을 더듬어도 그
교수의 이름과 대학이 생각나지 않는다. 직접 만나 고마움을 다시
전했으면 하는 마음이 간절하다. 나보다 10살 정도 위의 연배였다.
혹시 이 글을 보고 본인이나 그분을 아는 사람의 연락이 왔으면 하
는 희망을 가져 본다.

국토조림녹화 10년 계획의 수립

1972년 동대본산 사방사업 경과보고서를 올린 지 며칠 지나지 않아 김현옥 내무부 장관이 나를 불렀다.

"대통령 주재 경제동향 보고회의에서 그 내용을 직접 보고해요. 청와대 지시야."

깜짝 놀랐다. 박정희 대통령 시절 월례 경제동향 보고회의가 있었다. 경제상황을 정리해 매달 대통령에게 보고하는 경제장관급 회의였다. 이 회의에 동대본산 녹화사업을 보고안건으로 택할 만큼 산림녹화에 대한 대통령의 집념은 컸다. 또 경제각료에게 국토관리의 중요성에 대해 공부시키려는 의도가 있는 것 같았다.

며칠 후 떨리는 마음을 안고 슬라이드와 설명자료를 챙겨 서울 광화문에 있는 경제기획원으로 향했다. 그리고 대회의실로 들어섰다. 회의는 오전 10시에 시작했다. 내가 보고할 차례가 되자 회의장의 불이 꺼졌다. 두근거리는 심장을 애써 진정시키며 설명을 시작했다.

프로젝터로 슬라이드를 바꿔가며 공사 전후 산의 모습을 비교해 설명했다. 프로젝터가 말썽을 부려 떨리는 손으로 슬라이드를 허둥지둥 갈아 끼웠던 기억도 난다.

발표를 시작한 지 10분쯤 흘렀을까. 얼마나 긴장했던지 그제야 4~5m 쯤 앞 회의장 가운데 의자에 등을 깊숙이 기대고 앉은 대통령의 모습이 어둠 속에서 어렴풋이 눈에 들어왔다. 그와의 첫 대면이었다. 20~30분간의 보고가 끝났다. 발표를 주의 깊게 듣고 있는 대통령의 얼굴이 다시 보였다.

'살았다!'

1972년 11월 1일 동대본산 사방사업 현장을 찾은 박정희 대통령이 의자에 앉아
공사현장을 손가락으로 가리키고 있다. 왼쪽에 서 있는 사람은 구자춘 경북도지사다.

발언대에서 내려오면서 그제야 한숨을 돌렸다. 그리고 얼마 후 '국토조림녹화 10개년 계획'을 수립하는 막중한 업무가 내게 맡겨졌고 A4 용지 반만 한 크기의 작은 종이 한 장이 전달되었다.

'내무부 장관 귀하. 국토조림녹화 10개년 계획을 수립 보고할 것.'

종이 위쪽에 그려진 봉황무늬가 눈에 확 들어왔다. 대통령의 친필 지시메모였다.

한두 달 전국의 여러 산을 찾아다니며 성공·실패 사례를 연구했다. 산림청 범택균(范澤均) 육림과장과 김연표(金演表) 조림과장은 산림 전문가로서 많은 조언을 해주었다. 특히 손수익 산림청장으로부터 두 차례 자문을 받았다. 손 청장은 내무부 지방국장을 거쳐 경기 도지사로 일하다 산림청장으로 발탁된 인물이다. 추진력과 기획력이 뛰어났다.

국토조림녹화 계획안을 마무리해서 김현옥 내무부 장관에게 보고했다. 김현옥 장관은 바로 청와대에 보고하러 갔다. 그날 오후 4시 청와대에서 연락이 왔다. 다음날 오전 10시 청와대에서 열리는 관계장관회의에 참석해 국토조림녹화 계획안을 보고하라는 지시였다.

그때는 커다란 갱지 전지에 손으로 직접 써서 브리핑 차트를 만들었다. 70~80장에 달하는 차트를 써야 했다. 정신없이 보고준비를 시작했다. 저녁시간이 되자 김현옥 내무부 장관이 식사를 같이 하자고 불렀다.

장관실 옆에 소접견실이 있었다. 그곳에 김현옥 장관, 정상천(鄭相千) 차관, 새마을담당관인 나를 비롯해 기획관리실장, 지방국장, 치안국장, 행정담당관, 재정담당관 등 7~8명이 모였다.

보통 메뉴는 추어탕인데 김현옥 장관의 기분이 좋았는지 생선회가 차려져 있었다. 김 장관은 즐겁게 술을 권하며 말했다.

"보고는 고 담당관이 맡도록 해."

경제동향 보고회의에서 특수 사방사업의 결과를 보고하기는 했지만 국토조림녹화 10개년 계획안을 설명하는 것은 국가정책을 결정하는 다른 차원이었다. 범부처 차원의 중장기 계획을 부이사관급이 보고한 전례가 없었다. 직속상관인 김수학 지방국장이 하는 게 옳다고 생각했다.

"김수학 지방국장님이 맡아서 하시는 게 좋겠습니다."

"아니야. 그건 계획을 작성한 사람이 직접 보고해야지."

다시 사양했다.

"그래도, 제가 하는 건 아무래도 아닌….."

장관 지시에 세 번이나 토를 달았다. 내 잘못이었다. 김현옥 장관의 얼굴이 확 붉어졌다. 갑자기 내 귀 옆으로 뭐가 '휙' 하니 지나간 뒤 벽에 부딪쳤다.

"쨍!"

유리 재떨이였다. 내일 청와대 보고해야 하니 얼굴을 정면으로 맞추진 않았나 보다. 그래도 내 쪽을 겨냥하고 던진 건 분명했다. 보고는 결국 내 몫으로 돌아왔다.

치산녹화 10개년 계획의 출발

국토조림녹화 10개년 계획을 대통령 앞에서 브리핑하는 일은 결국 내 몫이 됐다. 차트사가 밤을 새웠지만 시간이 모자랐다. 보고시간인 오전 10시에 임박해 차트를 완성했다.

청와대 회의실 앞에 도착하니 예정시간보다 10분이 더 지났다. 계장과 함께 갔지만 경호원 제지 때문에 혼자 차트를 둘러메고 보고 장소에 들어갔다.

'감히 대통령 보고회에 10분이나 늦다니!'

덜덜 떨며 회의장에 들어섰다. 대통령과 국무총리, 관계부처 장관 모두가 나만 기다리고 있었다. 무슨 정신에 차트를 걸고 했는지 모르겠다. 심호흡을 하고 인사했다.

"국토조림녹화 10개년 계획을 보고드리겠습니다. 기본 방향을 국민조림, 속성조림, 경제조림 3가지로 정했습니다."

그리고 설명을 시작했다.

"첫째, 모든 국민이 나무를 심고 가꾸는 데 참여하는 국민조림을 추진해야 하겠습니다. 둘째, 지금 홍수와 산사태가 반복되고 있으니 우선 속성녹화에 중점을 둬야 합니다. 셋째, 장기적으로 경제조림을 추진해야 합니다."

그러면서 대통령 쪽을 훔쳐보니 눈빛을 빛내며 고개를 끄덕이는 모습이 시야에 들어왔다. '휴….' 안심이 되는 순간이었다. 그제야 준비한 대로 찬찬히 브리핑을 진행할 수 있었다. 보고 중간중간 대통령은 여러 번 질문하고 많은 얘기를 했다. 산림녹화에 대한 열정과 집념이 느껴졌다.

국토조림녹화 1차 10개년 계획은 속성조림에 중점을 뒀다. 이에 맞는 10대 수종(樹種)을 정했다. 한국 임학(林學)의 거목 향산(香山) 현신규(玄信圭) 박사께서 척박한 한국 산야에서도 잘 자라도록 심혈을 기울여 개량한 이탈리아포플러, 은수원 사시나무, 리기테다 소나무, 그리고 연료림 수종인 아까시나무가 10대 수종의 앞자리를 차지했다.

10대 수종에 대한 설명을 끝마치자마자 박정희 대통령이 사단장 시절 얘기를 꺼냈다. 부대 순시길에 플라타너스 가지를 지팡이 삼아 꺾어 짚고 다니다가 무심코 거꾸로 꽂아놓고 귀대했는데 나중에 우연히 그 자리를 지나다 보니 거꾸로 꽂힌 지팡이에서 싹이 돋았다고 했다. 나무의 생명력에 감탄했다고 말하며 박장대소했다. 그러면서 질문을 던졌다.

"플라타너스 나무는 왜 속성수종에 안 들어 있지?"

대통령 말씀이라고 '네. 추가하겠습니다'라고 할 수는 없었다.

"각하, 플라타너스는 평지 가로수용으로는 적합한데 산지조림 수종으로는 아직 검증이 안 됐습니다."

1973년 내무부 1차 치산녹화 10개년 계획을 발표했다. 그해 7월
도청 단위로 열린 10개년 계획 교육 설명회 현장. 〈중앙일보〉

　국토조림녹화 10개년 계획은 이 자리에서 국가정책으로 결정됐
다. 농림부 소속의 산림청을 새마을 주무부서인 내무부로 이관하는
방침도 이 자리에서 정해졌다. 조림녹화사업을 새마을운동에 의한
국민조림으로 추진하기 위해서였다.

　산림청을 내무부에 빼앗기게 되자 김보현 농림부 장관은 얼굴이
벌게지며 준비해온 반대논거 자료를 펴들려고 했다. 김 장관은 내
무부 초임 사무관 때 보고 배웠던 나의 멘토이기도 했다.

　자료를 뒤지는 김 장관에게 대통령이 말을 건넸다.

　"김 장관, 지금 농림부는 국가적으로 제일 중요한 식량자급에 매진
해야 하는데 산림녹화까지 하기엔 힘이 버거워요. 1차 계획기간만 산
림청을 내무부에 빌려줬다가 1차 계획이 끝나면 돌려받도록 하시죠."

　그가 쓴 '버거워요'란 표현은 지금도 또렷이 기억난다. 목소리도

그렇게 부드러울 수 없었다. 김 장관의 위신도 세워 주면서 설득하는 그만의 방식이었다. 군 출신 대통령의 일방적 명령이 아닌 초등학교 교사 출신다운 설득의 리더십이었다.

며칠 후 국토조림녹화 10개년 계획의 명칭은 박 대통령에 의해 '치산녹화 10개년 계획'으로 업그레이드됐다. 얼마 지나지 않아 산림청 역시 내무부 소관으로 넘어왔다. 치산녹화 계획에 대한 언론의 평가는 좋은 편이었다. 경기도 수원에서 시·도지사, 시장, 군수, 산림관계관 회의를 열어 계획을 시달하는 업무는 내가 직접 맡았다. 치산녹화 10개년 계획은 그렇게 출발했다.

산림정책의 빛과 그림자

1973년 3월 10일 내무부는 '제1차 치산녹화 10개년 계획'을 공식 발표했다. 10년간 전국의 100만ha 산지에 나무 21억 3,200만 그루를 심고 화전민(火田民) 20만 3천 가구를 이주시킨다는 유례없는 대규모 조림계획이었다.

"우리의 후손들로부터 '우리 조상들이 10년 동안 고생해서 울창한 산림을 만들었다'는 소리를 듣도록 합시다."

1973년 4월 5일 경기 양주군 백봉산(지금의 남양주시에 위치)에서 열린 식목일 기념 나무심기 행사에서 박정희 대통령이 한 말이었다. 최고 통치권자인 대통령의 국토 조림에 대한 집념, 새마을운동에서 나온 국민적 에너지, 치밀한 행정력. 치산녹화 계획이 성공할 수 있었던 것은 이 3가지가 통합적 시스템으로 작동했기 때문이었다.

나무의 신품종 육성과 품종 개발을 연구하는 임목육종연구소에서
손수익 산림청장 (왼쪽) 이 전문가들과 함께 순시하고 있다.

1년에 3억 그루 안팎의 나무를 심었다. 대대적인 국민식수(植樹)
운동으로 이어졌다. 양묘(묘목 키우기) 와 조림을 마을 소득으로 연결
시킨 전략이 주효했다. 묘목은 각 마을 안에서 키웠고 묘목 값은 정부
가 치렀다. 묘목을 마을의 앞산과 뒷산에 심는 일은 다시 주민들 몫이
었다. 마을 산을 푸르게 가꾸면서 수입도 생긴다니 새마을지도자들
이 앞장섰다. 조림하는 주체별로 기관(機關) 조림, 군(軍) 조림, 산주
(山主) 조림, 마을조림을 추진했는데 마을조림의 비중이 가장 컸다.

행정 장악력과 동원력을 극대화했던 당시 김현옥 내무부 장관과
손수익 산림청장의 리더십도 성공의 주요인이었다. 나무가 제대로
뿌리내렸는지 검사(활착 검사) 하는 일은 공무원이 맡았다.

매년 2억 5천만~3억 그루의 나무를 심는데 산림청 공무원 인력
만으로는 안 됐다. 전국 공무원을 총동원했다. 또 지역별로 교차해

서 검목(檢木) 했다. 가령 경기도에 심은 나무는 강원도청 공무원들이 현장에 나가 나무 하나하나를 검사하도록 했다. 각 시·도와 시·군의 산림국과 산림과를 이때 새로 만들었다.

나는 치산녹화 계획을 수립했을 뿐이다. 현장에서 지휘하고 실천한 사람은 손수익 산림청장이었다.

손 청장은 1932년생으로 1958년 제10회 고등고시에 합격하고 전남 나주와 경기 파주·부천 군수, 내무부 지방국장, 경기 도지사를 거쳐 산림청장으로 일했다. 이후 내무부 차관, 국무총리 행정조정실장, 교통부 장관을 지내기도 한 엘리트였다.

한 해 10만ha가 넘는 산지에 3천~4천 개 마을이 나서 나무를 심는 일은 손수익 청장이 이끄는 산림청의 임업 기술력이 있어 가능했다. 1970년대 후반 고속도로를 지나갈 때 볼 수 있었던 '산 산 산 나무 나무 나무'란 표지판도 손 청장의 작품이었다.

물론 모든 정책에 부작용은 있다. 치산녹화 계획도 예외는 아니다. 입산통제 규정과 연료대책이 문제가 됐다. 연탄이 농촌 전역에 보급되기 전이다. 땔감을 구하기 어려워지자 농민들의 반발이 컸다. 산에서 나물이나 약초 등을 캐서 사는 사람들의 생계문제도 있었다. 경찰이 맡았던 입산(入山) 단속은 마을단위에서 자율적으로 하도록 규정을 고쳤다. 그리고 아까시나무 연료림을 3배로 늘려 조림했다.

치산녹화 10개년 계획의 성과는 지금 우리 눈에 보이는 그대로이다. 국제연합(UN) 식량농업기구(FAO)는 공식 보고서에서 "한국은 제2차 세계대전 이후 개발도상국 중 최단기에 산림녹화에 성공한 모범국가"라고 평가했다.

2010년 손수익 전 교통부 장관(오른쪽 6번째), 김기운 초당대 이사장
(앞줄 왼쪽 2번째)과 함께 강진 초당림 백합나무 조림지를 찾았다.

    우리나라는 국민조림, 속성조림엔 성공했다. 하지만 치산녹화의
3가지 원칙 중 마지막 하나인 경제조림은 아직 미완이다. 1차 치산
녹화계획이 끝나고 30년이 지난 지금도 한국 토질에 맞는 경제수종
이 제대로 개발되지 않았다.

    김기운(金基運) 초당대 이사장 겸 백제약품 회장은 1970년대부터
사재를 털어 전남 강진군에 1천 ha 규모의 '초당림'을 조성했다. 초
당림에서 성공한 외래수종인 백합나무를 나라에서 경제수종으로 권
장하고 있는 것은 그나마 다행이다.

    '우리 한반도 토종 경제수종은 언제쯤 육종할 것인가. 한반도 북
쪽의 황폐산지를 우리 경험을 살려 녹화할 때 10대 속성수종으로
무엇을 정할 것인가. 토양개량과 연료림을 겸하는 북한형 아까시나

무 수종으로는 어떤 것을 선택해야 하나.'

함께 고민하는 사람들이 있다. 서울대 이경준 교수가 아까시나무 5개 수종을 평양 순안공항 주변지역에 심은 뒤 그 생육경과를 지켜보고 있다. 나는 요즘도 기후변화센터에서 윤여창 교수, 손요환 교수, 이우균 교수 그리고 평양과학기술대 김진경 총장과 함께 '북한 나무심기' 계획을 다듬고 있다. '한반도의 녹화'(그린 코리아) 완성은 우리 모두의 과제가 아닌가.

1970년대 농촌의 빈곤과 새마을운동의 시작

1970년대 초 한국의 농촌은 빈곤의 악순환에서 벗어나지 못하고 있었다. 보릿고개에 시달렸고 농촌 주택의 80%는 초가집이었다. 전기가 들어오는 지역은 20%에 불과했다. 자동차가 들어가지 못하는 곳도 절반에 달했다. 대부분 마을 안의 길은 경운기가 다닐 수 없을 정도로 열악했다.

박정희 대통령은 빈곤탈출에 대한 강한 집념을 갖고 있었다. 그 뿌리는 어린 시절 겪은 가난이었다. 지금도 생생하게 떠오르는 장면이 있다. 1979년 어느 날 저녁의 일로 기억한다. 나는 청와대 정무 제2수석비서관이었다. 대통령은 청와대 수석들을 자주 불러 저녁식사를 했다. 그전엔 한 달에 한 번 만찬을 했다는데 육영수(陸英修) 여사가 1974년 8월 15일 서거한 이후엔 수석들과의 저녁자리가 한 달에 두세 번으로 늘었다. 술이 한 순배 돌자 어렸을 때 얘기를 꺼냈다.

"지금도 기억이 나는 일이 있어. 동네에 대지주가 있었는데 모내기를 하면 온 마을사람들이 나가서 일을 해. 집에서 점심을 지어줄 사람이 없잖아. 그래서 애들도 다 따라 나가. 나도 그랬지. 모내기에 따라 나가면 샛밥을 줘. 동네사람들이 다 모이니 숫자가 많아. 당연히 그릇이 모자라지. 그래서 찐 호박잎에 주먹밥 한 덩이 그리고 구운 간고등어 반의 반 토막을 얹어줘."

대통령은 이 대목에서 말을 잠깐 멈추고 군침을 꿀꺽 삼켰다.

"아, 그런데 그 맛이 기가 막혔어. 아직도 잊지 못하겠어."

가난한 농가에서 태어난 대통령은 농촌의 빈곤 문제를 해결해야 한다는 집념을 갖고 있었다. 자조적 농촌 개발을 목표로 새마을운동을 제창한 이유였다.

1961년 군사정부는 5·16으로 정권을 잡자마자 빈곤탈출을 목표로 '재건국민운동'을 추진했다. 재건국민운동은 1961년 6월부터 정부가 벌인 국민의식 개혁운동이다. 5·16 직후 등장한 국가재건최고회의 산하에 재건국민운동본부가 설치됐고, 행정구역마다 지부가 만들어졌다. '톱다운'(top-down) 방식의 관(官) 주도 국민운동이었던 탓에 호응은 적었고 1964년 8월 실패로 돌아갔다.

하지만 새마을운동은 시작부터 달랐다. 어느 한 사람이 고안한 운동이 아니었다. 그때 이미 경북 청도의 신도리, 영일의 문성동(지금의 포항), 전남 담양의 도개마을 등 스스로 잘 가꾸는 마을이 나타나기 시작했다. 농촌 곳곳을 다니던 박 대통령은 이런 변화를 목격했다.

1970년 4월 22일 대통령은 부산에서 열린 한해(旱害) 대책 지방장관 회의에서 이런 변화를 전국 마을에 전파하자며 '새마을 가꾸기

운동'이라고 이름을 붙였다. 재건국민운동과 반대로 현장에서 출발한 운동이었다. 그해 10월 정부는 전국 3만 3천여 개 마을에 각각 335포대의 시멘트를 지원했다.

마을마다 335포대를 지급했던 이유는 단순했다. 경제개발 과정에서 시멘트 수요가 엄청나던 시기다. 기간산업으로 시멘트 산업을 육성했다. 그러다 보니 시멘트 양이 부족한 해도, 넘치는 해도 있었다. 1969~70년 시멘트가 과잉 생산됐다. 공화당 재정위원장이었던 김성곤(金成坤) 쌍용양회 회장은 대통령에게 시멘트 재고를 처리할 수 있도록 정부가 사용처를 마련해 줬으면 한다고 부탁했다. 새마을 가꾸기 운동을 어떻게 추진할까 고민하던 대통령으로선 '마침 잘됐다' 싶었을 것이다. 그는 시멘트 재고를 사들여서 마을마다 나눠 주자는 아이디어를 냈다. 전체 시멘트 재고량을 3만 3천여개 마을 수로 나눴더니 단순히 335포대란 계산이 나왔을 뿐이었다.

정부는 시멘트를 나눠주면서 두 가지 조건만 달았다. '첫째, 가구마다 개별적으로 쓰지 말고 마을 공동사업에 사용하라. 둘째, 어떤 공동사업에 쓸지 마을사람들이 합의해서 결정하라.' 농민들이 스스로 마을 개발사업을 하도록 동기를 부여했다. 어디에 어떻게 쓸지 위에서 미리 정해 주던 이전 사업과 가장 큰 차이점이었다.

새마을 가꾸기 운동은 이렇게 첫발을 내디뎠다. 사실 초기 여론의 반응은 미지근했다. 재건국민운동의 재판(再版) 아니냐는 비판도 있었다. 다음해인 1971년 8월 나는 내무부 지역개발담당관으로 임명됐다. 냉소적 여론을 돌리는 일이 급했다.

마이크를 든 새마을담당관

나는 관운(官運)이 좋은 사람이다. 관운의 의미는 사람마다 다를 수 있다. 나에게 관운은 시대적으로 중요한 국가적 과제를 맡는 자리에 있었다는 뜻이다. 내무부 지역개발담당관으로 일하며 치산녹화 10개년 계획을 직접 수립하는 기회를 얻었고 새마을운동을 담당하게 됐다.

나는 사업 전과 후 달라진 마을의 모습을 담은 슬라이드를 만들어 짊어지고 곳곳에 설명하러 다녔다. 가장 먼저 언론사 사회부장들을 오찬 간담회에 초청해 설명했다. 그다음 한국 YWCA 연합회에서 요청이 왔다. 그때 YWCA 모임을 주재한 사람이 박영숙(朴英淑) 동그라미재단 명예이사장이었다.

모교인 서울대에 가서도 설명회를 열었다. 권위주의 통치체제하에 관료가 대학에 가서 강연한다는 것은 꽤 용기가 필요한 일이었다. 총학생회장 출신 선배가 설명회를 한다고 해서 그랬는지 다행히 학생회에서 도움을 줬다. 지금 마로니에 공원 자리에 서울대 대강당이 있었다. 후배 학생 5백 명 정도가 강당에 모였고 새마을 가꾸기 운동을 슬라이드로 설명할 수 있었다.

그때 한 여학생이 손을 들어 질문했다.

"농촌 초가집은 소박한 정취가 있는데 왜 지붕개량을 해야 합니까?"

"보기엔 좋을지 몰라도 해마다 초가집 지붕을 갈려면 짚이 많이 필요하고 힘도 듭니다. 그 짚을 소의 사료나 가마니, 새끼 등 고공품(짚을 엮어 만든 생활용품)으로 쓰면 더 생산적이지 않을까요."

시간이 갈수록 새마을 가꾸기 운동을 설명해 달라고 요청하는 단체가 늘어났다. 농촌현장에서도 변화가 일었다. 1970년엔 전국

1970년대 새마을운동으로 주민들이 다리를 만들고 있는 모습.
새마을운동 로고가 새겨진 깃발이 펄럭이고 있다. 〈중앙일보〉

3만 3천여 개 마을에 똑같이 시멘트와 철근을 지급했지만 다음해
에는 절반인 1만 6,600여 개 마을만 지원했다. 공동사업에 쓰지
않고 집마다 시멘트, 철근을 나눠 가진 마을은 제외했다.

　우수한 마을에 우선 지원한다는 새마을운동의 원칙은 이때 윤곽
이 잡혔다. 그랬더니 시멘트와 철근을 지원받지 못한 마을 중 6천
여 곳에서 스스로 새마을 가꾸기 운동에 참여하겠다고 나섰다.

　이를 계기로 새마을 가꾸기 운동은 '새마을운동'으로 진화하게 됐고
1972년 3월 정부 내에 새마을운동 중앙협의회가 만들어졌다. 새마을
운동의 공식출범이었다. 새마을운동은 빈곤탈출에 대한 열망에 불을
붙이는 점화제 역할을 했다. 그때 같이 유행한 말이 '신바람'이었다.
'우리도 할 수 있다'는 자신감이 농촌을 움직이기 시작했다.

새마을운동의 성과가 나타나면서 주무담당관인 나의 업무도 늘어났다. 지역개발담당관이란 내 직명도 '새마을담당관'으로 바뀌었다. 정부수립 이후 처음 등장한 한글 관직명이기도 했다.

새마을운동 로고에 관한 일화를 소개한다. 1972년 새마을담당관으로 한창 일할 때다. 새마을 배지와 기를 만들어 보라는 지시가 떨어졌다. 전 국민을 대상으로 현상공모를 했다. 예비심사를 했는데 응모작이 하나같이 빈약해서 재공모를 해야했다. 외부 공모만 하다가 새마을담당관실 직원도 공모에 응할 수 있도록 했다. 새마을담당관실의 이봉섭(李鳳燮, 전 전북 부지사) 사무관이 두세 명 계원과 함께 팀으로 응모했다.

이 사무관팀은 배지 문양으로 3개의 싹이 돋은 초록색 잎을 노란색 원이 감싸고 있는 모습을 그려 제출했다. 노란색(황금색) 원은 소득(돈)을, 초록잎 3개는 근면·자조·협동을 뜻한다는 설명도 덧붙였다. 깃발은 배지와 같은 문양을 가운데 넣고 바탕은 초록색으로 만들었다. 깃발의 네모난 초록색은 넓고 기름진 평야를 상징한다고 했다. 보기에도 좋고 의미도 좋았다.

이 사무관팀의 응모작은 예비심사와 본심사를 거쳐 최종작으로 선정됐다. 새마을운동의 상징으로 자리 잡은 로고는 그렇게 탄생했다. 상금은 10만 원이었던 걸로 기억한다. 지금 돈으로 100만 원 정도 되려나. 고맙게도 이봉섭 사무관팀은 상금 전액을 새마을 성금으로 냈다. 대신 내가 수고한 이들에게 저녁을 샀다.

새마을운동에 대한 오해와 진실

새마을운동의 의미를 놓고 많은 해석이 있었다. 시대에 따라, 사람에 따라 명암이 갈렸다. 1970년대 내무부 새마을담당관과 지방국장, 청와대 정무 제2 수석비서관으로 일하며 새마을운동의 시작에서부터 뿌리내리는 과정까지 체험했다. 새마을운동을 둘러싼 오해와 진실을 일문일답 형식으로 풀어봤다. 내 나름의 답이다.

관(官)이 주도한 운동 아닌가?

관이 주도한 게 아니라 관이 유도한 민관 협력사업(民官 協力事業)이었다. 정부가 농민의 자발적 참여를 유도한 지역사회 개발운동이었다. 새마을운동의 전신인 새마을 가꾸기 운동에서 가장 중점을 둔 것은 '어떻게 농민의 자율적 참여를 유도하는가'였다. 시멘트를 지급하면서 동기를 유발했다. '시멘트로 무슨 사업을 할 것인가'를 마을사람들이 총회를 열어 민주적으로 결정하라고 했다. 마을 공동의 숙원사업이 한두 가지가 아니다. 그걸 두고 토론하고 사업계획을 짜고 추진하도록 했다.

새마을운동은 동기유발의 과정이었고 민과 관이 협력해 일하는 방식이었다. 5·16 직후 추진한 재건국민운동은 관이 주도했다. 농민 참여를 강제했고 실패했다. 새마을운동이 관제운동이었다면 10년은 물론 5년도 못 갔다. 재건국민운동처럼 2~3년 내에 사라졌을 것이다.

새마을운동으로 초가지붕을 슬레이트나 기와지붕으로
바꾼 1970년대 강원도 양양군의 한 마을 전경.

**정부가 농촌의 노동력을 새마을운동이란 포장 아래 무상으로
이용했다는 주장이 있다. 근대적 부역(賦役)이 아니었나?**

정부는 자재를 지원하고 마을은 인력을 투자한 민관 협력사업이 새
마을사업이다. 자기 마을의 사업을 마을주민 스스로 해냈다. 압력
이 아닌 자발적 참여였다. 자기 집 앞의 눈을 치우는 것이 부역(賦
役)인가. 국도 등 큰 도로를 건설하는 데 사람들을 동원했다면 부
역일 수 있겠지만 그런 일은 없었다. 이후 공공사업도, 민간사업도
아닌 두 개가 걸쳐진 사업영역을 뜻하는 '제3섹터'란 유사한 개념
이 생겼다. 이 역시 민관협력 방식의 하나다.

전국적으로 획일화된 농촌개발을 부추기지 않았나?

1970년대 초 몇 년에 걸쳐 새마을운동 성공사례가 대통령 주재 월
례 경제동향 보고회의에서 소개됐다. 보고된 수십 개 마을 가운데
동일하거나 유사한 사례는 하나도 없었다. 초기부터 사업 선택권을
마을주민에게 맡겼기 때문이다. 각 마을의 특성에 따라 가장 절실

한 사업부터 시작했다. 하나의 모델을 놓고 따라 하라고 하지 않고 다양한 성공사례를 보여주는 데 초점을 맞췄다. 사업의 큰 흐름은 생활환경 개선사업으로 시작해 생산환경 개선사업, 그리고 소득증대 사업으로 이어졌다.

새마을운동 때문에 품앗이 등 전통문화가 사라졌다는 지적은 타당한가?
원래 우리네 마을엔 품앗이를 넘어선 향약, 두레 등 마을공동체적 협동관행이 있었다. 몬순(계절풍) 기후에서 벼농사를 짓는 지역의 특징이다. 새마을운동은 두레, 향약 같은 전통적 마을 협동의식을 존중하고 권장하고 활용했다. 새마을운동의 성공요인 중 하나가 사업단위를 협동의 관행이 있는 마을단위로 정했다는 점이다. 면이나 리·동 등 대규모 행정구역 단위로 했다면 협동의식을 기대하기 힘들 것이다. 새마을운동은 오히려 전통의 협동문화를 활용했다. 마을과 마을 간에 경쟁과 협력이 있었다. 새마을사업으로 이뤄진 것 중 마을과 마을을 잇는 교량이 많았다. 한 걸음 나아가서 더 넓은 생활권을 형성하는 여러 마을 간의 협동사업으로 확대되었다. 그런 형태를 당시 '협동권 새마을사업'이라고 부르기도 했다.

10월유신을 뒷받침하기 위한 운동 아니었나?
1972년 10월유신이 있기 2~3년 전에 새마을 가꾸기 운동(새마을운동의 전신)이 시작됐다. 직접적 인과(因果) 관계는 없다. 그러나 한 시대에 오버랩(overlap)되는 일이긴 하다. 새마을운동이 농민들의 환영을 받으면서 유신시대의 국정 지지도가 올라가는 데 기여한 것은 사실이다.

새마을운동이 일본 신촌운동의 복사판이란 비판이 있다.

내가 알고 있는 일본의 신촌운동, '아타라시이무라 스쿠리 운도'(新村作り運動·새마을 만들기 운동)의 의미는 다르다. 우리의 읍·면·동처럼 일본엔 기초지방자치단체 단위로 시정촌(市町村)이 있다. 일본의 시정촌은 소규모 단위로 수천 개에 이른다. 영세한 시정촌 단위로 도서관, 공회당 등 공공복지시설을 만들려고 하니 비경제적이었다. 그래서 일본에선 수십 년에 걸쳐 시정촌 합병을 추진했다. 그걸 아타라시이무라 스쿠리 운도라고 했다. '새마을'은 순수 우리말이다. 신작로 옆에 새로 만들어졌거나 깨끗이 정비된 마을을 '새말'이라고 불렀다. 우리의 새마을운동은 일본의 신촌운동과 어원도, 내용도 다르다.

새마을운동으로 농촌이 잘살게 됐다는데 왜 사람들은 농촌을 떠났나?

국제부흥개발은행(IBRD)은 농촌개발을 위한 특별대책이 없었다면 수출경제가 아무리 발전했어도 도농(都農) 격차는 더 커졌을 것이라고 지적했다. 경제발전과 새마을운동의 성과는 상호보완적 시너지 효과를 가져왔다. 또 산업화·도시화 과정에서 농촌인구가 감소하는 것은 세계 공통의 현상이다. 미국, 영국, 일본, 프랑스 등 선진국의 농촌인구 비중은 한국보다도 적다. 농촌이 빈곤해서 그런 것이 아니라고 생각한다.

새마을운동의 발상지를 두고 논란이 있다. 원조는 어디인가?

원조는 한 곳이 아니다. 1970~71년 월례 경제동향 보고회의에 성공사례로 여러 마을이 보고됐다. 새마을운동의 전신인 새마을 가꾸기의 원조가 그렇다는 얘기다. 새마을 가꾸기 운동 2년차 때 전해의 절반규모인 1만 6,600여 개 마을에만 시멘트와 철근을 지원했다. 성과가 좋지 않은 마을엔 지원하지 않았다. 지원대상에서 빠진 마을 가운데 6천 곳이 새마을 가꾸기 운동에 자진해서 뛰어들었다. 정부지원 없이 스스로 마을 공동사업을 시작했다. 새마을 가꾸기 운동이 새마을운동으로 진화하게 된 계기다. 굳이 새마을운동의 원조를 따지자면 이름이 알려지지 않은 그 6천 개 마을이라고 할 수 있겠다.

새마을운동본부에서 많은 비리가 발생하기도 했다.

1970년대와 1980년대 새마을운동을 명확하게 분리해서 봐야 한다. 1970년대 새마을운동에서 마을에 있는 새마을지도자 이외의 다른 조직은 의도적으로 기피했었다. 거대한 중앙조직이 만들어져 이권화·관료화되는 것을 철저히 막았다. 조직이라고는 새마을지도자 협의회밖에 없었다. 그런데 1980년대 5공화국이 들어서며 새마을운동본부가 생겼다. 본부가 생기면서 새마을운동은 변질됐다. 당시 김포가도를 차로 가다가 '새마을 헤드쿼터'란 간판을 봤다. 새마을운동에 헤드쿼터가 어디 있나. 외국인이 봤다면 군대조직인 줄 알았을 것이다. 그때 '이제 새마을의 종언(終焉)이구나'라고 생각했다.

개발도상국에 대한 새마을운동의 전파는 잘되는 건가?

외교부 산하 한국국제협력단(KOICA), 새마을운동중앙회, 경상북도 등이 동남아와 아프리카 등지에 새마을운동을 전수하려고 애쓰는 것은 사실이다. 하지만 인근 지역에 나가면서도 서로 협력하기보다는

각개 약진하고 있다. 새마을 정신이 근면·자조·협동이다. 외국에
나가서 새마을운동을 하는데 협동이 안 되고 있다. 또 새마을운동의
핵심은 동기유발과 자조 협동의 과정이다. 중요한 부분은 빠지고 건
설회사 시켜서 다리를 놔 주고 회관을 지어 주는 해외원조 사업으로
변질되고 있다. 고기 잡는 방법을 전수하는 것이 아니라 생선을 사
서 주는 셈이다. 아쉬운 부분이다.

새마을지도자의 헌신

'정부는 스스로 돕는 마을을 돕는다.'
새마을운동을 추진하며 정부가 고수한 '우수마을 우선지원' 원칙이
다. 성과가 뛰어난 마을의 공통점은 하나였다. 헌신적인 새마을지
도자가 있었다.

　마을마다 남녀 한 명씩 두 명의 새마을지도자를 뽑았다. 보수는
없었지만 새마을사업의 기획자로, 집행자로 열심히 뛰었다. 주민을
설득하고 의견을 조정하는 일도 그들 몫이었다.

　UN은 1960년대를 '지역사회개발연대'(*Community Development Decade*)
로 설정했다. 당시 농촌지역사회개발의 일반이론에 따르면 저개발국
의 농촌을 개발하기 위해 훈련받은 외부의 지도자(*social worker*)를 농
촌마을에 투입할 것을 권고했다. 전국의 실태조사를 했더니 새마을
사업 성과가 좋은 마을엔 이미 헌신적 지도자가 있었다. 정부는 외부
에서 지도자를 투입하는 대신 마을 내부에서 새마을지도자를 뽑아
양성하는 길을 선택했다.

1972년 1월 31일 경기도 고양의 농협대학 부설 독농가(篤農家)연수원에 각 지역에서 선발한 140명이 입교했다. 새마을지도자 교육과정의 출발이었다. 2주간의 교육과정은 가나안농군학교(교장 김용기)와 안양 농민교육원(원장 김일주)의 훈련과정을 참고해 만들었다. 농협대 김준(金準) 교수가 초대 원장을 맡았다. 교육받을 사람이 늘면서 그해 경기도 수원의 농민회관으로 자리를 옮겼고, '새마을지도자 연수원'으로 정식 출범했다.

교육은 성공한 새마을지도자의 경험을 듣고 그 사례에 대해서 토론하는 방식으로 진행되었다. 1975년에는 새마을지도자와 사회지도층, 공무원이 함께 합숙교육을 받으면서 상승효과가 났다. 김준 씨에 이어서 2대 원장을 맡았던 정교관 씨는 그때를 이렇게 회고했다.

"농촌지도자는 흙색, 부녀지도자는 하늘색, 사회지도자는 회색으로 각자 다른 색 옷을 입었지만 같은 장소에서 같이 교육을 받았습니다. 농민뿐 아니라 장·차관, 대학교수, 기업인, 대학생, 문학인 등 여러 계층의 사람들이 많이 왔지요. 강제 교육 아니냐며 반발하는 사람들도 있었지만 원하면 도중에라도 자유롭게 나갈 수 있었습니다. 그러나 사회지도층 인사들은 농촌의 새마을 성공사례에 감명받고 돌아갔습니다."

전남 담양의 정회원, 전북 임실의 정문자, 충북 청원의 하상돈, 경북 영일의 홍성표, 충남 당진의 임광묵, 강원 삼척의 박재명 …. 대통령 주재 경제동향 보고회의에서 성공사례로 발표됐던 훌륭한 새마을지도자들의 이름이 지금도 기억에 남아 있다.

무보수였지만 자기 마을을 새마을로 발전시키기 위해 헌신적으로 기여한 새마을지도자가 있어서 새마을운동이 성공할 수 있었다. 달

1974년 7월 24일 경기도 수원 새마을지도자연수원에서 김준 원장의 강의 모습.
그해 7월 21일부터 26일까지 김동조 외무 · 정소영 농수산 · 이낙선 건설부 장관 등
장차관과 대학총장 등 50여 명이 새마을 교육을 받았다. 〈중앙일보〉

마다 새마을국무회의가 열렸고, 새마을사업의 추진상황, 문제점과 안건보고는 내무부 지방국장인 내 몫이었다.

새마을운동의 큰 방향은 대통령이 제시했지만 새마을 정신을 현장에서 몸소 실천한 사람은 새마을지도자들이었다. 새마을지도자들이 무보수이면서 헌신적으로 쏟은 열정에 대한 보상은 정부의 표창과 사회적 인정밖에 없었다. 아마도 제일 큰 보상은 자기 마을의 변화된 모습이었을 것이다.

새마을지도자 교육에 열과 성을 다했던 김준 · 정교관 전 원장 외에도 새마을운동이 자리 잡는 과정에서 숨은 조력자가 많았다. 현장을 누비고 청사에 돌아와서도 밤새워 토론하며 함께했던 내무부 동료인 전석홍(전 새누리당 여의도연구소 이사장), 김형배(전 강원 도지사), 강우혁(전 국회의원), 이효계(전 숭실대 총장), 최인기(전 행

정자치부 장관) … . 정종택(전 환경부 장관), 김종호(전 국회부의장), 송언종(전 체신부 장관) 등 청와대팀도 열정을 쏟았다.

새마을운동을 기획하고 연구했던 교수단도 빼놓을 수 없다. 원로로 농협대 학장을 했던 박진환(朴振煥) 청와대 특보, 소장 교수로 이질현(李瓆鉉) 서울대·김대환(金大煥) 이화여대·김유혁(金裕赫) 단국대·정영채(鄭英彩) 중앙대·류태영(柳泰永) 건국대 교수 등이 새마을운동 초기에 함께 했었다. 모두 새마을운동에 젊음과 열정을 바쳤던 분들이다.

두 번째 멘토, 소탈한 인간미의 홍성철

1974년 5월 어느 날 서울 세종로 정부중앙청사. 간부 엘리베이터를 타고 가다가 민관식(閔寬植) 문교부 장관을 만났다. 고개를 숙여 인사했다. 기다렸다는 듯이 민 장관이 말을 걸었다.

"고 국장, 다음달 새마을국무회의 때 문교부가 하고 있는 새마을교육운동을 안건으로 보고해 주면 어떻겠나?"

"네. 이 달은 안 되겠고 다음 7월에 다루도록 하겠습니다."

내무부 새마을담당관으로 일하던 나는 1973년 10월 강원 부지사로 발령이 났다. 그런데 부지사로 부임한 지 43일 만인 12월 10일 다시 내무부 지방국장으로 불려왔다. 대한민국 정부 3대 국장으로 내무부 지방국장과 치안국장, 재무부 이재국장을 꼽던 시기다. 요직인 지방국장으로 젊은 나이인 내가 승진해 임명됐을 때 '예외의 인사'란 평이 나올 만큼 파격적인 발탁이었다.

지방국장의 주요 업무 중 하나가 새마을 국무회의의 안건을 정하고 보고하는 일이었다. 일반 국무회의는 총리가 주재하는 경우가 많았지만 한 달에 한 번 열리는 새마을 국무회의는 대통령이 직접 주재하였다. 엘리베이터에서 마주친 장·차관들은 자기네 부처 정책을 새마을 국무회의 안건에 올려 달라고 심심찮게 민원을 넣었다.

4년째를 맞은 새마을운동의 열기는 대단했다. 학교 새마을운동, 직장 새마을운동…. 모든 정책에 '새마을'이란 수식어가 붙었다.

매달 열리는 새마을 국무회의에서 나는 지난 한 달 동안의 새마을사업 성과와 문제점, 각 부처의 필요 지원사항, 다음달의 추진방향을 슬라이드로 제안하고 설명했다. 대통령은 이 회의에서 관계부처가 새마을운동에 협력하고 지원하도록 조정해 줬다. 또 향후 새마을운동의 방향에 대해 가이드라인을 제시했다.

나를 지방국장으로 발탁한 분은 홍성철(洪性澈) 내무부 장관이었다. 홍 장관은 1926년생으로 경기고와 서울대 상대를 졸업하였다. 6·25 전쟁이 발발하자 해병대에 자원입대하여 인천상륙작전 때 맥아더 장군이 이끄는 부대에서 통역장교로 활동했다. 해병대 대령으로 예편한 후 주미 대사관 참사관, 국무총리 비서실장, 내무부·보건사회부 장관, 대통령 비서실장, 국토통일원(지금의 통일부) 장관을 지냈다.

내가 새마을담당관일 때 그는 청와대 정무수석이었다. 실무담당관으로서 전해 준 새마을운동에 대한 생각과 지방의 실태, 문제점을 그는 대통령에게 한 치의 가감도 없이 옮겨줬다. 또 대통령의 말과 생각도 있는 그대로 전해 줬다.

홍성철 전 국토통일원 장관(오른쪽)은 노태우 정부 때 남북 총리회담이 성사되도록 막후에서 활동했다. 1990년 1~3차 남북 총리회담에도 참여했다. 사진은 3차 남북 총리회담 참석을 위해 1990년 12월 11일 판문점 평화의 집에 도착한 연형묵 북한 정무원 총리(가운데)와 그를 안내하는 홍 장관의 모습이다. 〈중앙일보〉

그는 청와대 정무수석에서 내무부 장관으로 옮기며 나를 지방국장으로 불렀다. 홍 장관 덕분에 새마을담당관으로 맡았던 업무를 지방국장 자리에서 계속할 수 있었다.

홍 장관은 나의 두 번째 멘토였다. 공직자로 갖춰야 할 인화(人和)와 협력을 그에게서 보고 배웠다. 해병대령 출신인 홍 장관의 별명은 '홍코'였다. 성이 홍 씨이기도 했지만 코가 크고 붉다고 해서 붙은 별명이었다. 붉은 코에서 알 수 있듯 술자리를 즐겼다. 아주 소탈했다. 직원들이 편하게 '홍코'라고 별명을 부를 만큼 아랫사람과 스스럼없이 자주 어울렸다.

내무부 장관이라고 판공비가 넉넉했을까. 그래도 그는 자주 직원들과 저녁자리를 가졌다. 일과를 마치면 직위 고하를 불문하고 여러 명 직원을 이끌고 서울 무교동의 '호반'이란 음식점으로 향했다. 황해도식 순대를 파는 소박한 식당이었다. 황해도 출신의 홍 장관은 고향 맛이 그리웠는지 그 집을 자주 찾았다.

편안한 분위기에서 허물없이 대화를 나누며 직원들의 마음을 사로잡았다. 소탈하고 인정이 넘쳤다. 구성원 각각의 특성을 알고 그 능력을 최대한 발휘할 수 있도록 기회를 주고 북돋웠다. 다른 정부부처와 업무를 조율할 때도 그의 장점이 발휘됐다. 관계부처의 협조를 얻어내는 능력이 뛰어났다. 인화를 바탕으로 행정조직의 생산성을 최대한으로 끌어올리는 '생산적 리더십'의 중요성을 그에게 배웠다.

그는 2004년 작고했다. 허름한 순댓집에서 소주 한잔 마시며 호탕하게 웃던 홍 장관. 너무나 인간적이었던 그와의 술자리를 이제는 가질 수 없다는 점이 못내 아쉽다.

제 4 장

지사님, 들어오셔야겠습니다

37세의 최연소 지사

내가 지방국장으로 만 2년이 되던 1975년 '황룡강 사건'이라 불린 뇌물수수 사건으로 전남 도지사가 물러났다. 황룡강 사건은 1975년 사업비 5,299만 원인 전남 장성군의 황룡강 제방 보수공사를 계약하는 과정에서 광주 한일건설 대표와 임직원이 전남도청 공무원 수십 명 각각에게 10만~100만 원의 뇌물을 준 사건이다. 뇌물을 받은 공무원들은 한일건설이 경쟁입찰 없이 수의계약으로 공사를 따낼 수 있도록 도왔다. 이 사건으로 도청 공무원 25명이 구속·해임·좌천됐다.

박경원(朴璟遠) 내무부 장관이 지방국장인 나를 조용히 집무실로 불렀다.

"전남 도지사 인사안을 작성해서 갖고 와요."

지방국장은 지방 행정관료 인사를 맡고 있었다. 부지사 선까지는 전부 내가 기안했다. 하지만 도지사 인선은 소관 밖이었다. 그런데 나더러 도지사 인사안을 올리라니. 일종의 암시였다. 내무부 지방국장은 도지사 임용 '0 순위'였다. 나는 늦더라도 아버지의 고향이면서 어린 시절을 보낸 전북 도지사로 가기를 내심 희망하고 있었다.

그래서 전남 도지사 1안은 전남출신인 손수익 산림청장, 2안은 역시 전남출신인 모 인사, 3안은 지방국장 고건이라고 내 이름을 써 넣었다. 박 장관이 인사안을 들고 대통령에게 갔다. 대통령은 3안에 동그라미 2개를 쳤다. 파격적 인사였다. 고시동기 중 가장 빠른 승진기록이기도 했다. 만 37세로 군인출신을 제외하고는 최연소 도지사 기록이었다.

언론은 '새마을운동에 대한 기여와 업적을 보상한 인사'라고 평했지만 나는 대통령의 의중은 다르다고 봤다. 치산녹화 사업을 맡고 있던 손수익 산림청장을 도지사로 보내기보다는 좀더 잡아 두고 싶은 마음이었을 것이다. 치산녹화에 대한 대통령의 집념은 그만큼 컸다. 대통령 뜻대로 손수익 청장은 국토녹화 사업의 총감독 역할을 3년여 더 했다.

그렇게 1975년 11월 11일 나는 전남 도지사로 발령 났다. 다음날 전남으로 향했다. 도지사로 간다는 설렘은 잠깐이었다. 전남으로 가는 길에 눈이 내렸다. 차창 밖 흩날리는 눈을 보면서 '웅도(雄道) 전남을 어떻게 경영할 것인가' 고민했던 기억이 난다.

당시 전라남도를 경상북도와 함께 웅도라고 불렀다. 인구도 많고 면적도 넓었기 때문이다. 섬만 1,965개였다. 우리나라 전체 섬의 62%가 전남에 몰려 있었다. 절경에 관광지로 유명한 섬도 많지만 행정하기엔 어렵고 부담이 컸다. 황룡강 사건으로 흉흉한 도내 민심을 달래는 일도 걱정이었다.

역시 상황은 심각했다. 감사원으로부터 특별감사를 받게 돼 있었다. 취임 초에 수십 명 직원의 사표부터 받아야 할 처지였다. 당연히 물러나야 할 사람도 있었지만 처벌이 과하다 싶은 직원도 적지 않았다. 고민 끝에 이석제(李錫濟) 감사원장을 만나 담판을 지었다. 그래도 20여 명의 공무원은 그만둬야 했다.

설 명절을 앞두고 쌀 한 가마니씩 차에 싣고 사표를 받은 사람들의 집을 찾아다녔다. 김모 전 과장의 집에 갔다. 유능한 사람이었지만 요직에 있었던 탓에 주목을 받았고 특별감사의 문턱을 넘지 못했다. 단칸방에 김 전 과장과 어린 아이들이 함께 있었다. 부인은 얼마 전 사별했다고 들었다. 쌀 한 가마니 가지고 무슨 위로가 될까. 그 가족을 바라보면서 연민도 고뇌도 아닌 어떤 말로도 표현하기 어려운 복잡한 감정을 느꼈다.

어렵사리 황룡강 사건을 수습했지만 또 다른 난제가 있었다. 전남 도지사로 일하기 시작하며 인사가 가장 큰 고민이었다. 정치인이나 지역사회 유력인사에 의해 정실인사가 이뤄진다는 게 문제였다. 인사 청탁부터 차단해야 했다. '누구를 어느 자리에 기용해 달라'는 부탁이 있으면 일단 "아, 네. 그 사람이 어떤 사람인지 파악해 보겠다"라고 답했다.

그리고 도지사가 주재하는 월례 직원 전체회의 때 청탁대상인 사람에게 과제를 줘서 발표하라고 시켰다. '담당업무 개선방안을 제출하라'는 식으로 말이다. 인사 청탁하는 사람치고 일 잘하는 이는 없었다. 발표 역시 시원찮았다. 물론 청탁받았다는 사실은 일절 알리지 않았다. 본인은 알았을 거다. 몇 번을 그랬더니 도청 안에서 얘기가 돌았나 보다. 인사 청탁이 점점 줄기 시작했다.

그때만 해도 지방 고위직들은 자녀교육을 위해 서울과 지방 두 집 살림을 했었다. 그러나 나는 그때 도지사가 두 집 살림을 해서는 안 된다고 생각했다. 도민(道民)의 한 사람으로 도민들과 함께 생활해야겠다고 마음먹었다. 그래서 당시 서울에서 괜찮은 중학에 다니던 두 아들 모두 데리고 광주로 전학시켰다.

서울사대부중 2학년에 다니는 큰아이를 화순 가는 변두리 광주 숭의중학교에 배정받아 전학시키는 데 한 달 반이 걸렸다. 왜 그렇게 오래 걸렸는가 하니 서울사대부중에서 그때까지 전출해간 학생이 없었기 때문에 전출원서 용지가 없어서 용지를 보내달라고 교육청에 공문을 주고받는 데 한 달 반이 걸렸다고 한다.

거절의 수사학

"이 책상은 누구 자리입니까?"
신임 도지사로 전남도청 안의 위치도 익히고 업무도 파악할 겸 각 부서를 돌았다. 관광운수과를 갔더니 과장 책상 옆에 빈 책상이 하나 있었다. 이상하다 싶어서 자리의 주인이 누구냐고 물었다. 그런데 모두 머뭇거리기만 할 뿐 답을 하지 않았다.

호통 비슷하게 목소리를 높여 다시 물었다.
"누구 책상입니까?"
그제야 대답이 나왔다.

228

"아, 그게…. 광주고속 직원의 책상입니다."

관광운수과는 전남의 버스노선을 결정하는 부서였다. 어느 노선을 차지하느냐에 따라 운수업체의 수익이 갈렸다. 큰 이권이 걸려 있는 만큼 업체와 공무원 간 유착이 없도록 1년마다 인사를 했다. 하지만 노선을 정하는 일은 지리와 교통량, 이전 노선의 역사 등을 알아야 하는 상당히 어려운 업무였다. 해마다 바뀌는 직원이 전담하기 어려우니 노선에 대해 잘 알고 있는 광주고속의 고참 직원이 나와 도움을 주는 게 관행이 됐단다. 당연히 수익이 많이 나는 황금노선은 광주고속에 몰렸다. 바로 직원들을 야단쳤다.

"이게 말이 되는 얘깁니까. 당장 내쫓으세요."

그 일이 있고 2주쯤 지나 밤 9시쯤 광주고속 대표가 지사실에 찾아왔다. 금호아시아나그룹 창업주인 금호그룹 박인천(朴仁天) 회장이었다.

"아, 이게 제가 지나가다 보니 밤늦게까지 근무하는 직원들이 많은 것 같아서. 직원들 불고기라도 사 주십시오."

그러면서 두툼한 봉투를 건넸다. 직원들 불고기 값이라는데 거절할 수가 있나. 받았다.

"감사합니다. 그 뜻을 제가 정확히 전달하겠습니다."

다음날 오전 간부회의 자리.

"어젯밤 금호그룹의 박 회장이 지사실에 와서 야근하고 고생하는 도청 직원들을 위해 금일봉을 전달하고 가셨습니다. 이걸 어떻게 썼으면 좋겠습니까?"

잠시 정적이 흘렀다. 간부들 얼굴에 당황한 기색이 역력했다. 그때 황인동 감사계장이 손을 들었다.

"도청에 직장 새마을기금이 있습니다. 거기에 주십시오."

"그래요. 일리 있네요. 그러면 주신 분의 뜻대로 썼으면 합니다. 답장도 보내드리십시오. 고맙다고 말입니다."

황인동 계장은 한발 더 나아가 감사편지에 영수증까지 첨부해 금호그룹 회장실로 보냈다. 그리고 며칠이 지났다. 지방장관 회의가 있어 서울에 올라오게 됐다. 서울에서 첫째 날 각 부처를 다니고 숙소로 돌아왔는데 전화가 왔다. 박 회장이었다.

"제가 서울에서 점심을 모시겠습니다."

박 회장은 광주상공회의소 회장으로 대한상공회의소 부회장을 겸하고 있었다. 그는 한 달의 절반 정도는 서울에서 지내는 듯했다. 잊고 있었던 '불고기 금일봉' 건이 떠올랐다.

"아, 예. 제가 시간 봐서 연락드리죠."

"아니오. 지금 정해 주시면 좋겠습니다."

"아니, 일정 때문에…."

"아니, 제가 지사님 일정을 보니 모레쯤 점심이 비어 있습니다."

나도 외우지 못한 내 일정을 박 회장이 꿰고 있었다. 관광운수과에 있던 직원은 쫓아냈지만 도청에서 자리 없이 암암리에 활약하는 광주고속 직원이 더 있었나 보다. 당황스럽지만 부인할 수도 없었다.

"아아, 네…. 그런 것 같네요."

"외교구락부에서 점심을 모시겠습니다."

서울 중구 남산 중턱엔 양식당인 외교구락부가 있었다. 정치·외교·경제 분야의 굵직굵직한 일이 많이 이루어지는 곳이었다. 약속한 날 점심, 외교구락부 별실에 박 회장과 나 단 둘이 마주

앉게 되었다.

금호그룹 박 회장이 먼저 얘기를 꺼냈다.

"역대 지사들 뒷바라지를 제가 다 했는데, 그걸 뭐 또 영수증까지 보내시고…. 지사 업무를 하시려면 판공비도 많이 필요하실 텐데. 하하하."

박 회장은 흰 봉투를 책상 위에 꺼냈다.

"네. 맞습니다. 도지사로 일하려니 야근하는 사람들 밥값도 주고 술도 사 주고 해야 하는데, 가친께서 매월 판공비를 보내주십니다. 사양하겠습니다."

"그런 뜻이 아니라…."

박 회장은 봉투를 내가 앉은 쪽으로 밀었다. 지난번은 5백만 원 현금이었다. 봉투가 그때보다 얇은 것을 보니 수표 같았다. 나는 봉투 위로 손을 얹어 박 회장 쪽으로 밀며 다시 말했다.

"아닙니다. 아버님이 매월 판공비를 보내주십니다."

"아닙니다. 받아주십시오."

그렇게 봉투를 두고 세 번을 서로 밀기를 반복했다.

"죄송합니다. 회장님. 제 공직수칙을 이해해 주십시오."

결국 박 회장은 봉투를 옷 안에 집어넣었다. 그의 얼굴이 하얘졌다. 그렇게 헤어지고 돌아온 후에 마음이 영 불편하고 미안했다. 그래도 박 회장은 광주 상공회의소 회장으로 도(道)의 원로가 아닌가.

며칠 후 박 회장에게 전화를 걸었다.

"광주에 오시는 날에 맞춰 제가 점심을 모시겠습니다. 전에 점심도 사 주셨고. 광주관광호텔에서 어떠신지요?"

다행히 박 회장은 내 청에 응해 줬다. 그다음부터 매달 박 회장과 점심을 가졌다. 도(道) 내 원로 경제인인 그와 의견을 나누는 좋은 시간이었다. 물론 밥값은 그와 내가 번갈아 냈다. 광주고속과의 일은 그렇게 잘 마무리됐다.

냉소적 시대에 냉소받지 않은 지도자

고건은 자기가 관장하는 사무에 대해 무엇인가 알고 일을 추진하려는 사람으로 비쳐졌다. 〈전남일보〉는 "고건 지사 10일간 초도순시의 의의"라는 기사에서 "고 지사는 소득을 위한 방법으로 지역의 특성에 맞는 수자원 개발, 관광진흥은 물론, 권장할 만한 특용작물, 가축사육 등을 그때그때 제시하여 의외로 군정을 깊이 안다는 인상을 남기기도 했다"(〈전남일보〉, 1977. 12. 3)고 보도하고 있다. 김문진 기자는 "교통부 장관 취임 첫 휴일에 경춘선 완행열차를 타고 차내 실태를 점검할 만큼 확인행정이 몸에 밴 고건 교통부 장관은 시민의 입장, 승객의 입장에서 국민들의 불편과 불만을 덜어 주는 서민위주의 교통행정을 펴나가겠다고 다짐한다"(〈중앙일보〉, 1980. 9. 15)라고 보도하고 있다.

그에 대한 언론의 호감은 세월을 두고 계속된다. 1985년에 〈주간조선〉은 다음과 같은 기사를 싣고 있다. "장관을 그만둔 뒤 버스를 타고 다니기도 했다든지 1983년 명성사건 때 당시 모 장관은 뇌물을 먹은 사실로 화제가 됐지만, 바로 전임자였던 고 씨에게는 '몇 번이나 뇌물공세를 벌였으나 실패했다'는 명성측 피고들의 증언 등은 그의 청렴강직을 말해주는 일화이기도 하다."(〈주간조선〉, 1985. 1. 20) 그 밖에도 "치밀하고도 빈틈없는 내성(內性)을 지닌"(〈동아일보〉, 1987. 5. 26), "날카로운 판단력과 인화가 돋보이는"(〈동아일보〉, 1988. 12. 7) 인물로 묘사되고 있다.

그의 청렴과 성실은 기자와 부하들의 눈에 그대로 투영되어 호의적으로 받아들여졌다. 그리고 그러한 세평은 그의 자산이 되었다. 냉소가 아닌 존경이 서려 있었다. 어려운 시대에 하소연할 길 없는 막막한 시대에 서민들이 조금은 기대해 볼 만한 지도자로 인식되었다. 냉소의 대상이던 정치행정 지도자들 중 고건은 소수의 친근하고 신뢰할 만한 지도자로 비쳐졌던 인물임에 틀림없다.

— 김영평(1994), '고건론', 이종범 편, 《전환시대의 행정가》, 나남.

하지만 반대 사례도 있었다. 1979년 중순 내가 청와대 정무 제 2 수석비서관으로 일할 때다. 서울 용산구 정수직업훈련원을 찾아 총경 출신인 이기일(李起一) 원장을 만났다. 이 원장에게 운영상 어려움이 없는지 물었다.

"원생들이 열심히 기능훈련을 하는데 운동장이 너무 좁아서 점심 시간에 운동도 못 하고 보기에 딱합니다. 훈련원 위쪽 산에 있는 미군부대가 이전하는데 그 땅 주인이 운동장 부지로 기증할 의사가 있다고 합니다."

반가운 소식이었다. 박 대통령은 정수직업훈련원에 관심이 많았다. 대통령에게 그 일을 직접 보고했다.

"정수직업훈련원의 애로사항으로 점심때 원생들이 이용할 수 있는 운동장이 없다고 합니다."

"도리가 없잖아."

"마침 훈련원의 운동장 부지를 그 땅 주인이 희사하겠답니다."

"어. 그래. 그거 고마운 일이네."

대통령은 결재서류에 서명했다. 그러곤 물었다.

"그 지주가 누구지?"

"김한수 한일합섬 사장입니다."

김한수(金翰洙) 사장은 청와대와 정치적으로 미묘한 긴장관계에 있던 김택수(金澤洙) 공화당 의원의 형이었다. 대통령이 잠시 정색 하는 눈치였다. 하지만 결재는 이미 끝났다. 돌아와서 김한수 사장 에게 전화했다.

"그렇게 땅을 주셔서 감사합니다. 직업훈련생들도 정말 고맙게 생각할 겁니다."

그리고 내가 불필요한 말을 덧붙였다.

"각하께서도 고맙게 생각합니다."

그 말이 끝나자마자 김 사장은 "그쪽으로 가겠습니다"라고 말하며 전화를 끊었다. 30분도 채 안 돼서 청와대 내 사무실로 찾아왔다. 그는 봉투를 꺼냈다.

"(땅을) 받아주셔서 감사합니다."

땅을 준 사람에게 고마워해야지 내가 감사받을 일은 아니었다. 돈봉투를 물리며 다시 답했다.

"아닙니다. 제가 감사드려야 할 일이지요."

그렇게 두어 번 거절하다 언성이 높아졌다.

"제 공직철학도 받아주셔야 하는 거 아닙니까?"

그렇게 서로 얼굴을 붉힌 채 사무실에서 헤어졌다.

그 일이 있고 얼마 지나지 않아 8·15 경축식이 서울 광화문 정부중앙청사에서 열렸다. 청사 안 로텐더 홀에서 칵테일 파티가 열렸다. 청와대 수석 자격으로 참석했는데 저 멀리 김한수 사장이 보였다. 그때 일도 미안하고 해서 손을 들고 '그리로 가겠다'는 신호를 했다. 사람을 헤치고 갔더니 김 사장은 사라지고 없었다. 자리를 피한 것이 분명했다.

마음이 불편했다. 돈을 거절하다 잘못하면 인간관계가 끊기고 불필요한 긴장이 생길 수 있겠다 싶었다. 거절의 수사학을 연구하기 시작했다.

몇 번의 시행착오 끝에 나온 나름의 해답은 이렇다. 1단계는 '정말 고맙다. 하지만 뜻만 받겠다'고 한다. 그래서 통할 때도 있고 아닐 때도 있다. 아니면 2단계로 넘어간다. '제가 고맙게 받겠습니다.

그런데 지금은 판공비가 있어 어려울 게 없습니다. 판공비가 필요하면 그때 요청하겠습니다.' 대부분 2단계에서 웃으면서 해결된다. 물론 당장의 대가성이 없어 보이는 이른바 '떡값'에 한해서다. 한보 사태 때 정태수(鄭泰守) 회장처럼 명백한 대가를 바라고 뇌물을 건네는 것은 날 모욕한 거나 마찬가지다. 이때는 야단치며 물리쳤다.

나는 어려운 과제나 난처한 상황에 처할 때면 다산(茶山)의 명저 《목민심서》(牧民心書)를 들추어보며 "다산이라면 어떻게 했을까?" 하고 다산에게 묻고 다산의 답을 찾으려 노력했다. 전남 도지사 시절엔 강진군 부근에 갈 때는 다산의 얼이 밴 '다산초당'을 자주 찾았고 그 복원사업에 정성을 쏟았다.

도지사 시절 어느 날 다산연구회 소속 백낙준(白樂濬) 박사와 대학교수들이 버스 2대에 나눠 타고 다산초당을 찾아왔을 때 나는 스스로 안내를 자청했다. 그리고 주제넘게 다산의 실학사상과 농정개혁구상에 대해 토론을 벌이기도 했다.

읍·면장과 주파수 맞추기

전남 도지사가 되자마자 읍·면장 230여 명과 함께 공무원연수원에서 2박 3일 합숙연수를 했다. 도정(道政)을 시작하기에 앞서 읍·면장들과 '주파수'를 맞추기 위해서였다. 주파수는 코드와는 다르다는 게 내 생각이다. 코드는 닫힌 채널이지만, 주파수는 열린 채널이다. 누구나 참여해 의견을 나누고 소통할 수 있다.

도정을 꾸려가려면 읍·면장과의 소통이 가장 중요했다. 전남

도정의 책임자로서 내 행정원칙과 철학을 알리고 협조를 구할 필요성을 느꼈다. 보고보다 내실, 서류보다는 현장이 중요하다고 말했다. 현장을 점검하고 확인하는 데 주력하는 현장주의 행정을 강조하였다.

인화와 소통의 리더십

고건의 지도력을 특징짓는 다른 하나의 용인은 그가 업무를 추진하는 동안 부하들과 고락을 같이하려고 애썼다는 점이다. 최소한 그러한 인상을 남기려고 애를 썼다고 말할 수 있다. 그는 조직을 가족에 비유하기를 좋아하였다. 조직을 대가족으로 개념화시킨 논리적 귀결이 조직구성원들과 고락을 같이하는 것이었다. 이러한 논리는 그의 직원 훈화에서도 자주 나타났다. 먹을 때 같이 먹고, 어려울 때 어려움을 함께 나누는 것이 가족이라고 강조하였다. 새마을 담당관으로 지낼 때 거의 반은 집에 들어가지 못했다. 부하들과 함께 먹고 함께 지냈다고 술회한다. 그가 도지사로 있을 때 야근하는 부하들에게 어느 대폿집으로 모이라고 하여 대포를 함께 나누었다거나, 과 단위로 돌아가면서 말단직원들과 회식을 하였다는 일화는 유명하다. 이러한 말단직원들과의 만남은 서울시장을 그만둔 후에 동사무소 직원들과의 회식이 마련된 것을 보아도 그의 특징을 알 만하다.

말단직원들과의 만남은 고건의 관리전략에도 도움을 주었다. 말단직원들도 이런 비공식적 회식에서는 그들의 느낌과 의견을 비교적 솔직하게 말하였다. 그러므로 직속부하들로부터 얻지 못하는 정보손실을 메울 수 있었다. 부수적으로 '도지사'가 또는 '시장'이 말단직원들과 회식했다는 소문이 돌고, 이러한 소문으로 그는 조직구성원들에게 친근감이 가는 지도자로 지각될 수 있었다. 조직구성원들은 고건을 말단직원들의 말에도 귀를 기울여 주는 기관장이라고 평가했다. 그렇기 때문에 그들은 기관장의 시책에 협조적이었다고 고건은 스스로 평가했다.

그는 부하들이 일하는 보람을 느낄 수 있도록 신경을 많이 썼다. 새로운 아이디어가 있으면 넌지시 암시하여 주고 부하들이 그것을 자신의 아이디어로 추진하도록 유도하였다고 진술한다.

— 김영평(1994), '고건론', 이종범 편, 《전환시대의 행정가》, 나남.

잘못된 행정관행이 있다면 과감하게 버리라고 주문했다. 무엇보다 신상필벌(信賞必罰)의 원칙을 지키겠다고 했다. 읍·면장들에게 현장에서 느끼는 문제점을 말해 달라 부탁했고 열심히 들었다.

합숙 마지막 날 저녁, 불고기로 회식을 했다. 읍·면장에게 소주 한잔씩을 따랐다. 처음 10명 정도는 따라 주는 대로 받기만 했다. 하지만 그다음부터는 나에게 술을 권하는 사람이 나오기 시작했다. 받는 시늉만 하며 조금씩 먹었는데도 230여 명과 돌아가며 마시려니 꽤 많은 양이었다. 소주 50잔 정도는 먹은 듯했다.

읍·면장과 주파수를 맞추려는 노력은 효과를 봤다. 도지사 생활을 하는 3년 동안 그들로부터 협조를 받았다. 고마운 일이었다.

읍·면장과 주파수는 그렇게 맞췄지만 지역사회와 주파수를 맞추는 일이 남아 있었다. 전북은 아버지의 고향이고 내가 어린 시절을 보낸 곳이다. 전북엔 연고가 있지만 전남엔 없었다. 초임 도지사이면서 광주·전남 지역사회의 신입회원이기도 했다.

〈전남매일〉이강재(李康載) 논설위원과 고귀남(高貴男) 전 의원, 박윤종(朴潤鍾) 전남 도정자문 위원장(전 국회의원) 등으로부터 많은 도움을 받았다. 이강재 논설위원은 나중에 〈전남매일〉 주필 자리에까지 올랐다. 고귀남 전 의원은 1988년 서울장애인올림픽대회 조직위원장을 맡았다. 박윤종 전 의원은 1979년 10월 26일 서울 효자동 한식당 '유선'에서 밥을 먹다가 10·26 사건 연락을 받을 때 함께 자리에 있었던 인사 중 한 명이다. 전남과 전혀 연고가 없는 나를 도와준 고마운 분들이다.

이들의 도움을 받으며 지역사회 원로와 지도층 인사들을 부지런히 만나고 다녔다. 농촌마을에 가면 노인정(老人亭)에 꼭 들렀다.

새파랗게 젊은 도지사를 보는 어르신들 표정이 좀 서먹해 보였다. 넙죽 큰절부터 했다. 반가워는 했지만 어르신들과의 세대 차이는 어쩔 수 없었다.

고민이 됐다. 머리카락 색이 희끗해지면 어르신들이 친근하게 느낄 것 같았다. '숙지황'이란 한약재를 무와 함께 달여 먹으면 머리 색이 하얘진다고 누군가 귀띔했다. 전국에서도 질이 가장 좋다는 전북 정읍 감곡면의 숙지황을 구했다. 숙지황에 무를 넣고 열심히 두어 달 달여 먹었다. 안타깝게도 효과는 없었다. 새치 두어 개가 났을 뿐이었다.

도지사실의 기우제

전라남도 내에 육·해·공군을 합쳐 장성이 12명 정도 있었다. 이들은 휴일에도 임지를 떠날 수 없었다. 대신 주말이면 광주 송정리에 있는 공군 비행장 안 골프장에서 골프를 치며 '휴식 반, 대기 반' 상태로 지냈다. 한 달에 한 번 정도는 도지사가 군장성 골프모임을 주관해 줬으면 한다는 얘기가 몇 사람을 거쳐 내 귀에 들어왔다. 그래서 도내 기관장들과 함께 '무등구락부'라는 월례 골프모임을 만들어 군장성들과 1년 넘게 어울렸다.

그들과 골프를 치기로 약속한 어느 토요일 오전. 나는 곧 골프장에 나갈 기대감에 설레며 도지사실에 앉아 있었다. 가뭄이 들 기미가 보이던 1977년 초봄의 일이다.

범택균 농정국장이 지사실로 들어왔다. 한해(旱害) 비상근무령 발령안을 내밀었다. 이 서류에 결재하면 그 순간부터 지사도 비상근무에 돌입해야 한다. 자동으로 군장성과의 골프 약속은 물 건너간다. 한창 '보기 플레이어'(90타 정도 치는 수준)로 골프에 재미를 붙이고 있던 때였다.

"그거 오늘 토요일인데 꼭 해야 하나. 월요일에 하면 안 돼?"

"알겠습니다."

범택균 국장은 그렇게 말하고 돌아갔다. 근무시간이 끝나고 퇴청한 나는 바로 관사로 향했다. 서둘러 옷을 갈아입은 뒤 차를 타고 골프장으로 향했다.

골프장이 있는 송정리 공군비행장으로 가는 길목에 극락교가 있었다. 다리에 못 미쳐 교통사고 현장을 봤다. 사람들이 몰려 있었다. 무슨 일인가 싶어 차에서 내려 사고현장으로 갔다. 다행히 큰 사고는 아니었다. 전동 양수기를 싣고 자전거를 타고 가던 농민이 택시와 살짝 부딪혔고 두 사람이 다투던 중이었다.

"아….."

저절로 탄식이 흘러나왔다. 벌써 한해(旱害)가 시작된 것이다. 농민이 전동 양수기를 자전거에 싣고 분주히 다닐 만큼 말이다. 골프장에 가서 경기를 시작만 해놓고 장성들에게 양해를 구한 뒤 지사실로 돌아왔다. 범택균 국장을 다시 불러 한해 비상근무령 발령안에 결재했다. 나는 바로 한해 비상대책에 돌입했다. 그 후로 골프채를 다시 잡은 일이 없다.

전남은 해마다 한해에 시달렸다. 평야지역에 가뭄이 안 들면 산간부가 말랐고, 평야와 산이 괜찮으면 섬 지역에 한해가 닥쳤다. 10년 전에 파 놓은 인력관정(人力管井 · 사람 힘으로 판 우물)으로는 소용

1977년 6월 가뭄으로 피해를 당한 전남의 한 농촌을 찾았다. 마을사람들은 논을 파서
'집수정'(集水井)을 만들고 있었는데, 양수기로 물을 퍼서 농업용수를 담아두기 위해서였다.

없었다. 훨씬 깊은 곳까지 파고 들어가는 타설관정(打設管井·기계로
두드려 판 우물)으로 모내기용 농업용수를 개발했다.

신안군민들이 만든 소형 착정기계 신안 1호기와 2호기는 아주 실
용적이었다. 대량 생산하기 위해 설계를 화천기공사에 맡겼고, 신안
1·2호기를 모델로 한 착정기계는 전국적으로 보급됐다.

가뭄은 봄부터 초여름까지 이어졌다. 광주시내의 원로들은 "도지
사가 무등산 산정 서석대에서 기우제라도 올려야 한다"고 걱정했
다. 10년 전 한해 때 "지사 이름 '김보현'(金甫炫)에 불 화(火)자가
들어가서 가뭄이 든다"고 걱정하던 원로들이다. 광주·전남 지역사
회 여론을 주도하는 그들의 말을 무시할 수 없었다.

낮에는 현장에 나가고 밤에는 한해대책을 세우고 눈코 뜰 새 없

이 바쁜 시기였다. 무등산에 올라가 기우제를 지낼 시간도 없었고 그럴 생각도 없었다.

"무등산 서석대가 아닌 서석동 지사실에서 기우제를 지내겠다"고 언론에 밝혔다. 비가 올 때까지 집에 들어가지 않고 지사실에서 지내겠다고 다짐했다. 9일이 지났다. 야전침대가 영 불편해 지사실 바닥에 요를 깔고 잠을 자고 있었다. 새벽 3시쯤 잠결에 희미한 빗소리를 들었다. 침엽수인 히말라야시다 나뭇잎에서 튕긴 빗물이 유리창에 부딪치는 소리였다. 눈이 번쩍 뜨였다. 박차고 일어나 창문 바깥으로 손을 내밀었다. 손바닥으로 꽤 굵은 빗방울이 느껴졌다. 얼마나 기뻤던지. 서석동 지사실에서의 기우제는 9일 만에 마칠 수 있었다.

아쉽게도 고흥에만 비가 안 왔다. 모내기를 독려하려고 밤에 고흥으로 현장시찰을 나갔다. 달도 안 뜬 깜깜한 밤, 밖이 제대로 보일 리 없었다. 논 옆에 차를 세운 뒤 창을 열어 귀를 기울였다. 모내기용 물을 댄 논에는 개구리가 모여 울고 있었다. 그 소리가 그렇게 반가울 수 없었다. 개구리 울음소리가 없으면 모내기가 안 된 거다. 나만 아는 모내기 현장확인 방법이었다.

하지만 근본적 대책이 필요했다. 전남의 젖줄인 영산강 유역을 개발하는 데 속도를 내야 했다.

전남도민 애환 서린 영산강 유역 개발

영산강엔 전남도민의 애환이 서려 있다. 매년 한해(旱害)와 수해 (水害)를 번갈아 겪었다. 비가 오면 홍수가 나고 비가 안 오면 가뭄이 들었다. 영산강 유역을 개발하는 일이 시급했다.

전남 도지사로 부임한 1975년 영산강 유역 개발사업은 3년째로 접어들고 있었다. 강 상류에 장성·담양·광주·나주댐을 만들고, 하류에 하굿둑과 방조제를 짓는 대규모 사업이었다. 한해와 수해로 농민이 고통받는 현장을 목격한 나는 이 사업이 얼마나 중요한지 잘 알고 있었다. 차질이 없도록 현장을 부지런히 찾아다니고 열심히 공사를 챙겼다.

1976년 10월 드디어 영산강 상류에 4개 댐이 준공됐다. 대통령이 참석한 가운데 장성댐 현장에서 준공식이 열렸다. 4개 댐으로 2억 6,500만 톤에 달하는 용수를 확보했고, 총 1,353㎞ 길이의 용·배수로가 3만 4,500ha 농경지에 거미줄처럼 깔렸다. 전남 농민들은 매년 반복되던 한해와 수해에서 해방될 수 있었다.

4개 댐이 완성된 1976년, 바로 2단계 사업에 들어갔다. 영산강 하류에 하굿둑과 방조제를 짓는 내용이었다. 2단계 사업으로 '영산호'라는 담수호가 생기면서 2억 5,400만 t의 수자원을 추가로 확보할 수 있었다. 대불(大佛) 산업단지를 조성하면서 목포 경제권이 개발됐다.

2단계 사업의 일환으로 1981년 12월 영산강 하굿둑이 준공됐을 때 농수산부 장관이던 나는 전두환(全斗煥) 대통령과 현장을 찾았다. 도지사 시절 첫 삽을 뜬 사업의 성과를 5년이 지나 농수산부 장관으로 확인할 수 있었다.

242

1976년 10월 14일 전남 장성군 장성댐 현장에서
영산강 유역 개발 1단계 사업 준공식이 열렸다.
영산강 상류에 장성·담양·광주·나주댐을
만드는 대규모 개발사업이었다. 사진은 준공식
참석차 장성댐을 찾은 박정희 대통령과
함께 현장을 둘러보는 모습이다.

영산강 2단계 개발사업부터는 국제부흥개발은행(IBRD) 차관으로
추진했다. 광주권 개발사업도 IBRD 차관으로 진행했다. 낙후된 전
남지역을 개발하기 위해 하남공단, 여수 신항, 목포·순천 간 도로
등 사회간접자본(SOC)을 건설하는 사업이었다. 진도·돌산 연륙교
(섬과 육지를 연결하는 다리)도 그 일환으로 추진했다.

이에 얽힌 일화가 있다. IBRD의 사업 타당성 조사에서 돌산 연
륙교 건설계획은 쉽게 통과됐다. 하지만 "진도 연륙교는 교통량이
적어서 경제적 타당성이 없다"는 결론이 나왔다. 외국인 5~6명으
로 구성된 조사단을 식사자리에 초청했다. 통역을 가운데 두고 열
심히 설명했다.

"신도와 육지를 연결하는 다리가 없으니 당연히 교통량이 적을
수밖에 없습니다. 다리를 건설하면 교통량은 늘어나게 돼 있습니

다. 교통의 공급은 수요를 창조합니다. 경제학에서도 공급이 수요를 창조한다는 '세이의 법칙'이 있지 않습니까."

한참이나 내 얘기를 듣던 조사단은 답했다.

"재조사를 해보고 다시 검토하겠습니다."

문창수(文昌洙) 도청 기획관리실장에게 재조사 안내를 맡겼다. 재조사하기로 한 날을 알아낸 뒤 동원할 수 있는 차량을 다 모아 조사지역에서 왔다갔다 하도록 했다. 진도 연륙교가 도민에게 유용할 것이란 확신이 있었다. 재조사 결과는 합격이었다. 진도 연륙교는 명량대첩이 있었던 울돌목 위를 지나게 설계됐다. 물살이 거세기로 유명한 곳이다. 우리나라 최초의 명실상부한 사장교(斜張橋)로 1984년 준공됐다. 지금의 제 1 진도대교다.

내 예상은 맞아떨어졌다. 교통수요는 계속 늘었고 2005년 제 2 진도대교가 세워졌다. 교통의 공급이 수요를 창조한다는 이론이 현실이 된 것이다.

헬기 지사 '헬기'로 병을 고치다

전라남도엔 섬이 많다. 그중에 사람이 사는 섬은 3백여 개다. 웬만한 큰 섬은 한 개 면 단위다. 도지사로 일하며 면 소재지가 있는 섬은 거의 한 번씩 들렀다. 그중 절반 이상은 도지사가 방문한 일이 처음이라고 했다. 섬에 갈 때는 헬리콥터를 자주 이용했다. 배로는 한계가 있었다. 시간도 많이 걸리고 부두 접안시설이 부실해서 배를 댈 수 없는 섬이 많았다. 내가 타고 다녔던 헬기는 '재일(在日)

244

전남도민호'였다. 일본에 사는 전남도민 출신 교포들이 모금해서 사 준 농약 살포용 헬기였다.

지금도 그렇지만 1970년대 전남은 전국의 식량기지 역할을 했다. 봄마다 모내기를 제때 하도록 독려하는 것이 당시 전남 도지사의 주요 업무였다. 모내기 실적은 면장이 군수에게, 또 군수가 도지사에게 보고하도록 돼 있었다. 그런데 보고가 관습적으로 이뤄졌다. 현장을 제대로 확인하지도 않고 '어제 10%라고 보고했으니 오늘 11%로 하자'는 식이었다. 그래서 수를 냈다. 헬기를 타고 모내기 현장을 눈으로 확인하고 사진도 찍었다. 헬기를 타고 군청에 가면 군수가 모내기 실적을 보고했다. 그러면 내가 위에서 본 모내기 현장 얘기를 했다. 헬기에서 찍은 사진을 인화해 봉투에 넣어 겉에 '아무개 군수 귀하'라고 써서 보내기도 했다.

보고한 모내기 실적과 현장에서 확인한 실적은 차이가 났다. 사진을 받은 군수는 당황하면서도 뒤늦게나마 모내기 독려에 나섰다. 몇 번 그 일을 반복했더니 헬기를 타고 군청이나 면사무소 위를 지나갈 때면 헬기 소리를 듣고 허겁지겁 나온 직원들이 조그맣게 보였다. 군청이나 면사무소 주위에서 이리 뛰고 저리 뛰었다. 군수나 면장을 찾아 '지사 헬기가 떴다'고 보고하기 위해서였다.

그러던 어느 날 내가 늘 타고 다니던 헬기가 나주(羅州)에서 추락했다는 연락을 받았다. 농약 살포용 헬기라 크지 않았고 사고에 취약했다. 급한 일정 때문에 헬기를 타지 않는 날이면 조종사는 본업인 농약 살포를 했다. 한창 농약을 뿌리다가 사고가 났다고 했다. 놀란 마음에 현장으로 바로 갔다. 조종사가 무사한지 확인하러 논

두렁 사이로 급하게 뛰어갔다. 다행히 조종사는 큰 부상을 입지 않았다. 안도했지만 마음 한구석이 서늘했다.

'마침 일이 있어 헬기를 이용 안 했는데. 내가 탔었다면….'

헬기와 얽힌 사연은 또 있다. 도민 속에서 생활하다 보니 전남 사람이 잘 먹는 음식 두 가지를 열심히 먹었다. 홍어와 꼬막이었다. 모두 칼슘이 많은 음식이다. 다정(多情)도 병이라고 했다. 전남 사람들과 정을 쌓으려 막걸리와 꼬막, 홍탁을 부지런히 먹었더니 정말 병이 생겼다. 신장결석(腎臟結石)이었다.

통증이 심했다. 헬기를 탈 때 가장 괴로웠다. 기체가 흔들리면 말로 표현하기 힘든 고통이 덮쳤다. 도지사가 아프다는 얘기가 소문나선 안 된다. 입이 무겁다는 광주 '강내과'의 강종남 원장에게 상담했다.

"개복수술을 해야 합니다. 치료를 마치려면 한 달쯤 걸립니다."

지금이야 치료가 간편하지만 당시 의술로는 어쩔 수 없었다.

"바쁜데 무슨 수로 한 달이나 시간을 냅니까."

"통증이 심하면 심장에 무리가 갈 수 있으니 진정제 처방을 해드리겠습니다."

당시 전남의 섬 지역에 가뭄이 들었다. 논의 벼가 땅에 있던 염분까지 빨아들여 하얗게 말라붙었다. 현장을 챙겨야 했다. 강 원장이 처방해 준 진정제를 호주머니에 넣고 통증을 참으며 헬기를 타고 다녔다. 20여 일 지났을까. 그날도 헬기를 타니 통증이 심했다. 그날 밤 신장에서 방광으로 결석이 내려온 것 같은 느낌이 들었다. 강 원장에게 물었더니 "흔들리는 헬기 때문에 자연적으로 물리치료가 된 것 같다"고 했다. 그는 근육이완제를 처방해주면서 요령을 알려줬다.

"맥주를 마실 수 있는 만큼 마시고 소변을 참을 수 있을 때까지 참으세요. 그리고 놋대야를 두고 소변을 보시면 아마 신석(腎石)이 빠져나온 걸 확인하실 수 있을 겁니다."

강 원장이 시킨 대로 했다. 그랬더니 놋대야에서 '쨍그랑' 소리가 났다. 얼마나 기뻤던지 화장실 바깥에 있는 아내에게 들리도록 "돌이 나왔다"고 소리쳤다.

전남도민과 어울리기 위해 먹어댄 홍어와 꼬막으로 생긴 결석을 가뭄대책하느라 헬기로 돌아다니다가 물리치료를 한 셈이다. 다정 때문에 생긴 병을 다정 덕분에 고쳤다고나 할까.

낚시와 행정

나는 낚시를 좋아했다. 당시 낚시는 중·하위직 공무원에게 거의 유일한 주말 취미활동이었다. 낚싯대만 있으면 돈이 거의 안 들었기 때문이다. 자연에서 스트레스도 풀고 평소에 가기 어려운 벽지도 둘러볼 수 있었다. 언론인, 동네 이장과 도정에 대해 허물없이 얘기도 나눴다. 대신 그곳의 군수에게는 낚시 간다는 사실을 알리지 않았다.

어느 주말 〈전남일보〉·〈전남매일〉 편집국장, 김영진 도청 기획관리실장과 함께 광산군 서창면 매월리(지금의 광주시 광산구 일대)의 저수지로 향했다. 저수지 주인 격인 김 씨 성을 가진 이장이 안내를 맡았다.

한창 낚시에 빠져 있는데 멀찍이 떨어져 앉아 있던 정공진〈전남매일〉국장이 갑자기 일어나 소리쳤다.

"어. 내 낚싯대, 내 낚싯대!"

낚시에 서툴러 벌어진 일이었다. 제때 채임질을 못 해서 붕어가 낚싯대를 끌고 달아났다. 꽤 큰 놈이었는지 낚싯대를 저수지 가운데까지 끌고 갔다. 난감해하던 김 이장이 마침 제방 밑으로 자전거를 타고 지나가던 동네청년을 불렀다.

"너 헤엄 잘 치지. 저것 좀 건져와라."

"저 헤엄 잘은 못 치는데요."

김 이장은 낚싯대가 있는 곳을 가리키며 말했다.

"그래도 저 정도까지는 갈 수 있잖아."

머뭇거리다 청년은 겉옷을 벗고 저수지로 들어갔다. 그는 15m쯤 헤엄쳐 낚싯대를 찾아 가슴에 걸었다. 다시 제방 쪽으로 헤엄쳐오기 시작했다. 그때 청년의 수영 동작이 힘없이 느려지면서 얼굴이 창백해졌다. '아차' 싶었다. 낚싯바늘이 수초에 걸린 상태에서 낚싯대의 탄력 때문에 청년은 앞으로 나아가지 못했다. 가슴에 걸친 낚싯대를 떼어내야 하는데 청년에겐 그럴 힘이 없었다.

그 순간 김 이장과 내 눈이 마주쳤다. 청년을 물속에 들어가라고 한 책임 때문인지 김 이장이 저수지로 뛰어들었다. 나는 김 이장에게 소리쳤다.

"낚싯대부터 떼어 버리세요."

김 이장이 낚싯대를 청년에게서 떼어 놓는 데 성공했다. 힘이 빠진 청년을 옆에서 끌고 나오는 김 이장에게 외쳤다.

"이장님, 이제 괜찮죠?"

"아뇨, 안 되겠는데요. 지사님, 들어오셔야겠습니다!"

가슴이 덜컥 내려앉았다.

'도지사가 동네청년을 낚시터에서 익사시켜 ….'

순간적으로 신문기사 제목이 떠올랐다. 부랴부랴 겉옷과 신발을 벗고 물속으로 뛰어들었다. 청년의 뒤로 가서 그의 등을 밀기 시작했다. 7~8m를 밀고 또 헤엄치면서 제방에 닿았다. 겨우 뭍으로 나온 청년은 물을 토해냈다.

그날 낚시는 일찍 파했다. 광주시내 충장로 매운탕집으로 가서 언론인들과 소주 한잔을 마시려는데 뭔가 허전했다.

"어, 내 안경이 없네."

낚시터에 떨어뜨리고 온 것 같았다. 기사에게 찾아오라고 부탁했다. 다음날 기사가 찌그러진 안경을 내밀었다. 어제 잃어버린 내 안경이었다. 얘기를 듣고 동네청년들이 횃불을 들고 저수지를 다 뒤졌다고 했다. 저수지 바닥을 발로 밟으며 찾다가 안경이 찌그러졌단다. 고마우면서도 어찌나 미안했는지. 나중에 낚싯대를 건진 그 청년이 3대 독자란 얘기를 전해 들었다.

2005년 유원지로 바뀐 매월리 저수지터에 다시 가서 3대 독자 청년을 김 이장과 같이 만났다. 30여 년 세월이 흘러 청년은 초로(初老)의 모습이었다. 전남대 경영학부 2학년이라는 아들과 함께였다. 그때 상황을 떠올리며 한참이나 웃고 얘기했다. 낚시가 만들어 준 기분 좋은 추억이다.

나는 낚시에서 많은 것을 배웠다.

정치와 행정은 낚시와 닮은 점이 많다. 낚시를 하려면 먼저 붕어가 좋아하는 미끼를 정성스레 만든다. 정치·행정도 국민의 수요에 맞춰 정성을 다 쏟아야 한다. 붕어가 물지 않고 돌아가면 다시 미끼를 정성스레 갈아준다. 정치에서도 돌아선 민심(民心)을 되돌리려면 시대정신에 맞게 정책을 손질해야 한다.

미끼를 문 붕어를 낚아 올릴 때는 채임질 타이밍이 생명이다. 정책도 한 박자 늦거나 빠르면 실패로 끝난다. 붕어를 수면 위로 끌어 올리려면 낚싯줄과 낚싯대의 탄력이 중요하다. 행정이 낚시에서 꼭 배워야 할 점은 바로 그 탄력이다. 정성을 들이고 타이밍을 맞추고 탄력으로 이끄는 점에서 낚시와 행정은 공통점이 많다.

낚시꾼과 정치인은 거짓말을 잘하는 점에서도 비슷하다. 낚시꾼의 거짓말은 자기가 잡은 물고기의 크기를 과장하는 정도에서 그친다. 누구도 피해를 보지 않는다. 그러나 정치인의 거짓말은 나라와 국민에게 엄청난 피해를 준다는 점에서 다르다.

남도의 도민성은 정(情)과 오기더라

1978년 12월 청와대로부터 정무 제2수석비서관으로 내정됐다는 연락을 받았다. 서른일곱 나이에 전남 도지사로 부임한 지 3년 2개월. 나는 땀을 쏟았고 도민에게서 뜨거운 정을 듬뿍 받았다. 서울로 떠나기 전 고마운 사람들에게 밥을 샀다.

지역 언론사 간부와 도정자문위원들이 모인 저녁자리에서 감사인사를 했다.

"도와주신 덕분에 도정을 이끌 수 있었습니다. 정을 듬뿍 받고 갑니다. 잊지 않겠습니다."

심상우(沈相宇)〈전남매일〉사장이 갑자기 일어서서 내 옆에 섰다. 쥐고 있던 숟가락을 마이크마냥 내 입 가까이 대며 물었다.

"전남의 도민성을 어떻게 생각하십니까. 한마디로 말해 주십쇼."

돌발질문에 당황했다. 3년 전 서울의 괜찮은 중학교에 다니던 아이들을 광주로 전학시켜서 우리 가족은 1,149일 동안 전남도민으로 살았다. 도민으로 살면서 느낀 대로 얘기했다.

"한마디로 정(情)과 오기(傲氣)라고 생각합니다."

설명을 덧붙였다.

"전남인은 정이 뜨거운데, 일단 오기가 나면 정말 대단합니다. 저는 정만 뜨겁게 많이 받아가지고 갑니다."

좌중에서 웃음과 박수가 터졌다.

광주·전남 사람들은 정이 많다. 아낌없이 상대방에게 퍼붓는다. 하지만 그 정을 제대로 받지 않고 쭈뼛거리면 뜨겁던 정이 오기로 바뀐다. 오기가 한번 발동하면 아무리 노력해도 이전의 관계로 돌아갈 수 없다. 선거 때마다 '광주·전남의 민심이 어떻다' 얘기가 많다. 마음 가는 상대에게 아낌없이 정을 주지만, 한번 틀어지면 돌이키기 힘든 게 광주·전남의 민심이다.

질문을 던진 심상우 사장은 내 대답이 맘에 들었는지 "맞다, 맞어"라며 껄껄 웃었다. 심 사장은 재담이 뛰어난 사람이었다. 개그맨 심현섭의 아버지다.

그와 인연은 도지사 초기 때 시작됐다. 1976년 봄 도청 직원들과 함께 전남 광산군(지금의 광주시 광산구)으로 모내기 지원을 나갔다.

마침 그날 현장에서 6㎞ 정도 떨어진 곳에 광주지역 통일주체국민회의 대의원 15명이 모내기 봉사를 하고 있다는 얘기를 들었다. 막걸리 한 말을 들고 점심때 그곳으로 갔다. 논 근처 마을 정자에 앉아 그들에게 막걸리 한 잔씩을 돌렸다. 대의원 중 한 사람이었던 심상우 사장이 질문을 던졌다.

"고 지사님, 심청전에 나오는 뺑덕어멈 성씨가 뭔지 아십니까."

"모르는데요."

심 사장이 싱글거리며 말했다.

"고 씨에요, 고 씨. 하하하."

아니, 뺑덕어멈이 고 씨라니 확인할 길이 있나. 사실 여부를 떠나 심 사장이 나를 한바탕 골리려고 한 말임은 분명했다. 술잔이 한 바퀴 돌고 나자 내가 반격에 나섰다.

"심 사장님, 그럼 심 씨는 심 봉사 후손이네요."

"아, 그렇겠죠."

"심봉사는 딸 심청이 하나를 뒀는데 그렇다면 심 씨는 여자인 심청이 성씨를 따랐네요."

그 일 이후로 심 사장과 나는 재담을 나누는 친한 사이가 됐다. 가끔씩 저녁에 전화를 걸어 "신작(新作)이 있다"며 재담을 풀어놔 나를 웃게 만들었다. 그는 뛰어난 입담으로 좌중을 편안하게 만드는 능력이 있었다. 그러면서도 쓴소리를 잊지 않았다. 지역의 여론을 가감 없이 나에게 전해 줬다.

시간이 흘러 내가 미국 하버드대에 가 있었던 1983년 10월 9일 미얀마에서 아웅산 폭탄테러가 발생했다. 아웅산 폭탄테러 사건은 미얀마의 아웅산 국립묘지에서 북한 공작원들이 당시 미얀마를 방문한 전두환 대통령을 노리고 저지른 사건이었다. 전 대통령이 국립묘지를 참배하기 직전 폭탄이 터졌고 현장에 있던 심상우 민정당 총재 비서실장을 비롯해 서석준(徐錫俊) 부총리, 이범석(李範錫) 외무부 장관, 김동휘(金東輝) 상공부 장관, 김재익(金在益) 청와대 경제수석, 이기욱(李基旭) 재무부 차관 등 17명이 순직했다.

대학친구인 김재익·서석준·이기욱을 그곳에서 잃었다. 당시 민정당 총재 비서실장으로 전두환 대통령의 미얀마 방문을 수행했던 심 전 사장도 타계했다. 너무 안타깝고 슬펐다. 당 총재 비서실장이 대통령 순방에 동행하는 일은 드물다. 그의 뛰어난 언변을 높이 사서 대통령이 해외순방단에 포함시켰었나 돌이켜 추측해 본다.

대학 클래스메이트였던 세 분과 심 사장. 그들의 30여 년 전 모습을 회상하면서 마음속으로 추모한다.

제5장

역사의 격랑 속에서

이상한 경호실장

청와대 근무 첫날 박정희 대통령의 집무실로 가서 부임신고를 했다.

"불러 주셔서 감사합니다. 열심히 하겠습니다."

"지방의 현장실정을 잘 아니까 내가 발탁했지. 아니 징발했어."

대통령이 말을 이어갔다.

"아니, 근데 뭐 그렇게 급히 올라왔어? 유지들하고 이야기도 좀 나누고 천천히 오지 그랬나."

"그래서 제가 밥을 사 주고 왔습니다."

대통령은 말없이 고개를 끄덕였다. 나는 그 순간 느꼈다. 대통령의 부름을 받자마자 부리나케 달려오는 대신 목포·순천·여수에도 가서 지역 지도층 인사들과 정담을 나누고 와야 했는데 젊은 내가 서툴렀다.

1978년 12월 12일 제10대 국회의원 선거가 치러졌다. 그런데 여당인 공화당이 31.7% 득표로, 야당인 신민당(32.8%)에 1.1%p

뒤졌다. 1979년 정국은 격동기로 접어들었다. 그 가운데 나는 청와대에서 박 대통령을 10개월간 보좌했다.

나는 주로 행정을 관할했다. 내무부에 있으며 담당했던 새마을운동과 치산녹화 사업도 관장했다. 내가 맡았던 업무 가운데 대통령은 문화재·사적지 복원과 자연보호, 그리고 기업 내 야간고등학교와 창원기능대학 설립 등에 특별히 관심을 가지고 집중했다. 그는 1977년 시작한 의료보험 제도를 안착시키는 데 특히 공을 들였다. 정치적으로 격변기였지만 옆에서 보기에 대통령은 평소와 다름없이 일에 몰두했다.

그때쯤 대통령은 자주 치던 골프를 그만뒀다. 골프장에 나가려면 경호원과 비서실 등 많은 수행원이 따라붙는다. 대신 청와대 안에서도 즐길 수 있는 배드민턴으로 종목을 바꿨다. 청와대 수석들에게도 배드민턴 채를 하나씩 사줬다.

일요일 새벽 청와대 녹지원에서 작은 배드민턴 운동회가 열렸다. 멋들어진 반송(盤松)이 가운데 있고 넓은 잔디밭이 펼쳐진 곳이다. 두세 그룹으로 나눠 둥그렇게 둘러서서 셔틀콕을 주고받았다.

한 달쯤 후 시합이 벌어졌다. 대통령과 부속실 여직원이 복식으로 팀을 꾸렸다. 상대는 차지철(車智澈) 경호실장과 부속실 다른 여직원이었다. 차 실장은 1934년생 군인출신 정치인으로 5·16에 대위로 참여했다. 1962년 육군 중령으로 예편하고 정치에 뛰어들어 6~9대 국회의원과 대통령 경호실장으로 일했다.

한참 경기가 무르익었다. 갑자기 차 경호실장이 뛰어올라 스매싱을 날렸다. 셔틀콕은 대통령 얼굴 쪽으로 내리꽂혔다.

"어어어!"

놀란 보좌진 입에서 저절로 소리가 나왔다. 나도 마찬가지였다. 다행히 대통령이 라켓으로 셔틀콕을 막아냈다. 아무 일 없었던 것처럼 시합을 속개했다. 하지만 경기 내내 마음이 불편했다. 다른 사람들도 같은 생각이었을 것이다. 차 실장이 대통령의 얼굴을 겨냥하고 친 게 분명했다. 어떻게 경호실장이 대통령에게 ….

매일 오전 7시 30분 청와대 비서실장실에서 김계원(金桂元) 비서실장 주재로 수석회의가 열렸다. 회의가 끝나면 오전 8시에서 8시 30분 사이 김 실장은 회의 결과를 요약해 집무실에 가서 대통령에게 보고했다. 보고사항에 대한 구체적 설명이 필요하면 담당수석이 따라 나섰다. 어느 날 내가 보충설명을 하러 김 실장을 수행해 집무실로 갔다.

집무실 대기실에 도착했더니 황당한 상황에 맞닥뜨렸다. 차지철 경호실장이 뒷짐을 지고 집무실 문 앞에 서 있었다. 차 실장은 선착순으로 보고해야 한다고 생각하는 것 같았다. 경호상 급한 사안이 아니라 정무보고인 것 같았는데도 그는 순서를 양보하지 않았다. 4성 장군 출신(김 실장)과 대위(차 실장) 출신의 기묘한 조합이었다.

'어떻게 이런 일이 ….'

속으로 혀를 찼다. 10·26이 터졌을 때 청와대 보좌진이 사태 초반 '차지철이 사달을 냈다'고 집단 착각에 빠진 데는 다 이유가 있었다.

비탁 한잔 하자

박정희 대통령은 청와대 수석들과 자주 저녁식사를 했다. 반주는 막걸리 아니면 양주였다. 막걸리도 특별한 것이 아니고 경기도 고양군 신도읍의 일반 양조장에서 만든 보통 막걸리였다. 양주는 시바스 리갈 12년산이었다.

1979년 봄께의 일로 기억한다. 그날 반주는 막걸리였다. 주흥이 오르자 박 대통령이 한마디 했다.

"비탁 한잔 하자."

옆에 서 있던 검식관이 알아듣고 쏜살같이 주방으로 뛰어갔다. 그리고 커다란 양은 주전자를 들고 왔다. 노란 주전자 안에 이미 막걸리가 반쯤 채워져 있었다. 박 대통령이 맥주병을 들더니 그 안에 쏟아붓기 시작했다.

마침 박 대통령 바로 옆에 앉았던 내가 말했다.

"제가 (맥주를) 넣겠습니다."

그는 잘라 답했다.

"아니, 이 사람아. 자네는 비법을 모르잖아."

박 대통령은 적당히 맥주를 부어 넣고 나서 일회용 나무젓가락 하나를 집었다. 쪼개더니 손으로 비볐다. 나무젓가락을 쓸 때마다 하는 버릇이었다. 나무젓가락 하나를 양은 주전자에 담가 두어 번 휘젓고 꺼냈다. 젓가락에 묻은 술을 입으로 맛보고 나더니 말했다.

"으음. 됐네."

비어 (맥주)와 탁주를 섞어 만든 '비탁'이 완성됐다. 모두 한 잔씩 따라 마셨다. 맛이 기가 막혔다. 옛날 시골에선 겨울이면 밀주를 담가 먹었다. 처음 술이 익어 용수를 넣으면 기포가 소리를 내며 올라온다. 한 잔 떠서 마시면 톡 쏘는 맛이 최고였다. 꼭 그 맛 같았다. 대통령의 설명이 이어졌다.

"내가 문경에서 초등교사로 하숙생활을 할 때 동료 교사들 모두 맥주가 먹고 싶은데 그때 월급 가지고는 가당치가 않아. 맥주 두어 병을 사서 막걸리와 섞어서 비탁을 만들어 여럿이 나눠 마셨지."

세월이 지나 박 대통령 옆에서 곁눈으로 배운 비탁을 몇 번 만들어봤다. 그런데 그 맛이 나지 않았다. 비법을 몰라서인지, 입맛이 변해서인지. 아니면 둘 다인지 모르겠다.

1979년 7∼8월 즈음. 박 대통령은 평소처럼 청와대 수석들과 함께 반주를 들며 저녁을 먹었다. 술기운이 오르자 박 대통령이 옆에 있던 검식관에게 말했다.

"어이, 내 침대 머리맡에 술병이 하나 있어. 그거 좀 가져오게."

검식관이 술병을 가져왔다. 처음 보는 술이었다. 병이 도자기로 돼 있었다. 21년산 로열 살루트다. 검식관이 들고 내려올 때부터 이미 3분의 1 정도는 비어 있었던 것 같았다. 박 대통령은 술병을 들더니 주변에 있는 사람에게 한 잔씩 따르고 나에게 술병을 넘겼다. 멀리 앉아 있는 사람들에겐 내가 술을 따랐다.

한 잔을 조심스럽게 마셨다. 혀에 닿는 감촉과 술맛이 그만이었다. '이야. 이런 술도 있구나.'

한 잔으로는 영 아쉬웠다. 머릿속으로 분주히 계산을 시작했다. '아까 술병을 들어 보니 3분의 1쯤 남았던데. 대통령과 경호실장·비서실장·수석까지 해서 10명 정도니 잘 하면 나에게 한 잔이

더 돌아오겠구나.'

대통령은 자기 혼자 그 술을 즐겼던 게 멋쩍었는지 해명했다.

"이거 박준규(당시 공화당 의장서리)가 외국에 다녀오다 사다 줬는데 내가 이걸 침대 머리맡에 두고 밤에 잠이 안 올 때마다 한 잔씩 따라 먹었어."

그 말이 끝나자마자 맞은편 김계원 비서실장이 두 손으로 병을 들었다.

"아, 각하. 이걸 올려다 놓겠습니다."

검식관이 그 병을 받아서 나갔다. 그런데 대통령은 "뭐. 그럴 거 있어. 그냥 들지"라고 말하면서도 검식관을 말리지는 않았다. 어찌나 아쉽던지.

그 황홀한 술을 다시 만난 건 3년 후였다. 1982년 김종호(金宗鎬) 건설부 장관이 만나자는 연락을 했다. 일행은 김 장관과 나, 김용휴(金容烋) 총무처 장관, 이범준(李範俊) 의원 등 4명이었다. 바로 그때 그 술 로열 살루트가 나왔다. 김 장관이 가져온 술이었다. 그날 넷이서 두 병을 마셨다. 이제 이 술이 그렇게 흔해졌나 싶어 놀랐다. 어쩌면 내가 세상을 너무 몰랐는지도 모른다.

긴급조치 10호 안의 부결

김재규(金載圭) 중앙정보부장. 그를 사적으로 만난 적은 없었다. 일을 하며 만났을 뿐이다. YH 무역사건 강경진압은 중앙정보부의 결정이었고 밀고 나간 인물은 김재규 부장이었다. 나는 치안본부

유홍수(柳興洙) 치안감(전 의원)과 함께 경찰진입을 반대했지만 그를 막을 수 없었다. 그렇다고 그의 성향을 저돌적이라 단정하기도 어려웠다. 한마디로 표현하기 힘든 복잡한 성격을 가진 사람으로 보였다.

10·26 사태가 있기 두 달 전인 1979년 8월께 일이다. 청와대 본관에서 회의를 소집한다는 연락이 왔다. 본관 소회의실에서 박 대통령과 신직수(申稙秀) 법률담당 특별보좌관, 김재규 중앙정보부장, 김계원 대통령 비서실장, 유혁인(柳赫仁) 정무 제1수석과 정무 제2수석인 나까지 6명만 참석하는 내밀한 회의였다.

나는 청와대 정무 2수석이었지만 행정을 담당했다. 후에 '행정수석'으로 명칭이 바뀌었다. 정무와 관련한 업무는 정무 1수석 관할이었다. 정무 1수석만 참석해야 할 회의였는데 정무수석을 불러야 한다고 하니 정무 2수석인 나한테까지 연락해 버린 그런 느낌이었다.

안건은 '긴급조치 10호 안'이었다. 제안한 사람은 김재규 부장이었다. 김 부장은 박 대통령에게 이미 서면보고를 한 상태였다. 회의 시작과 함께 대통령이 김 부장에게 말했다.

"김 부장, 취지를 얘기해 보세요."

김 부장은 10분 정도 긴급조치 10호 안에 대해 설명했다. 정확한 내용은 기억나지 않는다. 긴급조치 9호가 효력을 다했으니 더 강력한 긴급조치 10호가 필요하다는 취지였다. 긴급조치 9호는 1972년 제정된 유신헌법 53조 '대통령이 국가위기 상황이라고 판단될 때 헌법에 규정된 국민의 자유와 권리를 잠정적으로 정지할 수 있다'는 내용을 근거로 1975년 박정희 대통령이 발동한 9번째 긴급조치를 말한다. 집회와 정치 활동을 금지하고, 유사시 군 병력 출동을 가능하게 하는 내용을 담고 있다.

김 부장의 말이 끝나자 대통령은 신직수 특보에게 말했다.

"신 특보가 사전에 검토했는데, 검토 내용을 보고해 보시죠."

신 특보는 긴급조치 10호 안 법률검토 결과에 대해서 설명했다. 10분가량 설명이 이어졌다. "긴급조치 10호를 해선 안 된다"는 결론이었다.

김 부장으로부터 사전보고를 받은 대통령은 긴급조치 10호에 부정적인 생각을 갖고 있었던 것 같다. 그래서 신 특보에게 법률검토를 시킨 후 부결시키는 모양새를 취했는지도 모른다. 회의는 20~30분 만에 끝났다. 김 부장이 참석한 이날 수뇌회의는 더 이상 긴급조치 10호는 안 된다는 결론을 확인하는 걸로 마무리됐다.

당시 김 부장의 교체는 시간문제란 소문이 대세였다. 언론에서도 얘기가 오르내렸다. 중정부장은 대통령 다음의 제 2 권력자 자리다. 중정부장이란 자리의 특수성을 생각한다면 전광석화(電光石火)와 같은 인사조치가 권력유지의 'ABC'였을 텐데 …. 대통령은 상당히 오랫동안 제 2 권력자의 인사교체를 불확실한 상황에 두고 시간을 끌었다. 그리고 중정부장 교체보다 중정부장에 의한 10·26 사태가 먼저 왔다. 내가 느낀 10·26 전야(前夜)의 수수께끼다.

'이건 아니다'라고 생각한 일은 더 있었다. 1979년 10월 17일 청와대 영빈관에서 유정회(유신헌법에 따라 대통령 추천으로 선출된 국회의원이 모여 만든 정당에 준하는 조직) 연회가 열렸다. 유정회 국회의원이 모여 10월유신을 기념하는 연례행사였다.

부산과 마산에서 유신체제를 반대하는 격렬한 시위가 벌어지던 시기다. 부마(釜馬) 민주항쟁이었다. 청와대 수석들은 10월유신 연회를 하지 않는 게 좋겠다고 건의했다. 하지만 연회는 예정대로 진행됐다. 유정회 의원 몇몇이 돌아가며 한마디씩 덕담을 했다. 연회이다 보니 국악과 한국 가요가 흘렀다.

유신을 반대하는 시위가 부산과 마산에서 번지는데, 청와대 영빈관에선 유신을 축하하는 연회가 열리고 있었다.

'이건 아닌데 ⋯ .'

속으로 씁쓸하게 되뇌었다. 9일 후의 일은 꿈에도 모른 채.

청와대 까치떼의 편싸움

1979년 10월 26일 오전 박정희 대통령은 충남 삽교천 방조제 준공식에 참석했다. 대통령은 행사를 마치고 오찬장이 있는 충남 도고온천의 한 호텔로 이동했다. 그런데 대통령 전용 헬리콥터 3대 중 1대가 고장을 일으켜 뜨지 못했다. 경호원 가운데 일부는 차로 이동해야 했다. 나중에 전해들은 얘기다.

그 시간, 나는 청와대 사무실에 있었다. 서석준 청와대 경제 제1수석이 삽교천 행사에 따라갔다. 경제담당이 아니었던 나는 수행할 필요가 없었다. 늦은 오후 박 대통령이 서울에 도착했다. 대통령이 지방순시를 갔다가 건의사항을 들으면 행정을 담당하는 정무 제2 수석인 나에게 바로 지원대책을 지시했다. 수행하지 않을 때는 대개 전화로 지시받았다. 대통령의 지시사항이 있을지 몰라 나는 사무실에 앉아 전화 옆을 지키고 있었다.

대통령이 청와대에 도착한 지 30분이 지났는데 전화가 오지 않았

다. 궁금한 마음에 본관으로 올라가 봤다. 의전실에 당직인 정기옥
(鄭基鈺) 비서관이 있었다. 외교관 출신인 정 비서관에게 물었다.

"대통령은 어디에 계신지 … ."

"지금 샤워 중이실 겁니다."

'오늘은 지시사항이 없겠구나.'

본관을 걸어서 나왔다. 굽어진 내리막길을 따라 걸어가는데 모퉁
이에 키 큰 백합나무가 보였다. 그때 갑자기 나무 위로 회오리바람
이 불었다. 나뭇잎이 떨어져 내렸다.

"깍, 깍, 깍."

까치 우는 소리에 나무 위를 쳐다봤다. 까치떼가 싸우고 있었다.
창덕궁과 청와대 숲 사이에서 벌어지는 까치떼 싸움은 많이 봤는데
청와대 본관 앞에선 처음이었다. 15~16마리의 까치가 두 무리로
나뉘어 싸우는 모습은 불길하고 을씨년스러웠다. 수석 사무실이 있
는 청와대 신관으로 발걸음을 재촉했다.

내 사무실로 가서 서둘러 잔무를 정리했다. 서울 효자동 근처 한
식집 '유선'에서 저녁약속이 있었다. 시계를 보니 약속한 시간인 저
녁 7시를 훨씬 넘겼다. 서둘러 서류가방을 싸들고 승용차에 탔다.
차로 10분도 안 걸리는 약속장소에 도착했다.

차에서 내리자마자 나에게 '유선'의 김선영 사장이 다가와 놀란
목소리로 말했다.

"그쪽에서 금방 이상한 총소리가 났어요. 못 들으셨어요?"

"아니오. 지금 제가 그 쪽에서 오는 길인데 … ."

'총소리라니', 말도 안 된다는 생각에 귓전으로 흘려버렸다.

음식점 방 안으로 들어가니 광주에서 온 반가운 손님들이 나를

맞았다. 박윤종 도정자문위원장, 김기운 백제약품 회장, 이을호 전 남대 교수였다. 즐겁게 인사하고 자리에 앉았다. 막 홍어 한 점을 젓가락으로 집어먹으려는데 내 차를 운전하는 신판근 기사가 방으로 뛰어 들어왔다.

"차내 자동경비전화로 청와대에서 급한 연락이 왔습니다. 비상소집령이 내렸다고 합니다."

들었던 수저를 내팽개치고 서둘러 차에 올랐다. 10분도 채 안 걸려 청와대 본관에 도착했다. 비상소집령을 받은 사람 중에 내가 제일 가까운 장소에 있었나 보다. 내가 제일 먼저 도착한 것 같았다. 본관 현관 앞에 검은색 정장 차림의 김계원 비서실장이 서 있었다. 그에게 물었다.

"무슨 일입니까?"

"수석들 다 모일 때까지 일단 기다리세요."

어떤 일로 비상소집령을 내렸는지 알려주지 않았다. 더 물어볼 분위기도 아니었다. 일단 나는 본관 현관 안쪽에 있는 의전실 옆에 서 있었다. 잠시 후 이재전 경호실 차장이 현관에 도착했다. 김 실장은 이 차장을 기다리느라 현관 앞에 서 있었던 모양이었다.

김계원 대통령 비서실장과 이재전 경호실 차장. 두 사람은 낮고 조용한 목소리로 대화를 나누며 2층 비서실장실로 가는 계단을 오르기 시작했다. 나는 서너 걸음 떨어진 뒤에서 그들을 따랐다. 워낙 작은 목소리라 대화 내용이 잘 들리지 않았다. 계단을 다 오를 때쯤 이재전 차장이 놀란 목소리로 던진 한마디가 내 귀에 꽂혔다.

"그러면 친위쿠(측근세력이 일으킨 쿠데타를 뜻하는 친위 쿠데타의 준말)가 아니란 말입니까?"

물론 그때는 정황을 전혀 알지 못했다. 이후 사건을 재구성해 보니 김 실장은 청와대 경호실과 중앙정보부의 병력충돌을 막기 위해 이 차장을 불러 얘기한 것 같았다.

비서실장 옷에 묻은 핏자국

최규하(崔圭夏) 국무총리, 구자춘(具滋春) 내무부 장관, 김치열(金致烈) 법무부 장관과 대통령 수석비서관들이 속속 청와대 본관에 도착했다. 최 총리, 구 장관, 김 장관이 먼저 비서실장실로 들어갔다. 수석들은 실장실과 붙어 있는 전실(前室)에서 기다렸다. 얼마쯤 시간이 흘렀을까. 최 총리와 두 장관이 비장한 표정으로 실장실에서 나왔다. 그다음 나를 포함한 수석들이 실장실에 들어섰다.

김계원 비서실장이 가라앉은 목소리로 말했다.

"대통령께서 유고(有故)입니다."

우리 모두 충격으로 넋 나간 얼굴이 됐다. 잠시 침묵이 흘렀다. 임방현(林芳鉉) 공보수석이 정적을 깨고 질문했다.

"유고의 내용이 무엇입니까?"

임 수석은 기자출신이다. 〈한국일보〉 논설위원을 하다가 청와대로 왔다. 김 실장은 임 수석의 질문에 답하지 않았다.

"… 수석들은 청와대를 지켜 주십시오."

그 말만 하고 김 실장은 사무실을 떠났다. 그는 최 총리 일행을 따라 육군본부로 향했다. 김 실장이 떠난 사무실에 수석들만 남았다. 무슨 일이 벌어지고 있는지 다들 짐작도 못한 채 비통하고 심각한 표정만 짓고 있을 뿐이었다.

그때 임방현 수석이 다시 입을 열었다.

"김계원 실장의 검은색 정장 윗도리에서 핏자국을 본 것 같아요."

다른 수석들은 미처 눈치채지 못한 검정 옷의 얼룩을 언론인 출신인 임 수석은 놓치지 않았다. 그 말을 들은 사람들의 표정은 충격과 비통으로 일그러지기 시작했다. 이때만 해도 수석들은 문제를 일으킨 인물을 차지철 경호실장 쪽으로 생각하고 있었다.

수석들이 청와대 사무실만 지키고 있을 순 없었다. 수석 중 한 사람을 육군본부로 보내 유고 내용을 알아보기로 했다. 관련업무를 맡고 있는 유혁인 정무 제1수석이 대표로 육군본부에 갔다.

시간이 지나 새벽 3시쯤 김계원 실장이 청와대로 돌아왔다. 그때야 김 실장은 우리에게 유고 내용을 설명해 줬다. 청천벽력과 같은 내용이었다.

국장(國葬)을 담당하는 부처는 총무처였다. 심의환(沈宜煥) 총무처 장관은 10·26 사태가 있기 불과 나흘 전인 1979년 10월 22일 간암으로 별세했다. 장관이 공석이라 청와대 내에서 총무처를 관장하는 내가 불가피하게 총무처 장관 직무대행 비슷한 일을 해야 했다.

10월 27일 아침 청와대 본관 소접견실에 빈소를 급히 만들었다. 제일 처음 빈소를 찾은 문상객은 통일원 이용희(李用熙) 장관과 동훈(董勳) 차관 일행이었다. 곧이어 빈소는 대접견실로 옮겨졌다. 국무회의를 여는 큰 회의실이다. 대접견실의 양옆과 뒤 세 면에 의자를 쭉 둘러 벽에 붙도록 배열했다. 조문객들이 많았다. 그들은 의자에 나란히 앉아 밤을 새웠다. 모두 삼삼오오 고개를 숙이고 낮은 목소리로 귓속말을 나눴다. 그들의 관심은 하나였다.

‘앞으로의 정국이 어떤 방향으로 흐를까.’

삼면에 둘러앉은 사람들이 수군대는 소리는 돔 비슷한 구조의 천장에 부딪혀 집합적으로 반사되며 공명음을 냈다. ‘웅성웅성’ ‘사각사각’ 아니 어떤 말로도 표현하기 어려운 기묘한 소리였다. 나는 빈소에서 잊을 수 없는 그 기이한 소음을 들으며 이틀 밤을 새웠다.

빈소를 한창 지키고 있을 때 김태호 청와대 행정비서관으로부터 전화가 왔다.

“결재서류가 많이 밀렸습니다. 왜 (사무실로) 안 내려오십니까. 신관으로 내려와서 처리해 주셔야겠습니다.”

엄중한 시기에 웬 한가한 소리인가. 나는 버럭 소리를 질렀다.

“아니, 김 비서관. 지금 무슨 서류에 결재할 게 있죠?”

실무자 얘기로 치부해 버렸다. 그런데 나중에 이 일이 내가 10·26 때 청와대를 이틀간 비웠다는 낭설로 와전되지 않았나 짐작된다.

대통령의 생활공간인 청와대 본관 2층에선 박 씨, 육 씨 그리고 조카사위인 JP(김종필 전 총리) 세 집안이 모여서 장례 일을 논의하고 있었다. 여기서 결정된 의견을 모아 비서실에 전달하는 일은 주로 JP가 했다. 9일장으로 결정됐다.

대통령 집무실의 텅 빈 금고

박정희 대통령 빈소가 차려진 지 이틀 만에 나는 JP가 그린 영구차 디자인을 받아 들고 신관 내 사무실로 왔다. 관청 메모지에 그려진 영구차 디자인은 버스 양편에 밖에서 투시할 수 있는 유리창을 가로로 길게 만든 모양이었다. 나는 수석실의 행정관에게 이 메모지를 주면서 총무처에 전하라고 했다.

시간을 다투는 사안이어서 제작 중인 버스를 개조하는 수밖에 없다고 판단했다. 버스 조립공장의 공장장과 전화 통화를 했다. 마침 조립대에 올라간 버스 차체가 있다는 말을 듣고 영구차로 개조할 수 있도록 유예해 달라고 조치를 부탁했다. 영구차는 총무처에서 발주했다.

그리고 서울 광화문 정부중앙청사 광장에 가서 분향소 설치현장을 챙겼다. 그때 한 실무자가 내게 다가왔다.

"수석님, 저 그때 물에서 건져 준 문영철입니다."

13살 때 일이 떠올랐다. 전북 군산 임피면에 피란 가 있던 겨울. 산에 땔감을 구하러 가는 길에 저수지에 빠진 이웃마을의 내 또래 아이를 구한 일이 있다. 그 아이가 사는 동네가 문 씨 집성촌이란 것만 알고 있었다. 그런데 그가 나를 알아보고 인사했다. 총무처 공무원으로 일하고 있다고 했다. 반가웠지만 만난 장소가 마침 박 대통령 분향소였다.

1979년 11월 3일 박 대통령의 국장이 끝났다. 그의 집무실을 정리하는 일이 나에게 맡겨졌다. 최규하 대통령 권한대행의 비서실장으로 최광수(崔侊洙) 의전 수석비서관이 임명됐다. 어느 날 최광수 실장이 "집무실로 같이 가자"고 했다.

최 실장과 나, 그리고 김태호 비서관과 정병호 행정관 등이 집무실 문을 열고 들어갔다. 벽에 조그만 금고가 있었다. 최 실장이 금고를 열었다.

"아무것도 없군요."

최 실장의 말대로 금고 안엔 몇 장의 종이 말고는 아무것도 없었다. 적어도 내가 본 집무실 안 금고는 비어 있었다. 금고를 확인한 최 실장이 말했다.

"고 수석 책임하에 집무실을 정리해 주세요."

비서실 행정관 두세 명과 함께 박 대통령의 집무실을 정리했다. 2~3일이 걸렸다. 3가지로 분류해 처리했다. 각 부처에서 올라온 결재서류는 총무처를 통해 해당부처로 돌려보냈다. 개인적인 물품은 유족에게 전했다. 일부는 집무실에 그대로 보관하기로 했다.

유독 나의 눈을 끈 것은 빛바랜 신문기사 묶음이었다. 역사학자 하현강(河炫綱) 교수의 한국사 연재물을 1회부터 마지막 회까지 스크랩한 것이었다. 살펴보니 비서실에서 올려 보낸 신문 스크랩이 아니었다. 박 대통령이 직접 손으로 스크랩한 것 같았다. 기사 여기저기 빼곡하게 줄이 쳐져 있었다.

박 대통령의 국장(國葬)과 집무실 정리로 분주하게 보내던 어느 날 퇴근한 나를 아버지가 불렀다. 야당 국회의원으로 국회만 열리면 박 대통령을 비판했던 가친이다. 그런데 이번엔 나를 꾸짖었다.

"불난 집에 도둑이 든다는 말이 있는데 꼭 그 모양이 됐지 않느냐. 비서실 수석들은 도대체 뭐한 거냐?"

아무 말도 할 수 없었다. 얼마 후 수석비서관 회의가 열렸다. 아버지의 질책을 떠올리며 말을 꺼냈다.

"이제 일괄사표를 냅시다."

수석과 특보 모두 사표를 냈다. 내가 쓴 두 번째 사표였다. 그리고 나는 칩거(蟄居)를 시작했다.

한 달 이상을 집에 머물며 두문불출했다. 미뤘던 독서를 했다. 예전에 사 뒀던 《열국지》를 그때 읽었다. 그 사이에 10·26 사태에 따른 정국 혼란을 틈타 12월 12일 전두환 장군 등 신군부가 정권을 장악한 12·12 사태가 벌어졌다. 칩거하던 나는 내막을 전혀 몰랐다. "한남동에서 총성이 있었다"는 얘기를 친구를 통해 전해 들었을 뿐이다.

12·12 사태 직후에 청와대는 비서실 조직을 감축하였다. 정무 제1·2 수석을 정무수석으로, 경제 제1·2수석을 경제수석으로 통합했다. 최규하 대통령 권한대행은 정무2수석이었던 나에게 정무수석 자리를 맡겼다. 사실 처음엔 주저했다. 최 대행에게 "저는 행정전문이라 정치까지 맡기엔 어렵다"는 뜻을 전했다. 최 대행은 "정치에 정통한 인사를 찾아 인선을 이미 끝내 놨다"고 했다.

1979년 12월 18일 나는 청와대 정무수석으로 임명됐다. 언론인 출신인 이원홍(李元洪) 씨가 정치분야를 맡는 민원수석으로 발령 났다. 이 수석은 정치, 특히 신군부(新軍部)와의 관계를 조율하는 일에 주력했다. 자연스레 나는 정치 제도 부문을 담당하게 됐다.

DJ 복권과 서울의 봄

권력의 진공상태에서 최규하 대통령은 새로운 구상을 내놨다. 각계 원로가 참여하는 '국정자문회의'를 만들기로 결정했다. 실무는 청와대 정무수석인 내가 맡았다. 헌법개정심의위원회와 국정자문회의를 구성하고 운영하는 일에 힘을 쏟았다. 윤보선 전 대통령, 허정

(許政) 전 과도내각 수반, 이재형(李載瀅) 전 의원 등을 직접 찾아가 국정자문위원을 맡아 달라고 부탁했다.

1979년 12월 말 서울 명동성당 주교관에 가서 김수환(金壽煥) 추기경을 만났다. 김 추기경은 1922년생으로 한국인 최초이자 당시 세계 최연소로 추기경에 서임됐다. 독재정권에 반대하며 민주화에 기여했고 6·10 민주항쟁 때 명동성당에 모인 시위대를 강제 진압하려 하자 "나를 밟고 넘어가라"고 말하기도 했다.

김 추기경에게 가톨릭의 국정자문회의 참여를 부탁했다. "국정상황이 위기에 처해 있다"는 설명에 김 추기경은 어려운 결단을 내렸다. 나의 요청을 들어줬다. 가톨릭이 국정에 참여한 첫 사례다. 그러면서 김 추기경은 말을 꺼냈다.

"고 지사, 부탁이 하나 있어요. 자문회의에 참여하는 조건은 아니고….."

김 추기경과는 전남 도지사로 일할 때 인연을 맺었다. 그는 나를 '고 지사'라고 불렀다.

"이번에 김대중 씨를 좀 복권(復權)시켜 주세요."

"… 김대중 씨는 선동적 정치가로 인식돼 있습니다. 정치적으로 혼란한 이때에 그렇게 간단한 문제가 아닙니다."

"아니오. 내가 지난주 미사 때 김대중 씨를 만났는데 이제 많이 원숙해졌어요."

김 추기경은 '원숙'이란 표현을 썼다. 그의 진지한 요청에 어떻게 더 할 말이 없었다.

"이건 제 선에서 다룰 일은 아닙니다. 최규하 대통령께 그렇게 전해드리겠습니다."

272

청와대로 돌아가 최 대통령에게 김 추기경이 가톨릭의 국정자문회의 참여를 승낙했다고 보고했다. 그리고 말했다.

"김 추기경께서 김대중 씨의 복권을 부탁했습니다."

"음…."

최 대통령은 아무 말이 없었다. 내 사무실로 돌아와 3대 정보기관인 중앙정보부, 보안사령부, 경찰에 김대중(金大中) 씨의 복권에 대한 검토를 지시했다. 2~3일 후 3곳에서 보고서가 올라왔다. 복권의 장단점을 분석해 적었을 뿐 결론이 없었다.

'아무도 책임지기 싫다는 얘기구나. 결국 내가 결정해야겠구나.'

고민이 시작됐다.

그때 청와대를 출입하는 성병욱(成炳旭) 〈중앙일보〉 부장에게서 전화가 왔다. 당시 〈중앙일보〉 논설위원이었던 류근일(柳根一) 씨의 복권을 부탁했다. 그와 얽힌 옛 기억이 떠올랐다. 1957년 12월 서울대 문리대에서 필화사건이 일어났다. 정치학과 학생 류근일이 학보 〈우리의 구상〉에 쓴 '무산대중을 위한 체제로의 지향'이란 논문이 문제가 됐다. 국가체제를 부정한다는 혐의를 받았고 경찰이 대대적 수사를 벌였다. 문리대 서클 '신진회'가 배후로 몰렸다.

신진회는 영국 노동당의 사회민주주의를 연구하는 순수 이념연구 서클이었다. 지금의 대학 '동아리'의 원조쯤 되겠다. 회장은 4학년생인 김지주였고, 나와 류근일, 한영환, 최서영 등 15~16명이 활동했다. 류근일을 신진회에 가입하도록 추천한 사람은 나였다.

김지주와 류근일이 구속됐다. 수사의 칼날이 나에게도 향했다. 동대문 경찰서에 끌려가 조사를 받았다. 경찰은 나에게서 별다른 혐의점을 찾지 못했다. 아버지가 경찰서에 찾아와 보증을 섰고 나는 집으로 돌아갈 수 있었다. 차를 타고 집에 돌아가는 길에 아버지가 호통쳤다.

"야, 이놈아. 너 류근일이 아버지가 누군지 아냐? 류응호 교수다."

류 교수는 아버지와 함께 서울대 문리대 교수를 지냈고 월북해서 김일성대학 교수로 일하는 사실을 그때 처음 알았다. 1958년 4월 법원은 신진회를 순수한 학술단체라고 규정했고, 류근일은 무죄판결을 받았다. 이후 그는 다른 공안사건에 휘말려 억울한 옥살이를 했다.

1980년 2월 28일 검찰의 한 국장이 복권대상 명단을 내 사무실로 가지고 왔다. 김대중·류근일 씨의 이름은 없었다. 내가 두 사람의 이름을 추가하도록 했다. 복권명단 서류를 들고 최 대통령의 집무실로 갔다. 김대중 씨의 이름을 넣었다고 보고했다. 아무 말 없이 최 대통령은 서류에 결재했다.

2월 29일 김대중·류근일 씨를 포함해 687명이 복권됐다. 23명 사회각계 원로가 참여하는 국정자문회의가 출범했다. 헌법개정심의위원회도 기대 속에 출발했다. 서울의 봄이었다. 하지만 봄날은 너무도 짧았다.

안개정국과 5·17 쿠데타

1980년 4월 초순의 일이다. 여느 때처럼 오전 8시 청와대 수석비서관 회의가 열렸다. 회의를 주재하던 최광수 대통령 비서실장이 수석들에게 물어볼 게 있다며 말을 꺼냈다.

"전두환 국군보안사령관의 중앙정보부장 겸직에 대한 의견을 구하려고 합니다."

중앙정보부와 보안사령부는 서로 견제해야 하는 정보 권력기관이다. 양쪽의 수장을 한 사람이 겸직하는 인사는 법적 문제를 떠나 상식적으로도 있을 수 없는 일이다. 나의 의견은 분명했다.

"법적으로 불가(不可)합니다."

다른 수석들의 의견도 비슷했다. 회의 전체 분위기는 겸직 반대로 모아졌다. 하지만 며칠이 지난 4월 14일 전두환 사령관이 중앙정보부장 서리를 겸하는 인사가 신문에 났다.

서울의 봄은 길지 않았다. 5월이 되자 '안개정국' 논란이 일었다. 학생시위가 번졌다.

"비상계엄, 해제하라!"

"정치 일정, 단축하라!"

"아무개는 물러나라!"

주장과 구호가 난무했다. 나는 시국에 관한 건의서를 작성하기 시작했다. 언론인 등 외부 인사의 의견을 주로 들었다. 각계 의견을 정리하는 일은 안치순 정무담당 비서관이 맡았다. 시국 건의서의 큰 줄거리는 이랬다.

'과도기간을 길게 잡지 말고, 정치 일정을 단축하고 투명하게 밝혀야 한다. 계엄령의 조건부 해제기한을 발표하자. 전면개각을 해야 한다.'

건의서를 쓰면서 최광수 비서실장에게 구두로 두 차례 정도 내용에 대해 중간보고를 했다.

최규하 대통령이 5월 10일부터 17일까지 8일간 일정으로 석유 외교차 사우디아라비아·쿠웨이트 순방을 떠나게 됐다. 순방기간 중 학생시위는 더욱 격화됐다. 최 대통령은 예정한 일정보다 하루 이른 5월 16일 밤늦게 귀국했다. 공항으로 대통령을 마중 나가는 최광수 실장에게 시국 보고서를 전달했다. 최 대통령이 도중에 읽어 봤으면 하는 마음에서였다. 최 실장이 보고서를 대통령에게 전달했는지는 알지 못한다.

이날 밤 11시 청와대 본관에서 최 대통령 주재로 회의가 열렸다. 신현확(申鉉碻) 국무총리, 관계부처 장관들, 최광수 비서실장과 정무수석인 나, 그리고 전두환 보안사령관 겸 중앙정보부장 서리가 참석했다. 신 총리가 긴박하게 돌아가는 국내 정세를 최 대통령에게 보고했다. 대통령은 별다른 말을 하지 않았다. 회의는 30~40분 만에 끝났다.

그리고 5월 17일 토요일 아침이 밝았다. 소요는 없었다. 극에 달했던 학생시위는 소강상태였다. 시위를 이끌던 각 대학의 학생회장들은 이화여대에 집결해 있었다. 대통령의 결단을 듣기 위해 모두가 잠시 침묵하는 느낌이었다.

오전 8시 평소와 마찬가지로 최 비서실장이 주재하는 수석비서관 회의가 열렸다. 내가 건의한 방향과 비슷한 내용을 최 실장이 얘기했다. 회의는 짧았다.

청와대 신관의 내 사무실로 돌아왔다. 전날까지 며칠 밤을 새우며 일한 정무수석실 비서·행정관들을 오후까지 붙잡아 둘 순 없었다. 모두에게 퇴근해 모처럼 주말 휴식을 취하라고 했다. 나는 청와대 신관 사무실에 혼자 남았다. 올려 보낸 시국 보고서에 대한 최 대통령의 평가가 궁금했다. 그런데 오후 3시가 다 되도록 청와대 본관에서 아무런 연락이 없었다.

'시차적응 때문이신가.'

혼자 그렇게 생각했다. 매주 주말이면 청량리에 있는 아버지 댁을 찾았다. 일이 바빠서 몇 주 걸렀다. 잠깐 다녀오자고 생각했다. 오후 3시를 조금 넘긴 시각, 차로 청와대를 나와 청량리로 향했다. 아버지에게 인사드리고 막 얘기를 나누고 있는데 전화벨 소리가 요란하게 울렸다.

청와대를 출입하는 성병욱 〈중앙일보〉 정치부 부장대리였다. 그는 긴박한 목소리로 질문을 쏟아냈다.

"아니, 고 수석. 지금 군(軍)이 이화여대를 덮쳤습니다. 군이 진입해서 전국의 대학생 대표들을 연행해 가고 있습니다. 청와대는 알고 있습니까? 방침이 바뀌었습니까?"

비상계엄령 전국확대 비상국무회의

성병욱 부장의 설명이다.

"청와대 수석비서관 회의 결과를 바탕으로 한 5월 17일 오전 브리핑은 온건한 내용이었습니다. 급박한 상황이긴 했지만 오후에 잠시 마음을 놓았죠. 그런데 이화여대 현장에 나가 있는 기자에게 급한 연락이 온 겁니다. 군대가 덮쳤다고. 청와대 대변인과는 통화했는데 고건 정무수석과 연락이 안 되는 겁니다. 정무수석실 백형환 비서관에게 전화했더니 '부모님 댁에 갔다'고 해서 번호를 물어본 뒤 전화한 거죠."

1980년 5월 17일 오후 4시쯤 성병욱 〈중앙일보〉 부장이 전화로 알린 소식은 충격적이었다.

"그게 무슨 소립니까?"

나도 모르게 큰 목소리로 외치듯 답했다.

성 기자는 질문을 쏟아냈다.

"청와대에서 온건한 수습책을 모색할 것 같더니 왜 군이 학생회장들 모임을 덮쳤습니까?"

"저도 그렇게 생각해서 잠시 부모님 댁에 들렀습니다. 일단 알겠습니다. 청와대로 들어가 봐야겠습니다."

전화를 끊고 서둘러 차에 올랐다. 청량리 부모님 댁을 나와 청와대로 향했다. 오후 5시가 다 된 시각 청와대 본관으로 올라가는데 차창 밖으로 장성용 군 지프차 한 대가 내려가는 모습이 보였다.

'설마?'

차에서 내려 황망히 본관 안으로 뛰어 들어갔다. 불길한 예감은 맞아떨어졌다. 상황은 이미 끝나 있었다.

최광수 대통령 비서실장이 수석비서관 회의를 소집했다. 수석들이 모인 자리에서 최 실장이 말했다.

"군부 건의에 따라 비상계엄을 전국으로 확대하기로 했습니다."

10·26 사태 이후 비상계엄령은 제주를 제외한 지역에 내려졌다. 비상계엄 전국확대는 '군정'(軍政)을 의미한다. 우리가 올린 시국건의서 내용과는 정반대였다.

최 실장은 "국보위를 구성하자는 군부의 건의는 일단 유보했다"고 했다. 그러면서 나에게 "비상계엄 전국확대를 의결하는 임시국무회의가 저녁 9시에 열리니 거기에 참석하라"고 말했다.

1980년 5월 17일 밤 임시국무회의가 열린 세종로 정부중앙청사(옛 중앙청) 회의장 주변에
무장한 수도방위사령부 병력이 1~2m 간격으로 서 있다. 정부는 이날 회의에서 비상계엄
지역을 다음날인 5월 18일 0시부터 제주도를 포함한 전국으로 확대하기로 의결했다.

국무회의는 청와대 수석이 아닌 정무비서관이 배석하는 게 보통
이었다. 정무수석의 국무회의 참여는 청와대가 비상계엄령 전국확
대를 찬성한다는 의사를 전달하는 모양이 된다.

이때 처음으로 가슴속에 치밀어 오르는 뜨거운 불덩어리를 느꼈
다. 나도 모르게 아주 격한 음성으로 소리쳤다.

"내가 왜 거길 갑니까!"

최 실장을 비롯해 모두 놀란 얼굴로 나를 쳐다봤다. 무거운 침묵
이 흘렀다. 이경식(李經植) 경제수석이 서먹한 분위기를 누그러뜨
리려는 듯 말을 꺼냈다.

"전두환 사령관이 말이야. 중정부장을 내놓으면 되는 건데."

지금도 생생히 기억난다. 솔직한 발언이었다. 이 수석이 침묵을

깨자 최 실장이 말을 이어갔다.

"그러면 정무 쪽의 비서관이라도 배석시키시죠."

회의는 그렇게 짧게 끝났다. 청와대 본관을 나와 신관으로 내려오는 발걸음은 무거웠다. 아무리 생각해도 나는 군정을 찬성할 수 없었다. 정무수석으로 계속 일한다면 군정에 동조하고 나아가 참여하는 입장이 된다.

'물러날 수밖에 없다.'

고심하며 걷다 보니 어느덧 내 사무실에 도착했다. 책상 앞에 앉아 사표를 쓰려고 용지를 꺼냈다. 그런데 국무회의에 비서관을 배석시키라는 최 실장의 지시가 생각났다. 어차피 그만두기로 한 마당에 그냥 떠나면 될 것을…. 직업 공무원의 한계다. 서둘러 국무회의에 배석할 비서관을 찾았다. 심재홍(沈載鴻)·안치순(安致淳) 비서관은 전화가 안 됐다. 세 번째로 김유후(金有厚) 법무담당 비서관에게 연락이 닿았다. 김 비서관에게 국무회의에 배석하라고 부탁하고 수화기를 내려놨다. 그때 사무실 전화가 울렸다.

"아니, 고 수석 왜 거기 계십니까. 국무회의에 올라가지 않고."

성병욱 부장이었다.

"내가 거기에 뭐 때문에 올라가요? 김유후 비서관이 갔습니다."

그에게 사표를 쓴다는 얘기는 안 했다. 가타부타 설명도 안 했다. 통화는 짧았다. 다시 흰 종이를 쳐다봤다. 18년 공직생활을 마감한다고 생각하니 만감이 교차했다.

5·18과 추기경의 눈물

청와대 정무수석직 사표는 군부의 의지에 반하는 처신이었다. 사표를 철회하라는 강권과 압박이 있을 수 있었다. 전남 도지사를 마치고 청와대로 오면서 전별금 한 푼 받지 않을 만큼 자기관리에 철저했다. 아무리 서슬 퍼런 군부라 해도 약점 없는 나를 잡아넣지는 못할 것이라고 생각했다. 끝까지 버텨야겠다고 다짐했다. 펜을 들었다.

'일신상의 이유로 사직한다.'

사직서의 내용은 간단했다. 그리고 최광수 대통령 비서실장에게 보낼 편지를 썼다.

'이제 정무수석으로 해야 할 일이 없는 것 같아서 사직하고자 합니다. 사직 후에 지병인 신장결석 치료차 입원하겠으니 나를 찾지 말아 주십시오.'

최광수 비서실장 앞이라고 봉투에 쓰고 사직서 1장, 서신 1장을 넣었다. 비서실장실에 전화를 걸었더니 이송용(李松容) 행정관이 받았다.

"내가 아주 중요한 서류를 올려 보낼 테니 내일 아침 비서실장님 출근하시는 대로 드리세요."

사표라는 얘기는 안 했다. 내 차를 운전하는 신판근 기사를 불러 사직서를 넣은 봉투를 비서실장실에 올려 보냈다. 이 보좌관에게 다시 전화를 걸어 "받았다"는 확인도 받았다. 내 공직생활 세 번째 사표였다.

청와대 신관을 나섰다. 어느새 밤이 깊었다. 시간은 오후 9시를 넘어 10시를 향하고 있었다. 차를 타고 경복궁 앞 정부중앙청사를 지났다. 탱크가 청사를 완전히 에워싼 모습을 차창 밖으로 봤다. 한없이 무거운 마음이었다. 나중에 들어보니 김유후 청와대 법무담당 비서관은 군인이 막아 국무회의장에 들어가지 못했다고 했다.

서울 청량리 부모님 댁으로 향했다. 아버지에게 전말을 설명하며 "사표를 냈다"고 말했다. 그리고 장위동 내 집으로 갔다. 도착하니 시계는 밤 11시를 가리키고 있었다. 장위동 집에서 다시 칩거를 시작했다. 그런데 하루이틀이 지나 광주에서 일어난 비극적 사태를 지인들에게서 걸려온 전화로 알게 됐다.

광주와 전남 지역을 걸쳐 민주화 운동, 즉 5·18 광주민주화운동이 일어난 것이다. 전두환·노태우 등 신군부의 집권과 비상계엄에 반대하는 학생과 시민이 주도한 운동이었다. 5월 17일 24시 비상계엄이 전국으로 확대되면서 계엄군은 시위를 무력 진압하기 시작했고 수백 명의 사망자가 발생했다.

5월 19일인지 20일인지 정확하진 않다. 늦은 저녁 집으로 전화가 왔다. 김수환 추기경이었다.

"고 지사, 이게 어떻게 된 일입니까? 고 지사가 청와대에 있는데 어떻게 이런 일이 있을 수 있습니까?"

전화 너머 김 추기경의 목소리가 심하게 떨렸다. 중간중간 말을 잇지 못했다. 추기경이 울고 있었다.

"추기경님…. 전 사표를 제출하고 민간인 신분이 돼 있습니다."

그 말을 하는데 목이 메었다. 수화기로 울먹이는 추기경의 목소리를 들으며 함께 울었다.

5·17 쿠데타 직후 신군부는 '3김'(三金·김영삼, 김대중, 김종필)을 체포하거나 연금했다. 그때쯤 내가 고급정보를 야권인사에게 유

출해 연행됐다는 경찰정보가 돌았다. 그 얘기를 전해 듣자마자 전 언론사 정치부에 일일이 전화를 걸어 "사실무근이다. 스스로 사표를 썼고 내 발로 걸어 나와 장위동 집에 칩거하고 있다"고 해명하기도 했다.

17년이 흐른 1997년 5월 18일 광주 5·18 묘지(지금의 국립 5·18 민주묘지)에서 광주민주화운동 기념식이 열렸다. 한 달 전 국무회의에서 5월 18일을 국가기념일로 지정했다. 1990년 광주민주화운동보상법, 1995년 5·18 민주화운동특별법이 제정되면서 피해자 보상과 명예회복, 가해자에 대한 처벌이 이뤄졌지만, 정부주관으로 기념행사를 연 것은 그때가 처음이었다. 나는 묘역에 기념으로 나무를 심었고 향도 피워 올렸다. 그리고 국무총리로 연단에 올라 기념사를 했다.

"5·18 민주화운동은 이 나라 민주주의를 지키기 위한 의로운 시민들의 궐기이며 항쟁입니다. 5·18 정신을 자유·정의·민주의 숨결로 부활시켜 후손들의 가슴에 담아 주는 것이 영령의 희생에 보답하는 길입니다."

지금도 가끔 1980년 5월을 떠올린다.

'만약 내가 그때 사표를 내지 않았더라면 ….'

나는 자동적으로 국보위 상임위원이 됐을 것이다. 광주에서 그런 일이 벌어졌다면 분명히 현장으로 가 중재하려고 노력했을 것이다. 그렇다고 계엄군의 발포(發砲)를 막을 수 있었을까. 역사에서 가정이란 아무런 의미가 없다는 사실을 잘 안다. 아쉬움만 남을 뿐.

남산재 칩거 시절

1980년 5월 말에 접어들자 고민이 생겼다. 연금(年金) 때문이었다. 아이들은 커 가는데 당장 다음달 생활비가 걱정이었다. 사표가 수리돼야 연금을 받을 수 있었다.

그때쯤 서석준 국무총리 행정조정실장이 청와대의 부탁으로 나를 찾아왔다. 사퇴의사를 번의(飜意)해 달라 설득하러 온 것이었다. 나는 사표를 제출하게 된 이유와 경위를 설명했다. 소신을 바꿀 수 없음을 말했다. 대학동기인 서 실장은 자신의 임무가 있었을 테지만 내 입장을 이해해 줬다.

며칠 후 청와대에서 연락이 왔다. 최규하 대통령이 직접 면담하고 싶어 한다는 전언이었다. 청와대 본관의 집무실로 갔다. 최 대통령과 독대했다. 그가 입을 열었다.

"사표를 번의하고 다시 일해 주세요."

"제가 할 수 있는 일이 없습니다. 사표를 수리해 주십시오."

최 대통령은 답하지 않고 '으흠' 소리를 내며 눈을 감았다. 못마땅한 상황일 때 하는 그만의 행동이었다.

"정 곤란하시면 제 사표를 수리함과 동시에 저를 연구기관에 보내주십시오. 제가 환경대학원에서 전공한 국토계획과 관련된 연구원에서 공부나 하겠습니다."

그 말에 최 대통령은 감았던 눈을 떴다. 내 의견을 즉석에서 받아들여 줬다. 마지막으로 말했다.

"가까이에서 더 모시지 못해 죄송합니다."

6월 7일 사표가 수리됐다. 그리고 국토개발연구원(지금의 국토연구

284

원) 고문직으로 연구원 생활을 시작했다. 서울 충무로 극동빌딩 22층 노융희 원장실 옆에 사무실이 마련됐다. 유리창 밖으로 남산이 보였고, 그 밑에 수도방위사령부 연병장에 정렬한 장갑차가 한눈에 들어왔다.

방 이름을 '남산재'(南山齋)라고 지었다. 군산에서 온 옛 친구들로부터 서예가 강암(剛菴) 송성용 선생이 남산재라고 쓴 편액을 선물 받았다. 이 액자는 지금도 내 사무실에 걸려 있다.

나는 요주의 인물이었다. 남산재를 찾아오는 사람은 별로 없었다. 옛 친구나 청와대를 출입했던 〈중앙일보〉 성병욱, 〈한국일보〉 윤국병 기자 등 몇몇 언론인뿐이었다. 극동빌딩 옆 골목 일식집 '성전'에서 함께 낮술을 마시곤 했다. 그때 나눈 대화와 정은 평생 잊지 못한다.

어느 날 고명승(高明昇) 대통령 경호실 상황실장이 사무실을 찾아왔다. 전북 부안 출신이고 나와 같은 고 씨다. 전부터 알고 지내던 사이였다. 그가 "군부 핵심의 전언"이라며 말을 꺼냈다.

"국보위 상임위원회에 참여해 주십시오."

나는 거듭 거절했다.

"저는 행정을 하는 사람입니다. 지금 내가 특별히 할 일이 없습니다."

국보위 상임위원 명단에 며칠 동안 내 이름이 있었다고 들었다. 나는 국보위에 참여한 적이 없다. 5월 17일 전 만들어진 명단에 당연직으로 내 이름이 올라 있었다고 추측할 뿐이다.

국보위 체제가 저물고 제5공화국이 출범했다. 헌정(憲政) 체제로 들어가면서 김경원(金瓊元) 대통령 비서실장이 정부에 참여해 달라고 요청하였다. 받아들였다. 전두환 정권에서 교통부 장관 6개월, 농수산부 장관 1년 2개월을 지냈다.

'군정에 반대한 사람이 왜 5공 정부에서 장관으로 일했나?'

이후 공직에서 일하며 힐난 섞인 질문을 많이 받았다. 나는 재야에서 반(反)정부 투쟁을 해온 사람이 아니었다. 공무원으로서 국민을 위해 봉사하는 일을 천직으로 삼아온 전문 행정인이었다.

국보위 산하 군정체제를 마감하고 헌정체제로 돌아간 상황에서 나는 행정인으로 돌아갔다. 변명이라고 해도 할 수 없다. 내가 할 수 있는 솔직한 답이다. 그때 5공 정부에 참여하지 않았다면 재야 정치인이 됐을까, 아니면 학자가 됐을까. 모를 일이다.

권위주의 시대의 반권위주의 리더십

고건이 정부에서 일한 동안은 이른바 권위주의 정권이 유지되었던 시대였다. 권위주의 정권에서 어쩌면 가장 반권위주의적인 지도력을 발휘하면서 어느 신문기자의 표현대로 "대한민국에서 가장 관운 좋은 사람"(《한국일보》1989. 8. 9, 장명수 편집부국장 인터뷰)이라고 할 만큼 승승장구했던 인물이 고건이다. 고건이 권위주의 시대를 만드는 데 기여했다는 증거는 거의 보이지 않는다. 그러나 그는 이상할 정도로 권위주의를 주도하였던 집권자들에게 발탁되어 시대의 각광을 받았다. 권위주의 시대였기 때문에 반권위주의적 지도력을 보여주었던 그의 인물됨이 더 돋보였는지 모른다. 관운이 좋다고 할 만큼 현세적인 출세도 하였지만, 일반 국민들의 어려움을 제거하고 민중의 편에서 사업을 추진하였다. 그러면서도 권위주의 정치지도자들의 시기와 견제를 받지 않았다.

고건은 마치 시대를 거스르고 반역한 듯이 보이면서도 시대의 옹호를 받았고, 몸담았던 체제에 반발하는 듯한 철학을 실행하면서도 체제 안에서 체제의 비호를 받은 인물이다. 대부분의 행정지도자들이 토목사업이나 조형물과 같은 하드웨어의 건설로 업적을 앞세울 때, 고건은 문제해결 방식의 변환과 같은 소프트웨어의 개선에 관심을 쏟았다. 그 시대에는 시대를 거역하거나 체제에 반발한 인물들은 거의 대부분 희생의 제물이 되었거나 핍박의 대상이 되었다. 그러나 그는 희생되기보다 등용되었고 배척되기보다 엄호되었다.

— 김영평(1994), '고건론', 이종범 편, 《전환시대의 행정가》, 나남.

제 6 장

민심의 바다를 항해하다

안동발 0시 50분 승객의 항의

1980년 9월 2일 나는 교통부 장관에 임명됐다. 얼마 지나지 않아 청와대에서 전두환 대통령 주재 만찬 연락이 왔다. 서울 궁정동 안가의 저녁자리에 가 보니 천명기(千命基) 보건사회부 장관과 김기철(金基喆) 체신부 장관이 와 있었다. 새로 임명된 13명 장관 중에 3명만 초청됐다. 천 장관은 신민당, 김 장관은 민주당 의원 출신이었다. 각료인선을 하면서 발탁한 야권인사였다.

첫 장관직이었다. 많은 고민을 했고 그전 경험을 바탕으로 교통행정 3원칙을 만들었다. 취임사에서 "생활교통·안전교통·생산교통 세 가지를 교통행정의 지표로 삼겠다"고 밝혔다. 임명된 그 주 일요일 경춘선 열차를 직원들에게 알리지 않고 타 봤다. 이후에도 틈날 때마다 열차와 버스를 이용했고 어떤 문제가 있는지 살펴봤다.

취임 두 달이 지난 어느 날 새벽 2시쯤 요란하게 전화벨 소리가 울렸다. 잠결에 전화를 받았더니 잔뜩 화난 남자의 목소리가 수화기에서 울렸다.

"장관님, 지금 기차가 1시간째 출발하지 않고 있는데 도대체 왜 이러는 겁니까."

경북 안동역에서 걸려온 전화였다. 안동발(發) 0시 50분 기차의 출발이 한참이나 늦어지자 화가 폭발한 승객이 장관 집으로 직접 전화를 걸었다. 114로 전화해 '고건 교통부 장관 집 번호를 알려달라'고 하면 친절하게도 안내해 주던 시절이다. 국민의 얘기인데 어찌할 도리가 있나. 화를 달래 주고 "바로 알아보고 조치하겠다"고 말한 뒤 전화를 끊었다.

알아보니 열차가 고장 난 것도 아니었다. 이 시절엔 열차나 버스의 연발(延發)과 연착이 잦았다. 거스름돈을 제대로 주지 않는 일도 다반사였다. 지금은 상상하기 어려운 일이지만 그땐 그랬다. 고도성장기였던 만큼 원자재를 실어 나르고 물품을 운반하는 교통의 산업적 측면만 중시되었던 것이다. 국민의 불편은 이만저만이 아니었다.

안동에서 걸려온 전화 때문에 잠이 확 깼다. 날이 밝을 때까지 고민했다. '어떻게 해야 이 문제를 해결할 수 있을까.'

호텔에서 본 '고객불편·불만 신고카드'가 생각났다. 카드를 엽서로 만들었고, 거기에 민원을 적어 우체통에 넣으면 바로 교통부 장관실로 배달되도록 했다. '교통불편 신고엽서'는 그렇게 탄생했다. 열차에서 시작해 택시와 버스로 확대했다. 호응은 뜨거웠다. '버스 안내원이 밀어서 빙판에 넘어졌다'는 초등학생 항의부터 '경로석에 젊은이가 앉아서 양보를 안 한다'는 할아버지 글까지 1만 통의 엽서가 장관실로 쏟아졌다.

1981년 2월 19일 전북 이리시(현 익산시)에서 '호남선 복선화 공사' 시작을 알리는 행사가 열렸다.
기공식장 단상에 당시 교통부 장관이던 저자, 전두환 대통령, 이순자 여사, 황해중 철도청장 등이 서 있다.

우선 국·과 단위에서 민원을 해결하도록 했다. 실무선에서 처리할 수 없는 민원은 직접 챙겼다. 장관이 직접 주재하는 주말 회의를 열어 해결책을 논의했다. 그렇게 10주 연속 장관주재 회의를 했더니 실무 선에서 교통민원을 해결하는 시스템이 어느 정도 자리 잡았다.

택시에 대해 승차거부, 부당요금, 합승강요 등 불편신고가 많았다. 이 문제를 해결하려고 개인택시 허가제도로 증차수요를 맞췄다. 지금은 별 차이가 없지만 당시 개인택시가 회사택시에 비해 고객서비스가 좋았기 때문이었다.

문제가 많았던 버스노선 정책도 손질했다. 버스업체들은 수익이 많이 나는 황금노선만 차지하려 하고 돈이 안 되는 벽지노선은 결행하기 일쑤였다. 그래서 황금노선을 받은 회사는 벽지노선도 의무적으로 운행하도록 끼워서 배정했다.

그런데 1981년 초 철도청에서 난감한 보고가 올라왔다. 손님이 적어 적자가 난다며 새마을호 호남선을 폐지해야 한다는 내용이었다. 호남 출신 장관인 내겐 뜨거운 감자였다. 황해중(黃海重) 철도청장과 함께 고민하다 서대전역 이하 호남선 운임을 20% 할인하자는 아이디어를 냈다.

감사원 감사 때 문책받을 수 있다는 철도청 간부들의 반대에 부딪혔 다. 국무회의에 양해사항으로 보고하고 장관이 책임지겠다는 내용을 회의록에 남겼다. 할인정책은 효과를 봤다. 호남선 새마을호 손님이 증가했고 운행횟수도 늘었다. 적자노선이 흑자로 돌아설 수 있었다.

행정에는 작은 일, 큰 일이 따로 없다. 노자(老子)가 얘기했듯 나라 를 다스릴 때 작은 생선을 조리하는 것 같은 정성(治大國 若烹小鮮)을 쏟아야 한다. 교통부 장관을 하며 깊이 새긴 교훈이다.

쌀 수입이냐 자급이냐

1980년 냉해(冷害)가 심각했다. 4,200만 섬 쌀을 생산하겠다고 계획 했는데 실제 수확한 양은 절반수준인 2,466만 섬에 그쳤다. 10여 년 만에 대흉작이었다. 정권 초기에 흉년이 닥치자 전두환 정부는 공황 상태에 빠졌다. 식량난으로 민심이 나빠질 것을 걱정해서다.

외교력을 총동원해 각국에서 많은 양의 쌀을 수입했다. 결국 쌀 과잉수입이 문제가 됐다. 당시 양곡창고 시설이 좋지 않았다. 과잉 수입한 쌀을 기준 이상으로 창고에 겹쳐 쌓아 놨다. 그대로 여름을 넘겼다가는 썩어 버릴 게 분명했다.

교통부 장관을 하다가 1981년 3월 농수산부 장관으로 자리를 옮겼다. 당장 과잉수입한 쌀 문제를 해결해야 했다. 그때만 해도 보릿고개가 있었을 만큼 농촌의 식량 사정이 좋지 않았다. 새로운 대책이 없을까 고민을 거듭하다가 양곡이 부족한 농가에 쌀 140만 섬을 무이자로 빌려주고 추곡수매 때 갚도록 했다. 수매가 인상폭만큼 농민들의 상환부담이 줄어들었다. 농가들은 환영했고 여름이 오기 전에 남은 쌀을 모두 해결할 수 있었다.

급한 불은 껐지만 근본적인 해결책이 필요했다. 안정적인 쌀 자급 체제를 갖추는 방법밖에 없었다. 그때부터 청와대·경제기획원(EPB)·경제학자와 농수산부 간의 전선이 형성됐다. 추곡수매가가 해마다 10%씩 인상되면서 양곡관리 특별회계 적자문제가 불거졌다. 경제부처 공무원들은 비교우위론을 내세웠다. 쌀 자급은 어차피 어려운 데다 외국 쌀에 비해 가격경쟁력이 떨어지니 수입하는 게 맞는다는 논리였다. 정부 내에서도 쌀 수입론이 우세했다. 농민단체와 일부 학자의 지지를 받긴 했지만 외로운 싸움이었다.

1980년 냉해로 흉년이 들어 쌀을 수입할 때 세계 곡물 메이저를 통했는데 이들 기업은 국제시세의 두 배가 넘는 가격으로 폭리를 취했다. 쌀 자급을 하지 않으면 흉년이 들 때마다 이런 일이 반복될 게 뻔했다. 생각 끝에 '쌀 자급 7개년 계획'을 세웠고 경제부처 장관이 없는 자리에서 보고해야겠다는 생각에 전두환 대통령에게 독대를 요청했다.

"쌀 등 주곡(主穀)만은 자급해야 합니다. 식량은 안보(安保)입니다. 우리나라의 식량안보를 세계적인 메이저 양곡 재벌기업에 맡길 순 없습니다."

전 대통령은 내 의견을 받아들였다. 1981년 5월 13일 쌀 자급 7개년 계획을 공식 발표했다. 1986년까지 연간 쌀 4천 1백만 섬을 생산하고 1987년엔 자급 목표를 달성한다는 계획이었다. 그리고 목표시기보다 1~2년 앞서 우리나라는 쌀 자급 국가가 됐다. 물론 벼 품종을 개량하고 1인당 쌀 소비량이 감소해서 가능했다.

고개 하나를 넘었지만 또 다른 과제가 기다리고 있었다. 농수산부 장관 때 마늘파동이 일어났다. 마늘은 수입금지 품목이었다. 가격이 큰 폭으로 오르내리자 염장 마늘과 같은 마늘 가공식품의 탈법 수입문제가 심각했다.

나는 윤근환(尹勤煥) 농촌진흥청장에게 다수확 품종을 찾아 도입하라고 지시했다. 그래서 찾아낸 것이 중국 하이난(海南)성에서 나는 난지(暖地)형 다수확 품종이다. 벼 수확 뒤 논에 심으면 이모작이 가능했다. 하이난성과 같은 한자를 쓰는 전남 해남과 경남 남해(南海)에 심어 도입에 성공했다. 해마다 반복되는 마늘파동을 가라앉힐 수 있었다.

지금도 식량자급에 대한 내 소신은 변함이 없다. 기후변화로 인한 최대의 재앙은 식량부족 사태다. 이미 현실로 나타나기 시작했다. 통일이 되면 한반도 전체의 식량수급도 심각한 문제가 될 것이다. 이에 대비해서라도 주곡자급을 지켜나가야 한다.

하버드대 연구원 생활

농수산부 장관으로 일하기 시작한 지 1년 2개월이 지난 1982년 5월 이철희·장영자 어음사기 사건이 터졌다. 그 여파로 정부쇄신 차원의 전면개각이 이뤄졌다. 5월 21일에 모내기 현장으로 차를 타고 가는 길에 라디오로 내가 농수산부 장관 자리에서 물러난다는 소식을 접하였다. 사전에 청와대에서 연락은 없었다. 어찌나 황당하던지.

20년의 공무원 생활이 끝나자 섭섭함과 함께 시원함이 밀려왔다. 늦은 나이긴 했지만 세계를 호흡해야겠다고 작정하고 그해 미국 하버드대에서 객원연구원(*visiting fellow*) 생활을 시작했다. 타이밍이 좋았다. 동아시아 전문가 에즈라 보겔, 《문명의 충돌》 저자 새뮤얼 헌팅턴, '소프트 파워'의 주창자 조셉 나이 등 유명한 교수들의 강의를 들을 수 있었다. 훗날 다시 국정을 맡았을 때 이들로부터 배운 지식은 소중한 자산이 됐다.

하버드대에서 마주친 사람도 적지 않다. 중고가구를 구하러 시내에 다니다가 하버드대 비즈니스 스쿨에서 최고경영자과정(AMP)을 마치고 귀국을 준비하던 이헌재(李憲宰) 전 재무부 심의관(전 경제부총리)을 만났다. 경제학 박사학위 논문을 심사받던 한덕수(韓悳洙) 상공부 과장(전 국무총리)과는 하버드 야드에서 마주쳤다. 조셉 나이 교수의 국제정치 강의실에선 반기문(潘基文) 외무부 과장(전 UN 사무총장), 최홍건(崔弘健) 상공부 과장(전 산자부 차관) 등과 함께 했다.

먼 타국에서 한국인, 그것도 같은 행정을 하는 사람들을 만나니 반가웠다. 21년이 지나 노무현 정부에서 국무총리와 장관으로 대통령 탄핵소추라는 초유의 위기를 함께 헤쳐가게 될 줄은 그땐 꿈에도 생각하지 못했다. 복권된 김대중 씨(전 대통령)도 나보다 6개월 늦게 하버드대에 왔지만 캠퍼스에서 마주친 일은 없었다.

하버드대 안에서 거의 매주 세미나가 열렸다. 경제관련 세미나에 가면 "한국은 경제성장의 모범사례"라며 칭찬받았다. 정치관계 세미나에 가면 정반대였다. "민주화 후진국"이라고 비판받았고 한국 정치가 도마에 올랐다.

한 번은 내가 새마을운동에 대해서 주제 발표할 기회를 얻었다. 발표가 끝나고 토론이 벌어졌다. 세미나에 참석한 사람들 가운데 절반 이상이 "정치적 의도가 있는 경제개발 운동"이라고 비판하였다. 당시 한국의 정치상황 때문에 새마을운동이 제대로 평가받지 못했다.

다양한 세미나에 참여하며 나의 공직생활을 되돌아보게 됐다. 한국 행정의 흐름을 정리하는 기회도 됐다. 우리나라 정부·행정이 걸어온 3단계 발전과정을 나는 이렇게 구분한다. 우선 1960∼80년대는 개발행정에 의한 산업화 시대였다. 이 시기 나는 새마을운동·치산녹화·식량증산에 젊음을 바쳐 일했다. 1980∼90년대는 정치·행정의 민주화가 열린 시기였다. 나는 국회의원·임명직 서울시장과 김영삼(金泳三) 정부 총리로 정부의 민주화에 참여했다. 그리고 새천년인 2000년대 거버넌스 시대에 들어서서는 민선 서울시장, 노무현 정부 총리, 그리고 대통령 권한대행으로 국정을 수행하였다.

공직을 마친 후에 2005년 하버드대 케네디스쿨(행정대학원) 포럼

2005년 3월 16일 미국 하버드대 케네디스쿨(행정대학원)이 주최한 세계 주요 정치지도자 초청 포럼에 참석해 '한·미 관계의 미래와 북한 현황'을 주제로 강연을 마치고 학생들로부터 질문을 받고 있는 모습. 청중석 앞에서 셋째 줄 맨 왼쪽에 당시 하버드대생이던 이준석 전 새누리당 비상대책위원이 앉아 있다.

에 초청되어 한·미 관계에 대해 연설했다. 22년 전 강의실에서 본 에즈라 보겔 교수가 좌장을 맡아 하버드대 패컬티 클럽에서 극진한 오찬 간담회를 베풀어 줬다. 그 자리에서 20여 명의 하버드대 교수로부터 한국 경제와 정치에 대한 극찬을 들었다. 쉽지 않은 과정이었지만 한국 행정 또한 한 걸음 한 걸음 발전했다. 그 변화를 1983년과 2005년 하버드에서의 경험으로 알 수 있었다.

미국 하버드대 생활에 한창 익숙해져 가던 1983년 5월께 주미 한국 대사관의 무관(武官)인 노 소장(少將)의 전화를 받았다.

"대통령께서 잠시 들어왔다 가시라고 합니다."

한창 강의와 세미나를 듣는 데 재미를 붙이고 있었다. 당장 한국으로 오라는 뜻은 아닐 거라고 나름대로 짐작하고 답했다.

"학기가 끝난 후 7∼8월에 들어가 뵙겠다고 전해 주십시오."

상공부 장관직에서 물러난 뒤 하와이대 동서문화센터에 가 있던 서석준도 비슷한 시기 주미 한국대사관에서 연락을 받았다고 한다. 나중에 알게 된 사실이다.

1983년 7월 6일 전두환 정부에서 개각 발표를 했다. 서석준 전 장관은 부총리 겸 경제기획원 장관으로 임명됐다. 최연소(45세) 경제부총리였다. 대사관에서 온 연락의 의미를 그때야 어렴풋이 깨달았다.

7월 말 한국으로 왔다. 2개월여 전에 미뤄 뒀던 전두환 대통령과 의 독대 날짜가 잡혔다. 장세동(張世東) 대통령 경호실장에게서 연락이 왔다.

"내일 오전 11시 30분에 경복고등학교 앞으로 오십시오."

약속시간에 맞춰 경복고 앞에 갔더니 사람이 나와 있었다. 그를 따라가니 청와대 경호실 숙소였다. 숙소를 통과하니 안가가 나왔다. 내가 청와대 수석을 할 때도 거기에 안가가 있는지 몰랐다. 내밀한 장소였다. 전 대통령과 단둘이 식사했다. 그때 한창 유행하기 시작한 막국수가 나왔다. 전 대통령이 예상치 못한 말을 꺼냈다.

"전국을 다니면서 민심 동향도 살펴서 주기적으로 나한테 보고해 줬으면 좋겠어요."

전 대통령은 내가 이미 유학을 끝내고 한국으로 완전히 들어왔다고 잘못 안 것 같았다. 나는 공부를 당분간 더 할 심산이었다. 말 그대로 잠시 들렀다 가라는 얘기인 줄로만 알았는데 … . 완곡하게 거절하는 수밖에 없었다.

"오늘 아침에 난 기사를 보셨습니까. 거기에 새 정부가 내각제

개헌을 준비하고 있다는 보도가 실렸습니다."

"어, 그래. 난 못 봤는데."

"그런 추측기사가 나오는 시점에 고 아무개가 1년 계획으로 하버드대로 간다고 했다가 도중에 들어와서 국내를 돌아다닌다고 하면 말이 나오지 않겠습니까. 기사가 사실 아니냐는 오해도 받고 부작용이 많을 것 같습니다."

"어, 그건 그렇네."

"계획한 하버드대 수업기간이 끝나면 한국으로 들어오겠습니다."

"그래, 그러도록 하세요."

전 대통령은 논리적으로 얘기하고 설득하면 받아들였다. 그의 장점이었다. 대통령과의 독대를 마치고 미국으로 다시 돌아갔다.

그런데 얼마 후 보스턴에서 비보(悲報)를 들었다. 미얀마 아웅산 묘역에서 북한 공작원에 의해 폭탄테러가 발생했다는 소식이었다. 서울대 정치·외교학과 친구들인 김재익·서석준·이기욱이 순직했다. 한국 경제를 일으킬 재목들이었는데….

한없이 비통하면서도 마음 한쪽이 서늘했다. 5개월과 3개월여 전의 일이 떠올랐다. 전 대통령의 요청대로 미국 유학을 중간에 그만두고 한국에 돌아왔다면 나도 아웅산에 있었을지 모른다는 생각이 스쳤다. 한국 유학생들과 함께 보스턴 커먼 공원에서 북한을 규탄하는 집회를 열었다. 아쉽게 스러져 간 친구들을 위해 내가 할 수 있는 일은 그뿐이었다.

2000년 5월 고려대 정책대학원의 '제1회 정책인 대상'에서 행정부문 수상자로 내가 선정됐다. 고(故) 김재익 전 청와대 경제수석이 경제부문 수상자였다. 시상식에서 대신 상을 받으러 온 김 전

수석의 부인 이순자(李淳子) 여사를 만났다. 17년 전 기억이 다시 떠올랐다. 수상의 기쁨만큼 '김재익이 이 자리에 있었더라면' 하는 아쉬움이 컸다.

행정지도자로서의 평가

고건의 장관 재임기간은 상당히 짧았기 때문에 행정지도자로서의 능력을 발휘할 여유가 충분하지 않았다. 그의 재임기간이 짧았던 것은 그 당시 정권의 특성 때문이었지 고건의 실책 때문은 아니었다. 그가 교통부 장관에 부임할 때는 42세였고, 서울시장에 부임할 때는 49세였다. 어느 기준으로 보아도 상당히 젊은 나이에 중책을 맡았었다. 그러함에도 그의 지도력은 인상적인 것이었다.

인상적이라고 말하는 이유는 고려대 행정문제연구소에서 행한 한 비공식 조사에 의하면 서울시 공무원인 피조사자의 절대다수(피면접자 13명 중 9명)가 가장 이상적인 서울시장으로 고건을 꼽고 있다. 교통부에서도 두 번째로 많은 사람들(피면접자 14명 중 3명)이 그를 이상적인 장관이었다고 지적하고 있다. 그의 교통부 장관 재임기간이 겨우 6개월 정도인 점을 감안한다면, 이것은 놀라운 사실이다. 거명된 인물들 중 가장 많은 공무원들로부터 이상적인 지도자로 지목된 사람 중 하나이다.

고건을 이상적인 서울시장이라고 보는 이유로 밝힌 내용을 보면 ① 합리적 정책결정, 순리적 업무처리, ② 미래지향적 정책결정, 종합적 안목, ③ 청렴, 공명정대 등이다.

1994년, 고려대 행정문제연구소는《전환시대의 행정가》(나남)를 출간하였다. 이 책은 한국의 경제성장 및 국가발전의 주역이었던 대표적 행정가를 선정, 연구하여 각계각층의 지도자들과 국민들에게 알리기 위해서 간행되었다. 선정된 대표적 행정가로는 김학렬 경제기획원 장관, 김재익 경제수석비서관, 고건 서울시장 등 7인이었다. 김영평 고려대 교수가 고건 서울시장을 연구 분석하여 '고건론'을 이 책에 실었다.

— 김영평(1994), '고건론', 이종범 편,《전환시대의 행정가》, 나남.

여의도 입성, 첫 과제는 지방자치 부활

대학에 들어갈 때 정치학과를 지원했고 총학생회장도 했다. 고향에서 군수를 하고 싶어 고등고시 합격 후 내무부에 지원했다. 모두 정치에 뜻이 있었기 때문이었다. 그리고 1985년 나는 정치인이 되었다.

그해 2월 제12대 총선거가 있었다. 나는 여당인 민정당 후보로 출마했다. 지역구는 전북 군산-옥구였다. 아버지의 고향이고 6·25 피란 때 내가 어린 시절을 보낸 곳이다. 이곳에서 아버지는 제6대 국회의원을 지냈다. 1967년 의원직 임기를 마치고 정치를 접어야 했던 아버지는 18년 만에 아들이 총선에 도전한다고 하니 발 벗고 나섰다. 여든 연세였지만 현장에서 선거운동을 도왔다. 2월 12일 나는 47.5% 득표율로 제12대 국회의원이 됐다. 민주한국당 김봉욱 후보도 29.8% 득표로 함께 당선됐다.

당선 인사를 하러 재래시장을 찾았다. 시장입구 좌판을 차려 놓고 앉아 있는 아주머니들부터 시작해 웃으면서 "고맙다"고 악수를 청했다. 눈을 맞추고 웃으며 인사하는 사람이 많았지만 아닌 이도 있었다. 손을 내밀면서도 눈을 맞추지 않거나 "나는 아니에요"라고 말하며 아예 악수를 피하기도 했다. 나를 안 찍은 사람들이다. 소박하면서도 솔직한 민심이었다.

초선 국회의원인 나에게 당은 큰 과제를 맡겼다. 1961년 이후 중단된 지방자치제도를 20여 년 만에 다시 시작하는 일이었다. 민정당 '지방자치제도 특별위원회 위원장'으로 임명됐다. 고시합격 3년여 만인 1965년 처음 맡은 보직이 내무부 행정과 기획계장이었다. 그때 지방

1987년 정한기 화백이 그린 캐리커처.

자치제를 공부하고 《지방자치 백서》를 만들었던 경험이 큰 도움이
됐다.

　지방자치제도 시행방안에 대한 내각과 여당의 의견차가 컸다. 노
신영(盧信永) 내각은 몇 개 지역을 표본으로 뽑아 시범 실시한 다음
전국으로 확대하자고 제안했다. 여당인 민정당은 직할시(지금의 광역
시)·특별시와 도 단위에서 시작해 시·군·구로 확대하는 '하향식'
을 원했다.

　11개 시·도에서 공청회를 열어 전문가와 국민의 의견을 들었다.
공청회 결과는 내각과 여당이 내놓은 방안과 전혀 달랐다. 시·군·
구에서 시작해 시·도로 지방자치제를 확대하는 '상향식'으로 의견이
모아졌다. 아래에서부터 지방자치제에 대한 훈련을 하고 점차 범위
를 넓혀가는 방법이 제도의 본질에 걸맞다는 이유에서였다.

1986년 8월 18일 고위당정회의를 거쳐 '시·군·구 등 기초자치단체부터 지방자치제를 도입한다'는 쪽으로 방침이 확정됐다. 정부와 여당의 줄다리기 끝에 정당이 지방의회에 참여하는 안도 정해졌다. 나는 이 내용을 언론에 직접 발표했다.

"모든 지역주민이 생활주변에서 제기되는 지역공동 관심사를 스스로 처리하도록 하는 것이 민주주의의 기초를 튼튼히 한다는 차원에서 시·군·구로 결정됐습니다. 정당이 지방의회에 참여하는 방안 역시 문제점이 있더라도 허용하는 것이 민주정치의 기초를 튼튼히 하는 길이라는 데 의견을 모았습니다."

가장 중요한 제도 시행시기를 정하는 문제가 남아 있었다. 1987년 6·29 선언을 계기로 대통령 선거제도를 직선제로 고치는 방안이 한창 논의되기 시작했다. 개헌 후 정치일정에 따라 최종적으로 지방자치제 시행시기를 정하기로 했다. 지방자치제도 시행방안을 만드는 일은 국정의 틀을 바꾸는 큰 작업이었다. 이후 세부안을 조정하고 합의하는 데 3년이 더 걸렸다. 1991년 지방자치제도가 실시됐고 그해 3월 26일 첫 선거가 치러졌다.

지방자치제는 그렇게 30년 만에 부활할 수 있었다.

박종철 사건과 6·10 민주항쟁

1987년 5월 26일 시끄러운 전화벨 소리에 잠을 깼다. 시계를 보니 새벽 4시였다. 잠이 덜 깬 채로 수화기를 들었다. 청와대 부속실에서 걸려온 전화였다.

"대통령께서 통화를 원하셔서 전화드렸습니다."

정신이 번쩍 들었다. 곧 전두환 대통령과 전화가 연결됐다.

"고 의원이 내무부 장관을 맡아 줘야겠어요."

내가 민정당 국회의원으로 활동하던 1987년 1월 서울대생 박종철(朴鍾哲)군 고문치사 사건이 터졌다. 사건은폐 의혹까지 번지면서 민심은 분노했고 정국은 요동쳤다. 치안을 담당하는 내무부는 궁지에 몰렸다. 순간적으로 생각했다. 내무부는 내가 처음으로 공직생활을 시작한 고향 같은 부처다. 어려운 때라고 해서 내무부 장관직을 피할 수는 없었다.

"네. 그러도록 하겠습니다."

수락하고 전화를 끊은 지 15분쯤 지났을까. 청와대 부속실에서 다시 전화가 왔다.

"저기, 이한기 전 감사원장의 전화번호를 아십니까."

"아, 저도 모르는데요. 사무실에 가면 연락처가 있겠지만 지금은 집이라 없습니다. 연감 인명록에 나온 주소와 전화번호가 대개 맞습니다. 급하시면 거기 나온 번호로 연락해 보시죠."

'무슨 일로 이 전 원장의 연락처를 나한테 묻나?'

궁금했지만 물어보진 않았다. 전화를 끊고 나니 다시 마음이 복잡해졌다. 아버지가 깰 때까지 2시간 정도 기다렸다. 그 사이 담배를 한 갑이나 피웠다. 새벽 6시 반쯤 아버지가 일어나 기침하는 소리가 들렸다. 2층 아버지의 방에 들어가 말을 꺼냈다.

"새벽에 청와대에서 전화가 왔습니다. 내무부 장관을 맡아 달라고 해서 수락했습니다."

기뻐하는 내색은 없었다. 아버지는 대신 걱정스럽게 말했다.

302

"이 어려운 시기에 왜 호구(虎口)에 들어가려고 하느냐?"

"나라가 어려울 때 부름받았는데, 어떻게 피할 수 없었습니다."

그날 오전, 전 대통령이 개각을 발표했다. 총리·부총리에 장관 3명이 교체되는 비교적 큰 폭의 개각이었다. 새벽 청와대 부속실에서 왜 이한기(李漢基) 전 감사원장의 전화번호를 물어봤는지 알게 됐다. 나는 내무부 장관에, 이 전 원장은 국무총리 서리에 임명됐다.

시간이 갈수록 민심은 더욱 악화됐다. 6월 10일 박종철 군 고문치사 사건을 규탄하고 호헌(護憲·현행헌법을 유지함) 철폐를 주장하는 시위가 전국으로 번졌다. 6·10 민주항쟁의 시작이었다.

6·10 민주항쟁은 1987년 6월 전국에서 벌어진 민주화운동으로 학생은 물론 '넥타이 부대'로 불린 직장인과 상인 등도 시위에 동참했다. 이들은 전두환 정권의 장기집권을 반대하며 "독재타도·호헌철폐"를 외쳤다.

그날 늦은 저녁 조종석(趙鍾奭) 시경국장으로부터 전화가 왔다. 긴급한 내용이라며 보고했다.

"시위대 천여 명이 명동성당에 집결했습니다."

"다른 시위대는 이미 해산한 거 아닙니까. 그대로 놔두세요. 괜히 해결한다고 경찰이 포위했다가는 문제가 더 커질 수 있습니다."

5분 후 다시 조 국장이 전화했다.

"이미 안전기획부에서 현장조정을 했고 명동성당을 포위했습니다."

"아니, 그게 말이 됩니까?"

전화기에 대고 버럭 소리를 쳤다. 안기부에 항의했지만 소용없었다. 걱정했던 대로 포위된 명동성당은 태풍의 눈이 됐다.

명동성당 전경투입을 반대합니다

6월 12일 청와대 본관에서 연락이 왔다. 저녁 7시 공안장관 회의가 열리니 참석하라는 내용이었다. 명동성당 안의 시위대와 경찰이 사흘째 대치하는 문제를 다룬다고 했다. 청와대 안가에서 회의가 열렸다. 내무부 장관인 나를 포함해 외무·법무 등 관계부처 장관들과 박영수(朴英秀) 대통령 비서실장, 안현태(安賢泰) 경호실장, 안무혁(安武赫) 안기부장, 이춘구(李春九) 민정당 사무총장, 청와대 관련 수석비서관 등이 참석했다. 안현태 경호실장이 회의를 주재하다시피 했다.

"24시간 내에 명동성당에서 시위대를 전부 내보내지 않으면 전투경찰이 진입해 해산시킬 수밖에 없습니다. 김수환 추기경에게 이렇게 통보하려고 합니다."

전 대통령의 지침인 듯했다. 의견을 수렴하기보다는 방침을 일방적으로 시달하는 쪽으로 회의 분위기가 흘러갔다. 회의 사회자인 안무혁 안기부장이 참석자들에게 "돌아가며 쭉 의견을 얘기해 보라"고 했다. 내 차례가 왔다.

"저는 제일 나중에 말하겠습니다."

다른 참석자들의 발언이 끝나자 나에게 질문이 떨어졌다.

"저는 반대합니다!"

나는 발언을 이어갔다.

"전투경찰 투입계획을 얘기할 게 아니라 투입여부부터 논의해야 하는 거 아닙니까. 저는 반대합니다. 첫째, 전경을 명동성당에 투입하면 결국 계엄령으로 확대될 수밖에 없습니다. 신부와 수녀들이

304

탱크 앞에서 연좌시위를 하면 어떻게 할 겁니까. 둘째, 벌써 국제 올림픽위원회(IOC)에서 내년 서울올림픽을 못 열겠다는 얘기가 나오고 있습니다. 전경을 성당에 투입하면 서울올림픽은 못 열고 회수될 겁니다. 셋째로 성당에 전경이 강제 진입하면 바티칸에서 가만있겠습니까. 우리는 수출로 먹고사는 나라인데, 가톨릭에서 불매운동 한마디라도 하면 한국 경제는 망합니다."

내 발언을 두고 토론이 이어졌다. 그런데 내 앞으로 쪽지 한 장이 전달됐다. 대통령이 통화를 원한다는 내용이었다. 그 잠깐 사이 내가 반대한다는 내용의 직보가 청와대 본관으로 올라갔나 보다. 바로 옆 전실(前室)로 가서 전화를 받았다.

"고 장관, 해방구(解放區)가 뭔지 알아요?"

전두환 대통령의 목소리는 상당히 격앙돼 있었다. 당시 명동성당 안에서 시위 참석자가 해방구 선언을 했다는 소문이 흘러나왔다.

"네. 러시아 공산혁명 때 나온 말로 알고…."

"아니, 맨날 회의만 하면서 물이나 마시고 말이야."

빨리 결론을 내고 이의를 달지 말라는 의미 같았다.

"사태를 잘 수습하기 위해 토론 중에 있습니다. 잘 수습하도록 하겠습니다."

전 대통령과의 짧은 통화를 마치고 다시 회의실로 돌아갔다. 다행히 내 의견에 동조하는 사람들이 나타났다. 강우혁(康祐赫) 청와대 정무 제2 수석, 안무혁 안기부장과 민정당 이춘구 사무총장이었다. 하지만 4시간 넘게 진행한 회의에서 결론은 나오지 않았다.

회의 후 나와 안무혁 부장, 이춘구 총장 이렇게 셋이 따로 남아 머리를 맞댔다. 이상연(李相淵) 안기부 차장도 합석했다. "명동성당에 경찰진입은 안 된다"고 전 대통령에게 내일 오전 다시 건의하기로 의견을 모았다. 안무혁 부장이 1차로 대통령과 면담하고, 그래도 안 되면 2차로 주무장관인 내가 재건의하기로 전략을 짰다.

6월 13일 오전 9시 대통령 주재 시국관계회의가 소집됐다. 청와대 본관 회의실 입구에 나를 비롯해 참석자 모두 도열했다. 전 대통령이 걸어오는 게 보였다. 안 부장이 대통령 뒤를 따라오고 있었다. 안 부장은 이미 대통령과 면담을 마친 상태였다. 그와 내 눈이 마주쳤다. 나는 눈짓으로 '어떻게 됐느냐'고 신호를 보냈다. 안 부장의 입가에 부드러운 미소가 떠올랐다. 그리고 조심스레 오른손을 들더니 'O'자를 그렸다. '됐다.' 속으로 안도했다.

전 대통령은 나에게 시국상황을 보고하라고 했다.

"일부 시민이 동조·가담하거나 고무하고 있습니다. 경찰 역시 피로가 쌓인 데다 시민들의 야유로 사기가 많이 위축돼 있습니다."

내 설명이 끝나자 전 대통령이 대응지침을 밝혔다.

"정부로서 명동성당 사태에 대해 인내를 보여주도록 합시다."

명동성당 시위대를 강제 진압하지 않겠다는 뜻을 공식적으로 밝힌 것이었다. 이제 명동성당에 모여 있는 시위대를 평화적으로 해산시키는 일이 남았다. 이상연 안기부 차장과 조종석 시경국장이 중간에서 수고를 많이 했다. 명동성당 안의 학생들은 투표를 했고 6월 15일 해산하기로 결론을 냈다.

함세웅(咸世雄) 신부로부터 "이들의 무사귀가를 보장해 달라"는 요청이 왔다. 경찰버스에 태워 각 대학 캠퍼스에 내려주겠다고 약속했다. "안전하게 학생들을 수송하라"고 단단히 지시했다. 함 신부에게 한 약속은 지켜졌다. 명동성당 사태는 그렇게 평화적으로 해결됐지만 6월 민주항쟁의 열기는 식지 않았다. 전국에서 집회가 열렸다.

6월 18일 오후 5시 30분 민정당 당사 대표실에서 노태우 대표를 만나 30분 정도 얘기를 나눴다. 나는 "경찰의 질서유지 능력이 한계에 달했다"고 치안상황을 설명했다. 그리고 정치적 결단이 필요한 시점이라고 강조했다. 노 대표는 이미 정치적 결단을 숙고하는 눈치였다.

6월 29일 오전 9시 30분 노 대표는 시국수습 특별선언을 했다. "여야 합의하에 조속히 대통령 직선제 개헌을 하고, 새 헌법에 의한 대통령 선거를 통해 1988년 2월 평화적 정부이양을 실현토록 해야 하겠습니다."

6월 민주항쟁의 결실인 '6·29 선언'이 공표되는 순간이었다.

만일 그때 명동성당에 전경병력을 투입했었다면 6·29 선언이 나올 수 있었을까. 서울올림픽은 열릴 수 있었을까. 지금도 그날 공안장관 회의 장면이 눈에 선하다.

소선거구제와 석패율제에 대한 생각

1987년 7월 10일 전두환 대통령에게 독대를 청했다. 둘만 있는 자리에서 말했다.

"제 역할은 다한 것 같습니다. 연말에 대통령 선거가 있습니다. 여당 당적을 가진 사람이 선거 주무부처인 내무부 장관을 맡아서는 중립적인 선거관리를 할 수 없습니다. 국회로 복귀시켜 주십시오."

"음, 그래요. 당신 말이 맞네."

전 대통령은 내 요청을 흔쾌히 받아들여 줬다. 사표를 쓰진 않았지만 네 번째 공직 사의였다. 다음날 전국 시·도지사들에게 전화를 걸어 "내 역할이 끝나서 이제 물러난다. 그동안 수고했다"고 인사했다.

7월 12일 일요일, 대통령 주재 오찬이 잡혔다. 약속장소인 청와대 녹지원에 도착했는데 깜짝 놀랐다. 나를 비롯해 장관 6명이 와 있었다. 전 대통령이 의원겸직 장관 모두를 부른 것이었다. 내 이론을 전 대통령이 확대 적용해 버렸다. 난감했다. 밥을 먹기 전 티테이블에 둘러앉았다. 전 대통령은 "수고했다"고 말하며 봉투 하나씩을 6명에게 줬다. 전별금이었다. 나는 조심스럽게 말을 꺼냈다.

"저, 한 말씀 드려도 되겠습니까."

"그래, 그러세요."

"조기상(曺淇相) 정무 제1장관은 입각한 지 두 달밖에 안 됐습니다. 그리고 정무장관은 원래 당적이 있는 사람이 맡도록 돼 있지 않습니까. 면제해 주시죠?"

"예외 없어. 그냥 원칙대로 다 해야지. 저기 이세기(李世基) 체육부 장관도 올림픽을 앞두고 있지만, 원칙대로 하는 게 좋겠어."

그러더니 전 대통령은 나웅배(羅雄培) 상공부 장관을 보며 말했다.

"아 참, 나웅배 당신은 어떻게 할 거야."

나웅배 장관은 전국구 의원으로 지역구 의원인 다른 장관들과는 상황이 달랐다. 나 장관은 바로 답했다.

"아, 네. 저는 남겠습니다."

장관을 계속하는 대신 의원직을 포기하겠다는 얘기였다. 그런데 전 대통령 반응이 재미있었다.

"그래, 그럼 남아. 그거 이리 줘."

전별금 봉투를 돌려달라는 뜻이었다. 정말 그는 나 장관 몫의 봉투를 회수했다.

7월 13일 개각 발표가 났다. 두 달의 짧은 내무부 장관 생활은 그렇게 끝났다. 나는 3개 부처 장관을 거쳤지만 재임기간은 교통부 6개월, 농수산부 14개월, 내무부 2개월에 불과하다. 다 합쳐도 1년 10개월이다. "장관을 세 번 했다", "직업이 장관이다" 등의 말을 들을 때마다 민망했던 이유다.

민정당 의원으로 돌아가자마자 새로운 임무가 맡겨졌다. 선거구제를 뜯어고치는 일이었다. 1987년 개헌을 앞두고 선거제도연구 소위원회가 구성됐다. 위원은 나와 구용상(具龍相)·유흥수·김중권(金重權) 의원 등 5명이었다. 소위원회가 마련한 선거구제 개정 방안은 두 가지였다. 1안은 1구 1의원의 소선거구제, 2안은 인구비례 지역대표제인 중·대선거구제였다. 소위원회의 협의를 거쳐 1988년 1월 초 노태우 대통령 당선인에게 보고했다. 이 자리에 이재형 국회의장, 채문식(蔡汶植) 민정당 대표가 참석했다.

이 안을 가지고 원내 4당은 협상에 들어갔다. 민정당의 심명보(沈明輔) 사무총장과 나, 통일민주당(통민당)의 황낙주(黃珞周) 의원, 평민당의 김봉호(金琫鎬) 의원, 공화당의 최재구(崔載九) 의원 등 각 당에서 대표들이 모여 협상한 결과 소선거구제로 결론이 났다.

선거구 획정은 '투표의 등가성(等價性)'과 '지역 대표성'이 조화되는 선에서 이뤄져야 한다. 선거구를 획정하는 데 합리적 기준이 필요했다. 나는 한 선거구에서 뽑는 의원 정수와 유권자 수와의 비율인 선거구별 인구편차의 허용범위를 3.5 대 1로 한정했다. 이때 우리나라에선 처음으로 투표의 등가성이란 개념을 도입했다.

소선거구제는 동반당선에 대한 비판을 일소하는 효과를 거뒀다. 1988년 3월 8일 소선거구제를 바탕으로 하는 의원선거법 개정안은 4당 합의로 국회를 통과했다. 우리 정치사에 한 획을 그은 일대 사건이었다.

소선거구제는 지금도 시행되고 있다. 하지만 모든 정책엔 부작용이 있다. 선거정책도 예외는 아니다. 소선거구제 때문에 영·호남을 기반으로 하는 지역 패권주의 정당이 출현했다. 우리 정치가 한 단계 성숙하는 것을 방해하는 요인이다. 소선거구제를 입안한 사람으로서 이 문제를 오랫동안 고민했다.

지난 2010년 사회통합위원장으로 일하며 한국정당학회와 함께 석패율제(惜敗率制) 도입을 주장하기도 했다. 이 제도는 지역구에서 높은 득표율을 기록하고도 애석하게 패배한 후보를 비례대표 의원으로 당선시키는 제도로, 일부 지역구 후보가 비례대표 후보로 이중등록하도록 허용한다.

석패율제를 도입해야 한다는 생각은 지금도 변함이 없다. 새 정치를 하려면 비례대표제 의원 수를 늘리고 독일이나 일본처럼 석패율제를 도입해야 한다.

악수와 민심

내 지역구였던 전북 군산-옥구는 소선거구제가 시행되면서 2개 지역구로 나뉘었다. 1988년 제13대 총선거에서 나는 여당인 민정당 후보로 군산에 출마했다. 선거운동을 하는데 예상치 못한 역풍이 불었다. 8년 전 5·18 광주민주화운동 현장을 보여주는 사진과 영상이 곳곳에 뿌려졌고, 노태우 대통령과 여당에 대한 반감이 높아졌다. 김대중 총재가 이끄는 평민당이 전남·전북을 중심으로 돌풍을 일으켰다. 평민당의 상징색인 황색을 빗대 '황색바람', '황사바람'이라고 불렸다.

나도 황색바람을 피해 갈 수 없었다. 악수를 하면 민심이 보인다. 현장에 나갈 때마다 나와 눈을 맞추지 않고 악수를 힘없이 하는 사람이 늘어갔다. 연고가 있는 옥구가 아닌 군산을 선택한 것도 패착이었다. 그래도 여론조사에서 50~60% 지지율이 나왔다. '나는 5·17 비상계엄 전국확대에 반대해 사표를 던졌는데 … . 나만은 황사바람을 피하겠지'라고 생각했지만 불안함은 가시지 않았다.

어느 날 경성고무란 회사에 선거운동을 하러 갔다. 2천여 명의 종업원이 모두 유권자였고 대부분이 여성이었다. 구내식당 입구에 서서 한 사람씩 공손히 악수한 후 식판을 받아들고 함께 식사도 했다.

전남도청에서 회의가 열린다는 연락을 받았다. 점심식사를 마치고 경성고무의 넓은 부지를 걸어가는데 개수대가 보였다. 회의 생각만 하고 무심코 손을 씻었다.

그날 저녁 도청에서 회의를 마치고 나오는데 당원 한 명이 큰일 났다며 보고했다. 내가 손 씻는 모습을 경성고무 직원 몇몇이 봤다

민주정의당 국회의원 후보였던 1988년 2월 전북 군산의 한 시민과 악수하는 모습. 그해 4월 26일
치러진 제13대 총선거에서 저자는 평화민주당 채영석 후보에게 득표에서 뒤져 재선에 실패했다.

고 했다. '손을 씻으려면 뭐하러 악수했느냐'며 비난이 쏟아졌다는
얘기였다. 2천여 명과 악수한 일이 물거품이 됐다. 후회가 밀려왔
지만 이미 늦었다. 군산 민심이 나에게 등을 돌리고 있었다.

악재는 한꺼번에 몰아쳤다. 선거 사나흘 앞두고 김대중 전 평민
당 총재가 군산에 지지유세를 하러 왔다. 여당후보인 나와 평민당
채영석(蔡映錫) 후보, 무소속 강근호(姜根鎬) 후보 등 3명이 경합하
고 있었다. 군산역 앞에 단상이 마련됐고 그 위에서 김 전 총재가
채 후보와 강 후보의 손을 맞잡았다. 그는 유세인파의 함성 속에
야당후보를 채 후보로 단일화하는 드라마를 연출했다. 1대 2의 경
쟁이 1대 1로 바뀌었다.

그해 4월 26일 13대 총선에서 지역구 224명, 전국구 75명 의원이
당선됐다. 소선거구제가 불러온 정치권의 변화는 폭발적이었다. 총

선에 앞서 선거구제 개정안을 논의할 때 김영삼 총재가 이끄는 통민당은 1차 협상에서 중·대선거구제에 합의했다. 2차 협상과정에서 당론을 소선거구제로 바꿨다. 그런데 소선거구제로 치러진 첫 총선에서 민주당은 제1야당에서 제2야당으로 밀렸다. 평민당은 호남 지역구를 싹쓸이하며 제1야당으로 부상했다.

여당인 민정당은 원내 제1당 자리를 유지했지만 과반수 의석 확보에 실패했다. 노태우 정부의 정국운영은 차질을 빚기 시작했다. 소선거구제가 불러온 정계개편은 3당 통합에 의한 민주자유당(민자당)의 등장으로 이어졌다. 만일 김영삼 총재의 민주당이 제1야당 지위를 유지했다면 굳이 민정당·공화당과 더불어 1990년 1월 22일 3당 합당에 참여했을까.

선거구제 개편실무를 맡았던 나도 13대 총선에서 역풍을 맞았다. 단일화한 채 후보가 승리했다. 나는 낙선했고 재선에 실패했다. 20대에 고등고시에 낙방한 이후 두 번째로 맛본 큰 실패였다.

제 7 장

수도 서울의 그랜드 디자인

서울은 초만원이다

큰 의미에서 행정(行政)도 정치(政治)다. 의회에서 하면 정치, 정부에서 하면 행정이다. 다만 정치와 행정의 가장 큰 차이는 직접적인 목적에 있다. 정치는 권력의 획득을 목적으로 한다. 행정은 권력이 목적이 아니다. 국민을 위한 서비스를 목적으로 한다. 오로지 국민에게만 봉사하면 된다.

정치인이라면 정권에 충성해야 하지만 행정인은 그럴 필요가 없다. 일에 정성을 쏟다 보면 자연스레 정권에 좋은 영향을 끼칠 따름이다. 내가 몸으로 느낀 차이다.

정치인 생활을 마무리한 나는 1988년 12월 5일 행정인으로 돌아갔다. 노태우 대통령은 나를 제22대 서울시장으로 임명했다. 지금과 달리 선거 없이 대통령이 시장을 임명하던 시절이다.

서울시청으로 처음 출근한 12월 6일 기자회견을 열었다.

"임명권자의 눈치를 살피는 시장이 아니라 시민들이 진정 바라는 것이 무엇인지 살피고 행동으로 옮기는 참된 공복(公僕)이 되겠습니다. 서울시가 복마전(伏魔殿)의 오명에서 벗어날 수 있도록 깨끗한 시정을 펴나갈 방침입니다. 시장 독단으로 결정하는 밀실행정은 없을 것입니다. 시장이 솔선수범해 공개행정(公開行政)을 하는 것부터 시작하겠습니다."

많은 기자가 질문을 쏟아냈다. 한 여기자가 물었다.

"인구 20만~30만 명의 지역구 국회의원 선거에서 떨어진 사람이 인구 1천만 명의 도시행정을 잘 이끌 수 있을까요?"

지금도 기억에 남아 있는 질문이다. 웃으며 답했다.

"국회의원 선거에서 계속 당선된 사람보다는 한 번 당선되고 한 번 떨어져 본 사람이 민심을 더 잘 헤아릴 거라고 생각합니다."

기자의 물음처럼 서울은 큰 도시였다. 내무부 행정과 기획계장으로 도시계획을 연구하던 1960년대 후반, 이호철 작가의 《서울은 만원이다》란 소설이 인기를 끌었다. 그때 서울 인구가 3백여만 명이었다. 서울시장으로 임명된 1988년 말 서울 인구는 1천만 명을 돌파해 1천 1백만 명을 향하고 있었다. 지금과 큰 차이가 없었다. 서울은 만원을 넘어 초만원이었다. 교통·주택·환경·상하수도에 쓰레기 문제까지 폭발적 수요에 따른 부작용으로 서울시는 몸살을 앓았다.

1987년 6·29 선언을 계기로 시민의 집단민원도 분출하기 시작했다. 행정의 민주화가 필요했다. 공개행정, 참여행정(參與行政)에 그 열쇠가 있다고 생각하고 취임할 때부터 강조했다. 권위주의 시대의 일방통행식 행정관행을 버려야 했다. 일방적으로 정책을 만들고 무작정 따라오라고 홍보만 한다면 시민의 자발적 협조를 얻어낼 수 없다. 특히 현장에서 시민을 만나면 자기와 관련 있는 특정 시책에 대해 제대로 모르는 경우가 많았다. 주요정책을 비밀로 하고 밀실에서 결정하면 부패의 온상이 된다. 불필요한 오해도 부를 수 있다. 국가안보나 부동산 투기 관련 대책 등 보안이 필요한 극히 일부 대책만 제외하고는 공개행정을 펼치기로 방침을 세웠다.

20년 가까이 행정을 하면서 나름 전문가라고 자부했는데 역시 서울시정은 만만치 않았다. 시정을 파악하는 데 6개월이 걸렸고 시정을 장악하는 데 1년이 걸렸다. 서울시 직원이 보기에 시장은 객(客)이었다. 평생직장으로 서울시에서 일한 직원들은 스스로를 주인으로 여길 수 있다. 시장이 시정을 샅샅이 파악하지 않는다면 몇 년 머물다 떠날 과객이 돼 버린다. 발상의 전환이 필요했다.

서울시정을 파악하는 데 가장 중요한 것이 도시계획이다. 시장관저에 작은 서재가 있었다. 관저에 머물 때 대부분 시간을 거기서 보냈다. 서재 한쪽 벽에 서울 도시계획 전도를 붙여 놓고 매일 들여다봤다. 역시 교통이 가장 큰 문제였다.

2기 지하철 착공

서울시민에게 지하철을 타라고 권장해 놓고 시장이 승용차만 타고 다닐 순 없었다. 특별한 일이 없는 날은 지하철이나 버스로 출근했다. 서울 혜화동 시장공관에서 걸어 나오면 4호선 한성대입구역이 나온다. 4호선을 타다가 동대문운동장역(지금의 동대문역사문화공원역)에서 2호선으로 갈아타고 시청역에서 내렸다.

출근길은 험했다. 나를 알아보는 시민들과 인사하고 얘기 나누는 여유는 지하철을 타기 전까지만이었다. 출근시간 지하철 안은 전쟁터였다. 지하철이 역에 설 때마다 사람들이 밀려 들어오고 나가는데 시장이라고 피할 재간이 없었다. 나 역시 밀고 당기고 몸싸움에 시달렸다. 어느 날은 인파를 헤치고 시청역에 내렸더니 양복 윗옷 단추가 뜯겨나가고 없었다. 여중생이 지하철 안에서 질식해 기절했다는 얘기를 전해 듣기도 했다.

혼잡도 100%는 지하철 좌석이 다 차고 나머지 사람들이 손잡이 하나씩 잡고 서 있는, 전동차 정원에 딱 맞는 정도를 말한다. 현재 가장 복잡하다는 2호선 신도림역 근처 열차 안 혼잡도가 200%를 좀 넘는 수준이다. 1988년 지하철 혼잡도는 300%를 넘었다. 말 그대로 '지옥철'이었다. 해결책을 빨리 찾아야 했다.

먼저 8백 량에도 못 미치는 서울시내 전동차 수를 약 2배인 1천 7백 량으로 늘리는 대책을 추진했다. 그런데 "예산도 별로 없지만, 있는 예산마저도 제대로 집행을 못 하고 있다"는 실무자의 대답을 들었다. 입찰가격을 올리려고 현대정공과 대우중공업 두 회사가 담합해 13차례나 유찰됐다고 했다. 제3의 회사인 대한조선공사를 입찰에 참여시켰다. 담합이 깨졌고 계획대로 전동차를 발주할 수 있었다.

해마다 단계적으로 전동차 수를 늘리기로 했지만 비상조치에 불과했다. 지하철 혼잡도는 줄긴 했지만 240~260% 수준이었다. 출퇴근길 시민의 고통은 여전했다. 근본적 대책이 필요했다. 해마다 자동차 대수는 20%씩 늘어나는데 도로만 깔아서는 교통대란을 해결할 수 없었다. 지하철은 정시성(定時性)·안전성이 장점이다. 대량수송이 가능하고 공해도 유발하지 않는다.

1989년 임명직 서울시장으로 5~8호선 2기 지하철 사업에 착수했고
민선 서울시장으로 돌아와서 2000년 3월 27일 이를 완공했다.

1・2・3・4호선 1기 지하철에 이어 2기 지하철을 서둘러 건설하
는 수밖에 없다고 판단했다. 1989년 나는 겁도 없이 5・6・7・8호
선 2기 지하철 건설사업을 착수하겠다고 선언했다.

관건은 돈이었다. 지하철을 건설하는 데 필요한 막대한 재원을
확보해야 했다. 1기 지하철 국고보조 비율은 2.7%로 미미했다. 그
정도 수준으로는 공사를 제대로 추진할 수 없었다. 1990년 2월 서
울시 자동차 등록대수가 100만 대를 넘어선 그 주(週) 국무회의에
서 서울시 기간교통망(基幹交通網) 지도 2장을 들고 "중앙정부의 지
원이 절실하다"고 역설했다.

1990년 4월 2일 노태우 대통령, 강영훈(姜英勳) 국무총리, 나,
안상영 부산시장과 관계부처 장관이 참석한 가운데 '대도시 교통종
합대책' 합동 보고회가 열렸다. 그 자리에서 지하철 공사비의 30%

를 중앙정부 예산으로 지원한다는 방침이 정해졌다. 노 대통령의
결단이 있어 가능했다.

그러나 집행단계에서 다른 도시와 달리 서울시는 30%를 지원해
줄 수 없다고 경제기획원이 발뺌했다. 나는 경제기획원을 문지방이
닳도록 드나들며 설득했다. 결국 중앙정부가 2기 지하철 사업비의
25%를 지원하는 것으로 타협이 이뤄졌다. 좀 부끄러운 얘기지만 일본
공적개발원조(ODA) 기금에서 차관을 도입해 사업비에 보태기도 했다.

2년 만에 지하철 4개 노선을 선정, 설계하고 예산을 확보해서 착
공까지 하는 데 어려움이 많았다. 특히 전국에 흩어져 있는 지하철
건설 전문 기술자들을 모으는 일이 중요했다. 우명규(禹命奎) 서울
시 지하철건설본부장의 수고가 컸다. 2기 지하철 사업규모는 총연
장 160㎞로 1기 지하철의 규모를 뛰어넘었다.

7년 6개월여 만인 1998년 민선 서울시장으로 돌아왔다. 2000년 6호
선이 개통되며 8개 노선에 총연장 287㎞의 서울지하철이 완성됐다.
그해 12월 15일 지하철 6호선 개통식에 참석했다. 곧이어 9호선의
노선을 정하고 착공을 서둘렀다. 큰 보람을 느꼈다.

서울 내부·외부 순환도로 건설

1980년대 후반 서울도심을 재개발하면서 마들평야에 대규모 주택
단지가 들어섰다. 지금의 노원구 상계동과 중계동 일대다. 수십만
인구가 입주했지만 교통대책은 부실했다. 이 지역과 도심을 잇는
역할은 지하철 4호선이 맡았다. 하지만 빠른 속도로 늘어나는 교통

1998년 12월 30일 서울 내부순환도로 건설 현장을 찾았다.
이 공사는 1989년에 시작해서 1999년 2월에 끝났다.

수요를 감당하기엔 한참이나 부족했다. 지하철 6·7호선 건설 계획
이 확정됐지만 완공까지는 오랜 시간이 필요했다.

서울 동부 지역을 잇는 간선도로를 서둘러 만들어야 했다. 문제
는 시간이었다. 어떻게 하면 도로를 빨리 만들 수 있을까 고민하다
가 서울시는 중랑천을 이용하기로 결정했다. 중랑천을 따라 길을
내면 하천변과 둑을 활용하기 때문에 민간인 토지를 수용할 필요가
없었다. 시간과 돈을 절약할 수 있다. '동부간선도로'라고 이름을
짓고 1년 안에 완공한다는 목표 아래 사업을 추진했다.

암초는 의외의 곳에서 나타났다. 건설부가 하천범람 위험이 있다
며 허가를 안 내줬다. 건설부 요청에 따라 수리모형시험(현장을 축
소한 모형을 만든 다음 물을 흘려보내는 시험)을 하는 데 1년 더 걸렸
다. 내가 서울시장에 취임한 지 1년이 지난 후 동부간선도로를 착

공할 수 있었다.

도로 교통난은 서울 동부지역에만 국한된 문제가 아니었다. 서울의 도로망은 도심에서 바깥으로 바퀴살처럼 뻗어나가는 방사형(放射形) 구조로 만들어져 있었다. 선진국 대도시와 달리 외곽과 외곽을 이어주는 고리형 순환도로가 없었다. 서울 외곽에서 다른 외곽지역으로 가려는 차량의 절반 정도가 도심으로 들어왔다가 다시 나가야 했다. 시간도 많이 걸렸고 서울 중심가의 교통난을 더욱 부추기기도 했다.

서울시에 두 개의 순환고속도로를 건설하는 방안을 만들었다. 내부순환도로는 서울시가 건설하고 외곽순환도로는 수도권 광역교통망을 구축한다는 차원에서 중앙정부가 만든다는 분담안이었다. 이 안을 건설부에 제의했고 국무회의를 통해 확정했다.

내부순환도로의 노선을 정하려고 남산을 네 차례 이상 올라갔다. 도심을 내려다보며 아무리 살펴봐도 적당한 노선이 나오지 않았다. 도시 건조물 사이로 도로를 뚫는 일은 거의 불가능했다. 엄청난 보상비는 또 어떻게 마련한단 말인가. 매일 고민을 거듭했다.

어느 날 밤 관저로 돌아와 서재 의자에 앉았다. 저녁자리에서 마신 술기운이 남아 있었다. 책상 앞 벽에 붙어 있는 서울 도시계획 전도를 뚫어져라 쳐다봤다. 그 순간 묘안이 떠올랐다.

'강변을 이용하자.'

중랑천을 활용해 동부간선도로를 설계한 선례가 있었다. 한강의 북측 강변과 홍제천·정릉천 등 하천과 산악지를 최대한 활용한 도심 순환고속도로의 설계가 완성됐다. 1989년 9월 20일 서울시는 총연장 40.1㎞의 내부순환도로를 건설하는 '서울 교통종합대책'을 발표했다.

보통 도로를 만들면 사업비의 90%를 토지 보상비로 쓴다. 하지만 내부순환도로는 총사업비 1조 2,131억 원 가운데 10%인 1,226억 원만 토지 보상비로 사용했다. 하천변과 산지를 이용한 설계로 예산을 절약할 수 있었다. 임명직 시장일 때 시작한 내부순환도로 공사는 민선시장으로 돌아온 후인 1999년 2월 홍은동 4거리와 마장동을 잇는 13.7㎞ 구간 공사가 끝나면서 마무리됐다. 현재 서울에서 교통 분담률이 제일 많은 강변북로(江邊北路)는 내부순환도로의 한 구간으로 탄생했다.

중앙정부가 담당한 수도권 제1 외곽순환도로는 착공 17년 만인 2007년 12월 완성됐다. 2개 순환도로가 완공되면서 서울의 도로망은 한 단계 발전할 수 있었다.

여성 주차단속원의 탄생

서울시장에 취임한 1988년 12월 서울의 교통문제는 심각했다. '교통삼난'(交通三難)이란 말이 시민들 입에 오르내렸다. 차는 많고 도로는 모자라 생긴 '소통난'(疏通難), 버스와 지하철이 콩나물시루처럼 사람으로 빽빽하고 택시 잡기도 어렵다고 해서 '승차난'(乘車難), 그리고 '주차난'(駐車難)이었다.

서울시는 인구 천만, 차량 백만 시대를 맞았다. 매년 평균 20%씩 자동차가 늘어났지만 주차할 장소는 턱없이 부족했다. 점심시간 유명 호텔 앞 대로는 3~4열로 불법주차한 차량으로 무법천지였다. 도로와 지하철 확충이 장기과제라면 주차는 당장의 문제였다.

우리나라처럼 땅은 좁지만 교통대책을 훌륭히 펼치고 있는 선진국의 사례를 연구해야겠다고 생각했다. 1989년 2월 모처럼 4일간의 설날연휴를 맞았다. 휴일 동안 교통 선진도시인 홍콩과 싱가포르의 교통시스템을 둘러보고 현장에서 워크숍을 진행하기로 했다. 신부용(愼富鏞) 교통개발원장이 시찰일정을 짰고, 임성빈(任聖彬) 명지대 교수, 이원종(李元鐘) 교통국장이 함께 갔다.

홍콩과 싱가포르 현지안내를 맡을 교통전문가는 호주계 사람들이었다. 동양의 명절인 춘절을 쇠지 않았던 그들은 출장기간 내내 많은 도움을 줬다. 3박 4일 동안 현장을 걸어서 확인하고 워크숍을 여는 강행군이었다.

그런데 출국길에 청와대와 서울시 간 혼선이 있었다. 임명직 시장이었던 만큼 해외출장을 가려면 대통령의 재가가 있어야 했다. 노태우 대통령에게 서면재가를 받고 구두보고도 하고 출국했는데 비행기가 떠난 직후 청와대 외교안보수석이 나의 출장을 문제 삼았다. "중국의 춘절 공휴일에 시장이 홍콩과 싱가포르로 출장 가는 것은 문제가 있다"고 노 대통령에게 보고하고 직접 김포공항까지 연락해 나의 출국을 막으려 했다고 한다.

내가 탄 항공기가 이미 이륙한 뒤여서 출장 가 있는 동안은 이 사실을 몰랐다. 돌아와서 알게 됐다. 공휴일에 시장 일행이 관내에 와 있는 것을 현지 대사관에서 불편하게 여기는 바람에 생긴 일 같았다.

역시 홍콩과 싱가포르는 교통 선진도시였다. 출장을 통해 새로운 서울 교통정책의 얼개를 짤 수 있었다. '서울의 교통 이대로 좋은가'란 제목으로 공개 토론회를 열어 시민의 의견을 듣고 정책을 구체화했다.

먼저 서울시 도로에 황색 실선을 그었다. 황색 실선이 그려진 구역에 주차해선 안 된다고 대대적으로 홍보했다. 싱가포르에 출장가서 보고 배운 정책이었다.

그다음 주차단속 제도를 바꿨다. 경찰이 가졌던 주차단속권을 지방자치단체도 가질 수 있도록 법을 고치기로 했다. 노태우 대통령의 재가를 받고도 법을 개정하는 데 1년이 더 걸렸다. 경찰을 관장하는 내무부에서 강하게 반발했기 때문이다. 하지만 나는 관철했다.

1990년 8월 법이 개정되자마자 서울시 여성 주차단속원을 모집했다. 유명 디자이너에게 의뢰해 제복도 만들었다. 디자인과 색상은 주차 단속원들이 직접 고르도록 했다. 나는 감색 디자인이 맘에 들었는데 그들은 자주색을 선택했다.

1990년 10월 26일 서울 경희궁공원에서 주차단속원 발대식이 열렸다. 365명의 주차단속원에게 당부했다.

"호텔 앞에 불법주차한 큰 차부터 단속하십시오. 사장·회장·장관 등 높은 사람 차부터 단속해야 합니다."

단속 첫째 날 부총리 차가 불법주차로 걸렸다. 차를 잡아낸 주차단속원을 크게 칭찬했다. 이 일은 신문에도 보도됐다. 시민들에게 경각심을 불러일으키는 데 효과적이었다.

주차정책을 열심히 추진해 성과를 낸 김상돈(전 서울메트로 사장) 주차계장을 주차과장으로 승진시켰다. 이때 처음으로 시청에 '주차과'를 만들었다.

1998년 7월 민선시장으로 서울시에 돌아왔다. 주차단속 제도는 자리를 잡았지만 주택가 주차문제는 여전히 심각했다. 시내 전역의 주택가 이면도로를 전수 조사해 노면주차가 가능한 공간을 파악했다. 이 자료를 바탕으로 일부 구에서 시범 실시하던 거주자 우선 주차제도를 2001년 확대시행하며 정책을 보완했다. 현재의 주택가 노면주차구획은 그렇게 탄생했다.

교통방송과 교통카드

지하철과 도로 같은 하드웨어만큼 교통의 소프트웨어도 중요하다. 임명직 서울시장으로 일하기 시작한 1980년대 후반. 인터넷이나 스마트폰이 보급되기 한참 전이다. 한번 차에 올라타면 왜 길이 막히는지, 어디로 가야 길이 덜 막히는지 알 길이 없었다.

라디오 방송으로 교통정보를 신속히 알려 줘야겠다고 생각했다. 우선 교통방송(TBS) 창립을 서둘렀다. 나는 교통은 알아도 방송은 모른다. 권위 있는 방송전문가를 모아 교통방송 창설 자문위원회를 구성했다. 김규(金圭) 서강대 교수, 이환의 전 MBC 사장 등이 위원회에 참여해 도움을 줬다. 그리고 1990년 6월 11일 교통방송이 문을 열었다. 교통방송이 시작되면서 운전자는 라디오로 교통정보를 실시간으로 알 수 있어 좋았고, 도로소통을 원활하게 하는 데도 효과적이었다.

하지만 개선할 점은 많이 남아 있었다. 출퇴근길 서울시내 차량 가운데 '나홀로 승용차'가 70%를 넘었다. 처음 서울시장으로 임명됐던 1980년대 후반이나 선거를 거쳐 서울시장직을 다시 맡게 된 1990년대 후반이나 상황은 크게 다르지 않았다. 서울시민이 대중교통을 더 많이 이용할 수 있도록 시스템을 업그레이드해야 했다. 지하철을 편리하고 쾌적하게 이용할 수 있도록 하는 일이 시급했다.

어느 날 "시장도 찜통 지하철을 한번 타 보라"는 힐난 섞인 이메일을 받았다. 1주일에 두 번 정도 지하철 2·4호선으로 출근하는 나도 상황을 잘 알고 있었다. 1~4호선의 노후 전동차를 2002년까지 순차적으로 냉방이 잘되는 새 전동차로 교체했다. 승객이 많은 지하철역부터 시작해 역사의 냉방시설을 개선했다.

서울지하철의 환승거리가 멀다는 점도 해결해야 했다. 에스컬레이터, 엘리베이터, 수평 에스컬레이터 등을 확충했다. 취임 초기 36%였던 지하철 수송분담률을 임기 말 50%대로 끌어올릴 수 있었다.

지하철에서 시내버스나 마을버스로 쉽게 갈아탈 수 있는 환승체계도 구축했다. 윤준병(尹準炳) 서울시 대중교통과장(지금의 서울시 도시교통본부장)이 실무를 맡았다. 2000년 교통카드 하나로 지하철과 시내버스, 마을버스를 이용할 수 있는 교통카드 호환시스템을 마련했다. 2001년엔 지하철과 버스로 갈아탈 때 요금을 할인해 주는 환승할인제도도 만들었다.

지금은 시민들이 편리하게 이용하고 있지만, 처음 시스템을 만들 때는 어려움이 많았다. 그때 어려움을 극복하고 교통카드·환승할인 시스템을 완성한 윤준병 도시교통본부장의 경험담을 들어본다.

"원래 교통카드는 시내버스 선불교통카드, 지하철 후불교통카드가 있었다. 두 개 방식의 교통카드를 통합하려고 했다. 보고했더니 고건 당시 서울시장이 '안 된다. 두 종류 모두 사용이 가능하도록 호환방식으로 하라'고 지시했다. 회사 간 협의가 하도 안 돼서 궁리 끝에 '교통카드 호환협의회'를 만들었다. 각 사를 회원으로 참여시키고 거부권을 가질 수 있게 했다. 협의회를 통해 회원사끼리 결정하도록 하니 합의가 이뤄지더라. 1999년 말 고 시장에게 결재를 받으러 가서 '이제 됐다'고 보고했는데 '수고했다'는 한마디도 안 하시더라. 가장 적용하기 쉬운 버스부터 시작해 2000년 6월 지하철에서도 선불·후불 카드를 함께 쓸 수 있도록 호환시스템을 완성했다."

"환승할인제도를 2001년 시행하려고 2000년 10월 방안을 올렸는데 예산 단계에서 막혔다. 50억 원 정도 예산이 필요했는데 반영이 안 됐다. 어느 토요일 고 시장이 교통 관계부서 과장들을 모아 점심을 샀다. 약주 한잔을 하면서 '할 얘기 있으면 해보라'고 해서 환승할인 예산에 대해 말했다. 고 시장은 '대중교통이 중요하잖아'란 답만 했다. 된 건지 안 된 건지 모르고 있는데 다음날 예산부서에서 '빨리 예산서 가져오라'고 연락이 왔다. 예산을 따냈고 계획대로 시행할 수 있었다."

수해와의 전쟁 1, 2, 3

1990년 서울에 큰 물난리가 났다. 9월 11일부터 사흘간 480㎜의 비가 내렸다. 서울의 연평균 강수량이 1,370㎜였다. 1년치 강수량의 3분의 1이 단 3일 동안 서울에 쏟아졌다. 1925년 '을축년 대홍수' 다음의 기록이라고 했다. 65년 만의 대홍수가 하필 내가 서울시장일 때 닥쳤다. 전남 도지사 시절 지독한 가뭄으로 고생했는데…. 전남 도지사 시절엔 지사실에서 밤을 새우며 기우제를 지냈다. 이젠 시청 시장실에서 기청제(비가 멈추길 비는 제사)를 지내야 할 판이었다. 내 운을 탓할 여유는 없었다. 한강 수위가 심상찮았다.

급히 3개의 수방(水防) 기동대를 만들었다. 우명규 서울시 지하철 건설본부장 등에게 기동대장 역할을 맡겼다. 나 역시 며칠 밤낮을 시장실에서 보냈다.

김학재(金學載) 전 행정2부시장은 23년 전 긴박했던 현장을 지금도 생생히 기억한다고 했다. 당시 서울시 지하철건설본부 차장이었던 그는 기동대에서 활약했다. 김 전 부시장의 설명이다.

"고건 시장으로부터 '영등포 시내로 물이 들어온다고 한다. 빨리 가보라'는 지시를 받았어요. 바로 현장으로 향했는데 마포에 물이 넘쳐서 차가 더 이상 못 갔지요. 걸어서 여의도 샛강에 가보니 엉망이었습니다. 쓰레기에 스티로폼에⋯. 어디서 물이 새어나오는지 알 길이 없었습니다. 서울시 한강개발부장을 할 때 알고 지내던 잠수부들을 동원했습니다. 노련한 그들도 겁을 낼 정도로 물살이 강했습니다. 잠수부들이 허리에 줄을 묶고 들어갔지요. 몇 번을 그렇게 해서 뚜껑이 안 닫힌 맨홀을 발견했습니다."

당시 빗물 펌프장 공사가 진행 중이었다. 장마철을 앞두고 공사를 잠시 중단하며 물이 새어나올 통로를 철저히 막아 둬야 했지만 그러지 않았다.

"잠수부들이 철망, 모래 가마니 등을 열린 맨홀 위에 덮어 겨우 막았습니다. 홍수가 닥치기 전 현장점검을 철저히 했어야 하는데, 예나 지금이나 무사안일이 문제였던 거죠."

김 전 부시장의 지적이다.

영등포 일대 주택 360여 채가 물에 잠기고 922가구 주민이 대피해야 했지만 김 전 부시장 등 수방 기동대의 활약 덕분에 더 큰 피해는 막았다. 그런데 곧이어 중랑천 합류지점의 한강제방이 붕괴될

1990년 9월 12일 폭우로 서울 풍납동 서울중앙병원(지금의 서울아산병원)이
침수됐다. 입원 중인 환자들을 군인들이 고무보트로 실어 나르고 있다. 〈중앙일보〉

조짐이 있다는 심각한 위기경보를 받았다. 우명규 본부장이 현장으
로 달려가 지하철 건설용 중장비를 비상 동원해 겨우 위기를 모면
했다. 만일 제방이 뚫렸다면 구(區) 전역이 물바다가 됐을 것이다.

이때 수도권에 내린 폭우로 경기도 고양의 한강제방이 붕괴됐다.
서울을 보호하기 위해 고양의 둑을 터뜨렸다는 유언비어가 돌 정도
로 민심이 흉흉했다. 당연히 사실이 아니다. 하지만 서울의 한강 제
방이 터졌다면 고양의 제방은 안 무너졌을지도 모른다. 서울도 최악
의 상황만 피했을 뿐 저지대 아파트, 풍납동 서울중앙병원 등에서
적지 않은 침수피해가 발생했다. 수해와의 첫 번째 전쟁이었다.

바로 '수해 항구대책 3개년 계획'을 세웠다. 풍납동에서 망원동에
이르기까지 배수 펌프장 28개소를 한강본류에 더 설치하고 17개 제
방을 더 쌓았다.

민선시장으로 취임한 지 얼마 지나지 않은 1998년 8월. 또 서울

에 홍수가 닥쳤다. 이젠 70여 년 만의 최대규모 폭우였다. 한강 본류에선 큰 문제가 발생하지 않았다. 관선시장 때 추진한 수해대책 덕이었다. 그런데 한강 지천에서 사고가 터졌다. 중랑천·안양천 등이 범람했다. 두 번째 수해와의 전쟁이었다.

혹독한 수업이었다. 1999년 '수해 항구대책 5개년' 계획을 수립해 추진했다. 한강 지천 바닥을 준설했고 침수피해가 심했던 지역을 중심으로 펌프장을 신설했다. 117㎞의 하수관로를 새로 깔았고 용량도 확대했다. 펌프장 상태를 실시간으로 점검하고 조정할 수 있도록 영상감시, 원격조종, 자동기록 시스템을 확충했다.

하지만 수재(水災)와 나의 악연은 너무나도 질겼다. 2001년 7월 집중폭우가 서울에 내렸다. 2백 년 만에 한 번 있을까 말까 한 큰 비라고 했다. 수해 항구대책 5개년 사업을 채 완료하기도 전이었다. 저지대 주택가 지하실 등이 침수되는 등 큰 피해가 발생했다. 안타깝고 서울시민에게 죄송스러웠다. 서울시장직에서 물러날 때까지 수해 항구대책을 완료하는 데 심혈을 기울였다. 이렇게 나는 수해와의 세 차례 전쟁을 치렀다.

이후 과거와 같은 광범위한 수해는 없었지만 강남대로와 세종로 사거리 침수, 우면산 산사태 등 피해가 발생했다. 우수·하수관로의 용량을 키우고 산사태 피해를 예방해야 한다. 서울시의 수해와의 전쟁은 지금도 진행 중이다. 긴장을 늦춰선 안 된다.

경인운하가 필요한가?

서울시장으로서 한·일 월드컵 준비를 하느라 한창 바빴던 2002년 초의 일이다. 서울시청에서 나는 경인운하 건설계획에 대한 보고를 받았다. 경인운하 건설계획에 들어가 있는 시설인 김포터미널 때문이었다. 행정구역상으로는 김포시에 속했지만 서울시 도시계획구역에 포함돼 있었다.

서울시 인사들이 참석한 가운데 회의가 시작됐다. 경인운하 건설사업의 타당성을 조사한 모 연구용역회사의 임원이 연구결과를 보고했다. 설명을 듣다 보니 의문점이 한두 가지가 아니었다. 우선 수상운송은 육로운송에 비해 운임단가는 싸지만 배에 짐을 싣고 내리는 데 비용이 더 든다. 나는 질문을 던졌다.

"보고서를 보면 경인운하의 수상운송 거리가 18㎞에 불과합니다. 운송비보다 물류 상·하차료가 더 들 텐데 그에 대한 검토는 한 겁니까? 경제적 이점이 얼마나 있는 겁니까?"

대답이 없었다. 나는 두 번째 질문을 던졌다.

"운하 물동량은 얼마로 예상하고 있습니까?"

대답이 시원치 않았다. 근거가 불분명한 추정치만 나열했다.

마지막으로 세 번째 질문을 했다.

"도대체 뭘 실어 나르겠다는 겁니까? 운하를 이용할 화물은 벌크입니까, 컨테이너입니까?"

역시 묵묵부답이었다.

운하를 이용할 화물의 종류는 물론 수송량에 대한 분석도 제대로 하지 않았다는 얘기였다. 내 불편한 기색을 읽었는지 용역보고 내용을 설명하던 그 임원은 당황한 표정을 지으면서도 김포터미널 부지면적을 확보하는 데만 계속 열을 올렸다.

'염불보다는 젯밥 생각만 하는구나.'

속으로 혀를 찼다. 월드컵 준비로 바쁜 때에 괜한 시간낭비만 했구나 싶었다. 나는 이 자리에서 공개적으로 '서울시는 경인운하 건설사업 추진을 반대한다'고 결론을 냈다.

1년이 지난 2003년 굴포천 방수로 사업과 경인운하 사업에 대한 정부방침을 다시 정립하는 절차가 국무총리실에서 진행됐다. 이번엔 나는 국무총리로서 경인운하 사업계획서를 살펴보니 1년 전과 달라진 게 없었다. 그해 9월 내가 주재하는 국정현안정책 조정회의에서 '경인운하 사업을 재검토하라'는 결론을 냈고 사실상 무산시켰다. 대신 상습 침수지역인 굴포천에 방수로를 설치하는 사업은 국고를 지원해 진행하기로 했다.

그런데 이명박 정부가 들어선 이후인 2008년 12월 국가정책 조정회의에서 경인운하 건설을 추진하기로 번복해 결정했다. 회의 이름은 '국정현안정책 조정회의'에서 '국가정책 조정회의'로 바뀌고, 총리와 장관 등 참석자 면면이 달랐지만 회의체의 성격은 같았다. 하지만 5년 전과는 정반대의 결론을 냈다.

'아라뱃길'로 이름을 바꾼 경인운하는 2012년 5월 개통됐다. 2조 2천억 원을 투자한 대규모 사업이었다. 하지만 내가 우려했던 대로 운하사업이라기보다는 부동산 개발사업으로 변질됐다. 170만㎡에 달하는 개발제한구역(그린벨트)을 풀어주는 특혜도 줬지만, 지금 아라뱃길의 모습은 어떤가. 내가 경인운하를 반대했던 이유를 곱씹어 볼수록 아쉬움이 커질 뿐이다.

남산과 한강을 잇는 용산민족공원

서울 한가운데 여의도 면적만 한 땅덩어리가 생긴다면 어떻게 써야 할까? 용산(龍山) 미군기지가 이전하고 나면, 거의 330만 ㎡(백만 평)에 이르는 거대한 빈 땅이 서울 한가운데 남게 된다.

용산은 특별하다. 아무리 풍수에 조예가 없는 사람이라도 서울의 중앙에 있으면서 뒤로 남산(南山)을 기대고 앞으로 한강을 바라보는 이 땅의 입지적 매력은 분명하게 알 수 있다. 이른바, 배산임수(背山臨水)의 훌륭한 지역이다. 실제 남산에서 한강을 내려다보거나 용산 미군기지 쪽에서 남산을 올려다보면, 이 땅은 남산과 한강을 잇는 자연이 만든 천혜의 녹지자락으로 다가온다.

용산 미군기지는, 사람의 얼굴로 보면 인후(咽喉)에 해당하고, 수레바퀴로 보면 바큇살이 모이고 굴대가 지나가는 중심축이다. 이곳이야말로 서울의 두 상징, 남산과 한강을 하나로 연결하는 서울의 중심이다.

어떻게 보면, 이 땅의 미래에 대해서 지금 우리가 그림을 그릴 수 있는 것은 서울의 큰 복이다. 조선조 후반까지도 이 땅은 한적한 서울의 변두리였다. 그러다가, 이 지역은 남의 손으로 넘어간다. 임오군란(壬午軍亂)에 파병된 청군(淸軍)이 주둔하다가 패배하자, 일본군은 식민통치를 엄호할 포병대와 헌병대를 여기에 주둔시킨다. 이들은 해방될 때까지 여기에 주둔하다가 미군정(美軍政)이 접수하고, 6·25 전쟁 이후 계속 한국에 주둔하는 미군의 사령부가 여기에 자리 잡게 된 것이다. 이처럼 용산은 임오군란 이후 1세기 이상 외국군이 주둔하는 곳이 되었기 때문에 시민의 자존심이 걸린 지역이 되었다.

1990년 초에 이미 한국과 미국 사이에 용산기지 이전(移轉)에 관한 협약이 체결되었다. 내가 임명직 시장이던 시절이다. 용산 미군기지 이전 발표가 나오자 기지 이전 뒤, 그 땅의 활용방안에 대해 그야말로 백가쟁명(百家爭鳴)식의 제안들이 속출했다. 저소득층 아파트 부지로 활용해야 한다는 주장, 공원을 만들어야 한다는 주장이 제기되었고, 정부부처들도 국제외교단지, 첨단정보단지, 문화예술단지 등 각기 소관분야의 개발안을 앞다투어 내놓았다.

나는 이러한 단편적 제안들로서는 용산기지 반환이 가지는 역사적 의미와 그 부지가 지닌 지리적 위상에 걸맞지 않는다고 판단했다. 그래서 오휘영(吳輝泳) 박사를 비롯한 전문가들로 위원회를 구성하고 시민 의견을 수렴해 이 자리에 대규모 '민족공원'을 조성하는 계획을 수립해서 발표했다. 이 계획은 반환된 부지를 보전해 남산과 한강을 잇는 거대한 주제공원으로, 대한민국을 대표하는 상징적인 공원으로 만들고 그 일부 지역에 서울시의 시청청사를 옮겨 역사복원을 마무리하겠다는 내용이다.

용산 미군기지의 민족공원 조성계획을 확정한 뒤, 나는 그 후속조치들을 취했다. 우선 당시 미군 골프장 12만 평을 우선적으로 인수받아 가족공원으로 조성하기로 하고, 1990년 공원 기본설계를 마련했다. 그리고 지하철 6호선 계획을 수립하면서, 장차 시청청사가 들어갈 위치 가까이에 녹사평역을 건설하도록 했다. 아직 주변에 별로 이용객이 많지 않은 녹사평역을 서울시의 지하철역 가운데에서 가장 크고 화려하게 건설한 것은 바로 이러한 미래 용도에 대비한 것이다. 신청사 건립예산을 적립하던 중 시장임기를 마치고 물러났다. 그 후 신청사 건립계획은 현재 서울시청 위치로 바뀌었다.

훨씬 후인 2004년 2월, 노무현 정부의 초대 총리로 나는 국무총리실에 용산기지 이전 및 공원조성을 위한 '용산공원기획단'을 출범시켰다. 2006년 4월, 총리실은 '용산 민족·역사공원건립추진단'을 설치해 '용산 민족·역사공원건립추진위원회' 활동을 지원하는 한편 관련부처 간 이견사항 등을 조정했다. 2008년 1월 '용산 공원조성특별법'이 제정·시행됨에 따라 국토해양부(지금의 국토교통부)가 공원조성 업무를 본격 추진하고 있다.

서울의 공간구조에서 바둑판 중심점인 '천원'(天元)에 해당하는 용산 미군기지 자리에 우리나라를 대표하는 민족공원을 만드는 건 뜻깊은 일이다. 용산과 연결되는 남산의 원래 모습 복원에 내가 심혈을 기울였던 이유 중 하나도 이 때문이다. 하지만 민족공원 부지 한 켠에 서울시 신청사를 지으려던 내 구상은 실현되지 못했다. 못내 아쉽다.

남산을 시민 품에

남산은 서울 사람뿐 아니라 한국인에게 고향의 앞산같이 소중한 곳이다. 그런 남산에 일제는 총독부와 신궁(神宮)을 지었다. 남산의 수난은 해방 뒤에도 계속됐다. 난개발로 각종 콘크리트 구조물이 남산을 잠식했다.

'남산을 시민에게 돌려줄 수 없을까.'

임명직 서울시장으로 일하며 갖게 된 소망이었다. "남산에 다녀왔다"고 하면 "국가안전기획부에 끌려가 고문받고 왔다"고 알던 시절이다. 남산이 그런 상징으로 남게 둘 순 없었다.

남산의 경관을 해쳤던 외인아파트 2개 동이 1994년 11월 20일 발파 해체 공법으로
철거됐다. 서울시에서 추진한 '남산 제모습 찾기' 사업의 일환이었다. 〈중앙일보〉

1989년 말 서울 신라호텔에서 나는 서동권(徐東權) 안기부장과
만났다.

"안기부의 성격상 일반시민들과는 좀 떨어져 있는 곳이 좋지 않
겠습니까. 지리적으로 지금 남산은 부적절한 것 같습니다. 안기부
신청사를 지을 만한 서울시내 근교 부지를 물색해 뒀습니다. 안기
부장 공관도 함께 이전하는 것이 어떨까요."

서 부장은 내가 전남 도지사로 일하던 시절 광주지방검찰청 차장
검사여서 이미 알고 지내던 사이였다. 마침 안기부도 좁은 건물 때
문에 고민하고 있다고 했다. 서울 내곡동 등 몇 개 이전 후보지를
그에게 추천했다. 얘기는 상당히 잘 진행됐다.

하지만 수도방위사령부, 대한주택공사, 외국공관 등 남산 복원을
위해 설득해야 할 기관은 더 있었다. 사업에 추진력을 얻기 위해

노태우 대통령의 재가를 받았다. 그리고 1990년 어느 날 이동(李棟) 서울시 종합건설본부장에게 물었다.

"후임 시정연구관을 맡길 만한 사람이 없을까?"

그는 주택공사 강홍빈(康泓彬) 주택연구소장을 추천했다. 강 소장은 하버드대와 MIT에서 수학한 도시전문가였다.

"아, 미국 보스턴에서 내가 만나본 적이 있지. 근데 여기 월급이 얼마 안 되는데 오겠어?"

"주택공사보다는 훨씬 적을 겁니다. 그래도 올지 모릅니다. 일욕심이 많은 사람이거든요."

얼마 후 나는 강 소장을 직접 만나 설득했다.

"내가 문화적 소양이 부족합니다. 나와 같이 서울시에서 일해 보겠습니까?"

이동 본부장의 말이 맞았다. 그는 도시계획을 실천하는 열정 하나로 서울시 시정연구관이 됐다.

1990년 6월 남산 복원사업을 본격적으로 시작했다. 강홍빈 연구관이 기획하고 추진했다. 그는 이 사업에 '남산 제모습 찾기'란 이름을 붙였다. '남산 제모습 찾기 100인 시민위원회'가 구성됐다.

"시의회도 없고 시민단체 활동도 미약하던 시절이다. 하향식 지시 행정의 틀을 벗어난 시도였다. 김원용 박사가 위원장을 맡았다. 전문가는 물론 남산 자락에 사는 주민, 유치원 교사, 인근 학교 교장 등 다양한 사람이 참여했다. 100인이 다양한 의견을 냈고 역동적이고 멋있게 운영됐다."

위원회의 검토를 거쳐 1990년 10월 사업의 4가지 큰 방향을 정했다. 첫째, 남산 잠식시설을 옮기거나 철거한 뒤 그 자리를 공원화

1990년 10월 19일 서울시를 방문한 자크 시라크 프랑스 파리시장과 서울과 파리, 양 도시 간에
'우호도시 관계'를 수립키로 합의했다. 이에 따라 문화재 보존, 교통·주택·환경 정책에 대한
정보교환과 문화예술단체 상호방문, 공연, 전시회 등이 개최되었다.

하고, 둘째, 남산의 생태환경을 회복하는 일이었다. 셋째, 역사적
가치가 있는 봉수대와 성곽을 복원한다. 넷째, 남산 주변 난개발을
막고 산 안의 보행로를 가꾸기로 했다. 여론의 반응은 뜨거웠고 환
영받았다. 하지만 '과연 실현될까' 하는 우려의 목소리도 있었다.

남산 사업이 막 무르익어갈 때 나는 수서택지 특혜분양 압력을
거부하다 서울시장 자리에서 물러나야 했다. 강홍빈 연구관은 남아
100인 시민위원회와 함께 계획을 진전시켰고, 관련 부서들이 이어
받아 하나씩 실행에 옮겼다. 1994년 11월 20일 남산 외인아파트는
폭음과 함께 사라졌다.

민선 서울시장으로 돌아와서 보니 외인아파트 자리가 공터로 남
아 있어 야생화공원으로 만들었다. 안기부 건물은 서울의 안전을

책임지는 서울종합방재센터·소방재난본부·도시안전본부 등으로 탈바꿈했다. 수방사 자리엔 한옥마을이 들어섰다.

안기부장 공관은 '문학의 집'으로 바꿨다. 개관하던 날 김후란 시인은 "안기부장 공관의 커다란 철제 대문부터 없애서 시민들에게 활짝 개방하겠다"고 약속했다. 세월이 흘러 2011년 10월 21일 나는 '문학의 집' 개관 10주년 기념식 때 감사패를 받으며 "행정과 예술이 만나서로 보람이 된 증표로서 소중하게 간직하겠다"면서 "모두 건강하시고 앞으로 10년 후에 여기서 다시 뵙기를 바란다"고 인사말을 했다.

남산을 시민 품에 돌려드리는 노력 중에는 비화도 많았다. 앞서 말한 강홍빈 연구관은 이런 비화를 알려줬다.

"남산 산자락의 군인아파트를 허물고 새 아파트를 짓는데 15층 고층으로 지으려고 했다. 내가 반대하니 시행사와 관련된 사람들이 칼을 들고 사무실로 쳐들어왔었다. 그래도 끝까지 버텼다. 서울시 도시계획국장 출신인 김병린 사장이 시공사 대표였는데 '내가 접을게'라고 하셨다. 너무 고마웠다. 결국 남산 경관을 해치지 않는 저층 아파트가 지어졌다. 그렇게 지켜낸 남산인데 지금 주변에 초고층 주상복합아파트가 빼곡히 들어선 것을 보면 안타까운 마음이 든다."

새로운 장묘문화의 터전, 서울추모공원

서초구 원지동 서울추모공원 개원식 초대장을 받았다. 2011년 12월 14일, 박원순(朴元淳) 서울시장과 함께 테이프를 잘랐다. 1998년부터 추진했으니 13년이 걸린 숙원사업의 마무리였다. 화장장과 봉안

2011년 12월 14일 완공된 서울추모공원의 전경이다.

당을 갖춘 품격 있는 공간으로 주목받은 추모공원은 부족했던 화장
(火葬)시설 때문에 4일장을 치러야 했던 서울시민들의 불편을 해결
하게 되었다.

　오래전부터 나는 우리네 장묘문화를 화장 중심으로 바꾸는 자발
적 시민운동이 전개되어야 하지 않을까 하는 생각을 했다. 민선시
장 부임 초기인 1998년 8월 초, 폭우로 경기도 파주시 광탄면 용미
리에 있는 서울시립공원 묘지가 무너져 내렸다. 관이 유실되는 등
피해가 엄청났다. 수습과정을 주도하면서 '화장을 유언으로 남기는
서명운동'을 더 이상 늦출 수 없다고 판단했다. 시장인 내가 제1호
서명자로 나섰다.

　한 달 후, 시장공관에서 묘지 중심에서 화장 중심으로 장묘문화
를 바꾸는 국민운동을 전개해야 한다는 종교계와 사회지도층 인사
들의 모임을 가졌다. 서울시가 행정적 뒷받침을 아끼지 않겠다고
약속했다. 정경균(鄭慶均) 전 서울대 보건대학원장의 주도로 한국

장묘문화개혁 범국민협의회(회장: 김상하 상공회의소 회장)가 출범했다. '화장유언 남기기 서명운동'이 탄력을 받기 시작했다. 불과 3년 만에 서울의 화장률이 30%에서 50%로 뛰어올랐다.

문제는 화장시설이 태부족한 현실이었다. 서울시립 벽제 승화원의 화장로 23기는 이미 한계용량을 초과해 가동되고 있었다. 시립 '추모의 집'도 2000년 말이면 모두 꽉 찰 것이었다. 승화원과 추모의 집을 추가로 확보하지 못할 경우, 화장률이 70%를 넘어설 1990년대 중반, 장묘대란이 일어날 것은 불을 보듯 빤했다.

서울을 동서남북으로 나눠 권역별로 승화원 건립계획을 세웠다. 서울의 서북쪽에 있는 용미리나 벽제 승화원 등의 위치와 대각선 방향인 동남쪽에 우선 추진하기로 했다. 무연, 무취의 무공해 최첨단시설로 자연친화적 추모공원으로 조성한다는 원칙 아래 서초구 원지동 개나리골 일대를 부지로 선정했다.

2001년 9월, 서울시는 이 건립부지를 도시계획시설로 결정·고시했다. 2002년 4월 건설교통부는 부지일대를 개발제한구역에서 해제 고시했다. 2002년 4월 27일 서울시는 추모공원에 대한 도시계획시설 실시계획을 고시했다. 2002년 4월 30일, 진입도로 공사를 맡은 업체가 착공계를 제출했다.

주민들은 거세게 반발했다. 지금까지의 승화원들이 모두 혐오시설로 인식되었던 까닭이다. 원지동 근처 고속도로변에 "추모공원 제1호로 고건 서울시장이 들어와라"는 현수막이 걸렸다. 그렇다고 사업을 늦출 수는 없었다. 시민 복지에 절대불가결한 공간으로 인식을 전환시켜야 할 차례였다.

때마침 SK가 창업주인 최종현(崔鍾賢) 회장의 유지를 받들어 추모공원의 승화원과 추모의 집 시설 일체를 무상 건립해 서울시에 기부 채납할 의사를 밝혔다. 5백억 원의 예산이 소요되는 큰일에 선뜻 나선 SK가 참 고마웠다.

원지동 주민들과의 대화가 무엇보다 중요했다. 해당 지역에 대한 인센티브를 제안했다. 체육시설, 도서실, 경로당, 청소년수련원, 마을 내 소공원을 비롯한 주민 편의시설과 도로, 상하수도, 전기 등 도시기반시설 확충을 놓고 타협을 위한 모임을 계속했다. 하지만 타결을 보지 못하고 2002년 6월 30일 나는 시장직을 떠났다.

주민협상은 난항을 거듭했다. 주민들과의 대립에 후임 시장들이 소극적으로 대처한 것도 타결이 늦어진 이유 중 하나다. 끝내 주민들은 서울시를 상대로 원지동 추모공원 계획 결정을 취소해 달라는 소송을 냈다. 2007년 4월 12일, 대법원은 상고심에서 최종적으로 원고패소 판결을 확정했다.

서울추모공원은 2010년 2월 25일 착공돼 2011년 12월 14일 완공됐다. 원스톱 화장절차 서비스 시스템과 최첨단 화장로 11기를 갖췄다. 한편 지루한 공방을 기다리다 지친 SK 측은 세종시에 추모공원 시설을 건립했다. 공원묘지와 첨단 화장장을 갖춘 '은하수 공원'은 5성급 특급호텔 수준의 추모공간으로 세종시의 품격을 업그레이드했다는 평가를 받고 있다. 전임 서울시장으로서 좀 아쉽다.

2013년 4월 서초구에 살던 내 막내 여동생 고혜련(高惠蓮)이 세상을 떠났다. 서양화가로, 시인으로 활동하던 그 예술인 동생을 바로 이곳에서 작별했다. 위치와 시설도 좋았다. 자연친화적인 공간 구성도 맘에 들었다. 나도 언젠가 이곳을 이용할 것이다.

쓰레기 과장과 쓰레기 시장

1980년대 후반 서울시민의 생활수준도 높아졌고 덩달아 쓰레기 배출량도 빠르게 늘었다. 1978년부터 서울시 전용 쓰레기 매립장으로 사용한 난지도 포화상태에 가까워졌다. 쓰레기양을 줄이는 근본적 해결책을 찾아야 했다. 1989년 11월 서울시 시민불편신고센터에서 근무하는 김재종 담당관을 불렀다. 그는 일하는 열정이 남달라 청소 1 과장직을 맡겼다. 얼마 지나지 않아 그를 만났는데 불만 가득한 얼굴이었다.

"시장님, '다른 자리도 많은데 하필 쓰레기 과장이냐'고 집사람까지 툴툴댑니다."

"아니, 무슨 소립니까. 당신이 쓰레기 과장이면 나도 쓰레기 시장이요. 쓰레기를 없애는 일이 얼마나 중요한데 …."

나는 이때 '1980년대 구시대 행정의 쓰레기를 치운다'는 생각을 하고 있었다. 우리는 쓰레기양을 줄이는 해법을 찾는 데 골몰했다. 그 분야에서 최고권위가 있다는 학자들을 모셔서 시장실에서 여러 번 회의도 했지만 묘수가 나오질 않았다.

한창 고민하는데 김재종 과장이 제안했다.

"시장님, 저를 일본에 보내주십시오. 지금 서울시민의 하루 쓰레기 배출량이 2.8kg인 데 비해 일본은 1.2kg밖에 안 된다고 합니다. 일본 도쿄의 쓰레기 정책은 우리보다 30년 앞서 있다고 합니다. 현장에 가서 비법을 알아보겠습니다."

좋은 생각이었기에 흔쾌히 허락했다. 김 과장은 직원 두 명과 15일 동안 밤낮 가리지 않고 도쿄 시내를 다니며 시민들은 쓰레기를 어떻게 버리고 청소부들은 어떻게 쓰레기를 치우는지 관찰했다. 적환장

1990년 4월 10일 서울 봉천동에서 쓰레기 수거용 리어카를 직접 끌어보고 있다.

(매립장에 가기 전 쓰레기를 모아 두는 곳), 소각공장, 매립지로 이어지는 쓰레기 처리시스템도 살펴봤다. 일본에서 돌아온 김 과장은 "일본 도쿄 쓰레기 정책의 핵심은 분리수거에 있다"고 보고하였다.

우리는 쓰레기 분리수거의 초점을 재활용에 맞추기로 했다. 바로 쓰레기 정책전문가, 시청 담당공무원, 환경업체 대표와 시민단체 관계자를 모아 '쓰레기 감량화 대책추진위원회'를 구성했다. 여기서 일반 쓰레기, 재활용품 두 가지로 나눠 수거하자는 안이 나왔다. 위원으로 참여한 김천주(金天柱) 대한주부클럽연합회장은 한발 더 나아가 "재활용품을 철재류·목재류·플라스틱류·병류 등으로 세분해 수거하자"는 아이디어를 냈다.

분리수거 시범단지로 송파구 올림픽선수촌아파트를 선정했다. 처음엔 김장 때 쓰는 빨간 고무통을 아파트 지하주차장에 쭉 늘어놓고 분리수거를 했다. 불편해하는 아파트 주민을 설득하는 일은 9개 여성단체가 나섰다. 언론에서도 분리수거 시범사업을 앞다퉈 소개했다. 시범사업이 실제 정책으로 정착하는 데 여성단체와 언론의 도움이 컸다.

분리수거 시책을 계기로 쓰레기종량제 논의도 시작할 수 있었다. 1990년 10월 시민단체·환경미화원·학계전문가 등이 참여하는 공청회를 거쳐 쓰레기를 배출량에 따라 요금을 부과하는 방안을 결정하고 발표했다. 그전엔 가족의 인원에 따라 쓰레기 수거료를 징수했었다. 하지만 환경미화원 노조의 요청에 따라 유예기간을 뒀다. 쓰레기종량제는 1993년 서울에서 시행됐고 1995년 전국으로 확대됐다. 20년 전 시작된 쓰레기 처리시스템은 시민과 시청, 시민단체와 환경미화원이 함께 참여하고 협력해서 이뤄낼 수 있었다. 요즘 회자되는 '거버넌스'(協治)의 원조라고 할 수 있다.

내가 시장을 그만둔 후, 김재종 청소과장(후에 1급 공무원으로 정년퇴임한 서울시청 최초의 인물)에게 들은 얘기다. 그는 우선 "지금 서울시는 쓰레기 배출량에서나 분리수거 등 처리시스템에서나 일본 도쿄를 앞서서 뿌듯하다"고 말했다.

이어 실무자로서 일하면서 겪은 비화도 들려줬다.

"당시 '더스트 슈트'(dust shoot)라고 각층 투입구를 통해 쓰레기를 던져 버리는 설비가 아파트마다 있었다. 환경미화원들과 자주 술자리를 가졌는데 더스트 슈트 때문에 맨 아래층 적하장에서 환경미화원들이 쓰레기를 맞는 일이 허다했다. 냄새가 독해서 씻어도 지워지지 않아, 가족과 한자리에 있기가 민망할 때가 많다는 이야기를 들었다. 눈물이 나더라, 그래서 시장인 나에게 건의해서 복지회관과 목욕시설을 지어 준 일이 있다. 또 건설부에 신설아파트 건설 시 쓰레기 투입구를 만들지 못하도록 요청했고 이게 받아들여졌다."

346

제 8 장

소통과 불통 사이에서

난장이가 쏘아올린 작은 공

서울시장이 된 지 9일 만인 1988년 12월 14일. 서울시 노원구 중계동의 한 마을을 찾아갔다. 골목 가장 후미진 곳까지 들어갔다. 집은 다닥다닥 붙어 있었고 골목은 너무도 좁았다. 어깨가 간신히 통과할 정도의 넓이였다. 안내하던 통장이 말했다.

"사람이 살아서는 나와도 죽어서는 못 나오는 동네입니다."

"무슨 얘기입니까."

"골목이 하도 좁아 관이 누워서는 못 나오거든요. 관도 옆으로 세워야 간신히 빠져나온다고 해서 여기 사람들은 그렇게 얘기하죠."

철거 이주민이 정착해 만든 달동네였다. 불도저식 도심지 개발이 불러온 부작용은 1970년대 초 내무부 지역개발담당관으로 일하며 경기 광주대단지(지금의 성남시 일대) 현장에서 목격했다.

20년 가까이 시간이 흘렀지만 크게 달라진 게 없었다. 서울의 70여 개 지역에서 주택 재개발사업이 동시에 진행되고 있었다. 차를 타고 가다가 산등성이만 보면 전부 시뻘겠다. 양천구 신정동 칼산마을 등 다른 달동네를 둘러봤다. 상황은 비슷했다. 갈 곳 없는 세입자들은 항거했고 철거용역회사는 물리력으로 그들을 밀어냈다. 갈등과 충돌만 있지 법도 정의도 찾아볼 수 없었다. 살인사건까지 일어났다. 소설《난장이가 쏘아올린 작은 공》의 실제 현장이었다. 정부와 서울시는 양적인 주택공급에만 매달렸다. 현지주민의 고통은 안중에 없었다. 고민이 시작됐다.

'무질서하게 오밀조밀 지은 판잣집이지만 단층이다. 달동네를 밀고 10층 아파트를 지으면서 왜 원주민들은 쫓겨나야 하는가.'

나의 상식으로는 도저히 이해할 수 없었다. 원주민들을 수용할 수 있는 아파트 공간은 넘쳤다. 문제의 본질은 아파트 재개발 이익의 배분에 있었다. 달동네가 있는 산비탈 지역은 대부분 국공유지였다. 도시계획상 공원·녹지 지역으로 건축이 불가능한 곳이다. 이 지역을 재개발 구역으로 지정해 10층 이상의 아파트 건설을 허용하는 특혜를 줬다. 천문학적인 재개발 이익이 생겼다. 하지만 대부분의 이익은 재개발 조합을 등에 업은 건설회사와 외지에서 온 부동산 투기꾼에게 넘어갔다. 원주민에게 이익은 돌아가지 않았다.

나는 이 재개발 이익의 극히 적은 부분이라도 원주민에게 배분한다면 달동네 재개발 과정에서 생긴 갈등을 해결할 수 있겠다는 확신을 갖게 됐다. 김인식(金仁植) 서울시 건설관리국장을 불렀다.

"원주민인 세입자에게 딱지 반 장을 주는 대신 재개발 아파트 입주권을 주는 방안을 검토해 보세요."

김 국장은 얼마 후 1차 검토결과를 보고했다.

348

1989년 8월 11일 오후 서울 노원구민회관에서 철거 노점 상인들과 간담회를 하고 있다.
서울시는 1989년 7월 명동, 한강시민공원, 석촌호수 등의 노점상을 철거하기 시작했다.
저자는 노점 상인들을 직접 만나 서울시가 마련한 철거 노점상 생계대책을 설명했다.

"건설부 규정상 안 되는 걸로 나옵니다."

"건설부 규정은 무시하세요. 시 자체의 조례나 규정을 만들도록
하십시오."

며칠 뒤 김 국장은 다시 검토결과를 가져왔다. 역시 '안 된다'였다.

"설사 세입자에게 아파트 입주권을 인정하더라도 아파트 구입 능
력이 없어 현실성이 없습니다."

옳은 얘기였다. 재개발 원주민들은 돈이 없어 입주권 절반 딱지
를 위장 전입자에게 팔고 떠나는 게 현실이었으니까. 나는 다시 고
민에 빠졌다.

내 구상에 대한 언론의 반응도 싸늘했다. "업무파악을 못한 정치
인 출신 시장의 황당한 공약"이란 비판이 쏟아졌다. 이 일을 빗댄

신문 만평은 지금도 기억이 난다. 내가 농악대 상모를 쓰고 신나게 머리를 돌리는 만화였다. 그래도 나는 생각을 바꾸지 않았다. 현실에 맞게 방법을 바꾸기로 했다. 달동네 세입자가 살 수 있는 임대 아파트를 그 자리에 함께 짓기로 했다. 서울시 조례로 이 내용을 제도화했다.

1989년 3월 9일 노태우 대통령에게 업무보고를 하는 자리에서 나는 "서울시는 달동네 주택 재개발은 세입자를 위한 소형 영구임대 아파트 건설을 전제로 추진하겠다"고 밝혔다.

2013년 현재 서울시내 임대아파트의 절반 이상은 그렇게 건설되었다. 나는 이 일을 겪으면서 어려운 일일수록 문제의 본질을 들여다보면 그곳에 해답이 있다는 교훈을 얻었다.

서민 생활행정의 실천

고건은 서울시장 부임 이후 약 6개월 동안 서울에 있는 약 100여 개의 달동네 중 30여 곳을 방문해 주민과 직접 의견을 나누고 서민 생활행정의 방향을 기초 생활 환경을 개선하는 것으로 정하였다. 예컨대, 상하수도, 소방시설, 탁아소, 공부방 등을 늘리는 것이었다. 그는 시장취임 기자회견에서도 시민의 불편을 덜어 주는 생활행정과 시민과 함께하는 대화행정에 최대의 역점을 두겠다고 밝혔다. 달동네의 주택문제에 대한 접근방법도 과거와 달랐다. 과거에는 달동네를 싹 밀어내고 고층 아파트를 짓는 방법을 택하였기 때문에 언제나 세입자들의 주거문제가 부작용으로 나타났다. 그러나 고건 서울시장은 달동네에 임대아파트를 지어 세입자들을 현지에 수용하는 재개발 방식으로 변화를 모색하였다(〈경향신문〉, 1989. 6. 1, 김용술 편집부국장 인터뷰).

― 김영평(1994), '고건론', 이종범 편, 《전환시대의 행정가》, 나남.

시민과의 토요데이트

1989년 초 어느 날 서울 세종로 정부중앙청사에서 국무회의를 마치고 시청으로 돌아오는 길이었다. 자동차 안 자동경비전화가 울렸다. 시장 비서실에서 온 급한 연락이었다.

"시장님, 지금 시청정문 앞이 민원인들로 포위됐습니다. 2천~3천 명은 됩니다. 뒷문으로 오셔야겠습니다."

"아니, 왜 시장이 정문이 아니고 뒷문으로 갑니까. 시장을 만나러 온 사람들인데 왜 제가 피해야 합니까. 그냥 가겠습니다."

시장이 해야 하는 중요한 일 가운데 하나가 시내 곳곳을 다니며 현장의 문제를 찾아내는 것이다. 이번엔 현장의 문제가 제 발로 나를 찾아왔다. 피할 이유가 없었다. 시위대 때문에 시청근처 교통이 차단됐다. 태평로 한국프레스센터 앞에서 내려 시청까지 걸어갔다. 시청은 2천여 명의 시위대로 둘러싸여 있었다. 정문을 향해 걸음을 옮겼다. 시장 얼굴을 알아본 사람들이 길을 내줬다. 시청정문 돌계단에 올라선 다음 시위대를 향해 말했다.

"여러분들 시장 만나러 오지 않았습니까? 제가 언제 안 만나 준다고 그랬습니까?"

나서서 대답하는 사람이 없었다. 나는 말을 이어갔다.

"노상에서 진지한 대화가 되겠습니까? 매주 토요일마다 시청 민원심사위원회가 열립니다. 대표 5명을 뽑아서 시장면담을 신청하십시오. 신청만 하면 시장, 민원심사위원들과 만나서 얘기할 수 있습니다."

시위대에서 대답이 터져나왔다.

"그럼 이번 토요일에 만나 주세요."

"순서가 있어서 바로는 안 되겠지만 한 달 이상은 안 걸릴 것 같습니다."

설득은 통했다. 시위대는 스스로 해산했다. 얼마 후 민원심사위원회에서 민원인 대표 5명을 만났다. 재개발과 관련한 민원이었고 민원심사위원회를 통해 해결책을 찾았다.

행정의 90%는 대화와 소통이다. 소통에도 요령이 있다. 나는 나름대로 소통에는 세 단계가 있다는 것을 체험으로 터득했다. 첫째는 경청이다. 서울시장 시절 토요데이트에서 민원인들을 만나면 처음 30분간은 주의 깊게 들었다. 20분 만에 끝나면 "더 할 얘기가 없느냐"고 물었다. 아무리 억울한 일도 30분을 넘기진 않았다. 관료주의에 물든 공무원은 책임부터 피하고 보는 '면책 우선주의'에 빠진다. 국민의 얘기가 끝나기도 전에 말허리를 끊고는 안 되는 이유부터 역설하곤 한다. 민원인의 화를 돋우고 해결할 길은 멀어진다. 마음 놓고 얘기할 자리를 만들어 주는 것만으로도 민원인의 마음은 절반쯤은 풀린다.

그다음은 역지사지와 공감이다. 소리만 듣는 게 아니라 마음을 듣는 것이다. 행정 실무자가 경직되게 법적 해석을 내리는 바람에 갈등이 생겼다면 책임은 시장이 지는 조건으로 문제를 풀었다. 시민에게 유리하도록 융통성을 가지고 접근했다. 물론 들어주기 어려운 무리한 요구나 '떼쓰기' 성격의 민원도 있다. 그때에는 나와 민원심사위원들이 설득에 나섰다.

설득하고 설득당하는 과정에서 새로운 정책 아이디어를 많이 얻었다. 대안을 구상하고 정책으로 만드는 일이 소통의 마지막

352

단계이다.

소통은 안 하고 일만 해선 안 된다. 소통비서관을 만든다고 소통이 되는 것은 아니다. 소통은 정책책임자 스스로 해야 한다. 소통만 하고 행동을 안 하는 것은 속 빈 강정에 불과하다. 시민과의 토요데이트를 통해 행정의 요체는 경청과 공감, 대안과 실천에 있다는 점을 터득했다.

나는 취임 직후인 1988년 12월에 토요일마다 시민의 민원을 직접 듣고 해결책을 찾는 민원심사위원회를 열었다. 1998년 민선 서울시장으로 돌아와선 민원심사위원회의 명칭을 '시민과의 토요데이트'로 바꿨다. 도시계획 전문가, 판사출신 변호사, 감정평가사, 여성시민단체 대표, 언론인 등 20명을 위원으로 위촉하였다. 이들 가운데 6명씩 돌아가며 위원회에 참여하였다. 회의는 내가 직접 주재했다.

처음부터 수고하신 위원으로 박상기·곽창욱·임순철·이용식 변호사, 여홍구 교수, 이영희 건축가, 허통·김종기 감정평가사 대표, 한중광·남승자·이행원 언론인, 정광모·이주영·김수규 시민단체 대표, 열네 분은 요즘도 모임을 갖고 최근 갈등사안에 대한 시사토론을 한다.

민원의 성격은 주택분야 21%, 교통분야 14% 등의 순이었다. 부동산과 관련한 민원이 제일 많았다. 토요데이트를 열면 배경동(裵慶東) 당시 서울시 주택국장(전 SH공사 도시재생본부 본부장)이 단골로 참여했다. 10년 이상 묵은 고질적 민원을 비롯해 서울시가 갖고 있는 집단민원을 거의 여기서 해결했다.

서울시정은 천만 시민의 살림을 꾸려가는 일이다. 집단갈등 문제에서 한시라도 자유로울 수 없었다. 1999년 서울대 행정대학원에서 토요데이트 100회째를 맞아 심포지엄을 열었다. 여기서 토요데이트를 집단갈등 해결의 조정방안으로 매우 참신하고 효과적인 모델이라고 평가하기도 했다.

토론과 참여의 공개행정

고건은 공개행정, 유리알 행정, 참여행정, 자율행정 등을 강조하면서, 정책결정 절차에서 정책의 정당성을 확보하려고 노력한 흔적이 뚜렷하다. 그가 결정절차의 정당성을 중요시하는 가장 전형적인 예가 서울시의 노점상 정비정책에서 드러난다. 노점상 정비문제는 그동안 서울시가 상당히 골머리를 앓던 사안이었다. 인도를 점유하고 노점을 열고 있는 사실은 불법임에도 그들에 대한 조치는 재야세력들로부터 비난을 받아왔다. 더 큰 불법을 묵인하는 정부가 서민들의 생활 터전을 짓밟는다는 것이 그들의 비판의 요지이다. 더 심각하게는 규제의 대상이 되는 노점상들이 무한저항을 할 뿐만 아니라 단속할 때만 피하고 다시 나타나기 때문에 노점상 정비 정책은 전시행정의 표본으로 알려졌었다. 고건 시장은 이 문제를 단순한 불법의 처리로 다루지 않고, 다른 시민의 생활권과 통행권의 보호를 내세우면서 당사자들의 이해를 구하는 데 노력하였다. 노점상 관리규칙을 만들기 위하여 노점상, 일반시민, 전문가 등이 참여하는 위원회를 만들었고, 그 규칙은 입법예고를 거쳐 〈노점관리조례〉로 제정되었다. 노점상을 철거하는 결과보다 시민적 합의를 도출하는 데 더 중요성을 두었다. 노점상들에게 노점상 철거의 불가피성을 설명하며, 생업대책으로 시에서 노상매점을 설치하여 임대하여 주었기 때문에 물리적 충돌을 줄이는 결과를 얻었다.

그의 정책결정은 민원심사위원회, 수질검사위원회, 시정개혁연구위원회 등 여러 위원회에 시민단체 대표, 변호사, 학자, 주부, 이해당사자 등을 참여시켜 다양한 세력이 함께 문제를 해결하는 과정에 의존하는 방식이었다. 그리고 그들이 제시한 해결책을 시장은 가능한 한 존중하여 주었다.

— 김영평(1994), '고건론', 이종범 편, 《전환시대의 행정가》, 나남.

용산 참사의 재구성

2012년 8월 1일 오랜만에 영화관에 갔다. 용산 참사를 다룬 다큐멘터리 영화 〈두 개의 문〉을 서울 신문로 인디스페이스에서 진철훈(秦哲薰) 전 한국시설안전기술공단 이사장, 양갑(梁甲) 전 서울시정개발연구원 초빙연구위원과 같이 봤다. 극장을 빠져나오는데 발걸음은 무거웠다. 근처 음식점으로 자리를 옮겼다. 나는 앞에 앉은 두 사람에게 물었다.

"우리가 그때처럼 함께 일했었다면 용산 참사가 일어났을까요?"

내가 민선 서울시장일 때 진 전 이사장은 도시계획국장, 양 전 연구위원은 주택국장이었다. 우리 셋은 용산 참사를 재구성했다. 꽤 오랜 시간 토론이 이어졌고 결론에 도달했다.

"우리라면 참사를 막을 세 번의 기회를 만들었을 겁니다."

나는 서울시 달동네 불량주택 재개발을 추진하며 세입자를 위한 임대아파트 제도를 만들었다. 문제가 된 용산 4구역 재개발사업은 달랐다. 도시정비사업의 일환이었고 상가 세입자에 대한 대책이 부족했다. 임대아파트 정책처럼 그들을 위한 제도개선 방안을 만들어야 했다.

두 번째로 '시민과의 토요데이트'가 있다. 시장과 민원인이 직접 만나 대화로 해결할 기회를 활용했을 것이다. 시정 책임자가 나서서 그들과 얼굴을 맞대고 얘기했다면 서로 접점을 찾을 수 있지 않았을까.

두 단계에서 해결이 안 됐다 해도 세 번째 기회가 남아 있다. 경찰 특공대원을 실은 컨테이너를 크레인으로 끌어올려 상가옥상에

2009년 1월 20일 용산 재개발 보상대책에 반대해 서울 용산구 한강로 상가건물에서 농성을 벌이는 철거민을 경찰이 진압했다. 경찰은 특공대원을 실은 컨테이너를 기중기를 활용해 상가건물 옥상으로 끌어올렸다. 진압 과정에서 건물옥상에 화재가 발생했고 철거민 5명과 경찰 1명이 사망했다.

투입하는 일은 엄청난 수준의 공권력 행사다. 상가건물 위에서 농성하고 있는 철거민을 진압하는 것이 그 정도로 위급하고 중대한 일이었을까. 아니다. 물리적 경찰 강제력 행사의 전제가 되는 '경찰 비례의 원칙'(공공질서에 심각한 위해가 있을 때 가능한 한 최소의 경찰권을 투입)에 어긋난다. 이처럼 중대한 경찰 강제력의 투입은 서울경찰청장이 당연히 시장에게 사전보고를 해야 하는 사안이다. 나에게 보고가 들어왔다면 즉각 반대했을 것이다.

　용산 참사를 복기하면 할수록 안타까움은 더 커졌다. 불통이 부른 참극이었다.

북촌과 인사동, 역사의 숨결 살리기

나는 서울에서 태어났다. 서울 서강(西江)에서 어린 시절을 보냈다. 6·25 전쟁에 전북으로 피란 갔지만 다시 서울에 돌아왔다. 내 기억은 서울 곳곳과 얽혀 있다. 1988년 12월 서울시장으로 임명됐을 때 감회가 남달랐던 이유다. 시장으로 일하며 서울 곳곳을 둘러봤다. 아쉬웠다. 내 기억 속 모습을 간직한 동네가 거의 없었다. 전쟁의 포화로 무너졌고 그나마 남은 지역도 재개발과 도로건설로 원래 모습을 잃었다.

경복궁·창덕궁 사이의 북촌과 인사동에 그나마 전통의 향기가 남아 있었다. 북촌을 중심으로 안국동 윤보선 가(家), 가회동 백인제 가 등 문화적 가치가 높은 한옥이 모여 있었다. 인사동에도 개화파 정객 박영효(朴泳孝)의 생가, 명성황후의 조카 민익두의 고택 등 아름다운 옛 가옥이 비교적 많이 남아 있었다. 그대로 두면 북촌과 인사동마저 개발열풍에 휘말릴 수 있겠다는 조바심이 들었다. 콘크리트 빌딩 숲으로부터 지켜내야겠다는 생각에 각종 건축규제정책을 썼다.

1998년 7월 민선 서울시장으로 돌아왔을 때 북촌과 인사동을 다시 찾고 좌절했다. 규제 일변도의 정책은 통하지 않았다. 인사동에 고층건물을 짓지 못하게 할 순 있어도 스파게티 집이 들어서는 것은 막을 수 없었다. 창덕궁 근처 골목엔 국적 불명의 4~5층 가옥들이 곳곳에 들어서 있었다. 북촌 한옥마을은 겨우 유지됐지만 일방적인 행정규제에 대한 주민들의 불만이 컸다. 한옥 숫자도 8백여 채로 크게 줄어 있었다.

북촌 한옥마을 복원에 나섰다. 규제 일변도 정책에 대한 불만을 누그러뜨리는 게 급선무였다. 주민과 대화를 통해 한옥등록제를 시행했다. 강제적 조치는 아니었다. 등록하면 한옥을 개·보수하거나 신축할 때 자금을 지원하고 재산세도 면제했다. 공동 정화조와 주차장 등 주민생활 편의시설을 확충해 주민들이 자발적으로 한옥을 보존할 수 있도록 분위기를 조성했다. 필요한 경우 한옥을 서울시에서 사들였다. 처음으로 시에서 매입한 한옥은 북촌 관광안내소로 탈바꿈했다.

인사동도 고민이었다. 시에서 손을 대고 투자하면 지가는 오르고 임대료도 따라 오른다. 임대료가 높아지면 필방, 표구점, 한복점 등 전통공방은 밀려나고 대형 체인점이 그 자리를 차지하게 된다. '쌈지'길도 존폐기로에 직면했다. 보호하려고 시행한 정책이 도리어 파괴하는 정책이 될 수도 있었다. 그렇다고 실패한 규제위주 정책을 다시 쓸 순 없었다. 부동산 시장의 흐름에 맡겨 둬서도 안 됐다.

위험을 잘 알았지만 시주도로 지원정책을 펼치기로 결정했다. 인사동의 노후한 인프라를 그대로 둘 수 없었기 때문이다. 인사동 밑으로는 삼청동에서부터 흘러내려오는 물길이 있었다. 하수관로가 낡고 용량이 적어 비만 오면 침수됐다. 오래된 하수관로를 다 파내고 대용량의 콘크리트 하수관로를 깔았다. 도시가스망도 새로 만들었다. 돌가루로 구워 만든 흑색 전돌을 보도에 깔고, 불법주차를 막기 위해 돌방석을 설치했다. '인사동 문화환경보전 기금'을 만들고 서울시가 5억 원을 출연했다. 2000년 도시설계지구, 2002년 문화지구로 지정해 인사동 분위기에 맞지 않는 가게나 건물이 들어서

시립대 학생들과 함께 서울 종로구 가회동의 북촌 한옥마을을 걷고 있는 모습.

는 것을 막았다. 전통업소가 경쟁력을 갖출 수 있도록 지방세를 감면하고 운영비와 건물수리비를 낮은 금리로 융자하기도 했다. 규제보다는 인센티브(장려책)에 초점을 맞췄다.

인사동과 북촌 한옥마을을 보존하는 과정에서 처음 임명직 시장때는 규제위주 정책으로 실패를 맛봤다. 두 번째 민선시장 때에 북촌주민과 소통하면서 인센티브 시스템으로 바꿨고 어느 정도 효과를 봤다. 지금의 북촌은 살아 숨 쉬는 한옥마을이 됐다. 한옥가격이 천정부지로 오르긴 했지만 말이다. 북촌의 분위기는 이제 서촌으로도 확산 중이다.

폭설 내리던 날,
지하철 공짜의 대차대조표

서울에 눈이 오는 날은 시장이나 시 공무원이 밤을 새우는 날이다. 서울시의 제설(除雪) 능력은 과연 몇 점일까. 눈이 많이 내렸을 때 위성도시에서 차를 몰고 서울로 오는 운전자들은 "서울시 경계 내로 들어서면 제설작업이 잘 되어 있음을 확연하게 느낀다"고 말한다.

서울시의 제설능력이 이렇게 되기까지엔 적잖은 노력을 기울였다. 우선 좋은 제설장비를 힘써 갖추어 왔다. 내가 임명직 시장으로 일할 때는 서울시 전체에 첨단 제설차가 2대밖에 없었다. 그래서 나는 성능 좋은 다목적 제설차인 독일제 '유늬목'을 사서 각 구청마다 배치해서 활용토록 했다. 민선시장으로 돌아와 그 대수를 늘려 각 구청마다 2~3대씩 갖도록 했다. 또 고성능 염화칼슘 살포기 83대를 새로 확보했으며 고지대용 손수레 염화칼슘 살포기와 액상 염화칼슘 살포기도 마련했다.

운영시스템도 매우 과학적이다. 서울시청의 제설상황실에는 강화도, 인천, 문산 현지와 연결되는 폐쇄회로 CCTV가 있다. 동쪽으로는 태백산맥이 있어 서울의 눈은 대부분 서쪽에서부터 온다.

강화도에 눈이 내리면 2시간 뒤 어김없이 서울에 눈이 온다. 그래서 그 2시간 동안에 대비태세를 갖춘다. 시경 교통관제센터의 각 도로 상황정보를 시청 제설상황실에 연결하여 제설작업팀을 효율적으로 배치한다.

또 인력과 장비동원 면에서도 효율성을 높였다. 염화칼슘을 싣는 상차장소를 3배 늘렸으며 제설인력이 부족할 땐 민간팀에게 제설작업 용역을 준다. 민간과 군이 보유한 제설장비를 파악하여 폭설 때는 도움을 받는다.

불과 한 나절 만에 24㎝의 폭설이 내린 2001년 2월 15일의 일이다. 이 강설량은 서울시의 1년 강설량에 해당되는 엄청난 폭설이었다. 그날 나는 서울시내 곳곳의 제설작업 현장을 돌아다니면서 독려했다. 상황을 보니 그대로 두면 교통대란이 일어날 것 같았다. 시민들의 귀가를 돕는 일이 시급했다.

거기엔 바로 지하철이 기다리고 있었다. 지하철은 정말 귀중한 존재였다. 시민들이 자동차를 놓고 가도록 시영, 공영 주차장의 주차료를 면제해 주었다.

그런데 차를 놓고 가는 시민들이 지하철로 몰리면 매표소 앞을 비롯한 지하철역 전역이 대혼란에 빠질 터였다. 그래서 나는 두 지하철공사 사장과 인천시장, 철도청장과 협의해서 그날 귀가시간대의 지하철을 무료로 운행하는 결단을 내렸다. 그날 그렇게 하지 않아 유리창이 깨진다면 유리값만 2억 원이 넘었으리라.

무료운행은 결과적으로 흑자가 되었다. 그날 차를 놓고 간 시민들이 이튿날 아침에 대부분이 지하철로 출근했다. 요금수입이 평상시보다 5억 원이 늘었다. 전날 밤 무료운행으로 인한 2억 원 손해를 감안하면 3억 원을 번 셈이다. 물론 이 흑자 대차대조표는 미리 예측한 것은 아니었다.

그 이튿날 더 놀라운 일이 벌어졌다. 내 집, 내 아파트, 내 점포 앞의 눈을 시민들이 자발적으로 치우기 시작했다. 그 뒤 나는 시민들로부터 많은 전화를 받았다. 만일 지하철이 없었다면 큰일 날 뻔했다는 이야기가 많았다. 지하철을 홍보하는 초특급 기회였고, 시민도 웃고 지하철도 웃는 날이었다는 것이다. 시민들은 6백 원의 무임승차가 좋아서라기보다 기습폭설로 인한 시민고통을 시청이 함께 느낀다는 사실에 감동한 것이다.

서울시장 애인대회

민선시장 취임 직후 외환위기로 인해 공무원 조직의 구조조정이 불가피했던 때다. 시장 비서실까지 절반으로 줄이면서도 '장애인복지과'를 새로 만들었다. 장애인 복지정책으로 편의시설 확충과 이동권 확대계획을 세웠다. 장애인들의 의견을 직접 듣고 싶었다. 시장인 나부터 소통을 위한 대화가 필요했다.

　2000년 3월, 서울시청에 정부기관으로는 최초로 수화교실(手話教室)을 열었다. 나도 늦깎이 학생으로 등록했다. 뭐든지 빨리 배우는 나였지만 손으로 하는 대화는 예상보다 어려웠다. 손짓 하나하나가 단어 하나를 의미하는 경우가 많아 손짓을 일일이 외워야 했다. 그걸 연결해 문장을 만들어내는 일은 더 어려웠다. 3개월 코스를 마치고 수료증을 받던 날, 감회가 남달랐다. 머리로 공부한 게 아니라 뜨거운 가슴과 손으로 공부해서 얻은 졸업장이 아닌가. 마치 '소통 자격증'을 받은 것처럼 자랑스러웠다.

　1급 시각장애인 신창현 씨를 서울시 공무원으로 특채했다. 그는 1997년 미국 컬럼비아대학에서 특수교육학 박사학위를 받고 국내 대학에 출강 중이던 장애인정책 전문가였다. 그를 위해 시각장애인용 컴퓨터 장비도 도입했다.

2000년 3월, 수화교실에서 수화를 배우고 있다.

장애인 이동권(移動權)은 장애인 복지의 핵심이다. '장애인 편의 시설 확충정비 5개년계획'의 첫해인 2000년, 남산 장애인 산책로를 완공했다. 설계과정부터 장애인들이 참여해 검토를 거듭했지만, 완공 후에도 접수된 불편사항을 여러 차례 시정·보완해야 했다. 그만큼 장애인 편의시설은 이용자의 눈높이에 맞추기 어렵다. 남산 장애인 산책로는 어느덧 장애인 보행권에 관한 으뜸가는 명소가 됐다.

장애인들의 교통 수요조사 결과, 외출 시 지하철, 버스 등 대중 교통을 이용하는 장애인이 41.6%였다. 편의시설인 엘리베이터를 꾸준히 늘려갔다. 이제는 모든 지하철역이 1개 이상의 엘리베이터를 갖추었다. 장애인 이동은 지하철을 통한 수직이동보다 버스나 기타 도로교통수단에 의한 수평이동이 용이하다. 장애인 전용 무료

셔틀버스의 운행을 확충하고 서울시 전역을 4개 구역으로 나눠 노선을 늘리는 네트워크를 구축했다.

얼마 지나지 않아 '장애인의 날'인 4월 20일이었다. 기념식 행사장인 어느 복지시설에 가니 행사장에 현수막이 걸려있었다. 거기엔 '서울시장 애인대회'라고 쓰여 있었다. 대개 가로 현수막을 걸어 놓는데 행사장이 좁았던 까닭인지, 두 줄짜리 세로 현수막을 거는 바람에 '서울시 장애인대회'가 '서울시장 애인대회'로 읽혔다. 한쪽에서 사람들이 킬킬거렸다. 나도 웃음을 참느라 애썼다. 시장이 축사를 하는 순서가 됐다. 나는 비장의 무기인 손짓언어를 꺼냈다.

"장애인 여러분, 사랑합니다."

엄지, 검지와 새끼손가락을 쓴 국제공용어로 했다. 모두 웃는 얼굴로 박수를 보냈다. 내 가슴도 뜨거워졌다. 마음과 마음이 통하는 교감의 순간이었다. 그날 '서울시 장애인대회'를 무사히 마칠 수 있었다.

세종문화회관 무대에 선 이미자와 패티김

대중가요 가수들은 세종문화회관의 본무대에서 공연을 갖는 것이 필생의 소원이다. 그러나 1978년에 세워진 후, 1980년대 후반에 이르기까지 세종문화회관 대극장 무대를 밟아 본 대중가수는 없었다. 세종회관이 클래식 중심의 이른바 정통음악만 고집했기 때문이다. 그런데 이는 문화수요자인 일반시민들의 정서와는 거리가 멀었다.

나는 이미자(李美子) 같은 국민가수에게 서울시민들이 좋아하는 대중가요를 '시민회관'에서 부를 수 있게 하는 것이야말로 문화수요자, 즉 시민본위의 문화행정이라고 믿었다. 세종문화회관은 원래 시민회관의 기능으로 건립된 것이었기 때문이다. 임명직 시장으로 있던 1989년 마침 이미자 씨가 세종문화회관에서 공연하고 싶다며 대관 가능성 여부를 타진했다. 시장으로서 쌍수를 들어 환영할 일이었다.

하지만 공연대관 심의절차에서 일부 운영자문위원들의 반발이 거셌다. '공연장의 품위'와 '관객의 질적 수준' 문제 등을 이유로 내세웠다. 하지만 시장인 나의 소신은 확고했다. 결국 원로 음악인 박용구 선생이 절대반대 입장을 고수하면서 자문위원직을 사퇴하는 사태가 발생했다. 안타까운 일이었지만 감수해야 했다.

이미자 씨의 세종문화회관 공연은 대성황을 이루었다. 시민들의 반응도 폭발적이었다. 또 이미자 씨가 흔쾌히 보내준 무료 티켓 1,500여 장으로 서울의 일선 동장들과 통장들이 초대되어 역사적인 무대에 선 국민가수의 트로트 음악에 흠뻑 빠져들기도 했다.

몇 달 후, 이번에는 패티김 씨가 세종문화회관에서 공연하고 싶다고 했다. 이미 전례가 있으니 문제될 게 없었다. 패티김 씨도 세종문화회관 무대에 섰다. 그녀 역시 초대권을 많이 보내주어 비싼 티켓을 살 수 없었던 많은 이들이 공연장을 찾을 수 있었다.

이미자 씨는 몇 해 전 인터뷰 기사에서 "1989년 당시 고건 서울시장의 배려로 대중가수로는 처음으로 세종문화회관 무대에 설 수 있었다"며 당시의 감격을 되새겼다. 반대를 무릅쓰고 이미자 씨의 세종회관 공연을 도왔던 나는 다시 한 번 뿌듯함을 느꼈다. 패티김 씨도 2012년 5월 KBS-TV의 〈TV 자서전〉에 출연해 세종문화회관 공연을 자랑스럽게 회고했다.

이미자 씨의 공연은 '순수예술의 발전 육성을 위해 사용한다는 목적으로 대중연예 관련 공연을 허락하지 않는 원칙'을 고수하던 세종문화회관이 문화 실수요자인 시민들을 향해 활짝 열린 계기였다. 이후 많은 대중가수들이 그 꿈의 무대를 밟을 수 있었다.

대중문화와 이른바 순수예술의 차이는 무엇일까. 대중문화는 품격 없는 '딴따라의 것', 순수예술은 대단히 고상하고 품위 있는 것이라는 인식은 쉽게 깨지지 않았다. 이런 선입견과 편견에 많은 연예인들이 억울해했다. 내가 이미자 씨에 대해 '국민가수'라는 호칭을 쓴 것도 모든 예술은 본질적으로 대중을 위해 존재한다는 생각이 있었기 때문이다. 다만 창법이 다를 뿐.

21세기 들어서 고급예술과 대중예술의 경계가 허물어지는 것을 보면 문화의 자연스러운 흐름을 어느 누구도 막을 수 없다는 생각이 든다.

서울시를 한국적 문화도시로 만드는 건 큰 숙제였다. 서울시 같은 관청이나 서울시장이 문화를 만들어낼 수는 없다. 하지만 문화가 자라나는 토양을 만드는 일은 할 수 있다. 관(官)주도적 문화행정을 문화수요자 중심으로 바꾸기 위한 노력의 하나로 1998년 민선시장 때 나는 세종문화회관을 재단법인으로 전환시켰다. 관료가 운영하던 세종문화회관을 문화예술인들에게 돌려준 것이다.

러시아의 볼쇼이극장과는 내가 직접 나서서 자매결연을 맺었다. 당시 모스크바와 서울시의 자매결연을 맺으면서 볼쇼이극장과 세종문화회관의 자매결연을 동시에 추진한 것이었다.

366

2010년 2월 10일 삼청각 일화당에서 종교단체 대표들과 오찬간담회를 가졌다.

　한편으로 이미 주택건설업자에게 팔린, 성북구 성북동의 삼청각 (三淸閣)을 다시 사들여서 세종문화회관의 전통예술 공연장으로 만들었다. 삼청각은 원래 1972년 7·4 남북공동성명 후 남북조절위원회의 북측 인사들을 접대하기 위한 시설로 만들어졌는데 그 주택건설업자는 삼청각을 허물고 고급빌라를 지을 계획이었다. 나는 성북구청장에게 어떠한 건축허가도 내주지 말라고 지시했다. 그래도 그 업자가 그 땅을 팔려고 하지 않았다. 결국 시유지들 중에 감정평가액이 비슷한 토지를 주고 교환매입을 했다. 대대적인 리모델링 공사가 끝난 2002년에 삼청각은 전통문화 공연장으로 거듭났다.

　삼청각의 아름다운 전통건축물 중 으뜸은 일화당(一龢堂)이다. 이 구조물의 이름에 쓰인 화(龢)는 피리소리가 어우러진다는 의미로, 벼를 뜻하는 화 (禾) 변과 피리 약 (龠) 변으로 이뤄졌다. 함께 밥을 먹고 함께 피리를 연주해야 풍류가 조화로운 경지의 화합에 이르리란 뜻이다. 그만큼 화음이란 이루기 어려우며 화합 또한 그러하리라.

서울지하철 파업과의 전쟁

외환위기 다음해인 1999년 4월, 내가 민선 서울시장으로 일할 때였다. 당시 10년간 서울지하철노조는 9번의 파업을 일으켰다. 파업이 연례행사였던 셈이다. 그래서 당시의 서울지하철은 파업철이라는 별명을 갖고 있었다. 그런 서울지하철노조가 내 임기 중에 또 파업을 일으켰다.

지하철노조가 파업하면 시민의 발이 묶인다. 지하철 운행을 하루라도 중단한다면 서울에 교통대란이 일어난다. 시민의 발과 생명을 볼모로 지하철노조는 파업을 자행했고, 서울시 당국은 교통대란을 우려해 으레 노조와 타협하고 노조의 요구조건을 대부분 들어줬다.

그러나, 나는 그때만은 다르다고 판단했다.

서울지하철노조의 파업은 명분이 전혀 없는 불법파업이었기 때문이다. 당시 외환위기로 말미암아 모든 공무원은 물론이고 일반기업의 사원까지도 일제히 봉급이 삭감되었고 구조조정이 큰 폭으로 진행되고 있었다. 국민들은 금모으기 운동에 나섰고, 공공부문이나 일반부문이나 모두 뼈를 깎는 자구노력부터 하기 시작했다. 서울시도 예외가 아니었다. 본청과 산하기관의 인원을 10∼20% 감축하는 대대적 구조조정을 추진하고 있었다. 수많은 공무원들이 옷을 벗거나 대기발령을 받았다. 은행원들과 일반기업의 수많은 사원들이 직장을 잃는 엄청난 규모의 인력 구조조정이 일어났다. 서울역엔 졸지에 직장을 잃은 노숙자들이 넘쳐났다.

연간 3천 5백억 원의 적자가 발생하는 서울지하철공사는 그 어느 기관보다 구조조정이 절실히 요구되었다. 하루 10억 원씩 적자가 나는 지하철공사에서만 봉급은 단돈 1원도 내릴 수 없고, 인원도 단 한 명도 줄일 수가 없다고 주장하는 파업은 명분이 전혀 없었다. 지하철공사의 정원 2천 명 감축계획도 당장 정리해고 하자는 것이 아니라 정년퇴직자 자연감소분 등을 고려한 단계적이고 합리적인 계획이었다. 이처럼 명분이 없는데도 불구하고 지하철노조가 강성노조인 공공연맹, 민노총과 연대해서 정부의 구조조정을 전면 거부하는 파업을 감행하는 것은 결코 용납될 수 없었다.

시장인 내가 노사정 협의에 13차례나 나가 노력했으나 지하철노조는 결국 파업을 일으키고 말았다.

나는 파업에 결연히 맞서기로 했다. 굳센 의지와 각오가 필요했다. 나는 파업이 일어나자 기자회견을 갖고 "지하철 파업이라는 연례적 악순환을 이번 기회에 종식시키기 위해 결연한 의지를 갖고 원칙에 따라 대처해가겠다. 노조와 원칙 없는 타협은 결코 하지 않을 것이며 시간이 걸리더라도 다시는 시민의 발과 생명을 담보로 한 지하철 파업이 되풀이되지 않도록 새로운 노사관계를 정립하겠다"고 선언했다.

파업에 맞서는 것은 전쟁이었다. 나는 파업과의 전쟁에 임하면서 몇 가지 전략을 집중적으로 추진했다.

첫째, 시민의 협조를 적극적으로 구했다. 파업이 일어나자 밤 12시까지의 운행을 밤 10시까지로 단축하는 단축운행이 불가피했다. 시민들이 불편한 것은 두말할 나위도 없다. 나는 불편을 참아 달라는 호소를 시민들에게 했다. 이제까지는 지하철노조가 파업하면, 시민들이 불편을 참지 못해 3일 이상 버티지 못했다. 시민들의 거센 항의로 정치권까지 개입해 파업 종식을 압박하였다. 서울시 당국은 이런 압박을 견디지 못하고 노조와 원칙 없는 타협을 했다. 이번에는 시민이 불편을 견디어냄으로써 시민의 힘으로 파업을 종식시켜 줄 것을 시민들에게 간곡히 부탁드렸다. 그때, 이상한 기적이 일어났다. 파업이 일어나자 시민들은 지하철역에 나와 역무 자원봉사를 해줬고, 어떤 시민들은 음식을 직접 들고 와서 지하철 자원봉사자들에게 주는 등 예전에 볼 수 없었던 일들이 벌어졌다.

둘째, 안전운행에 특단의 노력을 기울였다. 당시 지하철 파업엔 지하철 운행의 핵심인력인 기관사들이 대거 참여했다. 나는 1981년 미국 레이건 대통령이 항공관제사 노조 파업과의 전쟁에서 시행한 전략을 벤치마킹했다. 그는 파업현장에 군인, 공무원 등의 대체인력을 투입해 성공했다. 나는 국방부에 협조를 구해 군복무 중인 경력 기관사들을 확보했다. 내가 총리를 했기 때문에 국방부의 협조는 비교적 쉽게 이뤄졌다. 지하철노조 파업에 군요원을 투입한 것은 그때가 처음이었다. 전동차 제작 3사가 440명의 검수인력 투입을 즉각 협조해 주었다. 그러나 아찔한 순간도 있었다. 파업으로 대신 투입된 기관사가 극한상황에서 졸음운전을 하다 전동차가 정지선에서 멈춰 서지 못하고 차단막을 부수고 정지한 사고가 일어났다. 그 차단막 너머에는 끊어진 당산철교가 있었다. 다행히 인명사고는 없었다. 그때 인명사고 일어났었다면 어떻게 되었을까? 지금도 가슴을 쓸어내리는 아찔한 순간이었다.

셋째, 파업이탈자 보호대책을 강구했다. 파업이 일어나자 면직시한을 넘겨 복귀한 노조원들이 파업 불참자와 중간 복귀자들에게 폭행과 폭언을 자행하는 '왕따 사건'이 현장에서 속출했다. 나는 서울경창청장과 함께 왕따 사건이 발생한 현장 몇 군데를 직접 찾아 실태를 파악했다. 왕따 현상과 노노(勞勞) 갈등이 분명히 있었다. 직장에 먼저 복귀했다고 해서 폭행과 협박을 하는 행위를 그대로 두면 안 되겠다고 판단했다. 나는 경찰에 요청했다. 경찰은 전담 수사대를 편성하고 색출작업을 벌였다. 경찰력이 빠져나간 후에도 현장이 평온한 상태를 유지하도록 왕따신고 봉함엽서제도까지 시행했다.

넷째, 노조의 속전속결 전략에 맞서는 탄력적 전략을 세워 대처했다. 당시 지하철노조는 파업을 1주일 끌면 시청이 항복할 거라는 전제로 파업을 준비했고 결행했다. 파업주동자들과 주축세력은 명동성당과 서울대를 점거하고 단기전략에 의한 농성에 돌입했다. 이에 대해 나는 10일 내지 2주일 대응계획을 세워 대처했다. 돌이켜보면, 이게 결정적 승패요인이었다. 대체 기관사들과 대체 검수인력의 투입으로 1주일 이상을 큰 무리 없이 지하철이 운행되자 파업참가자들이 파업의 위력을 실감할 수 없는 상태에 빠져 버렸다. 파업의 동력이 급격하게 꺼져가는 상황이 왔다.

이처럼 다각적으로 노력한 결과, 90% 이상(파업 중의 갤럽 여론조사 결과)의 시민들이 파업의 조속한 무조건 철회를 요구했다. 드디어 파업 참여 노조원들의 직장 복귀율이 70%가 넘는 시점에서 지하철노조는 파업 8일 만에(1999. 4. 19~4. 26) 파업을 조건 없이 자진 철회했다.

불편을 끝까지 참아가면서 파업철회를 촉구해 준 시민들의 승리였다. 이 파업과의 전쟁을 계기로 파업철이었던 서울지하철은 '무파업 선언'을 하게 되었다.

노사정 서울모델협의회의 출범

1999년 4월, 서울시가 지하철노조의 파업을 단시일 내에 종식시킨 후 노사문화에 엄청난 변화가 일어났다. 노사갈등을 파업이 아니라 대화와 타협으로 풀어가자는 사회적 공감대가 폭넓게 형성되었다.

서울시는 지하철 노동조합(당시 배일도 노조위원장은 이후 국회의원 역임)으로부터 무파업 선언을 이끌어내고 노사평화를 이룩해나가는 노사문화의 새로운 지평을 열었다. 2000년 8월, 서울시와 서울시 6개 투자기관(지하철공사, 도시철도공사, 도시개발공사 등) 노사는 '노사정 서울모델협의회'를 출범시켰다. 이 협의회는 아무리 어렵더라도 파업 같은 극단적 대립은 피하고 끝까지 대화를 통해 노사문제를 협력적으로 해결하기로 했다.

이 서울모델협의회는 네덜란드의 폴더모델(Polder Model)을 참고해서 설립한 것이다. 1982년 네덜란드의 1인당 국민소득은 1만 달러로 선진국 문턱에 와 있었을 뿐이다. 그런데 당시 노조는 물가상승을 이유로 극한적 파업을 벌였다. 경제가 크게 흔들렸다. 정부는 노사 양측과 함께 무파업 노사협력이라는 사회적 대합의를 이뤄냈다. 1982년, 임금 안정과 노동시간 단축을 중심으로 한 바세나르 협약을 이끌어냈는데 이것이 바로 폴더모델이다. 네덜란드는 2013년 1인당 국민소득이 5만 1천 달러가 넘는 세계적 강소국으로 도약했다.

내 임기가 끝난 후에도 서울모델협의회는 지속되었다. 서울모델협의회는 출범 이후, 지속적 노사정 협의를 통해 50여 건의 노사분쟁을 평화적으로 해결하면서 안정적 노사관계를 이룩해냈다.

새로운 노사문화의 씨앗을 뿌리고 싹을 키워온 노사정 서울모델협의회의 정신과 노력이 계속 발전되기를 기대한다.

목욕탕에서 만난 사람들

목욕탕처럼 평등한 곳이 없다. 옷을 걸쳤을 때는 직업에 따라 또는 빈부나 사회적 지위에 따라 사람이 달라 보인다. 그러나 목욕탕에서 벌거벗은 채로 만나면 모두가 다 똑같은 보통 사람들일 뿐이다.

빌딩관리인, 석유가게 주인, 인쇄기술자, 고시텔이나 식당주인, 회사원 … . 우리 동네 목욕탕에서 내가 자주 만나는 사람들이다. 목욕탕에서는 아무 거리낄 것이 없다. '갑'과 '을'의 구분도 없고, 잘나고 못난 것도 없다. 늘 보는 얼굴들이라 그저 반갑고, 며칠 보이지 않으면 못내 궁금해서 안부를 묻는다.

"아니, 며칠 보이시지 않던데?"

"예. 고향에 좀 다녀왔습니다."

"고향에는 무슨 일로?"

이렇듯 뜨거운 탕 속에 몸을 담그고 사는 이야기며 세상 돌아가는 이야기를 스스럼없이 나누곤 한다. 석유가게 주인과는 하루가 다르게 치솟고 있는 기름값을 화제로 올린다.

이렇게 만나는 동네사람들이지만 목욕탕에서도 단골끼리는 몇 가지 불문율이 있다. 가령 각자가 좋아하는 샤워꼭지가 따로 있고, 씻는 자리도 대충 정해져 있다. 또 상대방에게 물을 튀기지 않으려고 어지간히 마음도 쓴다.

어린 아들을 데려와 함께 씻는 부자의 모습도 늘 정겹다. 특히 쌍둥이 형제나 3대가 함께 와서 목욕하는 장면은 언제나 나를 즐겁게 한다. 나도 모르게 그 가족들을 유심히 살펴보게 되는데, 생김새나 몸짓에서 닮은꼴을 발견할 때면 꼭 DNA를 확인하는 것만 같아 절로 웃음이 난다.

중년의 아들이 노친을 모시고 와서 정성스럽게 씻겨 주는 모습은 또 얼마나 아름답고 부러운지 모른다. 노친은 다소곳이 앉아 아들에게 몸을 맡기고, 아들은 조심스럽게 때를 미는 장면을 보면 가슴께가 아릿해지기도 한다. 나는 한 번도 그렇게 못했기 때문이다.

누구라도 돈을 내면 들어올 수 있는 곳이 동네 목욕탕이지만 십수 년째 다니다 보니 이제는 내 집처럼 편안하다. 이른 새벽 손님들이 아직 들지 않은 목욕탕에서, 나 혼자만의 시간을 누리며 요가를 하고 냉·온욕도 즐긴다. 목욕탕에서 발가벗고 요가하는 모습을 상상하면 웃기기도 할 것이다. 하지만 몸과 마음을 다 벗어 버리니 그만큼 자유로운 시간도 없다.

따뜻한 물속에서 정책 아이디어가 솟아날 때도 있었다. 임명직 서울시장이던 1980년대 후반, 퇴폐이발소들이 동네골목 안에까지 생겨났다. 어느 가정주부가 고 1, 중 2인 두 아들을 보낼 이발소가 마땅찮다고 하소연하는 편지를 내게 보냈다.

"이거 사태가 심각하구나."

시청 간부들에게도 묘안이 없었다. 내 머릿속 미결서류함에 담아 뒀다. 그러기를 며칠, 그날도 동네 낙산목욕탕에 몸을 담그고 있던 중, 번쩍, 아이디어가 떠올랐다.

"맞아, 대중목욕탕에 이발소를 만들면 되겠다."

왜 아무도 그 생각을 못 했을까? 목욕탕에 들어갔다가 넘치는 물을 보는 순간 부력의 원리를 발견하고 "유레카!"를 외쳤던 아르키메데스가 부럽지 않았다. 그런데 시청 보건사회국장이 난색을 표명했다.

"현재 보사부 규정으로는 목욕탕에 이발소를 설치할 수 없습니다."

나는 보사부 규정을 무시하고 목욕탕에 이발소 설치를 허가하라고 지시했다.

"보사부 규정은 왜 있습니까? 위생적인 이발을 위해 있는 겁니다."

대중목욕탕에 딸린 이발소는 퇴폐이발소에 어린 아들을 보내기 꺼려하던 엄마들의 열띤 호응을 받았다. 서울시내 목욕탕에 이발소가 허가된 후 보사부는 서울시 정책을 따라 규정을 바꿨다. 나는 지금도 목욕탕 이발소에서 머리를 다듬는다.

민선시장 때는 노무현 당시 종로구 국회의원을 목욕탕에서 만난 적도 있다. 1998년, 이명박 의원의 종로구 의원직 사퇴(상실)로 치러진 재·보궐 선거에서 새정치국민회의 소속의 노무현 후보가 한나라당 정인봉(鄭寅鳳) 후보를 물리치고 당선됐다. 나도 그해 국민회의 후보로 시장에 당선됐을 뿐 아니라 당내 후보선출 때 그가 조건 없이 나를 지지했던 인연이 있었다.

노 의원은 종로구 명륜동에 살았고, 시장공관과 중간쯤 되는 거리에 '장수탕'이라는 목욕탕이 있었다. 탈의실에서 반 벌거벗은 채로 엉거주춤 노 의원과 인사를 나누기도 했다. 부옇게 김 서린 탕 속에서 마주쳐 역시 어색하게 웃으며 반기기도 했다. 장소가 장소 니 만큼 별다른 이야기를 하지는 않았던 걸로 기억한다. 노 의원이 운영했던 먹는 샘물 브랜드가 '장수천'이었는데 우연의 일치인지 명 륜동 장수탕과 이름이 똑같아서 재밌었다.

고건 닮은 사람

가끔은 동네 목욕탕으로 불청객이 찾아오기도 한다. YS 대통령 시 절인 1997년 초, 명지대 총장으로 있으면서 총리 기용설이 오갔을 때의 일이다. 평소에 못 보던 젊은이가 목욕탕에 왔구나 싶었는데 자꾸 나를 쳐다보더니 쭈뼛쭈뼛 내게 다가와 말을 걸었다.

"신문에 보니 총리직을 수락하셨다면서요?"

"난 그런 말 한 적이 없는데, 누구시죠?"

알고 보니 H 일보 기자였다. 총리직 제의를 받고 수락하기는 했 지만 당분간 비밀로 부치기로 했던 터였다. 그런데 청와대 쪽에서 먼저 말을 흘리는 통에 기자들이 집 앞에 장사진을 치곤했는데, 그 기자는 아예 이른 새벽 목욕탕까지 찾아왔던 것이다. 알몸으로 덤 벼들어서라도 취재하겠다는 기자의 노력은 가상했다. 하지만 그때 나로서는 어떤 말도 해줄 수가 없어 그냥 돌려보내야만 했다.

기자들만 목욕탕으로 찾아온 것이 아니다. 서울시장으로 있을 때 는 목욕탕까지 민원인들이 찾아오기도 했다. 매주 토요일이면 시장 과 직접 만날 수 있는 '토요데이트'가 있고, 또 인터넷을 통해 시장이 직접 확인하고 답을 주는 페이지가 있었지만 토요데이트에 내놓을 만한 민원이 아니거나 인터넷을 잘 모르는 분들이었다.

발가벗고 있는 목욕탕으로 찾아왔으니 당혹스럽기도 했지만 나로서는 외면할 수가 없었다. 민원의 내용은 둘째 치고 오죽하면 나를 만나러 목욕탕까지 찾아왔겠나 싶어, 그냥 발가벗은 채로 민원인들을 만날 수밖에 없었다.

연립주택에 수돗물이 잘 나오지 않는다며 찾아온 사람이 있는가 하면, 때로는 억지를 부리는 경우도 있었다. 민선 서울시장 시절 낙산(洛山)을 공원으로 복원정비할 때다. 낙산 주변에 다닥다닥 붙어 있는 집들이 대부분 무허가주택이라 헐도록 되어 있었다. 그런데 철거 대상에 든 어느 집의 주인이 목욕탕으로 찾아왔다.

"저희들도 무허가주택이라는 것을 알기 때문에 시에서 당장 철거한다고 해도 할 말이 없습니다. 그래도 수십 년을 살았는데 갑자기 철거하면 세입자들도 있는데, 세입자들한테 전세보증금도 빼 줘야 하니까 시간을 좀 주십시오."

낙산 복원사업도 시급했지만 듣고 보니 이 집도 문제였다. 집주인도 걱정이지만 당장 보증금을 돌려받지 못하고 집을 나가야 할 세입자들의 사정이 더 딱했다.

"시간을 얼마쯤 드리면 되겠습니까?"

"3년만 주십시오."

"알았습니다. 제가 시에 들어가서 상황을 더 자세히 알아보고 복원계획에 차질이 없다면 되도록 선처하겠습니다."

민원인과의 약속대로 무허가주택이 복원사업에 당장 방해가 되지 않는다는 것을 확인하고 민원을 들어주었다. 그런데 그 집주인이 몇 달 후 또 목욕탕으로 찾아왔다. 낙산공원으로 올라가는 길에 도로를 내고 포장하는데 도로의 높이가 자기 집 문턱보다 높으니 낮춰 달라는 것이었다. 그때는 청을 들어줄 수 없었다. 3년 뒤에 헐리게 되어 있는 집 하나 때문에 다시 길을 깎고 포장할 수는 없는 일이기 때문이다.

십수 년이 넘게 우리 동네 목욕탕을 다니지만 한때는 가고 싶어도 못 간 적이 있었다. 총리로 있을 때도 빠지지 않는데, 2004년 봄, 대통령 권한대행을 하게 되자 경호실에서 막았다. 경호와 안전 문제가 복잡해진다며 가지 말라는 것이었다. 그래서 1주일 정도는 공관에서 샤워하는 것으로 대신했다.

하지만 늘 보던 얼굴들을 보지 못하니까 못내 궁금하고, 목욕다운 목욕도 한 것 같지가 않았다. 그래서 나중에는 경호원 한 사람만 데리고 총리공관을 빠져나와 동네 목욕탕을 찾았다. 나도 반가웠지만 동네사람들은 더 없이 나를 반겼다.

"앞으로는 못 만날 줄 알았습니다."

"왜 못 만나요?"

"대통령 대행이시잖아요?"

"그래서 이렇게 살짝 빠져나왔지요. 하하!"

목욕시간은 다른 때보다 짧을 수밖에 없었다. 그렇지만 목욕탕에서 다시 동네사람들을 만나니 반가웠고, 그들을 통해 세상이 탈 없이 돌아가고 있음을 확인할 수 있어서 좋았다.

총리와 서울시장을 지낼 때 나는 곧잘 '고건과 닮은 사람'이 되곤 하였다. 길을 걸어갈 때도 그렇지만 특히 지하철이나 동네 목욕탕에서 나를 만난 사람들이 좀체 시장이나 총리로 인정(?)하려 들지

378

않았다. 또 어떤 분들은 내 등을 치면서까지 이렇게 말한다.

"똑같네. 정말 똑같아. 하하하!"

동네 목욕탕에서도 그런 일은 흔했다. 날마다 보는 얼굴들은 나를 이웃집 아저씨처럼 대하지만 낯선 얼굴들은 벌거벗은 내 모습을 위아래로 훑어보기 예사였다. 어떤 분들은 슬며시 다가와 말을 걸었다.

"고 총리를 많이 닮았네요."

그럼 나는 멋쩍게 웃으며 이실직고하였다.

"예. 제가 그런데요."

그러나 상대편에서는 내 말을 달리 듣고, 눈을 끔벅이더니 끝내는 웃음을 터트렸다.

"아, 그렇죠. 여러 번 당하죠? 여러 번 당할 거예요, 허허허!"

내가 아무리 바른 말을 해도 농담 이상으로 듣지 않는 것이다.

"하하 … 맞아요. 제가 그런 소리 자주 듣습니다."

나는 이렇게 고건 닮은 사람이 되는 때가 자주 있었다.

제9장
부패의 연결고리를 끊어라

서울시는 복마전인가?

서울시장에 임명된 지 채 1주일이 지나지 않은 1988년 12월 중순. 권완 서울시 목동지구개발사업소장이 결재서류를 들고 시장실로 왔다. 목동 신도시 개발사업이 마무리 단계에 접어들었던 시기다. 목동사업소는 그곳에서 이뤄지는 각종 공사를 발주하고 지휘하는 부서였다. 권한이 막강했다.

그가 건넨 서류를 쭉 훑어봤다. 공구별 공사발주 일람표였다. 10여 개 공사명과 규모, 예산이 쓰여 있었고 맨 오른쪽 칸은 비어 있었다. 아무리 서류를 들여다봐도 공란의 의미를 알 수 없었다. 어리둥절해하는 내 표정을 읽었는지 권 소장이 말을 꺼냈다.

"시장님, 이 공사들을 발주해야 하는데 어느 업체에 줘야 할지 거기에 써 주십시오. 아니면 직접 말씀해 주셔도 됩니다."

"아니, 내가 공개행정 한다고 했잖아요. 공개해요."

권 소장의 표정이 희한했다. 내 말뜻을 이해했는지, 아닌지 알

수 없었다. 꼭 떫은 감을 씹은 듯한 표정이었다. 그는 머리를 긁적이며 시장실을 나갔다. 1주일 후 권 소장이 다시 결재서류를 가지고 시장실에 들어왔다.

"지금까지는 중요한 것은 시장님이 다 정해 주셨습니다. 큰 거 몇 건만이라도 정해 주십시오."

내 지시가 먹히지 않았다. 내 얘기를 못 믿어서 그랬나, 아니면 '시장이 사업소장을 믿지 않는구나'란 자격지심에서 그랬나. 둘 중 하나였다. 나도 모르게 소리를 버럭 질렀다.

"아니, 이 사람이. 공개경쟁 하라는데 왜 딴소립니까?"

권 소장의 얼굴이 사색이 됐다. 그가 나가고 시장실에 앉아 곰곰이 생각했다. 사실 권 소장의 잘못이 아니었다. 오랜 기간 서울시가 굵직굵직한 공사를 그런 식으로 발주했다는 의미였다. 당시 서울시청을 두고 사람들은 복마전(伏魔殿)이라고 했다. 업체와 공무원이 결탁해 온갖 비리를 저지른다는 비아냥이었다. 국정감사가 열릴 때마다 서울시는 국회와 언론으로부터 두드려 맞았다.

시장으로 취임하며 "서울시가 복마전의 오명에서 벗어날 수 있도록 하겠다"고 말했다. 스스로에게 하는 다짐이기도 했다. 내 생각보다 상황은 심각했다. 바로 행동에 들어갔다.

입찰경쟁 없이 한 업체와 수의계약을 맺거나 몇 군데 기업을 사전에 선정한 다음 경쟁을 거쳐 계약(지명 경쟁계약)하는 방식을 실질적인 공개경쟁 계약으로 바꿨다. 공사의 특성상 업체의 자격요건을 엄격히 제한해야 하는 경우에만 지명 경쟁방식을 썼다. 물론 특정업체 한 곳을 사전에 찍어 놓은 다음 '나머지 몇 개 업체는 알아서 데리고 오라'는 식이었던 예전의 지명 경쟁방식은 철저히 배제했다.

우스운 일이 벌어졌다. 수의계약과 지명 경쟁계약만 주로 해왔던 시청 담당공무원들이 우왕좌왕했다. 입찰경쟁을 부치려면 시에서 공사설계서를 공개해야 하는데 그 방법을 고민했던 것이다. 인터넷이 보급되기 전이라 시청에 공사계약 시민열람실을 만들었다. 공사설계서와 발주절차 그리고 입찰결과와 계약서까지 모든 과정을 공개했다. 건설업자는 물론 시민들도 보고 확인할 수 있도록 했다.

인사심의와 정책결정에도 같은 원칙을 적용했다. 특히 이권과 관련된 방침을 결정할 때는 그 과정을 무조건 공개하도록 했다. 시장의 판공비도 공개했다. 시의회가 없을 때였다. 더욱 공개행정, 참여행정이 중요했다. '행정의 공개'와 '시민의 참여'는 시청과 시민이 소통하는 채널이다. '복마전'의 오명에서 벗어나기 위해서는 시정의 패러다임을 바꿔야했다. 시정의 콘텐츠는 교통, 주택, 청소 등 '생활행정'에 두었다. '일방행정'에서 '참여행정'으로 탈바꿈시켜야 했다. 하나하나 고쳐가는 어려운 작업이었지만 보람이 있었다.

그런데 1989년 서울시는 커다란 권력형 비리의 중심에 말려 들어갔다. 바로 수서택지 특혜분양 사건이었다.

어디서 수작입니까?

1989년 3월 21일 건설부는 서울 강남구 수서지역을 공영개발 예정지구로 고시했다. 이를 미리 알았던 한보그룹은 1988년 4월부터 자연녹지였던 수서 일대의 땅을 사들였었다. 수서지역이 공영개발지구로 고시되자마자 한보는 그 땅의 명의를 연합주택조합에 넘기고 전방위 로비를 시작했다. 그곳에 주택조합 아파트를 지을 수 있도록 수의계약 방식으로 토지를 특별분양해 달라는 요구였다.

특정 주택조합에 택지를 특별분양하면 일반분양 가구수는 그만큼 감소한다. 청약저축에 가입한 50만여 명의 시민이 추첨을 통해 아파트를 분양받을 기회가 크게 줄어든다는 얘기다. 수서지구는 '서울의 마지막 남은 노른자위 땅'으로 불렸다. 택지를 특별분양해 주면 막대한 이익이 조합과 건설사에 돌아갈 판이었다. 공영개발의 취지에 맞지 않고 관련 법규에도 어긋났다. 당연히 서울시는 불가(不可)하다는 입장을 밝혔다.

1989년 말 정태수 한보그룹 회장이 시장실로 찾아왔다. 그가 용건을 얘기했다.

"수서지구에서 특별공급 형태로 조합주택용 토지를 분양해 주십시오."

나는 꽤 오랜 시간을 들여 그에게 안 되는 이유를 설명했다. 취지는 이랬다.

"주택조합이 당초 아파트를 지을 수 없는 자연녹지를 조합주택용지로 사들였습니다. 현행법규상 공영개발택지를 주택조합에 특별공급할 수가 없습니다."

하지만 한보는 물러서지 않았다. 1990년 2월 초 조합원 수천 명을 동원해 서울시에 택지 특별분양을 해달라고 집단민원을 제기했다. 서울시도 굽히지 않았다. 분양불가 방침을 조합에 통보했다.

그러자 그동안 문건을 남기지 않고 전화나 구두로 압력을 행사했던 청와대는 2월 16일 서울시에 협조공문을 발송했다. '민원인들이 공공기관 등에 근무하는 무주택자들로서 적법한 가격으로 공공택지를 우선 공급하는 방안을 건설부와 협의해 검토·처리하고 그 결과를 보고해 달라'는 내용이었다. 서울시에 대한 공식적 압력이었다.

나는 담당인 이모 청와대 행정수석에게 공영개발의 취지와 법규정상 택지의 특별분양이 불가하다는 사유를 구체적으로 설명할 필요를 느꼈다. 나와 고시동기인 정모 청와대 민정수석이 합석하는 3인 저녁자리를 마련했다. 서울 운니동 한식집 '송죽헌'에서 둘과 만났다. 나는 열심히 설명했지만 두 수석 모두 내 얘기에 관심이 없었다. 혹만 하나 더 붙인 꼴이었다.

얼마 지나지 않아 정태수 한보그룹 회장이 시장면담을 또 신청했다. 안 된다는 내 입장을 확실히 전하려 정 회장을 시장실로 불렀다. 서너 달 전 그를 처음 만났을 때와 다르게 나는 강경한 어조로 특별분양을 허가할 수 없는 이유를 설명했다.

내 말이 끝나자 정 회장은 안주머니에 손을 넣었다. 두툼한 봉투를 꺼내더니 탁자 앞에 올려놨다. 화가 치밀었다.

"어디서 무슨 수작입니까? 당장 나가요!"

나는 크게 소리쳤다. 손으로 탁자를 치며 일어섰다. 그때 정 회장의 표정은 지금도 똑똑히 기억난다. 무안했는지 그의 얼굴은 붉게 달아올랐다. 하지만 동시에 눈과 입에서 능글맞은 비웃음이 떠올랐다. '네가 버티면 얼마나 버티겠느냐'는 의미 같았.

그 비웃음의 의미는 곧 알 수 있었다. 검찰은 수서택지 업무를 담당하는 서울시 김모 종합건설본부장과 김모 도시계획국장을 구속했다. 3~4년 전 그들이 받은 명절 떡값을 문제 삼았다. 엄청난 충격이었다. 서울시장으로서 고독하고 치열한 싸움의 시작이었다.

권력에 굴하지 않고 소신을 지킬 수 있는 사람을 후임 도시계획국장으로 임명해야 했다. 김학재(金學載) 서기관(4급 기술직)이 떠올랐다. 지하철을 타고 출근할 때 그와 자주 마주쳤었다. 사생활이 검소하고 청렴하다는 인상을 받았다. 물론 지금 청렴하더라도 요직에 가서 변하지 않으리란 법이 없다. 자신의 미래를 돈으로 바꾸지 않을 사람이 필요했다.

그는 기술고시 출신에 나이도 젊었다. 미래 발전성이 충분하다 싶었다. 세 번째 조건은 의지력이었다. 종합건설본부장에 새로 임명할 예정이었던 이동(李棟) 시정연구관에게 물었더니 "그는 암벽등반이 취미다. 의지가 강한 사람이다"란 답이 돌아왔다.

1990년 5월 18일 김학재 서기관을 도시계획국장 직무대리로 임명했다. 4급 기술직을 2급 수석국장 자리에 발령 낸 것은 전에 없던 파격적인 인사였다. 강창구(姜昌求) 도시개발과장도 같은 기준으로 발탁했다. 청와대와 서울시가 벌이는 전쟁터의 최전선에 두 사람을 내몬 것이나 마찬가지였다. 미안했다. 하지만 발령장을 주면서 "수서문제에 있어 원칙과 소신을 지켜 달라"고 당부했다.

1990년 당시 도시계획국장으로 발탁됐던 김학재 전 서울시 행정 2 부시장의 얘기를 들어본다.

"나도 놀랐다. 그때 고 시장이 도라지 담배를 피웠다. 발령받고 앞에 앉았는데 고 시장이 몇 분 동안 담배를 물고 말이 없다가 '남의 돈 먹지 마라. 수서 문제에 원칙과 소신을 지켜야 한다. 바람은 내가 막겠다'라고 했다. 그런데 얼마 후 서울시 한 직원이 다른 일로 뇌물을 받은 일이 신문에 났다. 고 시장이 '나는 복마전의 수괴가 될 생각 없다. 니들끼리 다 해라'라고 소리치고는 간부들 상대를 안 하시는 거다. 그래서 간부들이 자진해서 서약 대회를 열고 '우리 이렇게 서약했으니 제발 봐달라' 사정한 기억이 난다."

옥쇄(玉碎)를 각오하다

1990년 5월 10일 서울시는 건설부에 수서택지 특별분양 여부에 대한 의견을 달라고 요청했다. 건설부의 판단도 서울시와 같았다. '공영개발지구 내 토지공급은 형평을 유지해야 한다. 국민주택청약 등 예금가입자에게 불리함이 없도록 해야 한다'며 '연합주택조합에 특별분양은 안 된다'는 간단한 내용의 회신을 서울시로 보냈다.

그런데 얼마 후 건설부 주택국장이 교체됐다는 소식을 들었다. 청와대의 압력과 한보의 로비가 건설부로까지 미쳤다. 건설부의 입장은 '특별분양이 가능하다'는 쪽으로 바뀌었다.

서울시는 이제 홀로 맞서야 했다. 먼저 나는 김학재 도시계획국장을 통해 반대입장을 고수했다. 김 국장은 신임 건설부 주택국장과 팽팽한 설전을 벌였다고 한다. 김학재 당시 도시계획국장의 얘기다.

"특혜분양은 안 된다고 완강히 반대하고 있는데 검찰에서 나를 잡으러 곧 온다고 소문이 돌았다. 어느 날 고 시장이 나를 불러서 '당신 내 얘기 서운하게 듣지 마. 당신이 나한테 그림을 선물하고 국장이 됐다고 소문이 도나 봐'라고 말했다. 그래서 내가 '그림이 아니고 도자기라고 얘기가 돕니다. 제가 안 드렸으면 된 거죠'라고 답했다. 없는 사실도 만들어서 퍼뜨릴 만큼 그쪽 압력이 컸다. 솔직히 겁나고 괴로웠다. 그래도 버텼다."

그다음 수서지구를 지역구로 둔 국회의원이 '특별분양을 허가해달라'고 올린 건의를 서울시 민원심사위원회에 정식안건으로 상정했다. 위원회를 열어 주택조합 측의 의견을 들었다. 공개적으로 심사하는 과정을 거쳐 다시 한 번 '불가'(不可) 결정이 내려졌다.

정치권의 압박은 더욱 강해졌다. 여당은 당정협의기구를 통해 압력을 가했다. 당시 야당인 평민당은 총재명의 협조공문까지 서울시에 보냈다. 얼마 후 이모 법무부 장관으로부터 전화가 왔다.

"국장 한 명을 보낼 테니 얘기를 한번 잘 들어보세요."

무슨 의미인지 충분히 짐작할 수 있었다. 그날 오후 시장실로 신모 법무부 국장이 찾아왔다. 그는 나의 학교후배였다. 심각한 얼굴로 그는 나에게 말했다.

"상황이 심각합니다. 시장님."

"뭐가 심각하다는 거요."

"지금 김학재 도시계획국장을 그대로 놔두면 곧 구속됩니다. 그걸 예방하려면 국장을 바꾸셔야 합니다."

그리고 잠시 머뭇거리더니 한마디를 덧붙였다.

"후임은 아무개 국장으로 해주십시오."

화가 머리끝까지 올랐지만 일단 참았다.

"내가 김학재를 도시계획국장으로 인선할 때는 그 사람이 청렴하고 생활이 검소하고 강직하기 때문이오. 그 사람이 도시계획국장으로 와서 한 건 시장지시에 의해서 한 거니까, 잘못이 있어 구속한다면 그건 내 잘못이오. 구속하려면 시장을 구속하시오."

그렇게 신 국장을 돌려보냈다. 마음이 무겁게 가라앉았다.

'아, 이제 올 것이 왔구나.'

시장실로 이동 종합건설본부장, 김학재 도시계획국장 등 신임하는 몇몇 간부를 불렀다. 법무부 국장이 찾아와 한 애기를 전했다.

"내가 거부해서 보냈는데 혹시 김학재 국장을 구속하는 사건이 생길지 모릅니다. 그렇게 되면 내가 옥쇄를 각오하고 저항하고 고발할 겁니다."

질문이 쏟아졌다.

"어디다 고발합니까. 검찰도 그렇게 나오는 마당에 말입니다."

"일간지에 내 돈으로 전면광고를 할 겁니다. 수서사건이 이러저러하다고 사회고발을 하는 겁니다. 나도 문안을 생각해 볼 테니 여러분도 한번 생각해 보세요."

1990년 9월 초 경기 과천 중앙공무원교육원에서 장·차관 연수가 있었다. 아침에 산책을 나갔는데 이모 법무부 장관이 보였다. 그에게 다가가 말을 걸었다. 그리고 김학재 국장에 대해 애기했다.

"김 국장은 내가 인선할 때부터 고심한 청렴한 국장입니다."

어떤 압력이 있어도 서울시는 흔들리지 않겠다는 내 나름의 뜻을 그 말에 담았다. 우리 뒤에 안상영(安相英) 부산시장이 마침 있었다. 안 시장은 서울시 기술직 공무원 출신으로 서울시 종합건설본부장을 지냈다. 속사정을 알 리 없는 그였지만 내 말을 거들어주었다.

"김학재요? 아, 내가 알죠. 그 사람 청렴한 거 내가 보증합니다."

검찰에선 별다른 움직임이 없었다. 하지만 나의 불안감은 쉽게 가라앉지 않았다. 폭풍전야의 고요함 같았다. 예감은 맞아떨어졌다. 1990년 12월 27일 청와대는 개각을 발표했다. 나는 서울시장직에서 경질됐다.

"외압 막겠다"는 약속 지켰다

대통령이 임명한 공직자라면 임명권자의 지시나 청와대의 방침에 따르는 것이 상례다. 나는 그 원칙을 따르려 노력했다. 하지만 세 번 청와대에 항거할 수밖에 없었다. 5·17, 명동성당 사태 그리고 수서사건 때다.

1990년 12월 27일 청와대는 박세직(朴世直) 전 서울올림픽대회 조직위원장을 서울시장으로 임명했다. 나는 경질됐다. 최악의 경우 그런 일이 벌어지리라 예상하긴 했지만 막상 현실이 되니 참담한 감정이 밀려왔다.

'오후에 지하철 8호선 기공식에 참석하려고 했는데….'

시청 간부들에겐 내색을 안 했다. 한창 사무실을 정리하는데 김학재 도시계획국장이 찾아왔다. 그의 얼굴은 무척 어두웠다.

"시장님, 혹시 수서지구 때문에….'

나는 담담한 어조로 말했다.

"그럴 리가 있겠어. 장관이 10명이나 바뀌고 개편 폭이 꽤 컸어요. 설마 나 한 사람 쫓아내려고 개각을 했을까."

이어 이원종 내무국장이 찾아와 말했다.

"무엇이든 심부름할 일을 말해 주십시오."

"한 가지 마지막 부탁이 있긴 해. 서울시정에 그동안 협조해 주신 분들께 이임 인사장을 보내주세요."

짧은 문안을 써서 이 국장에게 건넸다. 그중 한 문장이다.

'오랫동안 서울시를 괴롭혀온 외부압력이나 이권청탁을 철저히 막아내겠다고 한 취임 때의 약속을 지킬 수 있었던 것을 무척 다행

스럽게 생각합니다.'

공직에서 이미 물러난 나였다. 그냥 시장을 할 때 도움받은 사람들에게 솔직한 심경을 전해야겠다는 마음이었다. 하지만 인사장에 있던 이 한 문장은 수서비리 사건이 폭로되는 단초가 됐다.

1991년 1월 서울시는 수서지구에서 조합주택용 택지를 특별분양하기로 결정을 내렸다. 담당인 김학재 국장과 강창구 도시개발과장은 결재서류에 서명하길 완강히 거부했다. 박세직 시장과 윤백영(尹伯榮) 부시장만이 결재서류에 서명했다.

그리고 1991년 2월 3일 〈세계일보〉는 수서택지 특혜분양 비리사건을 특종 보도했다. 사건의 전말이 세상에 알려졌고 검찰수사가 시작됐다. 사태 초기에 나는 오해를 받았다. 국회 사무처에서 수서관련 청원심사결과 통지문을 보냈고 나는 퇴임 직전인 1990년 12월 13일에 문서접수 공람확인란에 서명했다. 말 그대로 서류가 시청에 도착했고 내가 그 사실을 확인했다는 의미일 뿐 결재했다는 뜻이 아니었다.

그런데 이 공람사인을 두고 내가 시장일 때 수서 특혜분양 결정을 했다는 식으로 보도가 나갔다. '박세직 현 시장과 고건 전 시장이 책임 떠넘기기를 한다'는 비판이 언론에서 쏟아졌다. 진짜 책임자를 숨기고 잘못을 나에게 떠넘기려는 시청 내부자의 소행이 분명했다. 시청에서 제대로 근무했더라면 공람과 결재의 차이를 모를리 없었다. 누군지 짐작이 갔지만 아는 체는 하지 않았다.

수서비리 사건에 대한 검찰수사가 이뤄졌고 정태수 한보그룹 회장을 비롯해 여야 의원, 청와대 비서진, 건설부 공무원 등이 구속됐다. 그리고 4년 후 비자금 수사가 진행되면서 노태우 전 대통령이 수서사건과 관련해 정 회장으로부터 수백억 원을 받은 사실이 드러났다. 1991년 1월 서울시가 한보그룹을 배후에 둔 주택조합에 수서지구 택지를 특혜공급한 수서비리 사건은 노태우 정부 최대의 권력형 비리사건으로 밝혀졌다.

투명한 '오픈시스템'의 탄생

1999년 1월 19일. 서울시청에서 구청장 회의가 열리는 날이었다. 한창 회의준비를 하는데 비서실 직원이 시장실로 뛰어 들어왔다.

"큰일 났습니다. 검찰에서 행정관리국장을 체포해 갔습니다."

임명한 지 6개월도 채 지나지 않은 김모 행정관리국장이 뇌물수수 혐의로 시청 사무실에서 긴급체포됐다. 2년 전 부구청장이었을 때 토지형질을 변경해 주는 대가로 수천만 원을 받은 혐의 때문이라고 했다. 머리에 날벼락이 치는 듯했다. 나는 8년여 전 수서사건으로 부패와의 전쟁을 치렀고 결국 서울시장 직에서 물러났다. 미처 다하지 못한 숙제를 마무리해야 했다. 1998년 서울시로 돌아오며 나는 "부패와의 2차 전쟁을 벌이겠다"고 선포했다. 그 전쟁에서 야전사령관 역할을 하는 자리가 바로 행정관리국장이었다. 예전에 김학재 도시계획국장을 임명할 때처럼 신중을 기했는데 ….

너무 충격이 컸다. 밤에 잠을 잘 수가 없었다. 언론에서 "고건 시장이 '복마전을 청산하겠다'고 큰소리치더니 주무국장이 부정부패를 저질렀다"는 비판이 쏟아졌다. 밥맛이 사라졌다. 울화 때문에 잠을 설치던 새벽 3시 아이디어 하나가 떠올랐다.

2001년 3월 30일 TI 세계청렴인상 수상 기념 사진.

'이권관련 민원을 인터넷으로 신청받고, 진행상황 역시 인터넷으로 실시간 공개하면 어떨까.'

다음날인 1월 25일 간부회의를 소집해 내 구상을 밝혔다. 감사담당관실 김찬곤(金燦坤) 감사담당관, 한문철(韓文哲) 사무관과 정보화담당관실 이계헌(李桂憲) 사무관 등이 컴퓨터 프로그램 전문가와 머리를 맞대고 소프트웨어 개발에 나섰다. 그렇게 4월 15일 '민원처리 온라인 공개 시스템'이 처음으로 선보였다. 교통·건설·환경·위생 등 이권이 얽혀 있어 비리가 발생하기 쉬운 26개 분야를 선정해 우선 실시했다.

공무원이 민원을 접수하는 시점부터 처리가 끝날 때까지 결재 단계별로 진행상황을 인터넷에 올리는 프로그램이었다. 예를 들면 건축허가를 신청한 민원인이 자신의 민원서류가 계장, 과장 또는 국장선에 가 있는지, 앞으로 언제쯤 결재가 날 것인지, 반려된다면 그 이유는 무엇인지 등을 온라인을 통해서 어디서든 볼 수 있게 했다.

이유 없이 민원서류를 쥐고 앉아 있는 공무원이 없도록 말이다. 시청의 인맥을 동원하거나 '급행료' 명목의 뇌물을 요구하는 일도 자연스럽게 사라졌다. 이전에 없던 제도라 초기에 어려움이 많았다. 김찬곤 당시 서울시 감사담당관의 애썼던 얘기를 들어본다.

"시청은 물론 구청마다 사용하는 행정서류 양식과 절차가 달랐다. 심지어 과마다 다른 경우도 많았다. 공개하지 않고 업무를 처리하는 관행에 물들어 있던 시청·구청 직원들이 잘 움직이지 않았다. 할 수 없이 감사담당관으로서 권한을 좀 활용했다. 특별한 사유 없이 오픈시스템에 등록하지 않는 구청이나 과 직원들에게 '공개 안 하면 특별감사를 하겠다'고 엄포를 놨다."

민원처리 온라인 공개 시스템은 '오픈(OPEN·*Online Procedures Enhancement for Civil Applications*) 시스템'이란 이름을 얻었다. 제프리 존스 주한 미국상공회의소 회장 등 몇몇 외국인에게 공모해 결정한 약칭이다. 서울시가 창안한 이 시스템은 각 조직의 특성에 맞게 조금씩 변형된 뒤 정부부처와 다른 지방자치단체에 전파됐다.

나는 국제투명성기구(TI)의 초청으로 1999년 10월, 남아프리카 공화국 더반에서 열린 제9차 국제반부패회의(國際反腐敗會議)에 참석하여 135개국, 1천 6백여 국제인사들에게 서울시의 시스템적 반부패 대책에 관한 연설을 했다. 반응이 아주 좋았다. 연설이 끝나자 기립박수를 받기도 했다. 그리고 그 회의 때 채택된 공동선언문(共同宣言文)에 서울시 오픈시스템이 효과적 부패방지모델로 명기되었다. 또한, 이 회의에서 '2003년 국제반부패회의'를 우리나라 서울로 유치하는 성과를 거두기도 했다.

그 후, UN과 경제협력개발기구(OECD), 세계은행(World Bank)

2001년 5월 8일 뉴욕 UN 본부에서 코피 아난 UN 사무총장과 만나 '민원처리 온라인 공개 시스템' (오픈시스템)을 전 세계로 보급하는 내용의 공동사업을 추진하기로 협정을 맺고 악수를 나눴다.

과 국제통화기금(IMF), 아시아개발은행(ADB)과 미국 상무부, 미국 행정학회 등에서 이 제도를 효율적 부패방지모델로 높이 평가했다. 또한, 세계적으로 권위 있는 〈비즈니스 위크〉지와 〈타임〉지에서도 이 제도를 부패방지모델로 높이 평가한다고 보도했다.

특히, UN은 각별한 관심을 표명하였다. 지난 2001년 5월, 나는 코피 아난 UN 사무총장을 만나서 서울시와 UN이 서울시의 오픈시스템을 전 세계에 보급하는 공동 협력사업을 하기로 합의하고 공동성명을 발표했다. 합의 내용에 따라 우선, 2001년 8월에 서울시와 UN의 공동주최로 반부패 국제심포지엄을 서울에서 열었다. 그리고 서울시 오픈시스템의 6개 국어로 된 매뉴얼을 서울시와 UN이 공동으로 제작하고, UN이 전 세계 180여 개국에게 이 매뉴얼을 보급하고 있다.

우리나라는 김치에서 유조선까지 모든 상품을 해외 수출하는 세

2001년 5월 10일 그동안 추진해온 행정개혁 실적을 높이 평가받아
미국 시라큐스대학에서 명예 법학 박사학위를 수여받았다.

계 12대 수출대국이다. 그러나, 행정시책을 해외로 수출하는 것은
이것이 처음이었다.

지혜로운 자는 청렴함을 이롭게 여긴다

윗물이 맑아야 아랫물이 맑다. 하지만 윗물이 맑다고 해서 아랫물이
반드시 맑은 것은 아니다. 윗물이 맑은 것은 아랫물이 맑기 위한 필요
조건이지 충분조건은 아니다. 공직자들에게 '청렴하라'고 사명감을 강
조하는 것만으로는 부족했다. 그래서 나는 다산 정약용의《목민심
서》중〈율기〉(律己)에서 '지자이렴'(智者利廉)을 찾아냈다. '지혜로
운 자는 청렴함을 이롭게 여긴다'는 뜻이다.

  나는 오랜 공직생활 동안 '지자이렴'을 수칙으로 삼아왔다. 다산
은 '재물보다 왜 청렴함이 이롭다고 하느냐'는 질문에 이렇게 답했

다. '청렴은 천하의 큰 장사다. 욕심이 큰 사람은 반드시 청렴하려고 한다. 사람이 청렴하지 못한 것은 그 지혜가 짧기 때문이다.'

나는 공직생활을 하며 청렴했다기보다 이렴(利廉) 했다. 서울시 공직자에게도 '지자이렴'을 강조했다. 그리고 신상필벌(信賞必罰 · 공을 세운 사람에게는 상을 주고 죄를 지은 사람에게는 반드시 벌을 줌)의 원칙에 따라 인사를 했다. 부패한 공직자는 백벌백계(百罰百戒) 했다. 일벌백계(一罰百戒 · 한 명을 벌줘서 백 명이 경계로 삼도록 함)가 아니다.

과거엔 일벌백계가 관행이었다. 처벌받은 사람은 '아, 나만 운이 나빠서 걸렸다'는 인식을 갖는다. 처벌해도 큰 효과가 없었다. 그래서 나는 부정을 저지른 사람이 백 명이면 백 명 모두 처벌한다는 백벌백계의 원칙을 공직사회에 정착시키려 노력했다. 부정을 저지르면 시기가 이를 수도, 늦을 수도 있지만 언젠가 반드시 적발된다.

나는 민선 서울시장 때 부패를 적발하는 방법의 하나로 '시장이 직접 받는 부조리 신고엽서 제도'를 활용하기도 했다.

이런 무(無) 관용주의는 국제투명성기구에서도 권고하는 원칙이다. 국제투명성기구는 매년 세계 각국의 청렴도 지수를 발표한다. 내가 서울시장으로 재직할 때인 1999년부터 서울시 역시 기관 · 행정 분야별로 반(反) 부패지수를 조사해 발표하고 있다. 이권관련 민원을 제기하고 처리과정을 경험한 시민들을 대상으로 설문조사를 했다. 여론조사 전문기관에서 실시한 조사결과를 바탕으로 반부패지수를 산출했다. 지수가 안 좋게 나온 몇몇 구청에서 반대했지만 밀고 나갔다. 자정(自淨) 노력을 펼치도록 반강제적으로라도 경쟁을 붙여야 한다는 소신 때문이었다. 지금은 국민권익위원회에서 정부부처와 공공기관을 대상으로 청렴도 조사를 진행하는 것으로 안다.

인사도 부정부패를 막는 데 중요한 요소다. 물이 고이면 썩게 마련이다. 한 공무원이 오랜 기간 같은 지역에서 인허가 업무를 담당하면 그 공무원은 그 지역의 민원인이나 업자들과 유착되기 쉽다. 그래서 나는 이런 부조리 악순환의 연결고리를 차단하는 데 역점을 뒀다.

1998년 말 건축·위생·세무 등 5대 부조리 취약분야에 근무하는 25개 구청 공무원 중 4,142명을 대상으로 구청 간 교류인사를 단행했다. 구청직원 80%의 보직이 바뀌는 시정 역사상 전무후무한 최대규모의 인사였다. 인사를 통해 부패 커넥션을 차단하려는 게 목적이었다.

지금도 우리 사회엔 망국적인 부패가 만연해 있다. 안타까운 일이다. 그 중심엔 파워엘리트들의 부패 커넥션이 자리 잡고 있다. 로펌과 장관직, 금융감독기관과 민간 금융사, 전관예우 등의 부패 커넥션부터 차단해야 한다. 단호한 의지와 치열한 노력이 필요하다.

시민과의 동고동락

고건의 청렴과 지성의 관리철학은 행정운영의 실제에서 여러 가지 형태로 나타났다. 부하직원들과 동고동락(同苦同樂)하며 일을 추진하였고, 정책의 문제를 현장위주로 선택하였고, 서민의 숙원을 확인하여 해결하는 데 노력을 기울였으며, 정책의 결정을 가능한 한 공개적인 토론을 통하여 도출된 결론에 의존하였다. 그리고 그의 관심은 대단위 토목사업보다 시민들의 불편을 해소하는 행정운영 방식의 개선에 모아졌다. 청렴은 공직자로서의 그의 상표(商標)라고 할 만큼 널리 알려져 있다. 그의 청렴은 소극적으로 부정부패가 만연하던 시절에 그것에 물들지 않았다는 사실에 머물지 않고, 행정관리의 초점을 문제해결 방식의 개선에 모았다. 문제해결 방식의 개선은 행정관행에 새로운 조망을 제공하였다. 그것은 대규모 재정지출과 인력의 동원 없이도 행정관리를 통하여 시민에게 공공서비스를 개선할 수 있음을 보여주었다.

― 김영평(1994), '고건론', 이종범 편, 《전환시대의 행정가》, 나남.

제 10 장

나아갈 때와 물러날 때

7년의 자유와 고독

1990년 12월 27일 나는 서울시장 자리에서 물러났다. 정치를 다시 할 뜻은 없었고 돌아갈 곳도 없었다. 민자당 전북 군산지구당 위원장 자리는 대학후배에게 물려준 지 오래였다.

1991년 1월 서울시립대 원로교수들이 "시장출신이 총장을 맡아주면 좋겠다"고 제안했다. 정희채(鄭熙彩) 당시 총장은 임기만료를 앞두고 있었다. 처음엔 그들의 제안을 거절했지만 교육에 열정을 쏟는 것도 보람이 있겠다는 생각에 마음을 바꿨다. 2월 4일 시립대의 노춘희(盧椿熙) 도시행정학과 교수, 신홍(申弘) 전 법정대학장과 나는 신임총장 경선을 치렀다. 교수 131명이 비밀투표를 했다. 과반수 득표로 나는 최종후보에 올랐다. 교육부 장관이 제청하고 대통령이 임명하는 형식적 절차만 남은 상황이었다.

그런데 수서택지 특혜분양 사건이 터졌다. 투표는 끝났는데 총장임명절차가 진행되지 않았다. 교육부는 청와대 눈치를 보느라 시간을 끌었다. 청와대는 나에게도 압력을 가했다. 어느 날 청와대 수석비서관 두 명이 나를 직접 찾아왔다.

"수서문제로 서울시가 시끄럽습니다. 현직시장도 이번 일로 물러나게 됐고, 이런 상황에서 전직시장을 시립대 총장으로 어떻게 임명할 수 있겠습니까. 사퇴해 주셔야겠습니다."

"말도 안 되는 소립니다. 그렇게 못 합니다."

일언지하에 거절했다. 청와대 압력에 굴복했다는 오명을 남기기 싫었다. 아버지도 "절대 물러나지 말라"고 단단히 나에게 일렀다. 하지만 고민을 거듭하면 할수록 다른 생각이 들었다.

'원로교수들이 나를 총장 후보로 영입한 뜻은 시로부터 보조금도 더 받고, 의과대도 신설해 주리라는 시립대 발전에 대한 희망 때문이다. 청와대와 각을 세운 내가 총장이 되면 시립대 발전에 도움이 안 된다.'

내가 도움이 된다고 판단되면 일을 맡았고 그렇지 않을 때는 물러났다. 시립대 총장을 하면 스스로 정한 진퇴의 원칙에 어긋난다. 사퇴하기로 마음먹었다. 청와대의 압력에 굴했다는 불명예는 감수했다.

2월 27일에 서울시립대 교수협의회에 총장 후보 사퇴서를 냈다. 53세 나이에 쓴 다섯 번째 사표였다. 내가 시립대 총장직에 당선되고도 자진 사퇴하자 외압설이 흘러나왔다. 외압에 의한 사퇴는 아니라고 답했다. 사실관계를 떠나서 더 이상 구설에 오르고 싶지 않았다.

공자는 50대를 하늘의 뜻을 아는(知天命) 나이라고 했다. 천명을 알고 많은 일을 해야 하는 중요한 시기다. 그런데 나는 1990년 서울시장에서 경질된 후 1997년 김영삼 정부 국무총리로 지명되기까지 7년을 공직과 떨어져 지냈다. 50대 황금기의 7년을 그렇게 보냈다. 내 50대는 자유롭고 외로웠다.

대개 공직을 그만두면 정부산하 기관장을 하거나 대기업 고문으로 갔다. 나는 그 길을 선택하지 않았다. 대신 사회봉사활동을 하자고 마음먹었다. 공동체의식개혁 국민운동협의회, 세계선린회, 환경운동연합 등 시민단체에서 일했다. 김지길(金知吉) 목사, 홍일식(洪一植) 전 고려대 총장, 서영훈(徐英勳) 세계선린회 이사장, 신익호(辛翼鎬) 목사 등 다양한 사람들과 교류했다. 낚시도 다니며 오랫동안 잊었던 여유도 즐겼다.

서울시립대 총장 후보 사퇴

그 당시 사회와 대학의 분위기로 보아 세칭 5공화국과 6공화국에서 중책을 맡았던 인물이 대학의 총장 후보에 선출된다는 것은 극히 이례적인 사건이었다. 학생들의 극렬한 반대운동은 그 어느 누구도 말릴 수 없을 정도였다. 학생회는 거의 거부권을 가진 것이나 마찬가지였다. 그리고 사회의 자유화 민주화의 열기에 힘입어 이 대학 저 대학에서 총장 후보를 대학교수 협의회에서 직선으로 선출하였다. 그것은 국립대학 사립대학 가릴 것 없이 일어난 현상이었다. 공립대학인 서울시립대학교도 예외는 아니었다.

서울시장을 사퇴한 직후에 학자 출신도 아닌 고건이 서울시립대학 교수들이 압도적인 지지를 받아 총장 후보에 선출되었다. 학생회에서도 논란이 일다가 학교를 위하여 가장 적임자라는 결론에 도달하였다. 이런 도중에 "수서(水西)지구 특혜공급 문제"가 터져나왔고, 박세직 신임 시장이 "수서문제는 전임 시장이 결재한 것을 본인은 추인만 한 것"이라고 발설하였다. 고건은 이 사실을 정면으로 부인하였다. 그리고 청와대에서 고건의 서울시립대학 총장 임명을 승인하지 않자, 스스로 총장 후보를 사퇴하였다. 그의 총장 후보 사퇴에 대하여, "총학생회에선 고 씨 아니면 거부투쟁"을 벌이겠다고 선언하였다. 결국 그는 서울시립대학 총장으로의 변신에 이르지 못했다. 그러나 교수들의 압도적 지지와 학생회의 수용은 그의 도덕성과 성실성을 받아들인 것이었다.

— 김영평(1994), '고건론', 이종범 편, 《전환시대의 행정가》, 나남.

대학총장 시절

1994년 2월 대학총장으로 갈 기회를 다시 얻었다. 3년 넘게 공직과 떨어져 생활하던 나에게 명지대 교수협의회 인사들이 찾아왔다. 부총리 겸 통일원 장관으로 자리를 옮긴 이영덕 전 총장의 후임으로 나를 영입하고 싶다고 제안했다.

수서사건과 청와대 외압으로 서울시립대 총장을 맡지 못한 일은 아쉬움으로 남아 있었다. 공직에 있으면서도 대학에서 일하고 싶다는 생각은 종종 했다. 아버지(고형곤)는 전북대 총장을 지냈다. 선친이 간 길을 따라 밟아 본다는 의미도 있었다.

그들의 제안을 받아들였다. 나는 명지대 재단이사회의 추천을 받아 총장 후보로 단독출마했다. 3월 15일 교수들은 찬반투표를 했고 184명 중 165명이 찬성했다. 교수회와 학생회 사람들을 만나 "대학의 국제경쟁력을 높이겠다. 대학 행정을 쇄신하겠다"고 약속했다.

대학 현장에 가보니 교수와 학생이 만나 직접 대화하는 일이 없었다. 권위주의 시대에 시위에 나가려는 학생들과 이를 말리는 교수들 사이에 생겼던 벽이 아직 남아 있었다. 이 벽을 허물어야 했다. '총장이 맥주를 살 테니 원하는 학생은 모이라'는 '총장과의 호프미팅'을 벽보로 알렸다. 날짜와 장소도 적어 놨다.

벽보가 붙은 지 사흘쯤 지났는데 총장 비서실로 전화가 왔다. "누가 총장 이름을 내걸고 벽보로 장난을 쳤다"는 얘기였다. 총장 비서실에서 "사실이다"라고 확인해 줬다.

반응은 괜찮았다. 학교 앞 맥줏집 '비어뱅크'에 학생 2백여 명이 모였다. 학교가 어떻게 변했으면 하는지 학생들의 진솔한 얘기를

2005년 4월 11일 명지대 학생들과의 호프미팅.

들을 수 있었다. 틈날 때마다 이런 자리를 마련했고 '호프미팅'이라
고 이름을 붙였다.

공직으로 돌아가서도 호프미팅을 이어갔다. 이후 국무총리로, 서
울시장으로 일하며 직원들과, 기자들과 자주 호프미팅을 가졌다.
국무총리 시절, 저녁 늦게 불 켜진 사무실이 있으면 직원들을 데리
고 서울 세종로 정부중앙청사 뒤편 건물지하의 맥줏집으로 향했다.
야근이 잦은 교육부·행정자치부(지금의 안전행정부) 직원들이 단골
상대였다. 좋아하는 맥주도 마시고 그들의 어려움도 들었다.

청사 안에서 듣지 못했던 솔직한 현장의 소리를 기자들과의 호프
미팅을 통해 접할 수 있었다. 총리로서, 시장으로서 입장을 허심탄
회하게 기자들에게 말하고 설득하는 기회도 됐다. 그 누구와의 만
찬보다 소중한 시간이었다.

명지대 총장으로 바쁜 나날을 보내던 1994년 말 뜻밖의 제안을

받았다. 휴일이라 집에서 쉬는데 전화가 왔다. 민주당 권노갑(權魯甲) 최고위원이었다.

"긴히 드릴 말씀이 있습니다. 조용한 곳에서 직접 뵈었으면 좋겠습니다."

갑작스러웠다. 그와는 만나고 지내던 사이가 아니었다. 첫 통화이기도 했다. 무슨 일인지 알아보고 만나야겠다는 생각이 들었다.

"제가 다시 연락을 드리겠습니다."

"전 지금 공중전화로 연락을 드렸습니다. 어떻게 다시 연락을 주시겠단 말씀이신지 … ."

여러 가지 의미를 함축한 말이었다. '자기 개인 전화는 도청되니 안 된다. 직접 만나 말해야 할 만큼 중요한 사안이다'란 뜻이었다.

"아, 알겠습니다. 제가 아내를 통해 연락하겠습니다."

권 위원 부인과 내 아내는 경기여고 동기(44회) 동창이다. 권 위원에게 연락했다. '서울 종로구 연지동 여전도회관에 있는 내 개인 사무실에서 만나자. 정치인과 언론인이 출입하지 않는 곳이고, 남의 눈에도 안 띈다'는 메시지를 전했다. 약속한 시간에 그와 단 둘이 사무실에서 만났다. 권 위원이 말했다.

"민선 서울시장 선거에 민주당 후보로 출마해 주셨으면 합니다."

YS와 DJ의 제안 거절

예상했던 대로였다. 권노갑 민주당 최고위원과 만나기 전 나는 서울시장 선거에 나갈 수 없는 이유 5가지를 미리 메모해 뒀다. 준비한 내용을 말했다.

"제안 정말 감사드립니다. 하지만 받아들이기 어렵겠습니다. 첫째, 정치를 잠깐 했지만 공직생활을 오래 했고, 그쪽 정당에 몸담은 적도 없습니다. 민주당 후보로 나서기엔 명분이 안 섭니다. 둘째, 저는 돈이 없는 사람입니다. 셋째…."

내 얘기를 다 듣고 권 위원이 답했다.

"여기서 당장 결정하지 마시고 더 생각해 보신 뒤 다시 얘기하시죠."

1주일 후 같은 장소에서 권 위원을 다시 만났다. DJ(김대중 전 대통령)와 상의하고 온 듯했다. 권 위원이 먼저 말을 꺼냈다.

"전에 말씀하신 것에 대해 답을 드리겠습니다. 첫째로 서울시 모든 민주당 지구당위원장이 서명한 후보영입 요청서를 받아올 테니 명분은 걱정 마십시오. 둘째, 선거자금은 전액 당에서 책임지겠습니다. 셋째로…."

1주일 전 그는 메모 한 글자 하지 않고 내 말을 들었다. 그런데 순서도 틀리지 않고 답을 했다. 명석한 사람 같았다. 하지만 내 대답은 변함이 없었다.

"저를 그렇게 높이 평가해 주셔서 감사합니다. 총장임기가 4년인데 아직 1년밖에 지나지 않았습니다. 교수·학생들과 한 약속도 있고, 선거에 나갈 수 없습니다."

이 말은 현실 정치인에겐 설득력이 약했다. "집의 가친께서도 반대하신다"고 단호하게 끝맺음을 했다.

얼마 후 민주당이 조순(趙淳) 전 경제부총리를 첫 민선 서울시장 후보로 영입했다는 발표가 언론에 났다. 1995년 6월 27일 첫 전국 동시 지방선거에서 서울시장으로 조순 후보가 당선됐다.

그리고 1년 후 나는 김영삼 대통령으로부터 정치적 제안을 받았다. 1996년 어느 날 고등고시 13회 동기들과 서울 종로구 한정식집 '장원'에서 저녁을 먹고 있었다. 그때 아내로부터 급한 전화가 왔다. "김 대통령이 통화를 원한다"는 내용이었다.

다른 핑계를 대고 저녁자리에서 빠져나온 뒤 공중전화를 찾았다. 그런데 주변이 너무 시끄러웠고 전화기 잡음도 심했다. 결국 집으로 향했다. 도착하니 저녁 9시가 다 됐다. 김 대통령이 TV 뉴스를 볼 시간이라 추정했다. 전화기를 앞에 두고 기다렸다. 김 대통령이 어떤 애기를 꺼낼지는 충분히 짐작할 수 있었다. 신한국당이 새 얼굴을 영입하려 뛰고 있다는 소식이 언론에 오르내렸다.

'전화로 거절하기는 어려운데…. 무슨 말부터 해야 하나.'

상념이 복잡하게 얽혔다. 저녁 9시 30분 청와대 부속실로 전화를 했다. 김 대통령과 전화가 연결됐다.

"고 총장, 오랜만이오. 춘부장은 잘 계시지?"

여느 때와 같이 부드러운 목소리로 아버지의 안부부터 물었다. 그리고 용건을 말했다.

"내일 나하고 차 한잔 합시다."

다행이었다. 전화로 대통령에게 거절의 뜻을 전하는 난감한 일은 일단 피했다. 다음날 오후 5시 청와대 대통령 집무실에 그와 단둘이 앉았다. 김 대통령이 말했다.

"과거에 여당은 중앙정보부에서 몇 사람, 당에서 몇 사람, 청와대에서 몇 사람 넣고… . 그렇게 전국구 국회의원 후보들을 정했어요. 이제 그래선 안 돼. 여론조사에 의해 과학적으로 인선을 하고 있어요. 고 총장이 전국구 상위 순번으로 들어와서 나하고 정치를 같이 했으면 좋겠어요."

역시 내 예상이 맞았다. 준비한 답을 했다.

"배려할 사람이 많으실 텐데 저까지 배려해 주셔서 정말 감사합니다. 그런데 사립대 총장도 공인이라면 공인입니다. 공인이 공언한 얘기는 지켜야 하지 않겠습니까? 학생회와 교수, 학교 간부들에게 '약속 한 일을 마치기 전에는 정계에 안 나간다'고 공언했습니다."

김 대통령은 판단이 빨랐다. 대답은 시원했다.

"공인이 공언(公言)한 건 지켜야지."

그러면서 말을 이어갔다.

"내가 취임 초에 기자회견도 아니고, 오찬 간담회 비슷한 걸 했는데 말입니다. 기자들이 나한테 '현철이가 정치한다고 하면 허용하시겠습니까?' 묻길래 '내가 대통령으로 있는 한은 안 시키겠다'고 공언했어요. 그런데 요즘 현철이가 정치를 하려는 거야. 그래서 공언한 걸 지켜야 하니까 제가 말렸습니다."

김 대통령은 내 뜻을 받아줬다. 낯도 붉히지 않고 즐거운 분위기 속에 독대를 마쳤다. 얼마 후 이회창(李會昌) 전 총리, 박찬종(朴燦鍾) 전 의원 등이 신한국당에 입당했다는 소식이 언론에 났다.

그렇게 DJ와 YS의 제안을 한 번씩 거절했다. 그때 제안을 받아들여 1990년대 중반 정치에 뛰어들었다면 내 인생이 어떻게 바뀌었을까. 아마도 정당정치인이 되지 않았을까, 가끔 생각해 본다.

한보사태 위기정국의 총리

1997년 2월 말 김영삼 대통령으로부터 다시 연락이 왔다. 1년 전처럼 청와대 집무실에 마주 앉은 김 대통령이 말을 꺼냈다.

"국무총리를 맡아 한보사태 위기정국을 수습해 주세요."

임기 말에 접어든 김영삼 정부는 한보사태로 최대위기에 직면해 있었다. 한보사태는 김영삼 정부 말기인 1997년 1월 한보철강 부도로 드러난 대규모 권력형 비리사건. 한보철강 부도 직후 검찰수사를 통해 당시 정태수 한보그룹 회장이 부실·특혜 대출을 받으려고 여야 국회의원, 은행장, 장관은 물론 대통령 측근까지 금품을 주고 로비한 사실이 드러났다. 한보사태를 수사하는 과정에서 그해 5월 현직인 김영삼 대통령의 차남 김현철 씨가 금품 수수혐의로 수사를 받아 조세포탈죄로 구속되기도 했다.

한보그룹과 나의 악연은 질겼다. 한보 때문에 서울시장직에서 물러났던 나는 7년이 지나 한보 때문에 총리자리를 제안받았다. 나는 한보사태를 수습할 엄두가 나지 않았다. 내가 제안을 사양하자 김 대통령은 "나라를 위한 일"이라고 두 번을 강조했다.

명지대 총장으로 일하기 시작한 지 3년이 지난 때였다. 교수와 학생 앞에서 약속한 일을 어느 정도 마무리했다고 자평했다. 나는 조건부로 수락했다.

"총리가 내각을 통할하려면 국무위원 해임제청권이 있어야 합니다."

"그거 뭐 어렵나?"

김 대통령은 즉석에서 내 의견을 받아들여줬다.

"국회회기를 감안하면 1주일 정도 시간이 더 있습니다. 더 좋은 사람을 물색해 보시고 그래도 제가 필요하시다면 연락 주십시오."

3월 5일 나는 총리로 취임했다. 7년 만에 돌아온 공직이었지만 기쁜 마음은 없었다. 해결해야 할 과제가 산적했다. 한보철강 특혜대출을 둘러싼 비리의혹은 김 대통령의 차남 김현철 씨에게로 향하고 있었다. 하지만 수사는 지지부진했다. 김 대통령에게 독대를 청했다.

"이미 문종수(文鐘洙) 민정수석을 통해 보고드린 것처럼 언론이나 일반 국민이 현재의 검찰 수뇌부에 신뢰하지 않습니다. 법무부 장관을 바꾸긴 했지만 검찰총장, 중수부장 모두 한보 정태수 회장과 같은 영남사람이란 선입관이 있기 때문입니다. 검찰총장은 임기를 지켜 주는 게 맞겠고, 대신 중수부장을 교체하는 방안을 가납(嘉納)해 주시면 검찰 수사진의 신뢰회복에 도움이 될 것 같습니다."

나의 말에 김 대통령은 한동안 침묵했다. 대통령도 나도 중수부장 교체가 어떤 의미인지 알고 있었다. 그의 아들을 구속 수사하겠다는 뜻이었다. 김 대통령은 낮게 가라앉은 목소리로 답했다.

"그렇게 하세요."

최상엽(崔相曄) 법무부 장관을 총리집무실로 불러 상의했다.

"이렇게 가서는 한보사태가 수습이 안 됩니다. 중수부장을 교체할 수밖에 없습니다. 검찰 최고의 수사통이 누굽니까."

"인천지검에 심재륜(沈在淪)이라고 있습니다."

"그럼 그 사람으로 바꾸세요. 책임은 제가 집니다. 국무회의 때 내가 직접 지시하는 형식을 갖추도록 하겠습니다."

3월 18일 국무회의에서 나는 준비한 대로 최 장관에게 지시했다.

"국민들은 한보사태 등 일련의 사건에 대한 검찰수사가 미흡하며, 내각도 적절한 조치를 취하지 않고 있다고 지적하고 있습니다. 국민들의 의혹을 불식시킬 수 있도록 사람을 바꿔서라도 철저한 수사 노력을 기울여 주시길 바랍니다."

김 대통령의 재가도 받았고 최 장관과도 미리 말을 맞춰 둔 상태였다. 전말을 알 리 없는 언론은 '총리가 법무부 장관에게 검찰 재수사를 요구하는 초유의 사태'라며 대서특필했다.

3월 23일 법무부는 심재륜 인천지검장을 대검 중수부장으로 임명했다. 그는 우리의 기대에 부응해 칼날 같은 수사를 벌였다. 두 달후인 5월 17일 검찰은 김현철 씨를 구속했다. 그렇게 한보사태의 고비 하나를 넘겼다.

그런데 아들이 구속되자 김 대통령이 불면증을 앓았다. 총리로서 매우 곤혹스러웠다. 내 책임이 컸기 때문이다. 고민 끝에 서울 삼청동 총리관저에서 김 대통령을 비롯해 5부 수뇌가 참석하는 부부동반 만찬을 열었다. 만찬이 열리기 전 오후 청와대 의전실에 물었다.

"어떻게 하면 오늘 대통령께서 주무시겠나. 술은 뭐가 좋겠나?"

김 대통령은 원래 술을 즐기진 않았다. 와인 '마주앙'을 몇 잔 하는 정도였다. 그날만큼은 주무실 수 있도록 도수가 높은 술을 하면 어떻겠느냐는 의미였다. 의전실 담당자는 내 말뜻을 금방 알아챘다.

"'우량예'(五粮液)로 하면 어떨까요."

그의 제안대로 도수 높은 중국술 우량예를 만찬석상에 올렸다. 만찬 분위기는 다행히 나쁘지 않았다. 김 대통령은 우량예 서너 잔을 마셨다. 다음날 청와대 부속실에 물었더니 "대통령께선 잘 주무셨다"는 답이 돌아왔다. 이후 김 대통령은 아침에 조깅을 하지 않고 대신 오후에 수영을 하며 불면증을 고쳤다고 전해 들었다.

외환위기의 서막

1997년 4월 태국 바트화 가치가 폭락했다. 동남아 외환위기의 시작
이었다. 태국에서 시작한 위기는 필리핀, 말레이시아, 인도네시아,
싱가포르로 전염됐다. 불과 넉 달 후인 8월 태국은 IMF로부터 구
제금융을 지원받는 신세가 됐다. 국가부도 사태가 동남아에서 번지
고 있었다.

충격이었다. 그때만 해도 총리는 경제정책 결정라인에서 빠져 있
었다. 총리 간섭 없이 경제부총리의 지휘 아래 경제팀이 일사불란
하게 움직이는 게 중요하다고 판단했다. 나는 경제부처와 비(非) 경
제부처 간 의견이 다른 부분을 조정해 주는 역할만 했다. 경제장관
회의에 총리가 참석하는 일도 없었다.

일이 어떻게 돌아가는지 알아보려면 청와대 담당수석이나 경제부
처 장관을 따로 불러 묻는 수밖에 없었다.

"태국에서 외환위기가 발생했는데, 한국은 어떻습니까? 걱정이
많이 됩니다."

"총리님, 뭘 그렇게 걱정하십니까? 그러실 필요 없습니다."

"아니, 걱정을 어떻게 안 할 수가 있습니까?"

"우리 경제는 펀더멘털(기초체력)이 튼튼합니다."

그들의 답은 한결같았다. 펀더멘털 얘기만 했다. 안심이 안 됐
다. 하지만 내가 할 수 있는 일은 별로 없었다. 고민 끝에 강경식
(姜慶植) 부총리 겸 재정경제원 장관과 전임 경제부총리가 만나는
자리를 만들었다. '현 사태에 대해 선배들의 얘기를 들어보라'는 취
지였다. 남덕우(南悳祐)·신현확(申鉉碻) 전 총리, 이승윤(李承潤)

전 부총리와 만찬을 연이어 마련했다. 나도 합석했다.

1997년 말로 갈수록 사태는 급박하게 돌아갔다. 11월 들어 경제 관료들 입에서 나온 "IMF에 구제금융을 신청하는 방안을 검토 중"이라는 얘기가 신문에 보도됐다. 11월 15일 어느 만찬행사 자리에서 이경식(李經植) 한국은행 총재를 만났다.

"상태가 심각한 것 같습니다. 너무 걱정이 됩니다."

"저도 걱정이 됩니다. 부총재를 보낼 테니 한번 설명을 들어봐 주십시오."

"아, 그러면 내일이라도 만나야겠습니다."

11월 16일은 일요일이었지만 약속대로 한 부총재를 서울 삼청동 총리공관으로 불러 만났다. 그가 한 말은 충격적이었다. 외환보유액이 300억 달러가 넘긴 하지만 대부분이 묶여 있는 돈이고 가용액은 30억 달러 수준이라는 설명이었다.

'큰일 났다. 대통령에게 보고해야 한다.'

청와대에 급히 대통령 면담을 신청했다. 11월 18일 화요일 김영삼 대통령과 독대할 수 있었다. 내가 들은 얘기를 했다. 김 대통령은 가라앉은 목소리로 답했다.

"알고 있어요. 보고받았습니다."

누구에게 보고받았는지에 대해 대통령은 말하지 않았다. 바로 다음날 경제부총리를 경질하는 개각이 단행됐다. 그리고 11월 21일 재정경제원은 IMF에 구제금융을 신청하겠다고 발표했다. 지금도 한국 경제에 상처로 남아 있는 IMF 외환위기의 시작이었다.

참담했다. 그리고 총리로서 책임을 통감했다. 하지만 총리로서 당장 해야 할 일이 있었다. 550억 달러를 지원하는 대가로 IMF는 까다로운 이행조건을 제시했다. 미셸 캉드쉬 IMF 총재는 이행조건 양해각서에 각 정당의 합의서명을 받아오라는 요구까지 했다. 서명을 받으러 다니는 일은 내 몫이었다. 한 달 앞으로 다가온 15대 대통령 선거를 엄정하고 중립적으로 치르는 일도 중요했다. 그것 말고도 챙겨야 할 사안은 많았다.

1997년 12월 15일 말레이시아 쿠알라룸푸르에서 '동남아시아국가연합(ASEAN)＋3(한·중·일)' 정상회담이 개막됐다. 대선을 불과 사흘 앞둔 시기였다. 나는 김 대통령을 대신해 정상회담에 참석했다. 15일 오전 공식 정상회담이 열리기 직전 회담장 전실(前室)에서 13개국 정상이 모여 차 한 잔을 마시는 시간을 가졌다. 외환위기가 아시아에 짙게 드리운 시기였다. 다들 표정이 심각했다.

금가락지 행렬을 보셨습니까?

회담 주최국인 말레이시아의 마하티르 모하맛 총리가 어색한 분위기를 깨려는 듯 농담을 꺼내기 시작했다. 정상들은 영어로 대화를 나눴다. 중국의 장쩌민(江澤民) 국가주석도 농담을 이어갔다.

"정말 덥네요. 여기선 건물 안에서만 에어컨을 틀지만 베이징에선 실외에서도 에어컨을 열심히 틀고 있습니다."

12월이었지만 말레이시아는 더웠다. 그는 한겨울인 베이징의 날씨를 에어컨에 빗대 농담한 것이었다.

나도 한마디 해야지 싶었다. 고촉통(吳作棟) 싱가포르 총리를 보며 말을 꺼냈다. 그는 나보다 키가 한참 컸다.

"내 성이 '높을 고(高)'자입니다. 발음으로만 따지자면 고촉통 총리와 성이 같습니다. 그래서 고촉통 총리께서 키가 크신가 봅니다."

고촉통 총리를 비롯해 참석자 모두 웃음을 터뜨렸다. 하지만 화기애애한 분위기는 거기까지였다. 회담 시간이 되자 13개국 정상이 차례로 공식회의장에 들어섰다. 분위기는 심각했다. 자리에 앉은 정상들은 하나같이 내 얼굴을 살폈다. 그들이 어떤 궁금증을 가졌는지는 뻔했다. '너희 나라가 거덜나게 생겼는데 어떻게 돼가는 거냐'라는 표정이었다. 내 발언 차례가 돌아왔다. 준비한 연설문은 한·ASEAN 협력관계에 대한 내용이었다. 본론으로 들어가기 전에 한마디 해야겠다고 마음먹었다.

"여러분들이 한국의 외환위기에 대해서 걱정하시는 것을 잘 알고 있습니다. 그런데 오늘 아침 CNN 뉴스를 보셨습니까?"

다들 영문을 모르는 표정이었다. 말을 이어갔다.

"한국의 젊은 부부들이 결혼기념 반지를 내놓는 것을 비롯해 전 국민이 IMF 외환위기를 극복하려고 금을 모으는 운동을 펼치고 있다는 내용이었습니다. 우리나라는 이렇게 외환위기를 충분히 극복하고 남을 국민성을 가졌습니다. 반드시 위기를 극복할 것입니다."

회담장 분위기가 일순간 숙연해졌다. 돌이켜 생각하면 장쩌민 주석이 그 일을 기억에 깊이 담아 뒀던 것 같다. 1년 후인 1998년 11월 김대중 대통령이 중국을 방문했을 때 정상회담에서 장쩌민 주석이 금모으기 운동에 감명받았다는 말을 했다고 한다.

금모으기 운동의 시초는 무엇인가. 당시 내무부 장관이던 조해녕 전 대구시장에게 들어본다.

"환율이 급등하고 외환보유액이 바닥나기 시작한 1997년 말의 일

414

1997년 12월 10일 서울 태평로 한국프레스센터에서 새마을부녀회중앙연합회가 '애국 가락지 모으기 운동' 발족식을 열었다. 이날 행사에 새마을부녀회 회원과 주부 등 400여 명이 참석했고 금 2,445돈, 은 133돈, 미화 3,200달러 등을 모금했다. 〈중앙일보〉

이다. 정확한 날짜는 기억나지 않는다. 국무회의 후 국무위원 휴게실에서 고건 총리에게 새마을운동중앙협의회, 새마을부녀회중앙연합회 등에서 추진한 '3조 원 저축운동'의 성과를 보고했다. 그러자고 총리가 '구한말의 국채보상 운동에 필적할 사업이다. 외환위기 극복 운동을 지속적으로 전개했으면 한다'고 당부했다."

"그 자리에서 내가 정행길 새마을부녀회중앙연합회 회장에게 바로 전화를 했다. 고 총리가 한 당부와 치하의 말을 전했다. 새마을부녀회는 장롱 속에 있던 돌반지 등 금붙이를 모으고 해외여행 후 쓰다 남은 외화 잔액으로 외화 통장을 만들어 모으자고 캠페인 방향을 설정했다. 그렇게 1997년 12월 새마을부녀회 주도로 금모으기 운동의 시초인 '애국 가락지 모으기 운동'이 시작됐다. 이 운동은 전국적으로 퍼졌다. 국무위원은 봉급의 20%, 총리는 30%를 반

납하는 등 정부도 이 운동에 참여했다."

1997년 12월 18일 대통령 선거가 치러졌다. 어느 정도 할 일을 마쳤다는 생각이 들었다. 이제 미뤄 뒀던 일을 해야 했다. 사표를 썼다. 고민이 깊었다.

'국난이 닥쳤다. 정권 중반에 외환위기를 맞아도 극복하기가 어려운데, 정권교체기에 일이 발생했다. 물러나는 정부와 새로운 정부 간의 진심어린 협력이 있어야 이 사태를 극복할 수 있다.'

12월 19일 청와대에서 김영삼 대통령과 단둘이 다시 만났다. 먼저 정상회담 결과를 보고했다. 그리고 사표를 꺼내 탁자에 올려놨다. 내가 쓴 여섯 번째 사표였다.

"나라가 백척간두(百尺竿頭·긴 장대 위에 서 있는 것처럼 위태로움)의 위기에 있습니다. 총리로서 이번 위기의 책임을 지고 물러나려고 합니다. 이 사표를 받아 주시고 김대중 대통령 당선인으로부터 경제통을 내밀하게 천거 받으셔서 신임총리로 임명하면 어떨까 합니다."

"그건 안 돼요."

대통령은 짧게 답했다. 말투는 단호했다. 그의 뜻을 거스를 순 없었다. 그래서 다시 얘기했다.

"현 정권과 차기정권 간의 긴밀한 협조체제가 중요합니다. 비상경제대책위원회 같은 협력기구를 차기정부와 공동으로 구성해 운영하면 어떨까 합니다."

이 제안은 받아들여졌다.

두 번째 서울시장 도전

1997년 12월 22일 12명으로 구성된 비상경제대책위원회가 출범했다. 정부 측 대표는 임창열(林昌烈) 경제부총리가, 당 측 대표는 김용환(金龍煥) 자유민주연합(자민련) 부총재가 맡았다. 위원회는 외환위기를 타개해나가는 사실상의 비상내각 역할을 했다. 나는 물러나는 총리로서 마지막 업무를 충실히 하려고 노력했다. 국회 임명동의를 아직 받지 못한 김종필(金鍾泌) 총리 후보를 대신해 1998년 3월 3일 새 장관들을 임명제청했다. 외환위기를 극복해야 하는 비상시국이었다. 새 내각이 시작부터 혼란에 빠져선 안 된다는 생각에 어렵사리 내린 결정이었다.

나는 이날 김대중 정부 '하루 총리' 역할을 끝으로 총리직에서 물러났다. 꼭 1년 전인 1997년 3월 3일 총리로 내정됐을 때 "이번이 나라와 국민을 위한 마지막 봉사기회라는 각오로 온몸을 던져 일하겠다"고 기자들에게 말했다. 솔직한 심경이었다.

그런데 총리에서 물러난 지 며칠 지나지 않은 1998년 3월 중순 박정수(朴定洙) 외교통상부 장관으로부터 전화가 걸려왔다.

"주미대사를 맡아 주셨으면 좋겠습니다."

그는 DJ 뜻이라는 말도 덧붙였다. 나는 바로 대답했다.

"아, 그건 아닌 듯합니다. 주미대사는 미국 유학파가 맡아야 합니다. 나라를 위해서도 그렇습니다. 전 미국에서 1년 반 정도 있었고 짧게 유람한 정도에 그칩니다. 제대로 미국에서 유학한 사람을 뽑아야 학맥도 인맥도 있는 것 아니겠습니까."

거절했다. 얼마 후 이종찬(李鍾贊) 국가안전기획부장(전 국가정보원

1998년 3월 3일 서울 세종로 정부중앙청사를 떠나며 간부들의 송별에 답하고 있다.

장)에게 다시 연락이 왔다. 같은 내용이었다. 내 대답은 변함없었다.

"내가 국가의 일에 도움이 된다고 판단했을 때 공직을 맡았습니다. 주미대사직은 받아들일 수 없습니다. 제 진퇴의 원칙에 반합니다. 미국 유학파를 기용하십시오."

거듭 거절했다. 다음달인 4월 새정치국민회의 조세형(趙世衡) 총재 권한대행이 종로구 연지동 내 사무실로 찾아와 말했다.

"두 달 뒤 있을 민선 2기 서울시장 선거에 국민회의 후보로 나가 주셨으면 합니다."

1994년 DJ가 권노갑 전 의원을 통해 민선 1기 서울시장 출마를 권유했던 기억이 났다. 4년 전과는 이제 상황이 달랐다. 나는 자유로운 몸이었기에 수락하는 쪽으로 생각이 기울었다.

'서울시장이라면 한 번 해본 경험이 있다. 관선 서울시장 때 시작

했던 일을 마무리하는 것도 보람 있겠다.'

하지만 쉽게 결정내릴 일이 아니었다. 조 대행에게 말했다.

"저는 돈이 없는 사람입니다. 선거비용을 댈 능력이 없습니다."

그의 답은 명쾌했다. 바뀐 선거법을 설명해 줬다.

"일정 득표율 이상을 얻으면 국고(國庫)에서 선거비용을 돌려받을 수 있습니다. 정치자금법에 의거해 후보도 후원금을 받을 수 있고, 그 돈을 개인 활동비로 쓸 수 있습니다. 그리고 당에서도 선거자금을 지원할 겁니다."

"그럼, 수락하겠습니다."

조 대행이 사무실을 떠났다. 가슴이 뛰기 시작했다. 임명직 서울시장으로 일하며 야심차게 시작했던 5~8호선 2기 지하철과 내·외곽 순환도로 공사를 다시 내 손으로 마무리 짓고 싶다는 욕심이 생겼다. 수서사건으로 갑작스럽게 서울시장직에서 경질되면서 미처하지 못한 일이 많았다. 많은 아이디어가 떠올랐다.

검은색 표지의 작은 빈 수첩 하나를 꺼냈다. 그리고 거기에 서울시정 핵심과제를 적어 내려갔다. 불과 사나흘 만에 수첩 안은 빼곡히 찼다. 그때 만든 수첩은 이후 서울시장에 당선되고 4년 내내 들여다보며 시정방향을 점검하는 나만의 '체크리스트' 역할을 톡톡히 해냈다.

노무현과 한광옥

조세형 국민회의 총재 권한대행을 통해 서울시장 선거에 나가겠다는 뜻을 김대중 대통령에게 전했다. 국민회의에서 나를 서울시장 후보로 영입한다는 사실을 발표하기 전에 만나야 할 사람들이 있었다. 먼저 김영삼 전 대통령의 서울 동작구 상도동 자택에 "찾아뵙겠다"고 전화했다. 김 전 대통령을 만났다.

"김대중 대통령으로부터 서울시장 후보 제의를 받았습니다. 시장 재수(再修)를 하려고 합니다."

김 전 대통령은 깜짝 놀란 표정을 지으며 답했다.

"아, 그래요."

그의 얼굴이 붉어졌다. 나는 출마를 결심하게 된 나름의 이유와 명분을 설명했다. 얘기를 듣던 김 전 대통령은 뭔가 곰곰이 생각하는 듯 잠시 침묵하다가 입을 열었다.

"아, 근데 며칠 전에 최병렬 한나라당 후보가 다녀갔습니다. 서울시장 선거에 나간다고 그래서 잘 해보라고 격려했습니다."

김 전 대통령 입장에선 나에게도 '잘 해보라'고 말할 순 없었을 것이다. 그의 대답은 짧았다.

"그렇게 알고 있겠어요."

김 전 대통령은 서울시장 선거 내내 최병렬(崔秉烈) 후보와 나 사이에서 중립을 지켜줬다. 고마웠다.

권노갑 전 의원도 만났다. "4년 전 서울시장 후보제안을 끝내 고사했지만 이번엔 받았다"고 말하며 이유를 설명했다. 권 전 의원을 찾아가 양해를 구하는 게 인간적 도리라고 생각했다.

420

또 만나야 할 사람이 있었다. 국민회의의 노무현 부총재와 한광옥(韓光玉) 부총재였다. 두 사람 모두 서울시장 선거에 출마하겠다고 선언했지만 나 때문에 뜻을 접어야 했다.

노 부총재는 먼저 "서울시장 후보로 나가지 않겠다. 경선하지 않고 지지하겠다"고 나에게 전화를 주었다. 나는 "고맙다. 식사를 하자"고 청했고 며칠 후 대학로 일식집 '석정'에서 그를 만났다.

"전화로 말씀드렸다시피 적극적으로 지지하고 응원하겠습니다."

"정말 고맙습니다."

처음 그와 단둘이 마주 앉았다. 그때만 해도 당내에서 노 부총재의 영향력은 크지 않았다. 5년 후 대통령과 국무총리로 다시 만나게 될 줄은 상상도 못 했다. 하지만 그와의 첫 만남은 인상적이었다. 그의 화법은 매우 담백했다. 돌려 말하는 법이 없었다. 드물게 사심이 없는 정치인이라는 느낌을 받았다.

한 부총재를 만나기는 쉽지 않았다. 한 부총재는 일찌감치 서울시장 선거에 나가려고 뛰었었다. 당내에서도 영향력이 컸다. 하지만 김대중 대통령은 나를 서울시장 후보로 낙점했다. 여론조사 결과가 대통령의 판단에 결정적인 영향을 끼쳤다는 얘기를 전해 들었다. 한 부총재와는 직접 연락이 되지 않았고 만날 수도 없었다. 그가 서울 근교 모처로 잠적했다는 소문만 들릴 뿐이었다.

1998년 5월 8일 서울 송파구 올림픽공원 펜싱경기장에서 국민회의 서울시 대의원대회가 열렸다. 대회 전에 서울지역 국민회의 지구당위원장 47명을 모두 만나서 출마이유를 설명하며 지지를 부탁했다. 이날 대회에서 국민회의는 나를 서울시장 후보로 공식 추대하였다.

행사가 끝난 후 만사 제쳐놓고 서울 관악구 봉천동의 한광옥 부총재 자택으로 찾아갔다. 한참 벨을 눌러도 답이 없었다. 문 앞에 서서 기다렸다. 30분쯤 지났을까. 인터폰으로 여자 목소리가 들렸다.

"누구세요?"

한 부총재의 부인이었다. 그제야 집 안으로 들어갈 수 있었다. 한 부총재 부인의 안내로 1층 응접실에 앉았다. 2층에서 한 부총재가 내려왔다. 그와 대면해 공천과정에 대해 설명하고 양해를 구했다. 훗날 노 부총재는 서울 종로 국회의원 보궐선거에 출마해 당선됐고, 한 부총재는 대통령 비서실장에 임명됐다.

5월 8일 한 부총재를 만나고 돌아와 바로 선거운동에 돌입했다. 국민회의도, 한나라당도 서울시장 선거를 놓고 총력전에 들어갔다.

네거티브 선거, 그리고 승리

서울시장 선거를 한 달 앞둔 1998년 5월 선거대책위원회 사무실이 김대중 대통령의 대선캠프였던 여의도동 대하빌딩에 설치됐다. 당 사람들이 캠프로 몰려들었다. 2개 층을 사무실로 썼지만 사람이 너무 많아 그곳에서 일하기가 힘들 정도였다.

임채정(林采正) 새정치국민회의 의원이 선거대책본부장을 맡았다. 김대중 대통령은 나에게 세 사람을 보냈다. 김한길(金漢吉) · 정동영(鄭東泳) 의원과 신계륜(申溪輪) 전 의원(이후 서울시 정무부시장)이었다. 김 의원과 정 의원은 기획과 홍보를 맡았다. 신 전 의원은 후보 비서실장으로 일했다.

1998년 새정치국민회의
서울시장 후보 시절 포스터

　이들은 나에게 많은 도움을 줬다. 양복 겉옷을 벗어 어깨에 걸
치고 찍은 포스터 사진은 정 의원의 작품이었다. 생소하기만 했던
TV 토론회를 무사히 치르는 데 김 의원과 정 의원의 조력이 컸다.

　여당인 국민회의도, 야당인 한나라당도 서울시장 선거를 두고 총
력전을 펼쳤다. 여소야대 상황이었고 대선을 치른 지 6개월이 채 지
나지 않았다. 여당에겐 더 없이 중요한 선거였다. 대선에서 패한 한
나라당으로서도 더 이상은 물러설 수 없다는 위기감이 팽배했다.

　선거전은 점점 치열해졌고 내가 예상치 못한 방향으로 흘러가기
시작했다. 네거티브 선거의 등장이었다. 한나라당 최병렬 서울시장
후보는 '고건의 7대 불가사의'를 들고 나왔다. 시장후보에게 허용되
는 신문광고 횟수는 제한돼 있다. 그런데 최 후보 측은 정책이 아

닌 '고건의 7대 불가사의'를 신문광고에 집중적으로 실었다. 핵심은 내 병역문제였다.

나는 병역이나 입영을 기피한 적이 없다. 1960년 3월 대학을 졸업하고 1961년 12월 고등고시에 합격했다. 그 후 군에 입대하려고 입영영장을 기다리고 있었다. 그런데 4·19와 5·16으로 병역기피자들이 한꺼번에 군에 입대하는 상황이 벌어졌다. 군사정부에서 공무원과 공기업 직원 가운데 병역기피자를 색출해서 내쫓았기 때문이었다. 입대하는 사람이 갑자기 늘면서 내 또래의 입영대기자 35만 명 가운데 절반인 17만 명에게 입영영장이 나오지 않았다. 나도 그중 한 명이었다.

내가 병역을 기피하려고 했거나 병역상의 하자가 있었다면 나는 공무원으로 임용되지 않았을 것이다. 그런 일은 없었다. 영장은 계속 나오지 않았고 1962년 10월 병역법 개정법률 1163호에 따라 나는 보충역으로 자동 편입됐다.

서울시장 선거를 앞둔 1998년 5월 야당의원들의 요구로 국회 국방위원회는 나의 병역기록을 열람했고 영장이 발부되지 않은 '영장미하령' 상황이었다는 것을 확인했다. 나는 7가지 의혹이 사실이 아니란 점을 설명하고 시정구상을 유권자에게 소개하려는 노력을 계속했다. 하지만 네거티브 캠페인에 묻혀 별다른 관심을 끌지 못했다. 선거일이 가까워져 올수록 네거티브 선거는 심해졌다.

결국 나는 최 후보 측을 검찰에 고발하는 강수를 쓸 수밖에 없었다. 선거 끝난 후 화해차원에서 고소를 취하했다. 5년 후 총리인준 때 이 내용이 다시 문제가 됐다. 네거티브 캠페인에 대해선 법률적 결론을 분명히 내렸어야 했다. 후회가 됐다.

네거티브 선거는 최근 더 심해졌다. 검증의 한 방법이라며 '네거티브 옹호론'도 나오지만 난 동의하지 않는다. 사실을 바탕으로 한 검증과 네거티브 선거는 엄연히 다르다.

1998년 6월 4일 나는 53.5% 득표율로 제31대 서울시장에 당선됐다. 44.0%를 득표한 최병렬 후보와 33만 표 차이었다. 네거티브 선거는 혹독했지만 극복해냈다.

나는 7년 6개월여 만에 서울시로 돌아왔다.

바둑과 정치

나는 바둑을 좋아한다. 중학교 다닐 때 어른들의 어깨 너머로 배웠고 대학 때 가끔 두었다. 무보직 평사무관 시절에 바둑과 꽤 친해졌다. 명지대 총장으로 재직하던 때가 한국 바둑이 세계를 제패하던 바로 그 무렵이었다. 나는 '바둑지도학과' 신설에 앞장을 섰다. 한국이 세계 바둑을 제패한 상황에서 태권도처럼 바둑 사범을 양성해서 세계 각국에 내보내 바둑을 보급하는 것이 첫 번째 목적이었다. 한편 치매 예방을 위한 정신운동으로도 바둑의 효과가 꾸준히 입증되었던 터라 국내보급을 확대할 필요가 있었다.

그 후 나는 '바둑학과' 신설에 대한 공로로 한국기원에서 '명예 아마 5단' 증서를 수여받았다. 엄밀히 말하자면 아마 4단 실력도 벅찬 터라 극구 사양했지만, '명예' 5단이라 무방하다고 모두들 권유해서 염치없이 받아들였다.

바둑의 종주국을 자처하던 일본에서도 한국의 바둑학과 신설은 화제가 되었다. 바둑학과 신설에는 조남철(趙南哲) 국수와 박치문(朴治文) 바둑전문기자, 한국기원 정동식 사무총장의 도움이 컸다. 문제는 전임교수를 확보하는 일이었다. 대학교수로 임용되려면 대학졸업 학력 등의 자격요건을 갖추어야 하는데 당시 바둑 고단자들 중에는 정규대학을 나온 이들이 거의 없었기 때문이다.

바로 그 부분이 내가 바둑학과 신설을 서둘렀던 이유이기도 하다. 바둑을 두는 기력뿐만 아니라 학문적 배경을 갖춘 전문기사들이 양성되어야 우리나라를 대표하는 문화상품으로서 바둑의 위상을 대외적으로 높일 수 있으리라고 생각한 것이다. 다행히 현재 한국바둑학회 회장인 정수현(鄭壽鉉) 9단을 교수진에 영입할 수 있어서 바둑학과는 순조로운 출발을 했다. 오락과 게임의 차원을 넘어 학문의 옷을 입게 된 바둑이 요즘 문화 콘텐츠로서 각광받으며 아시안게임의 정식종목으로 인정받는 사실이 흐뭇하다.

나는 바둑에서 많은 것을 배운다. '세상사 기일국'(世上事 棋一局)이라는 말이 있다. 세상 모든 일이 바둑 한 판이니, 바둑과 인생이 비슷하다는 뜻이다. 바둑의 전문용어들도 요즘 일상적으로 쓰이고 있다. 바둑을 두는 순서를 의미하는 수순(手順)이 이제는 일을 처리해가는 순서를 뜻하게 된 것도 좋은 예다. 사실 행정이나 정치에서도 바둑의 수순처럼 절차가 중요하다.

바둑에서 정작 가장 중요한 것은 대세 판단이다. 정치에서 세상 민심 같은 것이다. 그다음으로는 깊은 수읽기다. 정치나 정책입안에 있어, 바둑처럼 몇 수 앞을 보느냐가 중요하다. 정책의 일차적 파급효과뿐 아니라 발생 가능한 부작용까지를 미리 예측해내야 하는 것이 바로 정치의 수읽기 능력이다. 한마디로 미래를 읽는 능력이며 남보다 멀리 보는 내공(內功)이다.

미래를 예견하기는 쉽지 않지만, 바둑에서처럼 정치나 행정에서도 장차 어떤 사태가 전개될지를 다층적으로 예측하는 능력이 있다면 끊임없는 선택의 과정에서 우위를 점할 수 있다.

바둑에서 선수(先手)되는 자리가 급소이듯이 정치에서는 시대적 이슈를 선점하는 것이 급선무이다. 바둑에서 남을 뒤따라가는 행마(行馬)는 지기 마련이다. 뒷북치는 행정, 뒤따르는 정치도 실패하기 마련이다. 정치인의 행보는 바둑의 행마처럼 원칙이 있어야 한다. 과연 우리 정치무대에서 행보의 원칙을 지키는 정치인이 몇이나 될 것인가? 원칙을 가볍게 저버리는 철새정치인들을 볼 때마다 바둑을 권하고 싶은 심정이다.

바둑에 '아생연후살타'(我生然後殺他)라는 게 있다. 내 말이 먼저 살고 그다음에 남의 말을 잡으라는 뜻이다. 이를 정치에 응용해 표현해 본다면 '아성연후'(我省然後)에, 내 잘못부터 반성한 다음에 남을 비판해야 한다는 경구이다. 자신에 대한 성찰 없이 타인의 잘못을 찾아내기에 혈안이 되고 상대를 인정하기보다 매도하기에 급급한 정치인들의 과도한 공격성이 우리 정치의 품격을 떨어뜨리는 게 현실이다.

바둑은 생사가 걸린 격전 중에도 결정적 국면에서 상생타협을 한다. 상대를 인정하기에 가능한 일이다. 우리 정치에서도 여야가 서로를 경쟁자 겸 협력자로 인정하고 존중하는, 윈윈의 파트너십을 발휘할 날이 빨리 왔으면 좋겠다. 바둑에서는 흑과 백 간의 기회균등이 철저히 지켜진다. 그러나 우리 사회에서는 갑과 을 간의 기회균등이 지켜지지 않고 있다.

바둑의 묘미는 복기(復棋)에 있다. 바둑 대국이 끝나면 바로 복기에 들어간다. 대국에 진 상대는 자신의 패배이유를 알게 된다. 바둑은 처음부터 다시 둘 수가 있다. 복기는 다음 대국을 위해서 유용하다.

인생에도 복기는 중요하다. 비록 인생을 다시 살 수는 없지만 실패든 성공이든 복기는 나름대로 의미가 있다. 실패를 복기해 후진들에게 시행착오를 막을 지혜를 전수해 줄 수 있다. 자기 자신을 위해서라기보다 후진을 위한 훈수로서 인생의 복기가 긴요하다. 행정에서는 실패한 정책을 다시 시작할 수 있다. 우리는 실패에서 배워야 하고, 배울 수 있다. 행정과 정책의 시행은 반드시 복기해야 한다. 뼈아픈 과오를 직시할 때, 과오를 넘어설 의지와 집중력이 발휘될 수 있기 때문이다.

바둑에는 정석(定石)이 있다. 포석(布石) 단계에서 공격과 방어의 전력을 배치하는 진법(陣法)이다. 바둑이 글로벌한 문화콘텐츠로 떠오르면서 바둑의 정석은 하루가 다르게 진화하고 있다. 어제의 정석이 오늘은 통하지 않는다. 그런데 우리 정치의 정석은 구태의연할 뿐이다. 언제나 진화할 것인가?

요즘 바둑을 두는 정치인이 많다. 정치인들이 바둑에서 새로운 정석을 두면서 우리 정치의 새로운 정석도 발전시켰으면 하는 바람이다.

제11장

시스템 혁신의 길

공무원은 개혁대상 아닌 주체

서울시장 취임식 시간과 장소는 1998년 7월 1일 오후 3시 세종문화회관으로 잡혔다. 일찌감치 혜화동 집을 나섰다. 지하철을 타고 광화문으로 향했다. 마침 자리가 있어 앉았다. 옆자리에 한 젊은 여성이 앉아 있었다. 내가 먼저 말을 걸었다. 인사를 나눈 뒤 물었다.

"어디 가는 길이세요?"

"… 저 동화은행 직원입니다. 동화은행 퇴출반대 시위하러 가는 길이에요."

뭐라 할 말이 없었다. IMF 외환위기는 엄혹했다. 뼈저린 과제를 민선 서울시장으로 일하기 시작한 첫날부터 직면했다.

외환위기를 불러오는 데 관(官) 주도 행정 시스템도 한몫했다. 관치(官治)가 통하는 시대는 이미 갔는데 비대하기만 한 관주도 행정 시스템은 그대로 남아 있었다. 서울시도 구조조정의 찬바람을 피해 갈 수 없었다. 서울시장으로 다시 돌아와 가장 먼저 착수한 일이 시정 시스템 혁신이었다.

취임식 바로 다음날인 7월 2일 '서울시정개혁위원회'를 출범시켰다. 이필곤(李弼坤) 서울시 행정 1 부시장과 권태준(權泰埈) 유네스코 한국위원회 사무총장이 공동위원장을 맡았다. 17명 위원의 절반가량은 민간 전문가로 위촉했다.

시정개혁위원회는 서울시 본청 공무원 정원 1만 8,100명 가운데 약 2천 명을, 산하기관 2만 2,800명 중 4천 9백 명을 줄이는 안을 발표했다. 10~20% 인원을 감축하는 대대적 구조조정 방안이었다. 결원을 보충하지 않고, 명예·정년퇴직하는 사람이 있더라도 신규 채용을 하지 않는 방식으로 감축인원의 절반가량을 충당했다.

민간에 맡겨도 되는 부분은 시청조직에서 떼어냈다. 일종의 민영화(民營化) 또는 민간위탁이었다. 그래도 인력퇴출이 불가피했다. 반발이 거셌다. 시청 본청과 산하기관 직원들을 설득하는 데 공을 들였다. 서울지하철공사에서 구조조정안에 반대하며 파업했을 때는 나 역시 "물러설 수 없다"고 선언하고 맞섰다. 설득하고 또 강행하는 과정 속에 접점을 찾아나갔다.

시장 한 사람이 들어왔다고 해서 시정이 바뀌지 않는다. 시청 공무원 모두가 일하는 방식과 체계를 바꿔야 했다. 공무원을 개혁의 대상으로만 삼아선 안 된다. 개혁의 주체가 되도록 해야 한다. 서울시 직원들이 스스로 나서 개혁에 동참하도록 유도해야 했다.

구조조정에 대해 "시정서비스를 개선하기 위한 시스템 혁신의 과정"이라고 직원들에게 꾸준히 강조했다. 세계적 경영학자 피터 드러커는 "기업은 제품이 아니라 만족을 판다"고 했다. 서울시도 고객인 시민에게 만족을 주는 게 중요했다.

시청의 수많은 공무원이 하는 일을 시장이 혼자 감독할 수 없다. 그래서 천만 서울시민이 직접 감독하게 했다. 시민이 직접 참여하는 시정서비스 만족도 조사를 실시했다. 1999년 시작한 시정서비스 시민평가제는 광역자치단체 등 정부단위에서 처음 시도한 일이었다. 우선 지하철·시내버스, 청소, 수돗물, 보건·의료, 민원행정 등 6개 분야를 대상으로 했다. 한국갤럽 등 전문 조사기관 6곳에 의뢰해 분야별로 각각 1천 4백~3천 명의 시민을 면접 조사했다.

보건소의 만족도가 가장 높고, 지하철이 가장 낮게 나왔다. 서비스의 특성을 감안하면 당연한 결과였다. 그래서 분야별 점수를 매기고 단순하게 줄을 세우는 방법은 버렸다. 1년 전과 비교해 얼마나 만족도가 나아졌나 변화를 비교하도록 했다. 부서별로 경쟁하게 됐고 조금씩이지만 해마다 만족도가 나아지는 것을 눈으로 확인할 수 있었다. 김병준(金秉準) 국민대 교수가 시민평가단장을 맡아 최병대 한양대 교수 등과 함께 많은 일을 해냈다.

이후 시민평가제는 다른 지자체와 정부부처로 확산됐다. 공무원의 행정 마인드를 관청본위에서 시민본위로 바꾸는 데 이 제도가 많은 기여를 했다고 생각한다.

서울의 물, 한강의 수계관리

1998년 '6·4 지방선거'를 열흘 앞둔 5월 23일. 새정치국민회의 서울시장 후보였던 나는 임창열 경기 도지사 후보, 최기선(崔箕善) 인천시장 후보와 같이 경기도 팔당호를 찾았다. 구명조끼를 입고 두 후보와 나란히 작은 보트에 올라탔다. 잠수부들이 건져 올린 망을 살펴보니 쓰레기가 가득했다. 호수 주변에 음식점, 숙박업소가 즐비했다. 수도권 2천만 인구의 상수원인 팔당호의 수질은 걱정스러운 수준이었다. 2급수 기준을 간신히 충족했고 그대로 뒀다가는 3급수로 추락할 판이었다.

그날 현장에서 두 후보와 함께 '수도권 상수도 수질개선 대책'을 발표했다. '한강의 수질을 개선하기 위해 상·하류 지역에서 함께 감시하자. 수질을 개선하는 데 들어가는 비용은 공동으로 부담하자'는 내용이었다.

한강은 서울을 비롯한 수도권 시민의 생명선이었다. 나는 1997년 국무총리로 일할 때 '한강 환경감시대'를 상설조직으로 만들어 운용할 만큼 한강의 수질에 관심이 많았다. 지역유지들의 외압을 막아가며 한강 상수원에 있는 가두리 양식장을 모두 걷어 올리는 조치를 강행하기도 했다.

한강의 수질이 더 이상 나빠지는 것을 두고 볼 수 없었다. 서울시장 선거에서 나는 '공약 중의 공약'으로 수질(水質)을 꼽았다. 한강의 수질개선은 서울시의 노력만으로는 안 된다. 상류와 하류 지역이 함께 노력해야 한다.

정부가 그동안 한강 수질개선 대책을 여러 차례 발표했지만 제대로 시행되지 않았다. 비용부담 등 실행방안을 두고 상류와 하류 지방자치단체의 의견이 제각각이었기 때문이었다. 한강 상류를 깨끗하게 유지하려면 음식점, 숙박업소, 축산시설, 공장 등이 들어서지 못하게 해야 한다. 강변 땅을 소유한 사람들의 재산권 행사가 제한되기 때문에 보상이 필요하다. 하수처리 시설을 만드는 데도 돈이

1998년 5월 23일 경기도 팔당호에서 저자와 (오른쪽부터) 최기선 인천시장 후보,
임창열 경기도지사가 수도권 상수도 수질개선 방안을 공동공약으로 발표했다.

들어간다. 상류가 깨끗해지면 하류에 있는 사람들도 혜택을 보는
만큼 비용을 공동 부담하는 게 옳았다. 선거에서 유권자들에게 물
값을 더 받겠다는 인기 없는 정책을 내걸었다.

지자체가 함께 협력하는 것이 문제해결의 첫 단추였다. 분단위로
시간을 쪼개 쓰는 바쁜 유세일정 속에서도 경기도·인천시의 두 후
보를 불러 모아 팔당호 현장에서 공약을 발표한 이유였다.

그해 7월 1일 서울시장으로 취임했다. 시민에게 공약한 일을 서
둘러 실천했다. 경기도·인천시·강원도·충북도 등 한강수계(漢江
水系) 시·도와 같이 머리를 맞댔다. 9월 30일 서울 세종문화회관
에서 수도권 행정협의회가 열렸다. 나는 여기서 임창열 경기지사,
최기선 인천시장, 김진선 강원지사, 이원종 충북지사와 함께 '한강
수계관리위원회' 출범을 공식 선언했다.

우리는 위원회를 통해 물관리대책을 함께 마련하고 수질개선에
필요한 비용을 공동 부담하겠다고 중앙정부에 제안했다. 한강이 지

나가는 5개 시·도와 환경부, 한국수자원공사 등이 참여하는 한강 수계관리위원회가 1999년 정식기구로 설치됐다.

서울·인천시민과 경기도민이 내고 있는 물이용 부담금은 여기서 출발했다. 물이용 부담금을 재원으로 하는 수계관리기금은 1999년 부터 2012년까지 4조 원 넘게 쌓였고 한강의 수질을 개선하는 데 투자됐다. 물이용 부담금 제도는 2002년부터 낙동강 등 다른 수계 지역으로도 확대시행됐다.

팔당 하류에서 상수도 수원으로 제일 깨끗한 곳은 모래·자갈층 이 발달한 덕소 부근이다. 서울시는 이곳에 1일 2백만 t 용량의 강 북 정수장을 건설했고, 그 대신 선유도 정수장은 퇴역시켰다. 이곳 은 2002년 4월 '선유도 물의 공원'으로 재탄생했다. 그 앞에는 세계 최고 높이의 한강 분수대가 설치됐다.

한강의 수질은 수계관리 이전보다 나아졌지만 아직 갈 길이 멀 다. 깨끗한 한강을 만들려면 서울 상·하류 지자체와 주민의 협력 이 무엇보다 중요하다.

서울의 CNG 버스와 도시가스

청와대 정무 제2 수석비서관으로 일하던 때인 1970년대 후반. 지방 을 시찰하는 박정희 대통령을 수행하느라 헬리콥터를 자주 타고 다 녔다. 서울에 다다르면 헬리콥터 차창 밖으로 서울시내를 내려다보 곤 했다. 서울은 늘 짙은 회색의 안개에 둘러싸여 있었다. 두터운 스모그에 가려 시내는 전혀 보이지 않았다.

1970~80년대 서울은 지독한 대기오염에 시달렸다. 석유·연탄을 때서 난방하는 주택과 건물이 대부분이었다. 아황산가스가 많이 발생했고 스모그가 생겨났다. 스모그는 원인에 따라 두 가지 종류로 나뉜다. 연탄과 석유난방으로 인한 스모그를 '런던형', 자동차 배기가스가 주원인인 스모그를 'LA(로스앤젤레스)형'이라 부른다.

서울시장으로 처음 임명된 1980년대 후반. 런던형 스모그 현상이 심각했다. 그래서 서울시장으로 일하며 석유·연탄에 비해 오염물질이 훨씬 덜 나오는 도시가스를 보급하는 데 역점을 뒀다. 1998년 서울시장으로 돌아와 보니 도시가스가 많이 보급되면서 아황산가스 문제는 해결이 됐다. 서울의 공기 중 아황산가스 농도가 WHO가 정한 기준보다 낮은 수준이었다.

하지만 서울시민이 체감하기에 대기오염 문제는 크게 나아지지 않았다. 자동차 수가 급증하면서 배기가스에 들어 있는 질소산화물(NOX), 미세먼지 등이 서울의 공기를 더럽혔기 때문이었다. 런던형 스모그 대신 LA형 스모그가 서울의 공기를 메우기 시작했다. 대기오염에 대한 서울시민의 불안은 컸다. 오존주의보 발령일 수는 매년 늘어만 갔다.

임명직 시장 때는 교통, 주택, 수해방지 시설 등 서울의 하드웨어를 구축하는 데 힘을 쏟았다. 민선시장으로 다시 돌아와서는 서울의 소프트웨어 구축에 방점을 찍었다. 모두 천만 서울시민의 삶의 질을 향상시키기 위해서였다. 민선시장 때 3대 시정목표로 인간적 환경도시, 한국적 문화도시, 국제적 허브도시로 잡은 이유가 거기 있었다. 환경이 최우선이었다. 맑은 물, 깨끗한 공기, 푸른 숲이 3가지를 되찾기 위한 대단위 사업을 펼쳤다.

2000년 6월 29일 CNG 시내버스 도입 행사에 참석한 김명자 환경부 장관과 함께

　우선 서울의 대기 기준부터 손질했다. 환경부 기준보다 훨씬 강화된 기준을 적용해 조례를 만들었다. 자동차 배기가스 검사항목에 질소산화물을 포함시켰다. 모두 서울시에서 처음 한 시도였다.

　전체 공기오염원의 80%가 자동차 배기가스였다. 특히 경유를 연료로 쓰는 시내버스 한 대는 승용차 50대분의 오염물질을 뿜어냈다. 시내버스를 오염물질이 적게 배출되는 압축천연가스(CNG) 버스로 교체했다. 어려운 작업이었다. 일반버스보다 CNG 버스가 대당 3,100만 원가량 비쌌다. 서울시 등 정부에서 보조금을 지급하며 CNG 버스로 교체를 서둘렀다.

　가스 충전소를 건립하는 것도 문제였다. 충전소 부지를 물색했지만 지역주민들은 위험하다며 반대했고 민원을 제기했다. 어렵사리 주민들을 설득해서 은평・강동 등 공영버스 차고지 등 7곳에 가스 충전소를 만들 수 있었다.

당시 2007년까지 모든 버스를 CNG 버스로 교체한다는 목표를 세웠지만 내가 시장직에서 물러난 이후 계획대로 안 됐다. 오세훈(吳世勳) 전 서울시장의 노력으로 2012년 서울시의 CNG 버스 전량 교체가 마무리됐다고 한다.

자동차 정비업소나 주유소·세탁소 등에서 발생하는 휘발성 유기화합물질(VOC) 문제도 해결해야 할 과제였다. VOC 흡입장치를 설치할 수 있도록 보조금을 시에서 지원했다. 먼지발생을 줄이기 위해 물청소 차량을 135대로 늘렸다. 서울의 행정이 환경이 아닌 개발위주로 돌아가지 못하도록 견제하고 감시하는 장치로서 '녹색서울시민위원회'의 기능을 대폭 강화했다. 내가 직접 공동위원장을 맡았다. 공직에서 물러나 있던 시절 환경운동연합 대표를 맡았던 경험이 큰 도움이 됐다.

그리고 '생명의 나무 천만 그루 심기' 운동을 펼쳤다. 서울시민 한 명이 한 그루씩 나무를 심어 보자는 운동이었다. 주택가와 학교·공공시설 등 주변 자투리땅에 나무를 심었다. 평범한 시민들이 기념식수를 하는 행사도 마련했다. 그렇게 1천 6백만 그루 나무를 서울에 새로 심었다.

서울의 공기를 깨끗하게 하려는 노력은 지금도 진행 중이다. 앞으로는 황사(黃砂)가 큰 문제가 될 것이라고 생각한다. 황사를 막으려면 중국의 사막화에 대처하는 동북아 국가 간의 협력이 필요하다. 권병현(權丙鉉) 전 주중대사가 중국 현지에서 펼치고 있는 사막화 방지를 위한 나무심기 운동이 좋은 민간협력 모델이라고 본다.

외환위기에 내몰린 노숙자 다시 세우기

1998년 외환위기의 삭풍은 매서웠다. 멀쩡한 직장인이, 사업가가 하루아침에 길거리에 나앉았다. 1998년 8월 서울시에서 조사한 노숙자 수는 2천 1백 명이었다. 추정치에 불과했다. 3천~4천 명에 달한다는 분석도 있었다. 외환위기 이후 급증한 노숙자는 과거 부랑인과 달랐다. 근본적으로 다른 해법이 필요했다.

서울시의 김재종(金在宗) 보건복지국장과 사회복지과의 백무경(白武景) 사무관에게 실무를 맡겼다. 이들과 함께 현장을 다녔다. 서울 구세군회관에 가서 보니 20명 안팎의 노숙자를 모아 '그룹홈'(소규모 공동자활시설)을 운영하고 있었다. 여기서 아이디어를 얻었다. 20~30명 규모의 노숙자 그룹홈을 만들고 쉼터와 일터를 제공하기로 방향을 정했다.

서울시는 노숙자대책협의회를 만들었다. 이재정 성공회대 총장이 위원장을 맡았다. 구세군 그룹홈에서 만난 중소기업 사장 출신의 노숙자도 위원으로 참여했다. 1998년 9월부터 시에서 지원하는 사회복지관 등의 시설을 활용해 그룹홈 형태의 노숙자 쉼터인 '희망의 집'을 백여 곳 만들었다. 쉼터에 오는 노숙자에게 우선적으로 공공근로에 참여할 기회를 줬다. 2천 명 가까운 노숙자들이 쉼터와 일터를 찾았지만 한계가 있었다.

쉼터에 들어가지 않겠다는 노숙자가 적지 않았다. 1998년 11월 노숙자를 대상으로 설문조사를 했더니 '술·담배 금지, 출입시간 제한 등 쉼터의 통제를 받기 싫다'는 응답이 가장 많았다. '자유가 없어 싫다'는 의미였다. 추운 겨울이 오는데 노숙자들을 그대로 길에 둘 수 없었다. 세계가 한국의 외환위기에 주목하고 있었다. 노숙자가 길에서 집단 동사(凍死)하는 사태가 벌어지면 큰일이었다. 국가 신인도가 걸린 문제였다.

그래서 절제된 음주, 출입 자유 등을 허용하는 '자유의 집'을 만들었다. 비어 있는 방림방적 옛 기숙사 건물을 활용했다. 서울의 노숙자 대책에 대한 CNN 등 국내외 언론의 반응은 좋은 편이었다.

그 후, 노숙자 대책을 맡은 백무경 사무관이 노숙자 현장의 비화를 내게 들려줬다.

"노숙자를 위한 '자유의 집'을 처음 만들었을 때 나도 한 달 동안 거기서 먹고 잤다. 그런데 음주를 허용하다 보니 밤마다 싸움이 벌어졌다. 그들의 얘기를 듣고 고민한 끝에 '어깨' 출신의 노숙자에게 반장 역할을 맡겨 해결했다. 1998년 겨울은 유난히 추웠다. 그런데도 시설에 들어가지 않는 노숙자들이 있어 아이디어를 냈다. 지방의 온천호텔 하나를 어렵게 빌려 노숙자들이 목욕도 실컷 하고, 맛있는 것도 먹는 크리스마스 행사를 열었고 노숙자들이 몰려왔다. 설에 고향에 내려가지 못하는 노숙자들을 위해 자유의 집에서 공동 차례상도 마련했다. 그때 차례를 지내며 우는 사람이 많았다. 나도 같이 울었다."

이런 백무경 사무관은 일에 대한 온도가 남다르게 뜨거운 현장 중심의 열정파였다.

'노숙자 다시 서기' 프로그램은 본궤도에 올랐지만, 2002년 한·일 월드컵을 앞두고 서울시의 열악한 화장실 수준이 고민됐다. 노숙자 정책에 열과 성을 다한 백무경 사무관을 서울시 환경관리실 화장실문화수준향상 반장으로 임명했다.

먼저 사람이 많이 다니는 지역에 시범 공중화장실 25개소를 만들었다. 1만 개 넘는 음식점에 화장실 소모품 비용을 지원했다. 외국인이 많이 다니는 인사동, 이태원, 명동 등 도심지의 3백여 개 빌딩 화장실을 개방하는 조치도 했다. 시민과 외국인 모두 쉽게 개방 화장실을 찾을 수 있도록 8백여 개 안내 표지판도 설치했다. 모두 빌딩주인들의 협조가 있어 가능했다.

하지만 공무원이 주도하는 정책으론 한계가 있었다. 화장실은 문화다. 시민단체가 함께하는 시민운동으로 추진하는 게 중요했다. 화장실문화시민연대 등 시민단체를 중심으로 '화장실 새마을운동' 비슷한 캠페인이 시작됐고, 시에선 행정·재정 지원을 아끼지 않았다. 단기간에 서울의 화장실이 '글로벌 스탠더드'를 추월하는 계기가 됐다.

서울종합방재센터와 지리정보시스템

1990년대 초 서울시장직에서 물러난 후의 일로 기억한다. 1991년 준공한 일본 도쿄도 신청사를 방문할 기회가 있었다. 듣던 대로 잘 지은 고층건물이었다. 도쿄도 직원의 설명을 들으며 도청 안을 둘러봤다. 가장 기억에 남는 공간은 8층이었다. 층 전체가 종합방재센터였고 최신식 설비로 가득 차 있었다. 도쿄는 지진이 많이 발생하는 지역이다. 방재시스템이 중요했고 그에 걸맞은 조직을 갖추고 있었다. 너무 부러웠다.

당시 우리나라는 법체계상 재난·재해의 유형에 따라 책임부서가 다 달랐다. 정보를 공유하거나 구조·복구활동을 같이 펼치기 너무 어려웠다. 서울시 역시 재난·재해 대응조직이 분산돼 생기는 문제

1990년 일본 도쿄를 방문해서 스즈키 도쿄 도지사의 환영을 받고 있다.
오른쪽부터 도쿄 도직원 대표, 도의회 의장, 도쿄 도지사, 저자, 아내(조현숙).

점을 안고 있었다. 이전에도 종합방재센터를 만들자는 계획은 있었
지만 부서 간 의견이 달라 실행이 잘 되지 않았다.

　1998년 나는 서울시장에 당선되면서 종합방재센터에 대한 내 구상
을 하나씩 실천할 수 있었다. 먼저 소방·민방위·방재기획 세 분야
를 묶어 서울 소방재난본부를 만들었다. 그리고 소방재난본부가 위
기를 통합적으로 관리할 수 있도록 첨단 정보통신(IT) 시스템 설비를
갖춘 종합방재센터를 만들었다. 정부 내에서 처음 한 시도였다.

　서울시 중구 예장동에 서울종합방재센터가 개설됐다. 국가안전기
획부(지금의 국가정보원)가 있던 자리다. 한때 두려움의 대상이었던
공간이 서울시민의 안전을 책임지는 공간으로 탈바꿈했다. 2002년
5월 메트로폴리스 총회가 서울에서 열렸을 때 세계 주요 대도시 시
장들이 이곳을 부러운 눈으로 시찰하기도 했다.

방재센터가 설치되기 전 서울의 땅 밑 곳곳에는 서울시민의 안전을 위협하는 '지뢰'가 깔려 있었다. 1994년 12월 7일 서울 아현동에서 도시가스 폭발사고가 일어났다. 지하에 묻혀 있던 도시가스관을 제대로 관리하지 못해 생긴 사고였다.

서울시민 생활의 생명선이라 할 수 있는 상·하수도, 전기·통신선, 도시가스관 등의 총 길이는 4만 ㎞가 넘었다. 하지만 어느 선이 어디에 깔려 있는지 잘 알지 못했고 관리도 어려웠다. 담당기관이 제각각이라 정보공유도 안 됐다. 도시가스 굴착공사를 하다가 상수도관이 터지는 일이 빈번했다. 하수도 공사를 하다가 도시가스관이라도 건드린다면 아현동 도시가스 폭발사고 때처럼 대형 인명사고로 번질 위험이 컸다.

사고를 예방하려면 지하매설물에 대한 정보를 통합한 전자지도격인 지리정보시스템(GIS · *Geographic Information System*)이 필요했다. 서울시는 1998년 12월 GIS를 만들기 시작했다. 상수도, 하수도, 전기, 통신, 도시가스, 난방 등 6대 지하매설물 정보를 통합관리하는 데이터베이스를 구축하기로 했다. 14개 기관에 흩어져 있던 정보를 한데 모았다. 각 기관으로부터 모은 지도만으로는 부족했다. 현장을 확인해 봐야 했다. 지도엔 있지만 이미 폐쇄됐거나, 새로 만들어 지도에 없는 관이 적지 않았기 때문이다.

외환위기 때 시작한 공공근로사업을 활용했다. 공공근로 인력에게 장비를 주고 지하탐사 요령을 가르친 뒤 현장을 확인하도록 했다. 3년 만인 2002년 서울의 GIS 지도가 완성돼 첫선을 보였다. GIS 덕분에 도로나 지하철 공사를 하다가 수도관이 파열되거나 가스관이 폭발하는 사고가 크게 줄었다.

서울시내에서 재해·재난·화재 사고 등이 발생하면 GIS 지도를 바탕으로 방재센터에서 그 현장을 모니터로 보면서 소방 등 방재대책을 지휘할 수 있었다. 센터 내 수해상황실에선 한강의 수위를 관측하고 90여 개 펌프장의 작동을 감시하면서 수방대책을 지휘했다. 첨단 방재시스템의 모델이 됐다.

방재센터는 서울시의 위기관리 기능이 한데 모인 곳이다. 24시간 잠들지 않으며 불의의 재난·재해로부터 시민의 생명과 재산을 지키는 안전 파수꾼 역할을 하고 있다.

쓰레기산의 천지개벽, 하늘공원

난지도(蘭芝島). 원래는 난초와 지초, 잔디가 가득한 아름다운 섬이었다. 1978년 난지도는 서울시민이 버린 쓰레기를 묻는 장소가 됐다. 그리고 1993년 매립지로서 역할을 다했다. 15년이 흐르며 거대한 쓰레기산 두 개가 만들어졌다. 악취가 대단했다. 김포공항으로 입국한 외국인들은 쓰레기 냄새를 맡으며 서울로 들어와야 했다. 서울시민은 쓰레기와 악취, 파리가 많다며 난지도를 '삼다도'(三多島)라 불렀다.

1997년 김영삼 정부 마지막 국무총리 때 2002년 한·일 월드컵 경기장 부지를 난지도가 있는 마포구 상암동으로 정했다. 월드컵경기장과 공원 건설을 민선 서울시장으로서 내가 맡게 될 것이라고는 미처 생각 못 했다. 서울시는 버려졌던 쓰레기 매립장을 안정화시키는 것을 넘어서 환경생태공원으로 재탄생시키기로 방침을 정했다.

우선 썩은 쓰레기에서 나오는 침출수가 한강과 주변토양을 더 이상 오염시키지 못하게 해야 했다. 난지도 산 둘레 6㎞를 따라 콘크리트와 철판으로 만든 차수벽을 둘러쳤다(후쿠시마 원전사고 지역에 차수벽을 설치한다는 보도를 본 일이 있다). 60만㎡가 넘는 쓰레기산 위에는 빗물이 스며들지 못하게 폴리에틸렌 차단막을 깔았다. 침출수를 정화하는 처리장도 만들었다.

냄새의 주범인 메탄가스를 뽑아내는 것도 큰일이었다. 메탄가스를 태워 에너지로 바꾸는 열병합발전소를 건설했다. 월드컵경기장과 상암 신도시에서 쓸 냉난방 에너지를 여기에서 공급했다. 가파른 쓰레기 산비탈이 무너지지 않도록 안정시키는 일도 과제였다. 완만하게 경사를 다시 잡고 깨끗한 흙을 덮었다. 풀과 나무를 그 위에 심었다.

쓰레기더미에서 고철·종이·합성수지를 골라낸 후 이를 팔아 생계를 유지하는 주민들이 난지도 주변에 살았다. 이들을 이주시키고 그 주택을 철거하는 데 무척 애를 먹었다. 한동안 공사가 중단되기도 했다. '월드컵공원' 조성사업을 추진했던 김승규 당시 환경관리실장의 현장 경험을 들어본다.

"2000년 2월 고건 서울시장이 나를 환경관리실장으로 발탁했다. 고 시장은 한·일 월드컵을 '환경 월드컵'으로 치러야 한다며 월드컵공원 조성사업을 맡겼다. 월드컵 개막 때까지는 완성해야 하는 대역사였다."

"친환경적 생태공원을 만드는 데 중점을 뒀다. 매립지에서 나오는 메탄가스를 원래 불에 태워 공중에 날려 없애 버리기로 했었다. 하지만 대기오염 문제가 있었다. 메탄가스를 열 에너지원으로 활용하기로 방향을 바꿨다. 20㎾급 풍력발전기 5개도 시범 설치했다. 2002년 5월 7일 '환경재생 국제라운드테이블'에 참석한 매립지 분야 세계적 석학

2004년 5월 4일 국무총리실 출입기자단 대표와 오찬 후 하늘공원을 산책하고 있다.

6명이 월드컵공원을 방문해 극찬했다. 그간 쌓인 피로가 싹 씻겼다.”

난지도 매립지 안정화 공사가 거의 끝나갈 무렵 그 일대에서 악취가 났다. 월드컵 개막식이 얼마 남지 않았는데 큰일이었다. 코감각이 유달리 발달한 전문가를 동원했다. 악취의 원인은 경기도 고양시 대파밭에서 비료로 쓰는 닭똥으로 드러났다. 냄새 때문에 매립지 안정화 공사가 잘못됐다는 오해를 받을 수 있었다. 대책을 세워야 했다. 냄새가 안 나는 유기질 비료를 시에서 공급했다. 다행히 악취가 모두 사라졌다.

2002년 5월 1일 불모의 땅이었던 난지도는 ‘월드컵공원’으로 다시 태어나 시민에게 되돌아갔다. ‘평화의 공원’, ‘난지천 공원’, ‘하늘 공원’, ‘노을 공원’, ‘난지한강 공원’ 등 저마다 특징을 갖춘 5개 공원으로 꾸며졌다. 맹꽁이, 족새, 뻐꾸기와 천연기념물인 황조롱이도 공원을 찾기 시작했다.

창조경제의 요람, 디지털미디어시티

공직의 보람은 자리를 떠난 뒤 온다. 한 세월이 흐른 뒤 자신이 몰두했던 일의 성과를 대하면 정말 흐뭇하다. 나는 2기 지하철을 탈때, 도심순환로를 달릴 때, 관광객이 붐비는 인사동, 가회동을 지날 때, 푸르른 남산을 쳐다볼 때, 그리고 월드컵경기장과 공원을 지날 때 그런 기쁨을 맛본다. 여기에 빼놓을 수 없는 것이 디지털미디어시티(DMC)이다. 일산 가는 길에 수색 넘어 솟아오른 빌딩군을 보면 내가 낳은 자식이 어느새 이렇게 대견하게 자랐나, 가슴 뿌듯한 부모의 마음이 된다.

DMC 자리는 내가 민선 서울시장이 된 1998년까지도 쓰레기산과 경의선 철도로 단절된 황무지 같은 곳이었다. 여기를 서울올림픽때 상습침수지역 잠실일대를 개발했던 것처럼 월드컵의 에너지를 모아 탈바꿈시켜 낙후된 서울의 서북부 도시재생의 기폭제로 삼을수 없을까. 총리시절 이 근처에 월드컵경기장 위치를 잡으면서부터 가지고 있던 꿈이었다.

그러나 개발시대는 지나가고 있었다. 무슨 내용의, 어떤 도시를, 어떻게 만들 것인가, 새로운 시대에 맞는 콘셉트를 찾는 것이 과제였다. 민선시장으로 당선되고 만난 이어령 장관은 이 일대를 정보도시, 관문(關門)도시로 만들 것을 제안했다. 인천공항을 통해 세계로 열리고, 장차 경의선을 통해 평양과 러시아로 열릴 이곳을 새로운 형태의 도심으로 만들자는 참신한 발상이었다.

바로 취임사를 준비 중인 강홍빈 교수에게 취임사에 반영토록 주문했다. 강 교수는 이미 때가 늦었다고 난색을 표했다. 그 자신이

2001년 5월 미국 뉴욕시를 방문해 서울시 행정개혁 사례를 발표하고 특히 디지털미디어시티 건설에
필요한 해외투자유치 가능성도 모색했다. 2001년 5월 9일에는 루돌프 줄리아니 뉴욕시장을 만나
2002년 월드컵 준비상황을 설명하고 서울과 뉴욕, 두 도시 간의 교류 방안을 협의했다.

이 땅을 '전략개발 거점'으로 지정하도록 해 택지개발의 압력을 막아
왔는데 그만 전임시장이 여기를 아파트단지로 개발하기로 해 행정절
차가 시작되었다고 개탄했다.

그러나 나는 택지개발계획을 백지로 돌리는 한이 있어도 이 지역
의 도시재생을 포기할 수 없었다. 결국, 나는 취임사를 통해 상암
에 '새천년 신도시'를 만드는 대역사(大役事)를 시작하겠다고 시민
에게 약속했다.

그 뒤 강 교수를 시정개발연구원장으로 보내 밑그림을 그리도록
했고 그는 국내외 최고의 전문가들로 기획팀을 꾸렸다. 행정 1부시
장으로 자리를 옮긴 뒤에도 그는 이 사업을 계속 이끌었다. 나는

문화, 산업, IT, 도시개발, 마케팅을 포괄하는 최초의 범서울시 차원의 국장급 DMC 추진단을 만들어 강 부시장이 관할하도록 했다. 국제적 마케팅을 위해 세계적 기업의 CEO들로 구성된 서울경제자문단(SIBAC)도 창설했다. 이어령(李御寧) 전 문화부장관, 이용태(李龍兌) 전 정보산업연합회장 같은 정보화의 대가들이 참여하는 자문위원회도 구성했다.

정보도시, 관문도시 속에 무엇을 담느냐가 핵심과제였다. 당시 국내외에서는 IT 산업단지 건설이 유행이었으나 DMC는 이들과 차별화된 비전을 추구했다. IT를 통한 문화와 산업의 융합이 목표였다. 요즘 말로 창조경제의 클러스터를 지향한 것이다.

디지털 콘텐츠의 개발·생산·유통에 종사하는 다양한 분야의 창조적 인재들이 모여 서로 경쟁하며 협력하는 문화산업의 생태계, 이것이 우리가 만들려는 탈개발시대 신도심의 모습이었다. 이런 생태계를 공단이나 아파트 단지 건설하듯, 관(官) 주도로 만들 수는 없다. 그래서 우리는 방송, 영화, 게임, 애니메이션, 원격 교육 등 문화 콘텐츠 업체들을 유치해서 DMC의 핵심기능으로 삼고, 여기에 국제금융, 보험, 법률, 마케팅 등 이른바 생산자 서비스 기능을 도입해 핵심기능을 지원하도록 했다.

민간부문 유치를 위해 DMC 간선가로에 세계최고 수준의 광대역 정보통신망을 깔았다. 중심가는 세계최초의 디지털미디어 시범거리로 조성하기로 했다(이 개념은 뒤에 여수 박람회의 국제관 메인스트리트에 확대 적용되었다). 원하는 업종들이 적절한 비율로 유치되어 조화롭게 일할 수 있도록 필지단위로 용도를 지정하는 상세 도시설계가 마련되었고, 상세한 토지공급 절차와 기준, 조건도 구체화되었다. 최고의 핵심시설로 세계적인 MIT 미디어랩을 유치하기로 거의 합의에 이르렀으나 중앙정부와 박자가 잘 맞지 않아 불발로 그친 것이 아직 아쉬움으로 남는다.

4년간의 긴 준비기간을 거쳐, 월드컵 개최 직전, SIBAC 회원들이 참석한 가운데 DMC의 출범을 세계에 알렸다. 완공된 월드컵경기장 1층에 특별히 마련된 DMC 전시관에서였다. 이로써 준비된 기준과 절차대로 DMC 토지 1차분에 대한 일반공급이 시작되었다. 시장 취임 시의 약속대로 후임 시장이 이어갈 대역사의 초석을 놓았다.

퇴임 후 인수인계의 자리에서 나는 후임 시장에게 DMC 사업은 서울의 미래를 여는 사업이니 잘 이어가도록 당부했다. 그러나 내 기대와 달리 DMC 사업은 '찬밥' 신세가 되었다. 신임시장의 관심이 청계천으로 돌려지면서 DMC 추진본부는 축소되고 사업추진력도 떨어졌다. 아무래도 전임시장이 시작한 일을 이어받기가 내키지 않았던 모양이다.

하지만 좋은 사업에는 자체의 관성이 붙는 법. 상대적인 무관심 속에서도 DMC 사업은 계획대로 진행되어 MBC를 비롯한 많은 디지털 미디어 업체들이 다투어 입주했다. DMC 사업의 일관성을 지켜낸 데에는 처음 구상단계부터 참여한 변창흠, 김도년 두 교수와 장영희 서울연구원 부원장의 기여가 컸다.

DMC는 국내에서보다 국제적으로 더 유명하다. DMC 계획에 참여한 MIT 교수진들과 위 세 사람들 덕에 DMC는 문화, 산업, 도시개발을 아우르는 신 개념의 신도시, New Century City의 개념을 열어간 선구적 사례로서 주목을 받고 있다.

스페인에서 남미에 이르는 세계의 도시들에서 DMC를 벤치마킹

하고 있다. 몇 년 전에는 유사한 사업을 구상하는 영국 국회의 문화정보위원회의 국회의원 전원이 DMC를 방문해 나와 강홍빈 교수가 이들을 맞이하기도 했다.

지금 보아도 DMC는 분명 시대를 앞서가는 사업이다. DMC는 탈(脫)개발시대 도시개발의 새로운 패러다임을 보여준다. 관주도가 아니라 철저하게 민관협동의 개발방식이라는 점이 그렇고, 일관되게 문화와 경제, IT의 가상세계와 아날로그 도시환경, 창조와 소비, 혁신과 일상생활을 융합하고자 하는 비전과 개발내용이 그렇다. 디지털 시대의 도시설계 모델로서도, 또한 투명하고 철저한 부동산 마케팅의 관리방식에서도 진일보된 형태를 보인다.

DMC의 개발로 서울의 서북부는 새롭게 발전하고 있다. 최근에는 수색역 일대를 개발한다는 이야기도 들린다. 그렇게 되면 관문도시로서의 모습이 더욱 뚜렷해질 것이다. 벌써 통일 후의 DMC가 궁금해진다.

외환위기 극복의 상징, 서울 월드컵경기장

2002년 5월 31일 한·일 월드컵대회가 서울에서 개막했다. 경기장을 관중석에서, TV에서 지켜본 5억의 세계인들은 두 가지에 놀랐을 것이다. 우승후보로 꼽혔던 세계최강 프랑스팀을 월드컵에 처음 출전한 세네갈이 꺾은 사실과 그 무대가 된 서울 월드컵경기장의 아름다움에 말이다.

서울 월드컵경기장은 우리 건축기술이 만들어낸 하나의 작품이다.

서울 월드컵경기장의 야경. 방패연 모양의 지붕이 환하게 빛나고 있다.

'방패연' 모양의 반투명 지붕이 황포 돛대처럼 솟았고, 그 아래 팔
각소반을 본뜬 스탠드가 자리했다. 월드컵이 시작된 그날 밤 나는
6만 관중의 한 명으로 함성 속에 빛나는 경기장을 지켜봤다.

　월드컵경기장의 탄생에 대한 나의 소회는 남달랐다. 내가 국무총
리였던 1997년. 정부는 어려운 경제상황을 감안해 월드컵 개최지를
특별·광역시 7곳으로 한정했다. 대회 개막도시인 서울에만 축구
전용 경기장을 짓기로 했다. 다른 도시는 기존 경기장 시설을 보완
해 활용키로 방침을 정했다.

　강덕기(姜德基) 서울시장 직무대리를 세종로 정부중앙청사 총리
집무실에서 만나 이런 정부의 원칙을 전했다. 강 직무대리는 곤혹
스러운 표정으로 답했다.

　"서울시의 재정 형편상 경기장 신축이 힘들 것 같습니다. 정부지
원 없이는 어렵습니다."

강 직무대리가 돌아간 뒤 이영탁(李永鐸) 총리 행정조정실장을 불렀다.

"관계부처 대책회의를 열어 재정특별대책을 수립했으면 합니다."

그렇게 중앙정부 6백억 원, 서울시 6백억 원, 국민체육진흥공단 3백억 원, 2002년 한·일 월드컵 한국조직위원회(KOWOC) 2백억 원, 대한축구협회 250억 원의 분담 안이 만들어졌다.

1997년 10월 10일 서울시 '월드컵 주경기장 부지 선정위원회'는 건립장소를 서울 마포구 상암지구로 정했다. 1998년 2월 김대중 정부가 들어섰고 월드컵 개최도시는 특별·광역 7개 시에 3개가 추가돼 10개로 확정됐다.

1998년 7월 1일 나는 민선시장으로 서울시에 돌아와 월드컵경기장 건설을 지휘하게 됐다. 공사를 시작할 때만 해도 많은 사람들이 걱정했다. '예정된 공기(工期)에 맞출 수 있겠느냐, 부실시공이 되지 않겠느냐'는 우려였다. 일본에 비해 착공시기가 한참이나 늦었고 건설비도 낮게 책정됐다. 당시 서울시 월드컵주경기장 건설단장을 맡았던 진철훈 전 한국시설안전공단 이사장의 설명이다.

"예상 공기도 짧았고 예산도 빠듯했습니다. 일정을 감안해서 설계와 시공을 일괄 추진하는 턴키방식을 선택했습니다. 눈에 띄는 대형 공사는 시공능력 1위부터 순서대로 대기업이 컨소시엄을 구성하면 중소기업은 양보해야 하는 관행이 있던 시절이었습니다.

우리는 기업규모를 따지기보다는 내실을 중요시했습니다. 설계 내용을 중심으로 심사했고, 삼성엔지니어링 등 시공능력 20위 밖의 중견·중소기업 5개사가 모인 컨소시엄이 시공사로 선정됐지요. 그때 모 대기업 건설사 사장이 수주실패를 책임지고 교체될

2000년 9월 25일 서울 월드컵경기장에서 김대중 대통령과 함께 상량식을 가졌다.

정도로 파격적인 일이었습니다."

총 건설비는 1,733억 원으로 낙찰되었다. 당초 책정한 예산보다 237억 원 낮은 금액이었다. 남은 돈으로 세계최고 높이인 202m의 월드컵 분수대와 주차장을 건설했다.

나는 공사기간에 50번 넘게 현장을 찾았다. 현장 곳곳을 다니다 보니 걱정이 하나 생겼다. 입찰 때 지붕막 재질은 중·하급으로 정해졌다. 한강의 황포 돛단배와 방패연을 상징하는 지붕막은 경기장의 얼굴이나 마찬가지였다.

이건희 삼성그룹 회장에게 직접 전화했다.

"월드컵경기장의 생명은 지붕막입니다. 최고품으로 바꿔 주십시오. 밑지더라도 작품을 만들어 주십시오."

이 회장은 나의 부탁을 들어줬다. 정교한 시공과 공사기간의 단축을 위해 현장작업을 최소화했다. 스탠드도 모두 공장에서 제작되었으며, 철골구조물도 용접작업을 모두 공장에서 하고, 현장에서는 제자리에 설치해 볼트로 조이기만 하면 되도록 하였다. 예상공기보다도 4개월 앞당겨 준공하면서 단 한 건의 재해가 없었던 것은 이러한 시스템공법의 결과다.

월드컵 이후 경기장의 활용방안에 대해서도 고민했다. 경기장을 관리하려면 많은 돈이 든다. 예산을 잡아먹는 시설로 두기보다는 마포구민을 위한 커뮤니티 시설과 문화공간으로 만들어야겠다고 생각했다. 마케팅 회사에 용역연구를 맡겼다.

경기장 스탠드 아래 5만㎡의 빈 공간을 대형 쇼핑센터·전문 식당가·스포츠센터·복합상영관 등으로 활용하기로 방향을 정하고 공사를 했다. 경기장 스탠드 아래 만든 시설도 제 역할을 톡톡히 해냈다. 지난 2011년 경기장의 연간 유지관리 비용 85억 원을 훨씬 넘는 170억 원의 수입을 올렸다.

서울 월드컵경기장은 한때 쓰레기로 뒤덮였던 상암동에 피어난 꽃과 같다. 경기장과 그 주변을 둘러싼 월드컵공원, 디지털미디어시티(DMC)는 외환위기를 극복해낸 우리의 자랑스러운 자화상이다.

서울의 정보고속도로와 전자정부

도심순환고속도로와 2기 지하철 — 이들 서울의 대동맥은 2000년대 초에 완성되었다. 보람을 느낀다. 이에 못지않게 보람을 느끼는 또 하나의 중요한 인프라 망이 서울시의 행정정보화와 지역정보화의 핵심기반이 될 정보고속도로다.

이 정보고속도로는 땅 밑에서 서울을 거미줄처럼 엮는 지하철 터널을 이용해 구축된다. 따라서 연장 180㎞에 2.5Gbps의 방대한 초고속 신경망을 구축하는 데 거의 돈이 안 든다. 광케이블 값과 그 포설비가 고작이다. 지금까지 시청과 구청은 임대회선을 써왔다. 통신비용도 많이 들고 속도 또한 느렸다. 이제 초고속 자가광통신망(自家光通信網)으로 약 1천 배 이상 빠른 속도로 정보를 주고받을 수 있다. 화상회의, 영상전송 등이 얼마든지 가능해진다. 국내외 많은 도시들이 서울의 정보고속도로를 부러워한다.

서울시의 행정정보화가 세계적 수준인 것은 시스템을 개발시켜 보면 안다. 어떤 새로운 시스템을 도입하려고 해외 사례들을 찾다 보면 어떤 곳에도 그런 시스템이 아직 없어 우리가 스스로 개발해야 될 경우가 적지 않았다. 지금은 서울을 대표하는 반부패 행정정보화 시스템인 오픈시스템이 좋은 예다.

서울시가 채택하고 있는 종합방재시스템, GIS 시스템, 전자입찰제 등도 많은 국내외 도시들의 벤치마킹 대상이 되고 있다. 전자결재율은 100%이고 많은 민원처리도 클릭 하나로 이루어진다. 이제는 태평로에 있는 시청 말고, 시민이 언제 어디서나 자유롭게 드나들 수 있는 사이버 시청이 만들어졌다. 컴퓨터라면 주로 워드프로세서로나 쓰던 때에 비해 놀라운 변화다.

시민 입장에서 보면 사이버 시청은 정말 편리한 존재다. 서울시의 정보화는 시민의 필요, 시민의 편익에서부터 출발함으로써 아주 실용적이다. 자신의 안방에서 인터넷으로 지방세를 내고, 주민등록이나 지적, 도시계획확인을 신청하며, 전자공고를 확인해 입찰에 응할 수 있다. 또한 자신이 낸 민원이 어떻게 진행되고 있는지 실시간으로 확인할 수 있고, 부당한 처분을 받은 경우, 또는 비위에 접한 경우 이메일을 통해 시장에게 직보하여 시정을 요구할 수 있다. 시정 서비스 수준의 평가에 참여할 수도 있다.

수많은 홈페이지에 들어가 시청이 제공하는 갖가지 정보를 검색하거나, 사이버 뮤지엄을 구경하거나 문화행사를 예약할 수도 있다. 시민이 시청으로 찾아가는 것이 아니라 시청이 시민의 안방으로 찾아와 서비스를 한다. 이를 위해 이리저리 흩어져 있는 사이트들을 정보포털로 묶어 쉽게 이용하도록 했고, 지하철역, 백화점 등 편리한 장소에 무인 민원발급기 88개를 두어 집 밖에서도 쓰기 쉽게 했다.

공무원 입장에서도 정보화는 혁명적 변화를 가져다주었다. 이제 모든 문서는 전자적으로 생산, 유통 보관된다. 결재를 받기 위해 시장, 부시장의 방에 줄을 서서 대기하는 풍경이 사라졌다. 통계, 지도, 항공사진, 문서, 어떤 자료든지 책상에서 클릭 한 번으로 불러내 참고할 수 있고 멀리 떨어진 부서의 동료들과 방에 앉아 의견을 교환할 수 있다.

119 신고가 들어오면 즉시 대형 화면에 신고지 주변의 지도가 뜨고, 땅 밑의 가스관, 전선, 통신망 등의 라이프라인이 어디로 지나가는지, 오래되어 위험한 구조적으로 불안한 건물은 없는지 알려준다. 조달업무 역시 전자적으로 투명하게 이루어져 공연한 의심을 받을 일도 없어졌다. 업무를 사무실에서만 처리할 필요도 없어졌다. 나는 해외출장 중에도 노트북을 통해 시청의 상황을 체크하고 결재를 한다. 원격근무도 가능해졌다.

시정 정보화가 진전되어 시민, 공무원이 모두 편해졌다. 그러나 그보다 더 중요한 변화는 시정 정보화를 통해 시정 패러다임의 혁신이 이루어지고 있다는 점이다. 시청 돌아가는 모습이 실시간으로 시민에게 공개된다는 것은 곧 시청이 24시간 시민의 감시 아래 놓이게 된다는 것을 의미한다. 상시 감시보다도 더 효과적으로 부정부패의 소지를 제거하는 방법은 없다. 그뿐 아니라 시민의 의사도 실시간으로 시청에 전달되기 때문에 쌍방향 행정이 가능해진다.

정부 내에 처음으로 '정보화 전담관'(CIO · *Chief Information Officer*) 제도를 도입하고 서울시 CIO로 배경율 상명여대 교수를 선임하였다. 그는 지하철 8개 노선 터널에 서울시 전용 초고속광통신망 'e-Seoul Net'을 가설하고 전자결재시스템을 정착시켜 전자정부의 기초를 닦았다.

IMF 위기 속에서는 고학력 실직자들을 활용해 각 분야의 전산 데이터베이스를 구축토록 해 일자리 창출, 정보화 촉진의 두 가지 효과를 거두었다. 정보화 분야의 추진상황은 시장이 직접 챙긴다. 정기적으로 전자결재율, 주요 프로그램 개발의 진척 정도를 보고토록 하고 있다.

여기까지 오기에 어려움도 많았다. 아날로그 시대의 행정절차와 서식을 바꾸는 것이 어려웠다. 민원신청 종류에 따라 반드시 본인이 동사무소에 가서 떼어야 하는 인감증명을 첨부해야 하는 제도는 아직 고쳐지지 않고 있다. 시스템의 통합, 표준화에도 어려움이 많았다. 표준화된 사양 없이 정부, 시(市), 구(區)가 각기 행정 정보화 사업을 추진하다 보니 중복개발의 문제, 호환성 부족의 문제들이 생겨났다.

서울시정 시스템을 혁신하는 데 기업 전문경영인의 감각을 접목시키고 싶었다. 내가 잘 아는 기업인, 언론인, 경제관료 세 사람에게 전문경영인의 천거를 부탁했다. 모두가 이필곤 삼성 부회장(당시 중국담당 회장)을 추천했다. 국제전화로 삼고초려 끝에 행정1부시장으로 영입하고 시정개혁위원장 일을 맡겼다. 그는 IMF 금융위기 속에서 시정개혁의 밑그림을 그렸다. 특히 '시정업무재설계'(BPR)를 직접 진두지휘해서 안방전자민원처리를 비롯해 전자정부로 가는 큰 길을 닦았다.

어쨌든, 전자정부는 21세기 정부의 모습이다. 이러한 모습을 먼저 그리고 그 구현방법을 찾도록 나는 시립대에 우리나라 최초의 전자정부 연구소를 창설케 했다.

이와 같은 서울시 전자정부는 국제적 공인도 받았다. 미국 럿거스대(Rutgers University) 전자연구소는 보스턴 매사추세츠 정책·국제연구대학원과 공동으로 '세계 100개 대도시 전자정부 평가'(격년 시행)를 해오고 있다. 서울시는 이 전자정부 평가에서 지난 2003년 이래 7회 연속 1위 자리를 지키고 있다. 럿거스대는 "서울시는 전자정부를 혁신적으로 활용, 시민들이 제안한 정책 아이디어와 의견을 제출할 수 있는 기회를 체계적·조직적으로 제공하는 등 시민이 시정 정책 과정에 참여할 수 있는 기회를 꾸준히 제공하고 있다"고 특별히 평가했다. 전자정부가 전 세계적으로 빠르게 발전하고 있는 가운데 서울시 전자정부가 세계 최첨단 선진국 대도시를 포함한 세계 100개 대도시에서 7회 연속 1위를 차지하고 있다는 것은 내게는 아주 큰 보람과 기쁨을 주는 뉴스다.

2005년 중국 간쑤성(甘肅省) 둔황(敦煌)에서 21세기 신문명에 대한 한·중·일 국제심포지엄이 열렸다. 둔황은 동서양 문명이 서로 오가던 실크로드(silk road)의 출발지점이다. 나는 축사에서 "21세기의 실크로드는 인터넷이다. 인터넷시대에서는 손가락을 자유자재로 움직이는 젓가락 문화 3국 — 한·중·일이 앞장서가게 될 것이다"라고 말했다.

이어서 열린 만찬 테이블에 일본 모리(森喜朗) 전 총리, 아리마(有馬朗人) 도쿄대 전 총장, 이낙연 의원 등과 자리를 함께 했다. 아리마 도쿄대 전 총장은 "젓가락 문화 3국이 정보화에 앞장서야 한다는 데 전적으로 동감이다", 그런데 "3국 중 한국과 중국은 젓가락을 세로, 수직으로 놓지만 일본만은 가로, 수평으로 놓는 차이가 있다"면서 일본인의 수평적 사고를 강조했다. 나는 그런 사실을 처음 알게 되었다. 그리고 나도 한마디 덧붙였다. "중국은 굵고 긴 뿔 젓가락이고 일본은 길지 않은 나무젓가락인데, 한국은 가느다란 놋쇠젓가락이어서 각각 특징을 가지고 있다"면서 제일 가는 젓가락으로 팥알을 집어 올리는 손놀림을 강조했다. 나아가 한글 키보드 자판은 인터넷시대에 안성맞춤이다.

정보화시대는 한국이 앞장서 왔다. 이제 4차 산업혁명의 도전을 받고 있다.

제 12 장

몽돌과 받침대

새 정부엔 새 사람을 …

2002년 12월 21일. 대통령 선거가 노무현 후보의 승리로 끝난 이틀 뒤였다. 당선인 비서실장인 신계륜 민주당 의원의 전화를 받았다. 만나자는 얘기였다. 나는 축하 인사를 건네며 사흘 후 오찬을 하는 게 어떠냐고 물었다. 하지만 신 의원은 다급히 말했다.

"하루빨리 뵙고 드릴 말씀이 있습니다. 내일 당장 시간을 내주시죠."

대선 기간 중 내 개인 사무실로 찾아온 민주당 중진 김원기(金元基) 의원의 말이 떠올랐다. 그는 민주당 노무현 후보가 나를 초대 총리 후보로 생각하고 있다고 전했다. 지지선언을 해달라는 얘기도 덧붙였다. 나는 두 가지 요청 다 사양했다. 하지만 나를 총리로 앉히려는 노무현 당선인의 구상은 변함이 없었던 모양이었다.

12월 22일 서울 대학로 일식집 '석정'에서 신 의원과 마주 앉았다.

"시장님, 당선인께서 초대 총리를 맡아 줘야겠다고 하십니다."

461

신계륜 의원은 나를 '시장'이라 부른다. 1998년 민선 서울시장 후보로 나섰을 때 비서실장으로 선거를 도와줬다.

"아이구. 그런 말 하지도 마세요. 못 하기도 하고 안 하기도 합니다. 새 정부가 들어서면 새로운 사람이 해야 하는데 나 같은 '올드 보이'가 왜 총리 재수(再修)를 해요?"

거절 이유를 쭉 설명했다. 신 의원은 안절부절못했다. 밖에서 통화하고 다시 방에 들어오길 두세 번 반복했다. 제주도에 내려가 있다는 노 당선인과 통화하는 듯했다. 난처한 얼굴을 한 신 의원은 최후통첩과 같은 말을 꺼냈다.

"당선인께서 내일 서울에 올라오는 즉시 시장님 댁으로 찾아뵙겠다고 합니다."

큰일 났다. 넓지 않은 혜화동 집에 대통령 당선인을 들여놓을 수는 없었다. 당선인과 함께 올 수행단과 경호원들은…. 기자들이 몰려들면 어떻게 하나. 무엇보다 집까지 찾아온 대통령 당선인에게 총리직 거절 의사를 밝힌다는 것은 큰 결례였다.

"엇, 안 됩니다. 제가 밖에서 당선인을 만나겠습니다. 시간과 장소를 알려주십시오."

12월 25일 크리스마스 저녁, 신라호텔 전망 좋은 방에 노무현 당선인, 신계륜 의원 그리고 나 세 사람이 마주 앉았다.

나는 준비한 대답을 했다. 정가(政街)에서 말은 늘 불씨로 작용하는 일이 많다. 이런 경우를 많이 본 나는 할 말을 미리 정리해 적어 보는 버릇이 있었다. 먼저 당선축하 인사부터 건넸다. 그리고 본론을 꺼냈다.

"새 정권이 들어서면 새 얼굴을 총리로 내세워야 합니다. 5년 전 총리를 한 사람은 새 정부에 부담을 줄 수 있습니다. 제 자신도 부담스럽습니다."

노 당선인은 뜻을 굽히지 않았다. '개혁 대통령'을 위해선 '안정 총리'가 필요하다고 했다.

"제가 몽돌처럼 생긴 돌이라면, 총리는 그 돌을 잘 받치도록 나무 받침대처럼 안정적인 사람이어야 짝이 잘 맞습니다."

몽돌은 모나지 않고 동글동글해서 잘 굴러다니는 돌을 말한다. 때로 어디로 튈지 모르는 자신의 기질을 표현한 말이었다. 그리고 노 당선인이 말한 받침대가 바로 나였던 것이다.

노 당선인은 전혀 물러설 기색이 아니었다. 더 이상 버티는 것은 도리가 아니라는 판단이 섰다.

"그럼 제가 깊이 생각해 보겠습니다. 새 정부 출범까지는 두 달이 남아 있습니다. 당선인께서도 널리 다른 총리 후보자들을 구해 보십시오. 그래도 없으면 연락 주십시오."

선택권을 노 당선인에게 넘겼다. '조건부 수락'이었다. 팽팽했던 긴장은 이 대화로 어느 정도 풀렸다. 인수위원장직도 맡아 달라고 했지만 거절했다. 총리자리도 조건부 수락한 마당에 인수위원장을 할 수는 없었다. 술은 반주 한 잔 정도가 오갔다. 분위기는 한층 누그러졌다.

자연스레 대화는 내가 김영삼 정부 마지막 총리로 임명되던 때 얘기로 옮아갔다. 나는 국무위원 해임제청권 행사를 전제로 김 전 대통령의 총리직 제의를 조건부 수락했던 일을 얘기했다. 내 이야기를 듣던 노 당선인이 거기서 한발 더 나갔다.

"해임제청권뿐 아니라 아예 실질적 내각 인선까지 맡아 주시죠."

잠시 뜸을 들이다 한마디 더 꺼냈다. 계면쩍어하면서 "다만 법무장관만은 제가 이미 생각해 둔 사람이 있는데 …"라고 했다. 누구인지 노 당선인은 말하지 않았다. 나도 묻지 않았다. 나중에 보니 강금실(康錦實) 변호사였다.

바로 장관 인선 기준에 대한 대화를 나누기 시작했다.

"도덕성을 기초로 해서 각 부처에 맞게 전문성을 갖춘 사람이어야 합니다. 광범위한 데이터베이스를 가지고 탕평 인사를 하는 게 좋겠습니다."

평소 내가 가졌던 인사원칙이었다. 많은 얘기를 나눴다. 분위기는 화기애애했다. 얼굴은 웃고 있었지만 한편으로 무거운 부담감을 놓지 못했다.

'한 번 더 총리를 하는 게 맞을까.'

쉽게 끝날 고민이 아니었다.

2003년 1월 해가 바뀌었다. 노무현 대통령 당선인과 만난 지 1주일 뒤 언론인들과의 점심식사가 있었다. 한 달에 한 번씩 갖는 친목 모임이었다. 〈중앙일보〉 성병욱 전 주필, 송진혁 전 논설주간, 〈동아일보〉 남중구 전 주간, 그리고 송복 연세대 명예교수와 밥집에 둘러앉았다. 3명 언론인은 대학후배였고, 송 교수는 동기였다.

대화 주제는 총리 임명설로 흘렀다. 이미 언론에서 총리 후보로 내 이름이 오르내리던 터였다.

"선배가 새 정부 초대 총리가 된다는 얘기가 계속 돕니다."

"아, 그래요?"

노 당선인을 만났다는 얘기는 물론 하지 않았다. 그들의 시각이 궁금했다. 아직 '총리 재수(再修)'에 대한 확신이 없었다. 내 입장을 솔직히 설명했다.

"서울시장이야 내가 겁도 없이 벌여놓은 사업을 마무리하기 위해 재수했지만, 총리는 재수할 명분이 없어요."

즉각 대답이 튀어나왔다. 모두 하는 얘기가 같았다.

"그렇지 않습니다. 이번만은 고 선배가 총리를 맡아야 합니다."

"겁이 난다" "불안하다"는 얘기였다. 노 당선인에 대한 불안이었다. '이 시대가 나에게 요구하는 역할이 있구나'라고 느꼈다. 이 모임에서 나는 총리직을 받아들이기로, '몽돌의 받침대'가 되기로 마음을 굳혔다.

장관 인선 밀고 당기고 …

1월 22일 노 당선인은 나를 총리 후보로 공식 지명했다. '몽돌' 대통령과 '받침대' 총리의 시작이었다. 노 당선인은 총리직을 제안하며 했던 약속을 지켰다. 신계륜 비서실장을 통해 당선인과 국무위원 인선에 대해 논의를 시작할 수 있었다. 물론 그 과정에서 노 당선인과 나 사이 '밀고 당기기'가 있긴 했다.

내가 총리로 공식 지명도 받기 전인데 장관후보라는 사람들의 이름이 자꾸 언론에 오르내렸다. "정 이런 식으로 하면 총리 못 한다"고 말했다.

초대 국무조정실장(장관급)으로 최종찬(崔鍾璨) 대통령비서실 정책기획수석을 내정했다는 얘기를 들었다. 최 수석도 경제관료 출신으로 능력 있는 사람이었다. 하지만 국무조정실장은 총리를 지근(至近)에서 보좌하는 자리다. 인선 과정에서부터 청와대의 관여를 차단해야 한다는 것이 나의 절대 원칙이었다. 청와대가 내정해 놓은 최 수석을 국무조정실장으로 받아들일 생각이 없었다.

김영삼 정부 총리 때 같이 일했던 이영탁 전 총리 행정조정실장(당시 국무조정실장)을 불렀다. 국무조정실장은 내가 임명한다는 원칙은 그 이후에도 지켰다. 후임인 한덕수 국무조정실장도 내가 직접 인선했다.

최종찬 수석은 국무위원 후보 가운데 유일한 강원도 출신이었다. 지역 안배가 중요했던 첫 인선이었던 만큼 청와대도 그를 장관 자리에서 물러나게 할 순 없었던 모양이다. 결국 최 수석은 건설교통부 장관직을 맡게 된다. 졸지에 원래 건교부 장관후보였던 김명자(金明子) 전 환경부 장관이 낙마하게 됐다.

김명자 전 장관을 건교부 장관후보로 처음 제안한 것은 노 대통령이었다. 나는 "환경하던 사람이 건설 하면 좋다. 친환경 건설, 친환경 교통 하지 않겠느냐"라며 흔쾌히 찬성했던 기억이 난다. 건설 위주의 국토 관리는 한계가 있었다. 건설 중심에서 국토 보존, 환경 보존으로 가야 한다는 게 이상적인 방향이었다.

김 전 장관의 국토부 장관후보직 낙마는 국무조정실장 인선은 총리가 해야 한다는 내 소신과 지역 안배가 맞물려 나온 결과일 뿐이었다. 인선 과정은 그만큼 내밀하면서도 신중했다.

2월 27일 오전 청와대. 노 대통령으로부터 총리 임명장을 받았다. 바로 세종로 정부종합청사로 가 취임 기자회견을 했다.

"노무현 대통령과 내각의 진용을 최종 확정했습니다. 그전에도 실질적인 협의조정 과정이 있었습니다. 도덕성을 기초로 해서 균형감 있는 개혁성향을 인선 기준으로 삼았습니다."

한 기자가 물었다.

"책임총리로서 어떻게 내각을 운용할 것입니까?"

"헌법에 규정된 총리의 권한과 역할에 충실하겠습니다. 국무위원 제청권도 실질적으로 행사할 생각입니다. 대통령께서도 오늘 아침 '청와대는 핵심 국정과제에 집중하고 통상적인 국정 전반은 내각이 책임지고 운용하라'고 하셨습니다. 그 말씀대로 할 것입니다."

그날 오후 2시를 갓 넘긴 청와대 춘추관. 나는 노 대통령과 함께 다시 기자들 앞에 섰다. 먼저 내가 19명 신임 장관을 차례차례 소개했다. 경력과 인선 이유를 덧붙이면서 말이다. 그리고 노 대통령이 바통을 이어받아 인선 배경에 대해 기자회견을 했다.

우리나라에선 처음 선보인 방식이었다. 신임 장관을 임명할 때 대통령이 직접 나서서 설명하는 것은 미국 백악관에서나 하던 방법이었다. 그전까지는 공보수석이나 대변인이 조각 발표를 맡았었다. '신선하다'는 반응이었다. 노 대통령의 아이디어였다.

참여정부를 바라보는 정치권의, 여론의 시선은 불안했지만 일단 출발은 순조로웠다. 선장인 노 대통령도, 키를 잡고 있는 나도 저 멀리서 다가오는 태풍을 전혀 짐작조차 못한 채 말이다.

청문회가 되레 풀어준 '고건 7대 불가사의'

인사청문회 애기를 하고 넘어갈까 한다. 2003년 1월 22일 노무현 대통령은 나를 국무총리 후보로 지명했다. 정식 임명까지 인사청문회와 국회동의란 관문이 남아 있었다. 1997년 김영삼 정부 총리로 임명될 때는 인사청문회를 하지 않아도 됐다. 총리 인사청문회 제도가 2000년 6월 만들어졌기 때문이다. 김대중 정부에서 2명의 총리후보자가 인사청문회에서 낙마하는 것을 봤다. 청문회를 앞두고 긴장할 수밖에 없었다.

2003년 2월 20일부터 이틀간 총리 후보자 인사청문회가 국회에서 열렸다. 두 가지 평가가 맞섰다. '전문행정가로서 국정운영 역량을 발휘할 수 있는 혁신·화합형 인물'이란 찬성론이 있었지만 반대 논리도 만만치 않았다. '좌고우면(左顧右眄·좌우 눈치를 보며 결단을 내리지 못하는 것) 하면서 부담 가는 일은 시작도 하지 않는 무사안일의 표본이다.' '어려운 일이 있으면 위원회나 만들어 결정과 책임을 피해 가는 처세의 달인이다.'

나의 30여 년 공직생활 전부가 평가의 대상이 됐다. 무엇보다 도덕성이 가장 큰 관심이었다. 그런데 야당인 한나라당에서 '고건의 7대 불가사의'를 다시 들고 나왔다. 1998년 새정치국민회의 후보로 서울시장 선거에 나갔을 때 상대였던 한나라당 최병렬 후보 쪽에서 했던 주장이다. 신문광고까지 하며 대대적 공세를 펼쳤었다. 명백한 네거티브 전략이었다. 그때 최 후보를 명예훼손으로 고소했다. 선거에서 이긴 후 "승자의 아량을 보이라"는 주변의 충고를 받아들여 고소를 취하했다. 소송을 끝까지 해서 진위를 가렸어야 했다. 후회가 됐다.

2003년 2월 20일 국무총리 후보자에 대한 국회 인사청문회 첫날. 인사청문특별위원
임인배 한나라당 의원(사진 왼쪽)이 '고건 총리 후보자 경력 및 9대 의혹'이란
제목의 도표를 보여주며 질의하고 있다. 〈중앙일보〉

　나는 청문회에서 자신뿐 아니라 가족의 삶까지 거의 발가벗겨지다
시피 하는 공직자의 고통을 잘 안다. '삼인성호'(三人成虎) 란 옛말도
떠올랐다. 세 사람이 '광화문에서 호랑이를 봤다'고 하면 없던 호랑
이도 사실이 되는 세태를 뼈저리게 느꼈다. 야당에서 내세운 7대 불
가사의 중 하나가 박정희 전 대통령이 서거한 10·26 사태 이후 내
가 3일간 모습을 보이지 않았다는 의혹이다.

　1979년 10월 26일 박 전 대통령이 서거한 직후 오후 8시쯤. 청와
대 정무 제2수석비서관이었던 나는 비상연락을 받았다. 청와대 근처
인 서울 효자동 음식점 '유선'에서 저녁을 먹고 있던 때였다. 수석비
서관 중에선 가장 먼저 청와대에 도착했다. 그때부터 나는 꼬박 이
틀 밤을 새우면서 청와대 본관에 빈소를 차렸고 국장 준비를 했다.
당시 총무처 장관이 공석이어서 그 역할을 대행하다시피 했다.

10·26 사태 당시 국방부 장관이었던 노재현(盧載鉉) 전 장관이 2월 21일 인사청문회 증인으로 나왔다. 사태 직후 나를 보지 못했다는 증언을 하게 하려고 한나라당 측에서 내세운 증인이었다. 증인에게 질의할 때 총리 후보자는 자리를 비워야 했다. 국회 속기록 내용으로 그때 상황을 대신한다. 강운태(姜雲太) 새천년민주당 의원이 질문했다.

　"1979년 10·26 당시에 고 후보자를 본 기억이 없다고 증언하신 것으로 돼 있습니다만 맞습니까?"

　"저는 청와대에 들어간 적이 없습니다."

　"청와대에 아예 들어가신 적이 없다⋯."

　"예. 그러니까 못 본⋯."

　"고건 (당시) 정무수석이 국장에 참여했는지 안 했는지는 원천적으로 알 수가 없었다, 그 말씀이시군요."

　"그렇습니다."

　청문회장에서 '와' 하는 웃음이 터졌다고 한다. 그날 청와대 본관 빈소에 처음 찾아왔던 사람이 통일원의 이용희 장관과 동훈 차관이었다. 이 전 장관은 이미 고인이었고, 동훈 전 차관이 빈소에서 나를 봤다는 증언을 하러 청문회장으로 왔다. 하지만 노재현 전 장관의 발언으로 동훈 전 차관은 증언대에 설 필요가 없게 됐다. 아이러니하게도 청문회를 통해 7대 불가사의의 진실이 자세히 설명됐다. 일단 이번은 고건의 7대 불가사의 중 한 토막만 짚어 봤다. 나머지 6개 불가사의와 그 진실에 대해선 앞으로 틈틈이 그리고 소상히 설명할 것이다.

　어쨌든 투표일은 다가오고 있었다. 여소야대 상황이라 낙관할 수 없었다. 국회의원 모두에게 전화를 돌렸다.

"불가피하게 총리 재수를 하게 됐다"고 일일이 설명했다. 국회의원 수첩을 펼쳐 의원 한 명 한 명 이름 뒤에 'O, △, ×' 표시를 한 기억이 난다. 전화를 반기며 긍정적으로 대답하면 'O', 미적미적한 반응이면 '△'였다. 직접 전화한 총리 후보자를 타박한 의원은 없었다. 여러 번 전화해도 아예 받지 않는 의원은 있었다. 그러면 '×' 표시를 했다. 다행히 'O'가 많았다.

2월 26일 오후 7시 30분쯤 총 투표수 246표 중 찬성 163표, 반대 81표, 무효 2표로 국회에서 총리임명 동의안이 통과됐다. 여소야대 국회에서 의원 3분의 2 가까운 동의를 얻을 수 있었다.

대통령의 개각 종이 한 장

오랫동안 많은 대한민국 총리가 대독(代讀)・방탄(防彈) 총리로 불려 왔다. 대통령 대신 자리에 참석해 청와대가 써 준 연설문을 읽거나 대통령이 받아야 할 비판을 대신 받는 게 본업(本業)이라는 일종의 야유였다. 그 틀을 깨려고 부단히 노력했다. 그 얘기를 잠깐 해보려고 한다.

1997년 3월 5일 나는 김영삼 정부 마지막 총리가 됐다. 마지막 내각에는 출범 초기와 같은 기대 섞인 환호가 없다. 엎질러진 물을 다시 그릇에 담는 것처럼 힘든, 뒤처리 전담반의 노역만 기다리고 있을 뿐이다. '한보사태' 때문이었다.

이날 오전 취임식을 마치자마자 청와대에서 서둘러 들어오라는 연락이 왔다. 김영삼 대통령의 호출이었다. 대통령 집무실 회의탁자를 사이에 두고 김 대통령의 오른쪽 옆에 앉았다. 그는 한 장짜리 서류를 들고 있었다.

"개각을 해야겠습니다."

그러고는 종이에 적힌 명단을 읽었다.

"경제부총리 강경식, 통상산업부 장관 임창열, 건설교통부 장관 이환균 … ."

나는 받아 적기 바빴다. 그래도 임명제청권을 행사할 총리인데, 명단이 적힌 종이 한 장 더 뽑아주면 될 것을. 대통령 비서실 관행이 고약하다 싶었다. 다 읽은 김 대통령은 서류 너머로 나를 물끄러미 쳐다봤다. '어떻나? 괜찮나?' 하는 눈빛이었다.

"경제개각만 하셨네요."

"그래요."

"한보사태 수습이 급선무입니다. 시중 여론에서 대통령도 경남, 한보 회장도 경남, 법무부 장관도 경남, 검찰총장도 경남, 중수부장도 경상도. 전부 경상도라 한보사태 수사가 제대로 될 것이냐 의문을 제기하고 있습니다. 정국을 수습하려면 안우만 법무부 장관은 바꾸는 것이 좋겠습니다."

"…… ."

즉석에서 해임제청권을 행사했다. 김 대통령은 판단이 빨랐다.

"그럼 누가 좋겠어요?"

"신문에 오르내리는 사람으로 최상엽 전 법제처장, 그리고 아무개가 있습니다."

김 대통령은 바로 인터폰 버튼을 '삑' 눌렀다. 비서실에 최 전 처장을 연결하라고 지시했다. 그러고 그에게 "법무장관을 맡아 달라"
고 했다. 전화기에서 "아, 네. 알겠습니다"란 답이 흘러나왔다.

휴대전화가 없었던 시절이다. 최 전 처장이 전화기 옆에 없었다
면 두 번째 후보에게 법무장관 자리가 넘어갔을지도 모른다. 'YS식'
개각은 그만큼 순식간에 진행됐다.

통화를 마친 김 대통령은 다시 물었다.

"그럼 다 된 건가요?"

"네. 다 좋습니다. 다만 이번에 꼭 안 해도 되지만 곧 대통령 선
거를 관리해야 합니다. 선거 주무장관이 내무부 장관인데 지금 한
나라당 현역 서정화 의원이 맡고 있습니다. 중립성 문제도 있고 선
거 전 적당한 시기에 바꿔야…."

말을 맺기도 전 김 대통령은 답했다.

"언제 또 개각하노. 그럼 내무장관으로 누가 좋겠어요?"

1안으로 호남출신 아무개, 2안으로 강운태 전 농림부 장관을 얘
기 했다. 김 대통령은 다시 인터폰 버튼을 누르더니 "강운태 전 장
관 연결하라"고 했다. 강 전 장관도 전화기 옆에 있었고 신임 내무
부 장관으로 낙점됐다.

김 대통령이 다시 물었다.

"다 됐습니까?"

"하나 더 있습니다."

짜증 낼 만한데 김 대통령은 그러지 않고 차근히 내 얘기를 들었다.

"경제팀은 경제부총리 중심으로 팀워크가 맞아야 합니다. 강경식
경제부총리 내정자를 불러서 임창열 통상산업부 장관 이하 명단을
알려주고 의견을 확인해야 합니다."

"옳은 얘기지. 그럼 발표를 언제 하면 되겠어요?"

"지금 제가 3부 요인 예방 일정이 있어서. 오후 1시 반에서 2시 사이 전화드리겠습니다."

김 대통령은 인터폰 버튼을 다시 한 번 꾹 눌렀다.

"개각 발표 오후 2시로 미루세요."

총리집무실로 돌아와 오전 11시 강경식 경제부총리 내정자를 불렀다.

"부총리로 내정된 것 아시죠?"

"네. 알고 있습니다."

"그럼 다른 경제부처 신임 장관들은 누군지 아세요?"

"그건 모릅니다."

나는 신임 경제부처 장관 내정자 이름을 쭉 불러 줬다. 그리고 물었다.

"어때요? 신임 장관들과 팀워크가 잘 맞을 것 같습니까?"

"네. 잘해낼 수 있을 것 같습니다."

대답은 시원스러웠다. 오후 2시를 조금 남긴 시각. 3부 요인 중 한 명인 윤관(尹錧) 대법원장을 만나는 일정이 끝났다. 대법원의 청사 별실 하나를 비워 달라고 미리 부탁해 뒀었다. 1층의 그 방으로 들어가 김 대통령에게 전화했다.

"강경식 경제부총리 내정자가 경제부처 신임 장관후보들과 팀워크를 잘 이룰 수 있다고 합니다. 그대로 개각 발표하시면 되겠습니다."

김 대통령은 흡족해했다. 오후 2시쯤 개각 명단이 발표됐다.

그리고 1년이 지난 1998년 3월 3일. 대통령 집무실 같은 장소에 내가 있었다. 회의 탁자 앞에 앉은 대통령만 바뀌었다. 김대중 대통령은 서류 한 장을 들고 앉아 쭉 읽었다. 새 정부 내각이다 보니 명단이 길었다.

물론 내 앞에 명단이 적힌 종이는 없었다. 대통령 비서실의 고약한 버릇은 여전했다. 하지만 듣는 나는 1년 전보다는 훨씬 여유로웠다. 명단에 있는 이는 나와 일할 사람이 아니다. 받아 적을 필요가 없었다. 김 대통령이 읽어 내려가는 후보자 면면을 떠올리며 '아, 이 사람은 JP 지분이로구나. 함께 일할 JP와 인선 협의가 됐구나'라고 혼자 생각했다. 난 형식적 임명제청을 맡을 뿐이었다.

김종필 총리 후보는 당시 야당인 한나라당의 반대로 국회 임명동의를 아직 받지 못했다. 서리 신분으로 임명제청한 장관들이 행한 업무는 법적 분쟁에 휘말릴 수 있다. 내가 DJ 정부 하루 총리로서 장관 임명제청을 맡게 된 사연이다. 명단을 다 읽은 김 대통령은 내 얼굴을 쳐다봤다.

"고심하셨네요."

내 할 얘기는 그뿐이었다. 김 대통령의 얼굴이 환해졌다.

"그러면 제청해 주시는 겁니까?"

"아, 제가 제청해야죠. 어떻게 하겠습니까? 제가 제청하러 오지 않았습니까?"

"아, 정말 고맙습니다."

김대중 대통령과 나의 첫 단독 면담은 그렇게 짧게 끝났다. 김영삼·김대중 대통령 시절 개각을 떠올리면 대통령이 홀로 쥐고 있던 종이 한 장이 생각난다. 그동안 대통령과 총리 간 장관 인선 논의가 '협의'보다는 '통보'에 가까웠다는 것을 짐작하게 하는 풍경이었다. 하지만 노무현 대통령과 나는 달랐다.

총리의 국무위원 제청 종이 한 장

노무현 정부가 출범한 뒤 장관 인선 작업은 청와대의 내부 인사위원회가 맡았다. 정찬용(鄭燦龍) 청와대 인사보좌관(차관급)이 실무를 챙겼고 나와 문희상(文喜相) 청와대 비서실장 등이 위원회 멤버였다. 인사 대상이 누구냐에 따라 관련된 청와대 수석들이 참여하기도 했다. 고위 공무원의 경력 관리를 맡고 있는 인사위원회(법정조직)와는 별개였다. 이렇게 새 정부의 장관 인선 시스템이 갖춰졌다.

정부가 출범하고 5개월이 지난 2003년 7월 16일의 일이다. 김영진(金泳鎭) 농림부 장관이 사표를 냈다. 행정법원의 새만금 공사중단 결정에 대한 항의 차원이었다.

후임 인선을 서두를 수밖에 없었다. 농림부 장관후보로 청와대는 민병채(閔丙采) 전 양평군수를 추천했다. 민 전 군수는 친환경 농업 전문가다. 농림부 장관으로 자격이 충분했다. 하지만 세계 농업시장을 놓고 각국이 외교전을 펼치고 있던 때다. 국제협상 무대에서 밀리지 않을 능력이 농림부 장관에게 필요했다. 그래서 나는 허상만(許祥萬) 전 순천대 총장과 박상우(朴相禹) 전 농림부 차관을 천거했다.

7월 23일 청와대 내부 인사위원회는 비공식 장관 청문회를 했다. 국회에서도 총리 청문회는 있었지만 장관 청문회는 없던 시절이다. 나, 청와대의 문 비서실장, 정 보좌관과 유인태(柳寅泰) 정무수석, 문재인(文在寅) 민정수석 등 5명이 면접을 맡았다. 정부 수립 이후 처음 있는 일이 아니었을까 싶다.

별다른 형식은 없었다. 한 명씩 따로 불러 질문을 던지고 답을 들었다. 요지는 이랬다.

"세계무역기구(WTO)가 주도한 도하 라운드 무역협상 체제로 가면서 농업 개방은 현실이 됐습니다. 우리 농업을 어떻게 지킬 수 있겠습니까?"

도하 라운드는 2001년 11월 세계무역기구(WTO)에서 시작한 무역 자유화 협상이다. 카타르 도하에서 열린 WTO 4차 각료회의에서 협상 개시를 선언했다고 해서 도하 라운드라는 이름이 붙었다. 자유무역협정(FTA)은 1 대 1 또는 몇 개 국가가 뭉쳐서 하는 반면, 도하 라운드는 WTO 회원국 대부분을 아우르는 협상이다.

내부 청문회는 꽤 밀도 있게 이뤄졌다. 밤이 깊어서야 끝났다. 그리고 내부 인사위원회가 열렸다. 면접 결과를 바탕으로 위원회는 박상우 전 차관과 허상만 전 총장 2명을 추천했다. 노무현 대통령은 허 전 총장을 택했다.

인선이 마무리됐다. 초대 내각을 꾸릴 때 인선 협의가 잘됐지만 앞으로도 그러리란 보장이 없었다. 그래서 서면으로 제청권을 행사해야겠다는 아이디어를 냈다. 헌정 사상 처음 등장한 서면 제청서다. 제청 서류를 봉투에 넣어 밀봉한 뒤 탁병오(卓秉伍) 총리 비서실장 편에 직접 청와대로 보냈다. 7월 24일 청와대는 허 전 총장을 농림부 장관으로 내정했다고 발표했다.

초대 내각을 꾸릴 때는 서면 제청서를 쓰지 않았지만 이때부터 장관이 바뀔 때마다 이 서식을 썼다. 확실하진 않지만 내가 2004년 5월 총리에서 물러나고 이렇게 서면으로 임명제청한 일은 다시 없었던 걸로 안다.

내부 청문회도 허 장관 임명 때 한 번만 하고 안 했다. 후보자에 올랐다가 낙마하는 사람도 있는데 불러서 인터뷰하는 것은 좀 문제가 있었다. 청와대에서 부정적이었고 나도 같은 생각이었다. 서면 제청서든 내부 청문회든 이제는 모두 사라진 유산이다.

노무현 정부 총리로 일하며 각료 해임제청권은 윤덕홍(尹德弘) 부총리 겸 교육인적자원부 장관, 최낙정(崔洛正) 해양수산부 장관, 이렇게 두 번 행사했다. 윤 부총리 해임 건의는 NEIS 도입을 둘러싼 교육계 분열이 발단이었다. 교육부 장관 경험이 있는 안병영(安秉永) 연세대 교수를 후임 교육부총리로 발탁했다. 당시 NEIS 문제 등 교육계 갈등이 심각했다. 그래서 부총리직 인수인계 과정을 내가 직접 입회해 챙긴 기억이 난다.

이런 복잡한 장관 교체 과정에서도 내가 잊지 않고 하는 일이 있었다. 개각 발표 직전 물러나는 장관에게 미리 전화를 걸어 "그동안 수고하셨다"고 말하는 일이다. 여기에 얽힌 사연이 있다.

1982년 전두환 정부 시절 내가 농수산부 장관으로 일할 때다. 5월 21일 모내기 현장 확인차 지방으로 가고 있었다. 자동차를 타고 막 경기도 양평을 지나던 때 라디오에서 개각 발표가 흘러나왔다.

"… 국방부 장관 윤성민 합참의장, 농수산부 장관 박종문 강원도지사 … ."

어찌나 당혹스럽던지 … . 사전 언질은 물론 없었다. 그때의 황당함은 아직도 잊지 못한다. 잘린 장관 마음은 잘려 본 장관이 안다고 했던가. 분초를 다투는 장관 교체 과정에서도 내가 꼭 당사자에게 미리 연락하게 된 이유다.

새로운 해법, 국정(國政) 협의회

2003년 7월 21일 오후 5시 국회. 여당인 새천년민주당 정균환(鄭均桓) 총무와 야당인 한나라당 홍사덕(洪思德) 총무와 마주 앉았다.

"외국인 근로자의 고용 등에 관한 법률안, 근로기준법 개정안, 한·칠레 자유무역협정(FTA) 비준동의안, 채무자 회생 및 파산에 관한 법안 등의 처리가 늦어지고 있습니다. 모두 민생안정과 사회 갈등 해소, 국가 신인도 제고를 위해 꼭 필요한 법안입니다. 정부가 어려움을 겪고 있습니다. 7월 임시국회 회기 내에 꼭 처리해 주셨으면 합니다."

'몽돌' 대통령과 '받침대' 총리의 역할 분업은 시간이 가면서 진화했다. 중장기 개혁 같은 큰 그림은 노무현 대통령이 맡아 그렸고, 일상적 국정운영은 내 몫이었다. 이날도 국회 관문을 넘지 못한 법안의 처리를 부탁하러 국회를 찾았다.

현안은 쌓여 있는데 청와대에서 도움의 손길은 없었다. 모든 부담이 나에게 넘어왔다. 정치적 권력이나 지분이 없는 총리가 국회를 상대로 쓸 수 있는 수단이 별다른 게 있겠는가. 설명과 설득, 때로는 읍소(泣訴). 이리 뛰고 저리 뛰는 수밖에 없었다.

그러다 대형 암초를 만났다. 여당인 새천년민주당은 민주당과 통합신당(열린우리당의 전신)으로 쪼개졌다. 민주당 내 노무현계 의원들(신당파)과 그렇지 않은 의원들(구당파·잔류파) 간 갈등이 깊어져 노무현계 의원 42명이 민주당을 나온 것이다. 이로써, 한나라당·민주당·통합신당·자민련의 4당 체제가 되었는데, 과거 민주정의당(민정당)·민주당·평화민주당(평민당)·공화당의 4당 체제와 구분해 신(新) 4당 체제라 불렸다. 9월 29일 노무현 대통령은 민주당을 탈당했다. 여소야대 정국보다 더 험난한 '무당적(無黨籍) 대통령' 사태를 맞았다.

민주당과 통합신당 간 날선 기싸움을 바라보는 마음은 참담했다. 국회 통일외교통상위원회의 해외 국정감사에 참석하려고 정대철(鄭大哲) 전 민주당 대표가 일본으로 떠나자 김원기 통합신당 창당주비(籌備) 위원장과 김상현(金相賢) 민주당 고문이 각자 일본행 비행기를 탔다. 정 전 대표를 상대로 한 영입경쟁 때문이었다. 양측의 설전도 치열했다.

"노 대통령은 재산을 모으자 조강지처 버리고 새장가 가듯 단 한마디 의논도 없이 민주당을 배신했습니다." - 박상천 민주당 최고위원

"자기 후보를 낙마시키기 위해 도저히 해선 안 되는 일을 했던 사람들이 민주당의 핵심을 이루고 있습니다." - 김원기 통합신당 위원장

'국정은 어떻게 하나' 고민을 거듭했다. 초유의 상황이니 초유의 해법으로 돌파해야 했다. 이틀 후인 10월 1일 4당의 원내총무를 서울 삼청동 총리공관에 초청했다. 한나라당 홍사덕·민주당 정균환 총무, 통합신당 김근태(金槿泰) 원내대표, 자민련 김학원(金學元) 총무가 참석했다.

"제가 오늘 네 분을 모신 것은 노 대통령이 당적을 갖지 않은 현 상황에서 국회가 정부를 잘 좀 도와달라는 부탁을 하기 위해서입니다. 국민이 불안해하고 있습니다. 산적한 민생 현안을 처리하려면 국회와 정부 간 협력시스템이 절실히 필요합니다."

국회에서 가진 원내 4당 정책위의장들과의 정책협의회. 왼쪽부터 김진표 경제부총리, 정우택 자민련, 김영환 민주당, 이강두 한나라당, 저자, 정세균 열린우리당 정책위의장, 박봉흠 기획예산처 장관.

　민주당 정균환 총무와 통합신당 김근태 대표 사이에 미묘한 신경전이 있었지만 네 사람 모두 내 의견을 수용했다. 야당이면서도 내 제안에 적극적으로 응해 준 한나라당 홍사덕 총무의 도움이 컸다. 정부와 여당이 하던 당정협의를 대체할 4당 국정협의회는 이렇게 탄생했다. 한 달에 두세 번, 총리공관과 국회 귀빈식당을 오가며 협의회를 열었다. 4당 정책위원회 의장단과의 정책협의회도 함께 가동했다.

　태풍 '매미' 피해복구를 위한 3조 원의 추경(추가) 예산안, 한·칠레 FTA 비준안, 이라크 추가 파병안 등 굵직굵직한 법안이 4당 국정협의회를 거쳐갔다. 물론 국정협의회에서 4당이 법안을 처리하겠다는 원칙에 합의했다 해도 관문은 남아 있었다. 상임위, 법사위, 본회의 등 세 고비를 넘어야 했다.

　중요하고 시급한 법안이 막혀 있다면 최전선인 국회에 직접 갔다. 의원들을 설득하는 데 장소를 가리지 않았다. 상임위원장실도 찾아가고 법안심사소위원회 회의실에 가기도 했다. 총리는 본회의나 예결위, 당정협의 출입만 한다는 전례 따위는 신경 쓸 겨를이 없었다.

2004년 2월 16일 오후 한·칠레 FTA 비준안의 본회의 의결 직전. 국회 귀빈식당에서 한나라당 박희태(朴熺太)·이상배(李相培) 의원 등과 직접 담판을 벌였다. 이 의원은 FTA를 반대하는 농어촌 의원들의 대표 격이었다. 고시동기라 친하고 말도 통하는 사이였지만 이때만큼은 팽팽한 줄다리기를 해야 했다. 정부가 119조 원 규모의 농업지원 종합대책을 내놓고 금융대책도 추가했지만 본회의에서 다시 가로막혔다. 고심 끝에 마지막 양보를 했다.

"1천 6백억 원으로 정한 FTA 지원특별기금의 올해 예산을 5천억 원으로 늘리겠습니다."

제안은 받아들여졌다. 그리고 오후 2시 본회의에서 한·칠레 FTA 비준안은 가결됐다.

전화도 유용한 수단이었다. 국회 회기가 얼마 남지 않은 2004년 3월 김기춘(金淇春) 법사위원장에게 전화를 걸었다.

"시급한 법안이 있습니다."

"무슨 법안이 그렇습니까."

"개인채무자 회생법안입니다."

"카드채 문제가 심각합니다. 이번 회기를 넘기면 큰일 나겠습니다."

"네. 알겠습니다. 어떻게든 해보지요."

전화로 한 부탁은 효과를 봤다. 개인채무자 회생법안은 국회 회기의 '막차'를 타고 본회의를 통과할 수 있었다.

국회에서 법안 통과가 늦어져 국정 수행에 큰 지장을 받은 일은 기억나지 않는다. 하지만 총리가 이렇게 고군분투하는 동안 청와대에선 아무런 도움도, 말도 없었다.

청와대의 재신임 폭탄선언

2003년 10월 10일 오전. TV를 보는데 노무현 대통령이 11시에 긴급 기자회견을 한다는 속보가 떴다.

'나에게 별말 없었는데 설마 ….'

오전 10시 50분. 그때까지도 청와대에서 아무런 연락이 없었다. 5분 후에 서울 세종로의 정부중앙청사 집무실에 앉아 TV를 지켜봤다. 단상에 선 노 대통령의 모습이 화면에 비춰졌다. 그는 입을 열었다.

" … 그동안 축적된 국민들의 불신에 대해 재신임을 묻겠습니다. "

잠시 정신을 차릴 수 없었다. 뭐로 한 대 얻어맞은 듯했다. 속으로 되뇌기만 했다.

'무슨 일이 벌어지고 있는 거지? 대통령이 무슨 말을 한 거지?'

단 한마디도, 귀띔도 없었다. 생각을 더듬어 봤다. 그래 … 불안함을 느끼긴 했다. 지난 5월부터 노무현 대통령은 "(대통령직을) 못해 먹겠다"는 말을 종종 꺼냈다. 최도술 전 청와대 총무비서관 등 대통령 측근의 비리의혹도 연일 터져나오고 있었다.

4당(한나라당·민주당·통합신당·자민련) 체제가 시작되고 노무현 대통령은 정치적 위기를 맞이하고 있었다. 통합신당(열린우리당의 전신)의 출범에 노 대통령은 힘을 실어 줬지만 그 대가는 혹독했다. 9월 26일 윤성식 감사원장 후보 임명동의안이 국회에서 부결된 일이 결정적이었다.

결국 대통령의 승부사적 기질이 나타났다. 내가 먼저 살고 나서 적을 칠 궁리를 한다는 '아생연후살타'(我生然後殺他·바둑 용어)는 그에게 통하지 않는 논리였다.

2003년 10월 10일 오전 노무현 대통령이 기자회견 하는 모습을 시민들이
TV로 지켜보고 있다. 노 대통령은 "재신임을 묻겠다"고 했다. 〈중앙일보〉

기자회견이 끝난 직후 비서진이 나에게 보고했다.

"청와대 오찬이 열리는데 참석하시라고 합니다."

마음을 다잡았다. 그리고 결심했다. 비서진에게 말했다.

"국무위원 전원과 통화해야겠습니다. 시간이 없으니 서둘러 차례
로 연결해 주세요."

국무위원 거의 전부와 통화했다. 말한 내용은 같았다.

"기자회견 보셨죠. 내각이 이번 사태에 대해 책임져야 할 것 같
습니다. 국무위원 전원이 사표를 내도록 합시다. 오찬 때 대통령을
뵙기로 했습니다. 사표를 직접 거둘 시간은 없으니 일단 사의표명
에 동의해 주시죠. 그럼 제가 대표로 국무위원 전원의 사의를 대통
령께 직접 전달하겠습니다."

다들 반응은 비슷했다. 잠시 고민하는 듯하다가 참담한 목소리로
"그렇게 하시라"는 답을 했다.

이날 낮 12시 청와대 오찬장. 대통령이 먼저 말을 꺼냈다.

"총리의 부담을 커지게 했습니다. 힘드시게 했네요. 사전에 상의를 못 해서 미안합니다."

준비했던 대답을 했다.

"저희 내각이 잘 못 모셔서 이런 재신임 상황까지 말씀하시게 됐습니다. 국무위원 전원이 일괄 사표를 내기로 했습니다. 일단 제가 국무위원 전원 사의의 뜻을 모았습니다. 죄송합니다. 그 뜻을 받아 주셨으면 합니다."

노 대통령은 내 말에 놀라는 듯했지만 바로 표정을 추슬렀다.

"미리 상의를 못 해서 미안합니다. 하지만 내각의 문제는 아닙니다. 사의는 반려하도록 하겠습니다. 제 뜻을 다른 국무위원에게도 전달해 주세요. 사표는 받지 않겠습니다."

잠시 침묵이 이어졌다. 그리고 대통령이 말했다.

"이런 때일수록 내각이 중심을 잡고 국정의 공백이나 차질이 없도록 해주세요."

무슨 별다른 대답을 할 수 있겠는가.

"총리로서 무거운 부담을 느끼지만 국정운영에 추호도 차질이 없도록 내각을 이끌어 나가겠습니다."

돌아와서 상념에 잠겼다.

'왜 대통령이 재신임 발언을 했는가. 정말 그 방법밖에 없었나. 이미 대선 전부터 여소야대 상황이 아니었나.'

아무리 고민해 봐도 명확하게 상황인식이 안 됐다. 노 대통령은 "대통령의 재신임을 물어 책임질 일이 있으면 물러나는 것도 민주정치사의 발전이며, 만일 그렇지 않다면 대통령이 일할 수 있는 환경을 만들어줘야 한다"고 했었다. 그가 스스로 위험을 감수하며 진 검승부를 택했다고 볼 수밖에 없었다.

나는 문제가 생기면 각계 원로를 불러 만찬회의를 하곤 했다. 그 날 강원용 목사, 김수환 추기경, 박영숙 한국여성기금 이사장, 남 덕우 전 총리, 송월주 스님, 이세중 전 대한변호사협회장 등을 공 관 저녁모임에 초청했다. "너무 놀랐다", "안타깝고 당혹스럽다"는 얘기가 오갔다. 결론은 "국정에 공백이 없어야 한다. 내각이 중심 을 잡아야 한다"는 내용이었다.

그들의 말을 나는 주로 듣기만 했다. 저녁자리에서 돌아온 뒤 비 서진에게 얘기했다.

"내일 아침 일찍 국무위원 간담회를 소집하겠어요. 각 부처에 연 락하세요."

다음날인 10월 11일 오전 7시 30분 국무위원들이 서울 삼청동 총 리공관에 모였다. 모두 말없이 굳은 얼굴로 회의장에 들어선 뒤 자 리에 가 앉았다. 내가 먼저 말을 했다.

"대통령께서 고뇌에 찬 결단을 내리게 된 데 대해 총리를 비롯한 전 국무위원들은 국민과 대통령 앞에 책임을 통감합니다. 대통령께 그 책임을 지고 전원사퇴의 뜻을 모아 전달했지만 받아들여지지 않 았습니다. 내각은 더욱 무거운 책임감을 갖고 당면한 경제와 민생 안정을 포함한 국정운영에 차질이 없도록 빈틈없이 소관 업무를 챙 겨야 합니다. 국민 여러분께도 한 치의 동요 없이 정부의 모든 정 책을 믿고 따라 줄 것을 간곡히 당부드립니다."

그렇게 재신임 정국을 맞았다. 탄핵소추 사태의 전조(前兆)인 줄 은 꿈에도 모른 채.

변호사 대통령을 변호하다

2003년 10월 17일 오전 국회 정치분야 대정부 질의. 나는 변호사가 아니다. 그런데 변호사인 노무현 대통령을 변호하러 국회에 서 있었다. 재신임을 얘기한 사람은 대통령인데, 국회에 나가 매 맞는 역할은 내가 해야 했다. 대정부 질의 분위기는 초반부터 심상치 않았다. 한 의원이 물었다.

"재신임 정국과 관계없이 책임지고 총리로서의 능력에 한계가 왔다고 봅니다. 즉각 물러나야 된다고 생각하는데 어떻게 생각합니까?"

"제가 총리자리에 있는 것이 나라에 도움이 안 된다고 판단될 때에는 언제든지 물러나겠습니다."

"그것이 언제입니까. 지금인데!"

그의 발언에 의원석에서 웃음이 터져 나왔다. 꾹꾹 눌러왔던 화가 터졌다. 큰 소리로 외치듯 답했다.

"여러분이 모두 원하시면 언제든지 제가 물러나겠습니다. 그러나 현시점은 매우 중요합니다. 국정운영에 차질이 없어야 합니다. 그 역할을 제가 해야 한다고 생각합니다."

나는 화를 잘 내지 않는다. 하지만 이때만큼은 참을 수 없었다. 국정(國政)을 우습게 보는 사람들이 있다. 국정은 나라를 운영하는 일이다. 그 엄중함을 잊어선 안 된다.

나는 행정가다. 정치인이 아니었다. 정치에 국정이 흔들리는 일을 더는 두고 보기 힘들었다. 질의 시간이 길어질수록 의원들의 발언 수위가 높아졌다. 나를 편드는 사람은 이해찬 의원 등 이른바 '노무현계' 그룹 몇몇뿐이었다. 안상수(安商守) 한나라당 의원이 질의했다.

"총리님, 대통령과 총리의 코드가 맞습니까. 국민들은 코드가 맞다고 생각하지 않습니다."

"저는 누구와도 코드를 맞추는 일은 없습니다."

"대통령과 잘 어울린다고 생각합니까?"

"다만 대통령과는 공개적인 주파수를 맞춰 놓고 있습니다. 누구든지 소통할 수 있는 개방적 사이클입니다."

코드 공격에 주파수론으로 받아쳤다. 국정을 운영하면서 주파수를 개방해 놓고 누구와도 대화하고 소통해야 한다는 것이 내 지론이었다.

10월 21일 경제분야 대정부 질의가 국회에서 열렸다. 주제는 나흘 전 정치분야 대정부 질의나 별다를 바가 없었다. 박종근(朴鍾根) 한나라당 의원이 물었다.

"오늘의 불안한 사태는 누구의 책임입니까. 노무현 대통령입니까, 집권세력입니까, 아니면 국회·야당·언론입니까?"

또 그런 질문이다. 숨을 잠시 고른 뒤 답했다.

"노 대통령과 측근과 정부의 책임이라고 느끼고 있습니다."

나흘 전 국회 대정부 질의에서 '원하시면 언제든지 물러나겠다'고 답한 나다. 책임을 어디로 미루려고 한 대답이 아니었다. 대통령과 측근은 물론 나를 포함한 정부각료 모두가 책임져야 할 엄중한 상황이라고 말한 것뿐이었다. 그런데 재신임 정국의 책임을 노 대통령과 그 측근에게 돌리는 발언으로 비쳤나 보다. 앞뒤 자른 언론 보도만 보면 그렇게 보일 만도 했다.

후폭풍은 컸다. 유연하게 의원들의 답을 피해가던 내가 변했다는 애기가 언론에서, 정치권에서 그리고 주변에서 흘러나왔다. 특히 청와대에서 민감하게 반응했다.

이제는 나를 변호해야 했다. 그날 국회에서의 질의·답변 내용을 정리해 청와대에 보냈다. 같은 내용의 문건을 나도 보관했다. '오해하지 말라'는 나름의 노력이었다.

국회와 청와대 사이에서 그렇게 살얼음을 걸으며 국정까지 챙겨야 하는 힘든 여정이었다. 피로감은 극에 달했지만 끝이 보이지 않았다.

11월 11일 통합신당은 열린우리당이란 이름으로 공식 창당했다. 17대 국회의원 선거(2004. 4. 15)를 앞두고 노 대통령의 선거운동 논란이 번졌다.

2004년 2월 16일 정치분야 대정부 질의. 한나라당의 남경필(南景弼)·박진(朴振)·박종희(朴鐘熙) 의원 등 야당의원들의 질문이 이어졌다. 외로운 싸움이었다. 남경필 의원이 물었다.

"현재 대통령은 당적이 없습니다. 그럼에도 열린우리당은 스스로를 정신적 여당이라고 부르고 있습니다. 그러면 친노단체인 '노사모'가 어느 당에 우호적이겠습니까?"

"현재 '노사모'나 '국민참여 0415'나 아직은 법에 위반되는, 특정한 정당이나 특정한 후보를 위한 선거운동을 하지는 않고 있다고 생각합니다. 앞으로 모든 시민단체의 선거 참여활동을 예의 주시하고, 법의 테두리에서 벗어났을 때에는 철저히 법에 따라 처리할 것입니다."

이어 박진 의원이 말했다.

"노무현 정권 자체가 거대한 불법 선거조직으로 변하고 있는 것이 아니냐 하는 우려와 걱정이 있습니다."

"내각은 엄정중립의 입장에서 17대 총선을 역대 어느 선거보다도 가장 깨끗한 공명선거로 관리하는 데 최선을 다할 계획입니다."

국회에 불려나가길 거듭했다. 힘겹기만 한 '총리 겸 변호사' 생활이었다. 덕분에 선거법 전문가가 다 됐다. 국회 답변을 준비하느라 연구한 법전과 서류가 책상 위에 한가득이었다. 중립내각을 만들어 대통령 재신임 국민투표를 하는 일은 정치적·법적 공방 속에 없던 일이 됐다. 대신 더 큰 정치적 후폭풍을 몰고 왔다.

3월 11일 노 대통령이 기자회견에서 돌출발언을 했다.

"대우건설 사장처럼 좋은 학교 나오시고 크게 성공하신 분들이 시골에 있는 별 볼일 없는 사람에게 가서 머리 조아리고 돈 주고 그런 일 이제는 없었으면 좋겠습니다."

그리고 남상국 전 대우건설 사장의 자살 소식이 이어졌다. 노 대통령의 탄핵소추안이 3월 9일 국회에 발의된 상태였지만 의결될 것이라고는 상상도 못 했다. 3월 12일 오전 9시 국무조정실 간부회의에서도 "폭설 피해 종합대책을 잘 챙겨야 한다"며 일상적 지시만 했을 뿐이었다.

그렇게 대통령 탄핵소추 사태는 예고 없이 나에게 닥쳐왔다.

490

제 13 장

국무총리, 권력은
없어도 할 일은 많다

총리 취임식 직후 대구로 달려가 …

2003년 2월 27일 국무총리 취임식을 마치자마자 대구로 내려갔다. 2003년 2월 18일 대구 중앙로역 지하철 안에서 지적장애가 있는 김 대한의 방화로 192명이 목숨을 잃고 151명이 중경상을 입은 대구 지 하철 화재참사 현장을 챙기기 위해서다.

대구에 서둘러 내려가려고 자동차나 기차편이 아닌 항공편을 택했 다. 김두관(金斗官) 행정자치부 장관은 취임식도 하루 뒤로 미루고 나 와 같이 대구로 갔다. 나는 공항에 내리자마자 대구 지하철 참사 합동 분향소가 있는 대구시민회관을 먼저 가자고 했다. 보좌진은 말렸다.

"유족들이 한창 농성 중이라고 합니다. 가셨다 괜히 봉변당하실 수 있습니다. 안 가시는 게 좋겠습니다."

하지만 나는 "무슨 소리냐? 유족들과 얘기하는 게 먼저"라고 했다. 분향소라기보다는 시위현장 같았다.

"책임자를 처벌하라!"

울분에 찬 유가족의 외침이 분향소에 울렸다.

사고가 난 뒤 현장관리와 대책이 엉망이었다. 사고가 발생한 것은 2월 18일. 서둘러 화재현장을 정리한 게 화근이 됐다. 사고의 원인을 밝히고 피해자 신원을 확인하려면 현장보존이 최우선이다. 하지만 대구지하철공사 직원들은 서둘러 현장부터 정리했고, 피해자 시신 일부와 유류품을 지하철 차량기지로 옮기기까지 했다. 유족들의 분노는 극에 달할 수밖에 없었다.

수습한 시신 가운데 대부분(149구)의 신원이 이때까지 확인되지 않았다. 가족이 방화사고로 숨진 일도 억울한데 시신도 제대로 수습하지 못하는 사태라니.

조해녕(曺海寧) 당시 대구시장이 설명한 그때 상황은 이랬다.

"지하철 화재가 일어난 중앙로역을 조기에 청소한 것은 대중교통 수단인 지하철은 가능한 한 가장 빨리 재운행해야 한다는 판단 때문이었습니다. 화재 차량은 이미 사건 당일 화재 진압과정에서 차량기지로 견인돼 있었기 때문에 역사정리가 범죄현장 훼손이라는 인식은 전혀 하지 못했습니다. 그러나 그 결과는 사고의 축소 은폐 기도라는 돌이킬 수 없는 의혹으로 이어졌습니다. 신뢰를 잃고 수습 불능의 국면을 초래했습니다."

사고가 발생하면 현장대책을 세우는 일은 시장의 몫이다. 하지만 이미 대구시는 그런 행정력을 상실한 상황이었다.

1997년 8월 '대한항공기 괌 추락사고' 때가 생각났다. 김영삼 정부의 총리 시절, 새벽 4시쯤 정부종합청사 당직 사령의 전화를 받고 사고 소식을 들었다. 엄청난 사고였다. 오전 6시 30분 비상 관계장관 회의를 소집한 뒤 이환균 건설교통부 장관을 현지에 급파했다. 이 장관이 조양호(趙亮鎬) 대한항공 사장과 함께 현지 분향소를 찾았다 봉변을 당하기도 했다. 현장은 아수라장이었다. 이명박 정부에서 환경부 장관을 지낸 당시 이만의(李萬儀) 내무부 관리관을 유족대책 지원단장으로 현지에 파견해 사건을 수습했던 기억이 났다.

이런 대규모 인적 재난은 매뉴얼로 해결될 문제가 아니다. 현장 감각을 가지고 풀어가야 한다. 사안의 문제점부터 파악하고 피해자 유가족과 역지사지로 소통하는 게 우선이다.

그래서 무릎을 맞대고 유족들의 얘기부터 들었다.

"대구시를 못 믿겠습니다. 중앙에서 직접 수습해 주십시오."

피해자 유족과 대구시민이 갖고 있는 불신, 실종자와 피해자 신원 확인 그리고 안전시스템 문제. 이 3가지가 문제의 핵심이었다.

"차관이나 차관보급을 단장으로 하는 중앙정부 차원의 특별지원단을 만들겠습니다. 사고수습이 마무리될 때까지 대구에 상주시키겠습니다."

유족들의 요구를 십분 받아들이는 게 중요했다. 책임자를 처벌해 달라는 요청에 "사건경위 등을 객관적으로 철저히 조사하겠다"고 했다. "실종자 인정 사망 심사위원회를 실종자 가족 측과 대책본부 측 동수로 해달라"는 요구에도 "중앙지원단이 그런 원칙을 갖고 일처리를 하겠다"고 답했다.

한발 더 나아갔다.

"내일 대구 지하철 사고 관계장관 회의를 소집하겠습니다. 그 자리에서 여러분들의 요청을 바로 반영토록 하겠습니다."

2003년 2월 27일 대구 지하철 화재사고 희생자 합동 분향소를
찾아서 실종자 가족들과 마주 앉아 이야기를 나누고 있다.

분향소를 나와 지하철 화재사고 현장으로 향했다. 어두컴컴한 폐허. 말로 표현할 수 없는 냄새. 아직도 생생히 기억난다. 그 비통한 현장의 기억을 품고 귀경했다. 총리취임 첫날 오후는 그렇게 대형 참사의 현장 속에서 보냈다.

다음날 오전 서울 세종로 정부중앙청사에서 대구 지하철 참사 관계장관 회의를 열었다. 유족과 한 약속을 지키기 위해서였다.

김두관 장관과 강금실 법무부 장관, 최종찬 건교부 장관, 김화중(金花中) 복지부 장관, 박봉흠(朴奉欽) 기획예산처 장관 등이 참석했다. 청와대에서 문재인 민정수석, 권오규(權五奎) 정책수석이 나왔다.

"어제 현장을 방문한 결과, 사고가 수습되기보다는 오히려 악화하고 있다는 느낌을 받았습니다. 중앙정부가 나서서 조속히 사태를 해결해야 합니다."

또 강금실 장관에게 지시했다.

"유가족들이 수사상황을 믿지 못하고 있어요. 대구지검과 대구경찰청에서 맡고 있는 수사를 대검찰청으로 옮겨야겠습니다. 철저한 수사를 당부하는 검찰총장의 특별지시도 필요합니다."

또 이날 회의에서 유가족이 추천하는 변호사·법의학자 등이 참여하는 '인정 사망자 심사위원회'를 만들기로 결정했다. 전날 유족들의 요청을 그대로 반영했다.

지하철 피해를 복구하는 데 국비로 366억 원을 지원했다. 전국 지하철 내장재를 불연성(不燃性) 재질로 바꾸고 국가 재난관리체계도 전부 뜯어고치기로 했다. 대구 지하철 화재사건은 그렇게 어렵사리 수습 국면으로 접어들었다. 하지만 부상자와 유가족의 마음에 남은 상처는 얼마나 오래갈지 헤아릴 길이 없었다.

제주 4·3 추모식 가는 길에 쏟아진 돌우박

"뭐, 이런 회의가 다 있어요?"

2003년 3월 21일 제주 4·3 사건 진상보고서 초안에 대해 토론하는 회의 자리. 분위기는 초반부터 심상치 않았다. 보고서 초안을 작성한 기획단장은 지금의 서울시장인 박원순 변호사였다. 박 단장이 초안을 읽어가자 여기저기서 고성이 터져 나왔다. 유보선(兪普善) 국방부 차관, 김점곤(金點坤) 경희대 명예교수 등이 소리치며 불쑥 자리를 박차고 일어났다.

"지나치게 과잉진압에 초점이 맞춰져 있어요. 내용에 절대 동의할 수 없습니다."

보수와 군경 측 인사들이었다. 얼굴을 붉히며 아예 회의장을 떠나려 했다. 진보단체와 피해자 유족들도 마찬가지였다.

"진상규명 취지와 다르게 국방부가 지나치게 군 입장만 강조하고 있어요!"

회의의 주재는 국무총리로서 '제주 4·3 사건 진상규명 및 희생자 명예회복 위원회' 위원장을 맡은 내 몫이었다. 나가려는 위원들을 간신히 붙들어 앉힌 다음 말했다.

"여러 가지 의견을 수렴해서 조정할 건 조정하겠습니다. 저를 위원장으로 하는 소위원회를 만들어 여러분의 의견을 충분히 듣고 반영하겠습니다."

강금실 법무부 장관, 조영길(曺永吉) 국방부 장관과 민간의 중립적 학자·전문가를 소위원회에 참여시키겠다고 약속하며 겨우 상황을 수습했다.

총리가 되자마자 큰 과제를 떠안았다. 제주 4·3 사건 피해자 유족은 군경에 의해 가족이 희생됐다는 이유만으로 연좌제에 얽매였었다. 당국으로부터 감시당하고 사회활동에도 제약을 받아야 했다. 위원회에 그들의 명예를 회복하고, 아픈 상처를 치유해야 한다는 엄중한 숙제가 떨어졌다.

이후 내가 직접 세 차례 소위원회를 개최했다. 의견대립은 격렬했다. 557쪽 길이의 진상보고서 가운데 30여 건, 100여 쪽 내용을 수정해야 했다. 그리고 3월 29일 7차 위원회 회의를 개최했다. 김점곤 교수는 전날 위원직 사퇴서를 내고 참여하지 않았다. 박재승

496

2003년 4월 3일 제주도에서 4·3 사건 희생자 범도민위령제를
마치고 제주 4·3 평화공원 조성사업 기공식을 가졌다.

대한변호사협회장도 개인적 이유로 불참해 총 18명의 위원이 참석
한 가운데 진상보고서를 조건부로 채택했다.

'남한만의 단독정부 수립 반대와 연계된 남로당 제주도당의 무장
봉기'가 있었고, '이를 진압하는 과정에서 무고하게 주민들이 희생
된 사건'. 보고서는 이렇게 '두 개의 사실'로 정리됐다.

보고서를 최종 채택하는 시기는 6개월 후로 미뤘다. 내 아이디어
였다. 보고서를 공개한 뒤 제기되는 새로운 증언과 자료를 바탕으
로 내용을 수정하거나 덧붙여야겠다는 생각이었다. 대립하는 두 시
각을 하나로 수렴하는 일이다. 신중해야 했다.

그런데 4월 1일 추미애 민주당 의원이 성명을 냈다.

"총리가 편향된 사고를 가지고 진상조사의 결실을 훼손하거나 왜
곡하려고 하는 것이 아닌지 그 의도를 경계한다."

보고서 최종 채택시기를 6개월 늘린 것을 문제 삼았다. 바로 위

원회 명의로 "6개월 시한부 수정의견은 위원 전원 동의하에 나온 것"이란 반박자료를 냈다. 노무현 대통령은 조건부 채택이긴 했지만 진상보고서가 나왔다는 사실을 흔쾌히 여겼다. 위원회 민간위원들을 불러 청와대에서 오찬을 열기도 했다.

하지만 우여곡절은 남아 있었다. 4월 3일 제주 4·3 사건 55주년 추모 기념식이 제주도에서 열렸다. 제주 4·3 사건은 1947년 3월 1일 3·1절 시위대를 향해 경찰이 발포하는 사건이 발단이 되어 시작되었다. 1948년 4월 3일 남로당 제주도당이 5·10 단독선거에 반대해 관공서를 습격했다. 이를 주도한 김달삼이 그해 8월 21일 황해도 해주에서 열린 조선인민대표자회의에 참석하려고 제주도를 탈출한다.

군경이 이들 사건에 연루된 사람들을 진압하는 작전에 나섰고, 그 과정에서 선거관리요원과 경찰 가족 등 민간인까지 희생된다. 특히 군 9연대의 '중산간 마을 초토화 작전', 이어 2연대의 '북촌 사건'의 경우 많은 민간인이 희생당한 비극적 사건으로 꼽는다. 1948년 4월 3일부터 1954년 9월 21일까지 6년여 동안 수많은 제주 양민이 죽었다. 신고된 희생자 수는 1만 4,028명이지만 여러 사료와 인구 변동 통계를 감안하면 실제 인원은 2만 5천~3만 명으로 추산된다.

진상보고서 최종 채택이 6개월 연장됐기 때문에 대통령은 내려가지 않고 대신 내가 참석했다. 국도에서 식장으로 들어가는 길목에 차가 섰다. 경찰이 안내했다.

"여기서 내려서 걸어가시면 되겠습니다."

식장까지 걸어서 1㎞ 남짓 꽤 먼 거리였지만 맞는 의견이다 싶었다. 추모하는 자리니 차를 타고 식장까지 가는 것은 예의가 아니라 생각했다. 그렇게 100m쯤 걸어가니 뭐가 휙 하니 날아왔다. 돌이었다. 길옆 야트막하게 솟은 언덕에 시위대가 숨어 있었다.

진상보고서 최종 채택을 6개월 연기한 것을 두고 반발하는 시민단체 회원들의 소행이었다. 그렇게 돌우박이 쏟아지기 시작했다. 경찰이 씌워 준 방패 너머로 돌이 부딪히는 '퉁탕퉁탕' 소리가 울렸다. 방패로 간신히 피하며 걸어갔다.

다치진 않았지만 지금도 그 사건을 떠올리면 아찔하다. 길 주변은 집 한 채 없이 밭만 펼쳐져 있었다. 지나가던 시위대가 우연히 나를 보고 돌을 던졌을 리 없었다. 내가 그 길로 걸어간다는 정보를 미리 빼내 계획했던 게 분명했다. 경찰과 시민단체 사람들이 짜고 한 일은 아니겠지만 아직도 의심을 전부 떨쳐 버리지 못했다.

제주 4·3 사건 추모기념식에 현직 총리가 참석한 것이 처음인데 돌우박은 심하다 싶었다. 다행히 추모식장 안은 환영 분위기였다.

그 후 6개월 유예기간 중에 20여 기관·단체·개인으로부터 376건에 달하는 수정의견이 쏟아졌다. 여기서 추려 33건 내용을 고쳤다. 10월 15일 진상보고서가 최종 채택됐다. 그리고 노 대통령은 제주도를 찾아 "국정을 책임지고 있는 대통령으로서 국가권력의 잘못"이라고 제주 4·3 사건에 대해 사과했다.

제주 4·3 사건은 한국의 아픈 역사다. 극명한 대립은 사그라졌다 해도 논란은 아직 진행 중이다. 역사인 만큼 열린 결말이 필요하다는 생각은 지금도 변함없다. 그래서 진상보고서 서문에 이렇게 적었다.

"이 진상조사보고서는 제주 4·3 특별법의 목적에 따라 사건의 진상규명과 희생자·유족들의 명예회복에 중점을 둬 작성됐으며, 4·3 사건 전체에 대한 성격이나 역사적 평가를 내리지 않았습니다. 이는 후세 사가들의 몫이라고 생각합니다."

청와대 별실 독대 신호 "차 한잔 하시죠…"

오래된 집을 허물려면 먼저 이사 갈 집부터 구하는 게 순리다. 머물 새집도 구해 놓지 않고 낡은 옛집을 부쉈다가는 풍찬노숙(風餐露宿·바람 맞으며 먹고 이슬 맞으며 자는 것) 신세가 될 뿐이다.

출범 100일을 맞은 새 정부 상황이 꼭 그랬다. 노무현 정부는 탈(脫)권위주의를 내세웠다. 권위주의 정권 때 만든 시스템은 사라졌지만 새 시스템은 아직 자리 잡지 못한 상태였다. 수십 가지 민원과 갈등이 터져 나왔고 이를 해결할 공식창구가 급했다.

2003년 5월 중순의 일이다. 대통령과 주례오찬이 있었다. 청와대 문희상 비서실장, 이정우(李廷雨) 정책실장과 이영탁 국무조정실장이 함께 자리했다. 대통령이 먼저 말을 꺼냈다.

"사회적 갈등을 국가적 차원에서 해결하는 권위 있는 시스템을 구상하고 있어요. 이정우 실장이 지금 그 일을 맡아서 연구하고 있습니다."

시간이 없었다. 전교조 연가투쟁(교사들이 일제히 연차휴가를 내고 시위)에 화물연대 운송거부 사태까지…. 연구가 마무리될 때까지 기다리기엔 상황이 급박했다.

"현안 해결이 급합니다. 우선 국무총리가 관계부처 장관과 청와대 관계 수석비서관 등을 모아서 정책을 조율하고 일관된 원칙을 가지고 대응하겠습니다."

내 얘기를 들은 노 대통령은 잠깐 생각하는 듯하더니 답했다.

"그렇게 하시죠."

이 얘기를 듣고 있던 문희상 실장이 나에게 말했다.

"저도 끼워 주십시오."

"아, 환영합니다."

오찬이 끝날 무렵 나는 못을 박기 위해 한마디 덧붙였다.

"아까 말씀드린 정책조정회의는 주 2회 열도록 하겠습니다."

국정현안정책 조정회의(지금의 국가정책 조정회의)는 그렇게 탄생했다. 이전에 없던 새로운 회의체였다.

첫 회의는 5월 21일 서울 삼청동 총리공관에서 '현안정책 조정회의'란 이름으로 열렸다. 비공개였다. 나와 강금실 법무부 장관, 김두관 행정자치부 장관, 청와대 문희상 비서실장, 이영탁 국무조정실장 그리고 관계부처 장관이 참여했다. 첫 안건은 전국공무원노조 문제였다. '원칙대로 대응한다'는 결론을 냈다.

1주일이 지났다. 5월 27일 청와대 세종실. 국무회의를 마치고 장관들과 노 대통령이 자리에서 일어섰다. 회의실을 나와서 대통령과 함께 걸으며 조용히 말했다.

"차 한잔 주십시오."

"… 그러시죠."

국무회의와 주례오찬, 대통령이 주재하는 관계장관 회의에 국정과제 회의까지 대통령과는 이틀에 한 번꼴로 만났다. 따로 할 말이 있으면 나는 그에게 '차 한잔 달라'고 했다. 그도 나에게 할 말이 있을 때 '차 한잔 하자'고 했다. 대통령과 나만이 통하는 '긴히 논의해야 할 일이 있다'는 신호였다.

국무회의는 청와대 오른쪽에 있는 큰 회의실인 세종실에서 열린다. 거기서 나오면 복도 왼쪽에 작은 별실이 있다. 우리는 '차 한잔'이 필요할 때마다 그 방으로 갔다. 마주 앉은 우리 앞에 비서진이

2003년 3월 25일 청와대에서 노무현 대통령과 청와대에서 만났다.
내가 노 대통령에게 업무보고 자료를 건네고 있다. 〈중앙일보〉

녹차를 내려놨다. 대통령이 입을 열었다.

"그래, 어떤 일 때문이십니까?"

"NEIS 문제가 심각합니다. 사태가 이상하게 표류하고 있습니다."

NEIS는 교육행정정보시스템(*National Education Information System*)의 약자로 학교생활 정보를 모아 온라인으로 통합관리하는 제도이다. 인터넷을 통해 학생, 학부모와 교사, 대학이 함께 이용하도록 했다. 교육부가 2003년 4월 제도를 실시하려 했지만 정부와 전국 시·도 교육청, 전교조, 한국교총, 학부모 단체 등의 찬반이 엇갈리면서 시행시기가 늦춰졌다. 전교조는 개인정보 유출, 학생 인권침해라며 NEIS 도입을 반대했다. 국가인권위원회 역시 "사생활 침해 우려가 있다"며 보완을 권고했다.

상황의 심각성을 조목조목 얘기했다. 심각한 얼굴로 내 말을 듣던 대통령이 답했다.

"이 문제는 교육인적자원부에만 맡겨 놓기에는 어려운 상황이네요. 총리가 맡아서 수습해 주셔야겠습니다."

대통령의 재가(裁可)가 떨어졌다. '현안정책 조정회의'란 이름을 '국정현안정책 조정회의'로 바꾸고 6월 3일 총리취임 100일 기자회견에서 이 회의체에 대해 공식 발표했다. 다음날 열린 국정현안정책 조정회의에서 NEIS 문제를 안건으로 올렸다. 여기서 이 문제를 직접 챙기겠다는 뜻을 공식화했다.

6월 18일 국정현안정책 조정회의에서 교육부총리 소관이었던 교육행정 정보화위원회를 국무총리 직속 자문기구로 격상하기로 결정했다. 이 위원회는 NEIS 문제와 관련한 협의기구 역할을 했다. 이세중(李世中) 전 대한변호사협회장에게 직접 전화를 걸어 "위원장을 맡아 달라"고 부탁했다. 그리고 교육·인권·정보·시민·언론, 학부모에 종교계까지 각 분야를 대표하는 20명 위원을 위촉했다. 사회적 합의를 위한 사실상의 신설이었다.

전교조 연가투쟁, 학생부 CD 제작·배포 논란 등 진통은 있었지만 NEIS 사태는 해결의 기미를 보였다. 교육행정 정보화위원회에서 수차례 회의하며 조금씩 합의점을 찾기 시작했다. 그리고 12월 15일 9차 교육행정 정보화위원회에서 NEIS를 도입하되 27개 영역 중 교무·학사, 보건, 전학·입학 등 3개 영역을 전국 단위가 아닌 시·도 단위로 관리한다는 합의안을 내놨다. 교사, 학부모, 교원단체 간의 의견을 수렴해 사회적 합의에 이를 수 있었다. 이후 NEIS는 1년간 논의과정을 거쳐 2005년 3월부터 1년간 시범운영에 들어갔고, 2006년 3월 본격 시행됐다. 지금은 1만여 개 초·중·고교와 특수학교, 178개 교육지원청, 16개 시·도 교육청 등에서 활용하고 있다.

국정현안정책 조정회의는 2003년 5월부터 1년 동안 67번 열렸다. 경부고속철 천성산 구간과 서울외곽순환도로 사패산 터널구간 논란과 화물연대 집단 운송거부 사태, 주5일제 등 333개 안건이 회의를 거쳤다. 문희상 실장은 한 번도 빠지지 않고 참석해 회의에 힘을 실어 줬다. 문재인 민정수석도 거의 모든 회의에 참여했고, 이광재(李光宰) 국정상황실장도 배석했다.

　　국정현안정책 조정회의에서 조정한 주요 갈등과제는 다음과 같다. ① 주5일 근무제 도입, ② 외국인 고용허가제 도입, ③ 주공·토공 통합, ④ 건강보험 재정통합, ⑤ 의약분업제도 보완(대체조제 활성화), ⑥ 철도산업 구조개혁, ⑦ 상장주식 선물(先物)이관, ⑧ 서울외곽순환고속도로 사패산 터널구간 건설, ⑨ NEIS 시행 관련, ⑩ 한-칠레 FTA 체결관련 농업분야 대책 강구, ⑪ 경부고속철도 천성산·금정산 구간 건설, ⑫ 경인운하 건설, ⑬ 호남고속철 중부권 분기역 선정, ⑭ WTO / DDA 교육서비스 협상, ⑮ 불법체류 외국인 처리대책, ⑯ 새만금 간척사업 추진, ⑰ 국민연금 재정안정화, ⑱ 공무원 노조 허용, ⑲ 원전수거물 관리시설 건립 등이 그것이다.

　　국정현안정책 조정회의가 가지는 의미는 매우 컸다. '행정 각부를 통할한다'는 헌법에서 정한 총리의 권한을 실질적으로 행사할 수 있도록 뒷받침했다. 지금의 '국가정책 조정회의'가 그 역할을 하고 있는지는 모르겠지만.

YS의 칼국수·설렁탕 오찬

우리나라 대통령과 국무총리는 정기적으로 만나 점심을 먹는다. '주례 오찬'이라고 부른다. 법에도, 어느 훈령에도 나와 있지 않는 비공식적 자리다. 하지만 굵직굵직한 정책 현안이 여기서 판가름 나기도 한다. 국정현안정책 조정회의도 주례오찬 자리에서 탄생했다. 물론 직분을 떠나 '사람 대(對) 사람'으로 얘기를 나누기도 한다. 총리나 대통령이나 외롭고 힘든 자리이긴 마찬가지 아닌가.

총리를 두 번 하며 김영삼·노무현 전 대통령과 여러 번 주례오찬을 했다. 나는 누구의 가신(家臣)이 돼 본 적이 없다. 누구를 나의 가신으로 만들어 본 적도 없다. YS(김영삼 전 대통령)나 DJ(김대중 전 대통령)의 가신이었다면 그들의 집을 드나들며 식사하고 만났겠지만 그러지 않았다. 총리로 일하면서도 사적인 자리를 따로 만들어 대통령과 회동하거나 한 적은 없다. 그렇다 보니 이 주례오찬이 가장 지근(至近)에서 대통령을 접하는 기회이기도 했다. 그 기억을 잠시 더듬어 본다.

노무현 대통령은 가리는 음식이 별로 없어 보였다. 대부분 간소한 한정식이 나왔다. 샐러드, 전, 나물에 탕, 밥까지 순서대로 나오는 형식이었다. 언제나 청와대 문희상 비서실장과 이정우 정책실장을 데리고 나왔다. 나도 이영탁 국무조정실장과 함께 갔다. 둘만 점심식사를 하는 일은 없었다. 비공식 오찬이라고 하지만 반은 공식적 분위기였다.

김영삼 대통령은 달랐다. 늘 독대(獨對)였다. 김 대통령은 언제나 나를 볼 때면 가장 먼저 "춘부장 안녕하시지?" 하고 따뜻한 말투로 물었다. 선친(고형곤)은 서울대 문리대 철학과 교수를 지냈다. 김 대통령이 철학과를 다닐 때 아버지가 교수였다고 한다. 김 대통령 본인을 둘러싼 학력 논란이 신경 쓰였는지 늘 자신과 내 아버지와의 관계를 강조하곤 했다.

한 번은 김 대통령이 아버지와 안호상(安浩相) 박사 등 은사들을 청와대에 초대해 오찬을 대접했다. 아버지는 면을 못 드셨다. 그런데 그날도 칼국수가 식탁에 올랐나 보다. 다녀온 아버지에게 "어떠셨느냐?"고 물었더니 "굶고 왔다"는 답을 들었던 기억이 어렴풋이 난다.

정권 초기에는 칼국수가 주로 나왔다고 하는데 난 정부 말기 총리였다. 주례오찬이면 항상 설렁탕 상차림이었다. 찬은 간소했다. 설렁탕과 밥, 깍두기. 그게 전부였다.

김 대통령은 식사가 나오자마자 바로 공기를 뒤집어 들고는 설렁탕 그릇에 '툭' 하니 밥을 부었다. 그러곤 깍두기 국물을 조금 넣고 휘휘 젓고 나선 들기 시작했다. 어찌나 속식(速食)이던지. 총리가 이런저런 일을 보고라도 해야 하는데 겨를이 없었다. 식사 속도를 따라가느라고 분주히 숟가락을 들어도 내가 밥공기를 채 반도 비우기 전 김 대통령은 식사를 마치곤 했다. 그럼 김 대통령 앞으로 과일이 들어왔다. 그제야 얘기를 나눌 여유가 생겼다.

한 번은 김 대통령에게 물었다.

"어떻게 그렇게 빨리 드십니까?"

그러자 대통령은 학생 때 일을 풀어놨다.

"내가 하숙할 때 여러 명이랑 함께 살았어요. 밥상에 전부 둘러앉아서 먹는데, 국은 한가운데 큰 그릇에 하나만 있고 각자 앞에 밥공기가 하나씩 놓여 있는 거예요. 국물을 한 숟가락이라도 빨리 많이 먹어야 이기는 거야. 그때 경쟁하다가 속식이 됐어요."

거제에서 귀하게 자란 인물이겠거니 했는데 그런 사연이 있었다. 단둘만 보는 자리다 보니 비공식적 대화가 많이 오갔다. 언제인지 정확히 기억나지 않는다. 김 대통령이 고민 가득한 얼굴로 나에게 질문했다.

"아, 요새 상황이 복잡한데…. 어떻게 하면 좋겠어요?"

제15대 대통령 선거를 앞둔 시점이었다. 자세한 설명은 없었지만 이회창과 이인제 사이에서 고민하는 것 같았다. 나는 분명히 답했다.

"대선에서 엄정중립의 원칙을 지키십시오."

내 조언 때문인지는 알 길이 없지만 김 대통령은 대통령 선거 과정에서 나름의 중립을 지킨 것으로 안다. 결국 15대 대통령 당선인 자리는 김대중 국민회의 후보에게 돌아갔지만.

물론 김영삼 대통령과 주례오찬에서 정책 얘기를 더 많이 나눴다. 한 번은 "수능과 관련해 사교육 문제가 심각하다"며 대책을 주문했다. 그의 말을 듣고 와서 당시 안병영 교육부 장관과 함께 EBS 수능 위성방송 정책을 만들어 시행하기도 했다.

노무현 대통령과도 비공식적인 식사자리가 없었던 것은 아니다. 2004년 1월 25일 일요일, 노 대통령이 "등산을 가자"고 했다. 권양숙 여사도 함께 갔다. 나와 국무위원, 청와대 수석비서관 30여 명이 함께 숙정문을 거쳐 산을 오르고 군부대도 들렀다.

평창동으로 내려와 갈비 집에서 식사했다. 4월 총선을 앞두고 여당인 열린우리당은 제3당 자리에 머물 때였다. 마냥 웃고 즐길 시기는 아니었다. 하지만 모두가 잠시 고민을 잊었던 것 같다. 거기서 내가 소주 칵테일을 만들어 돌렸고 분위기가 매우 흥겨웠던 기억이 난다.

전쟁 같았던 사스방역 작전

2003년 2월 중국과 홍콩에서 폐렴과 비슷한 괴질이 돈다는 소문이 퍼지기 시작했다. 괴질로 중국에서 죽어나간 사람이 수백 명이고 공포 때문에 검증 안 된 온갖 민간요법이 판을 친다는 내용이었다. 외신에 소문처럼 간간이 나오는 얘기였다.

그런데 시간이 지나면서 하나둘 사실로 드러났다. 3월 17일 세계보건기구(WHO)는 이 괴질에 정식 이름을 붙였다. 중증 급성호흡기증후군, 바로 사스(SARS)였다.

사스는 변종 코로나 바이러스가 원인으로 정확한 감염경로는 밝혀지지 않았지만 주로 환자가 기침했을 때 나오는 침방울 등이 바이러스를 옮기는 매개체 역할을 한다고 알려졌다. 잠복기는 길게는 7일 정도로 발병하면 폐렴과 비슷한 증상이 나타난다. 중국·홍콩 지역에서 확산되기 시작했고 2002년 말부터 2003년 7월까지 전 세계에서 8천여 명이 넘는 감염자와 770여 명의 사망자를 냈다. 공식 확인된 수치가 이 정도고 실제 환자수는 더 많을 수 있다.

사스 공포는 한국까지 덮쳤다. 우리나라에서도 사스와 비슷한 증상을 보이는 환자가 나타나기 시작했다. 4월 사스 환자를 치료하던 홍콩 의사가 죽었다는 보도를 봤다. 감염자가 전 세계 수천 명에 치사율도 높다는 설명이 덧붙었다.

심각하다 느꼈다. 직접 챙겨야겠다고 마음을 먹었다. 4월 23일 관계차관 대책회의를 열었다. 보건복지부는 국립보건원을 중심으로 사스방역 대책본부를 가동시키겠다고 보고했다. 하지만 보건원의 사스 전담인력은 4~5명에 불과했다.

인천국제공항을 통해 중화권에서 한국으로 들어오는 관광객, 유학생 등이 하루 7천 명을 넘던 때다. 공항은 사스방역의 최전선이다. 해외에서 밀려오는 외국·한국인 관광객 중에 감염자 1명이라도 공항을 벗어나 국내로 들어온다면 큰일이다.

4월 25일 인천공항으로 갔다. 먼저 사스 발병지역인 홍콩에서 온 항공기 입국장을 방문했다. 감염 의심자 채혈 현장도 찾았다. 방역 창구 직원들은 고생이 많았는지 다들 피곤해 보였다. "24시간 교대로 일하고 인력이 부족해서 힘이 든다"고 했다.

바로 메모지에 내 사무실 팩스번호를 적어 현장에서 일하는 간호사에게 줬다.

"모든 애로사항은 여기 총리 사무실 팩스로 직보해 주십시오. 바로 처리하겠습니다."

현장을 다녀오니 사태가 더 심각함을 절감했다. 복지부 주도의 사스방역 대책본부로는 역부족이었다. 이런 대규모 방역은 한 부처의 힘만으로 안 된다. 상위부처인 국무총리실이 나서서 국방부, 행정자치부 등 관련부처를 총동원해야 했다. 조영길 국방부 장관을 불렀다.

"사스방역도 국가를 방어하는 일 아니겠습니까. 군의관과 군 간호 인력이 필요합니다."

그렇게 군 의료진 70여 명을 공항 사스방역에 투입할 수 있었다.

이날 국무조정실 차원의 상황실을 만들라는 지시도 했다. 박철곤(朴鐵坤) 복지노동심의관에게 실무 책임자 역할을 맡겼다. 여러 부처나 이해당사자가 복잡하게 얽힌 일을 잘 풀어내는 사람이었다.

4월 28일 범정부 차원의 사스 정부종합상황실이 출범했다. 당시 복지노동심의관으로 상황실 부실장을 맡았던 박철곤 한국전기안전공사 사장의 설명이다.

"사스방역의 1차 목표가 국내유입 차단이었습니다. 그런데 공항 현장에 가봤더니 입국자 체온을 측정하는 열감지기가 1대뿐이었습니다. 일일이 체온을 재기엔 입국자가 너무 많았죠. 복지부에 예비비를 지원했고 서둘러 이동식 열감지기 10대를 구입했습니다. 6대는 인천공항에 설치했고, 김해·제주공항은 물론 중국 베이징의 공항에도 1대 보냈습니다. 또 착륙한 비행기에서 사람들이 내리지 못하도록 막고 나서 직접 기내로 들어가 열감지기로 체온을 재고…. 곳곳을 다니며 정말 전쟁하듯이 사스를 막았죠."

물론 정부만으로도 안 됐다. 민간의 협력도 필요했다. 4월 28일 오전 김광태(金光泰) 대한병원협회장, 김재정(金在正) 대한의사협회장, 강문원(姜文元) 대한병원 감염관리학회장 등 민간 의료단체 대표를 초청해 의견을 들었다. 이어 낮 12시 오찬을 겸한 사스 관계장관 회의를 열어 "대책을 원점에서 재검토하고 관련부처 모두가 나서 대응하라"고 주문했다. 그리고 오후 2시 대국민 담화를 발표했다.

"정부는 사스 의심 환자를 10일간 강제 격리할 수 있도록 조치하겠습니다. 필요시 자택격리나 병원격리 조치에 지체 없이 동의해 주십시오."

그렇게 사스방역을 전쟁처럼 치렀다. 상황실로부터 하루 두 번 보고받으며 직접 챙겼다. 의심 환자는 있었지만 확진 환자는 1명도 내지 않으며 사태를 수습할 수 있었다. 싱가포르도 사스에 뚫렸지만 우리나라는 달랐다. 2003년 6월 19일 상황실 해단식이 열렸다. 고생한 직원들이 너무나 고마웠다. 해단식 자리에서 강조했다.

"지난 55일간 상황실 직원들, 국립보건연구원 직원들, 일선 검역요원들, 군 인력 등이 24시간 밤잠 설치며 열심히 방어해 준 덕분에 사스를 막을 수 있었습니다."

그리고 그해 WHO는 우리나라가 사스예방 모범국이란 평가를 내놨다.

7월 31일 노무현 대통령이 국립보건원을 찾았다. 사스방역 평가 보고를 받은 노 대통령이 미국의 질병통제예방센터(CDC) 같은 조직을 만드는 방안을 공식화했다. 그전 대통령과 주례오찬에서 '한국판 CDC'가 필요하다는 김문식(金文湜) 국립보건원장의 건의를 전달했는데 받아들여졌다. 다음해인 2004년 1월 19일 정식 출범한 '질병관리본부'가 바로 그 주인공이다.

그때 우리는 사스와의 1차 전투는 이겼을지 몰라도 전염병과의 전쟁은 지금도 진행 중이다. 2015년에는 중동호흡기증후군, 메르스(MERS)가 우리나라를 덮치면서 2003년 당시 국무총리로서 사스방역에 대처했던 경험을 이야기해 달라는 요청이 있었다.

나는 2003년 사스 때와는 상황이 다르니 대비하는 방법이 달라져야겠지만 원칙은 똑같다고 강조했다. 즉, 사람의 생명과 직결된 문제이므로 질병관리본부에만 맡길 것이 아니라 조직과 인력을 총동원하여 범정부적 총력전을 펼쳐야 한다는 것이다. 또한 사태수습을 위해 메르스 격리자를 엄중히 관리해야 한다고 했다.

어려운 때일수록 국민 모두의 지혜와 열정을 하나로 모으는 지도자의 역할이 중요할 것이다.

용미(用美) 전략과 미 2사단 방문

2003년 5월 9일 경기도 의정부 미군 2보병사단 사령부. 한국의 국무총리인 나는 미 2사단을 상징하는 문양이 새겨진 모자를 쓰고 서 있었다.

"빠라밤, 빠라밤, 빠라밤."

군악대 나팔이 세 번 울렸다. 사단 병사들이 일제히 경례했다. 나도 웃으며 경례로 답했다.

24년 만의 미 2사단 방문이었다. 1979년, 정확한 날짜는 기억나지 않는다. 박정희 전 대통령을 수행해 청와대 정무 제2 수석비서관 자격으로 부대를 찾았던 적이 있다. 20여 년이 지나 우리나라 총리로는 처음으로 미 2사단을 방문하게 됐다.

청와대 내부에서 반미(反美) 기류가 강하던 시기다. 하지만 나는 나름의 원칙대로 움직였다. 나는 철저한 용미(用美)주의자다. 우리 국익에 도움이 된다면, 한반도 안정과 평화를 위해서라면 미국을 이용해야 한다는 주의다. 친미(親美)도 반미(反美)도 아니다. 실용주의자일 뿐이다.

노무현 대통령에게 미군부대 방문계획을 따로 보고하지 않았다. 매주 국무조정실에선 총리일정을 청와대에 보낸다. 방문일정을 사전에 모르진 않았을 것이다. 별다른 회신이나 반응은 없었으니 나름대로 'OK' 사인이 내려왔다 생각했다. 한·미 정상회담을 앞두었던 때다. 대통령도 이런 '외교적 제스처'가 필요하다고 판단했을지 모른다.

당시 나는 두 가지 고민을 하고 있었다. '한·미 관계를 어떻게 복원하나?' 그리고 '한반도 내에서 전쟁 억지력을 어떻게 유지하나?'

2003년 8월 11일 총리공관에서 열린 주한미군 지휘관 초청 만찬.
저자와 리언 러포트 주한미군 사령관이 잔을 부딪치고 있다. 〈중앙일보〉

2002년 6월 발생한 '효순·미선 양 사건'(미군 장갑차에 치여 두 여중생이 사망한 사건)의 후폭풍은 여전했다. 국민여론은 들끓었고 대선과정에서 촛불시위가 이어졌다. 새 정부는 이 문제를 신경 쓰지 않을 수 없었다. 한국과 미국의 관계가 최악으로 치닫고 있었다. 동시에 해외주둔 미군의 재배치 전략이 추진되고 있었다. '용미주의자' 총리로서 고민은 깊어졌다. 미 2사단 방문도 그런 고민에서 나온 행동이었다.

그 자리에서 한·미 동맹과 주한미군의 중요성을 강조했다. "주한미군 주둔여건과 훈련환경을 개선하기 위해 정부가 관심과 노력을 기울이겠다"고도 했다.

효순·미선 양 사건도 따져 보면 미군부대 주변도로 상황이 열악한 것이 원인 중 하나였다. 물론 사건 발생 후 한국에서 제대로 사건 조사를 할 틈도 주지 않고 미군이 사고를 일으킨 운전병을 본국으로 보내 버린 게 사태를 악화시킨 근본 원인이었다. 그 문제도 미국 측 인사를 만날 때마다 수차례 강조했다.

하지만 사태의 실마리는 하나하나 풀어가야 한다고 판단했다. 미 2사단을 방문했을 때 약속한 대로 '주한미군 주둔여건 개선 중앙협의회'를 5월 만들었다. 그리고 서울 삼청동 총리공관에 리언 러포트 주한미군 사령관, 마크 민턴 주한 미 부대사, 랜드 스미스 주한미군 부사령관, 찰스 캠벨 미 8군사령관 등을 초대했다. 러포트 사령관은 한국어로 건배사를 했다.

"같이 갑시다."

따라서 모두 소리쳤다.

"같이 갑시다."

리언 러포트(Leon J. Laporte)는 나와 매우 가까운 사이였다. 그는 2002년 5월부터 2006년 2월까지 주한미군 사령관을 지내고 전역했다. 나는 2003년 그에게 한·미 간에 실크로드를 깔자는 의미의 '라포도'(羅鋪道)라는 이름을 지어 주고 합죽선에 한자로 써 선물했다. 합죽선 글씨는 이면영(李勉榮) 홍익대 이사장에게 부탁했고, 미대의 한 교수가 부채에 써 줬다.

그전, 총리로 취임한 지 열흘 정도 지났을 때다. 2003년 3월 6일 토마스 허바드 주한 미국 대사가 나를 찾아왔다. 주한미군 재배치 문제를 언급하지 않을 수 없었다.

"총리가 되기 전 에드윈 퓰러 헤리티지 재단 이사장이 왔을 때 제가 한 말이 있습니다. 주한미군 재배치의 3가지 원칙입니다. 첫째, 북핵 문제가 처리된 다음에 기지를 재배치해야 한다. 둘째, 대한민국의 전쟁 억지력이 훼손돼선 안 된다. 그리고 셋째, 북한이 남침하면 미군이 자동적으로 개입해야 한다는 인계철선(*tripwire*) 원칙입니다."

허바드 대사는 나의 말에 공감을 표시했다. 인계철선은 폭발물과 연결된 철선으로 건드리면 폭탄이 자동으로 터지는 장치를 말한다. 한·미 상호방위 조약의 자동개입 조항을 다르게 표현하는 속어로 쓰였다. 하지만 경우에 따라 거부감을 줄 수 있다. 그래서 난 인계철선이란 용어를 '프런트라인 파트너십'(*frontline partnership*)으로 바꿔 썼다.

퓰러 이사장이나 윌리엄 페리 전 미 국방부 장관, 스티븐 보즈워스 전 주한 미 대사 등 한·미 현인회의 멤버는 나를 종종 찾아와 한·미 관계에 대한 의견을 나눴다. 총리가 되기 전 이들을 만났을 때도 같은 내용의 주한미군 재배치의 3대 원칙을 강조했었다.

나중에 곰곰이 생각해 보니 '오버액션'(*overaction*)이었다. 국군 통수권자(군대를 통솔하는 권한을 가진 사람)인 노무현 대통령에 대한 결례였다. 대통령과 이 문제를 사전에 논의한 적은 없었다. 총리로서 권한 범위를 넘어선 발언이었다. 하지만 내 지론이기도 했다.

대통령의 미국 방문을 앞둔 5월 어느 날, 국가안전보장회의가 열렸다. 라종일(羅鍾一) 청와대 국가안보보좌관 겸 국가안전보장회의 사무처장이 나에게 물었다.

"허바드 대사를 만났을 때 3원칙 얘기를 하셨더군요."

"아, 네. 그렇게 했습니다. 그게 제 지론이었어요. 퓰러 헤리티지 재단 이사장을 만났을 때나 총리 청문회 때도 했던 말입니다."

"……."

라 보좌관이나 회의석상에 같이 있던 대통령이나 별다른 말은 하지 않았다.

이제 주한미군 재배치 문제는 어느 정도 정리됐다. 하지만 북한 핵실험으로 남북 긴장은 한층 고조됐다. '같이 가자'는 용미론이 어느 때보다 필요한 시기라고 생각한다.

호주제 폐지, '가족'의 실종?

참여정부가 출범한 지 8개월이 된 2003년 10월, 호주제(戶主制) 폐지를 앞두고 있던 때였다. H신문은 '호주가 없으면 가족이 해체되나?'라는 제하의 10월 24일자 사설에서 "호주제가 폐지되면 가족이 해체된다며 이 법안에 대한 논의를 더 해야 한다고 국무총리가 나서서 반대했다"고 주장했다. 내가 호주제 폐지를 반대했다는 것이다. 나는 반론을 직접 써서 기고했다.

경위는 이렇다. 한 달쯤 전인 2003년 9월, 내가 주재하는 국무회의에 민법(民法) 개정안이 올라왔다. 통상적으로 국무회의는 차관회의에서 심의해 넘어온 사안들에 대해 각 부처의 이의제기가 없을 경우, 그대로 통과시킨다. 심의안건 중 하나는 호주제 폐지 법안이었는데 주무부처는 여성부였다. 그러나 민법 개정법안 제안 부처는 법무부였다. 강금실 법무장관의 법안 제안설명 후 심의가 시작됐다. 호주제가 폐지되는 건 옳은 일이었다.

그런데 뭔가 이상했다. 민법상 가족은 호주의 친가, 외가 쪽 등 친족의 몇 촌 이내라는 규정이 있었다. 그런데 호주를 없앤다면 호주를 중심으로 규정되었던 가족은 어떻게 된단 말인가? 강 장관에게 물었다.

"호주(戶主)를 폐지하면 호주를 중심으로 규정되었던 '가족'은 어떻게 됩니까?"

"민법상 호주 규정이 삭제되면서 가족도 자동적으로 삭제됩니다."

강장관의 답변이었다. 가족이 삭제되다니, 이건 말이 안 됐다.

"우리 사회에서 지금 가족과 가정의 해체가 고민스러운 문제인데, 정부가 민법에서조차 '가족'을 삭제한다는 것은 옳지 않습니다."

그러자 지은희(池銀姬) 여성부 장관이 나섰다.

"그것은 호주제 폐지에 따라 불가피한 일입니다."

나는 받아들일 수 없었다.

"아니죠. 그건 다시 재고해 봐야합니다. 이 안건은 일단 보류합니다. '가족'을 되살리는 방안을 마련해 다시 상정해 주세요."

바로 얼마 전인 9월 24일, 국무총리가 위원장인 '여성정책조정회의'에서 나는 "호주제 폐지를 추진하되, 우리 사회가 처해 있는 가족해체 현상과 관련해 가족을 어떻게 규정할 것인지에 대해서는 진지한 검토가 필요하다"는 점을 강조했었다.

호주제 폐지 법안의 보류를 알리면서 H 신문은 내가 마치 호주제 폐지를 반대하는 것처럼 보도했다. 항의를 하면서 보도정정 요청을 했으나 신문사 측은 불응했다. 대신 반론을 실어 주겠다는 입장이었다. 내가 직접 쓴 반론이 10월 26일자 H 신문에 실렸다.

여성부와 법무부 정책전문가를 총리실로 불러 두 차례에 걸친 가족관계장관 회의를 열었다. 여성정책학회 소속 학자들도 참석했다. 삭제당할 위기에 처한 '가족'을 어떻게 되살릴 것인가. 두 관계부처 장관들조차 '가족'을 되살릴 방법이 없다는 거였다. 1차 회의에 참석한 어느 여성정책 전문가는 상당히 극단적인 이론을 전개했다. "법상 가족을 삭제하는 건 당연하다", "호주제 폐지로 가족 삭제가 불가피하다는 게 아니라 여성 정책상으로도 가족이라는 건 법으로 정할 필요가 없다"는 식이었다.

일반 국민의 정서와 너무나 동떨어진 논리가 아닌가. 더 이상 듣고 있을 수 없었다. 강금실 법무장관에게 지시했다.

"호주 대신에 부부를 기준으로 하십시오. 부부에서 시작되는 게 가족이니 부부를 중심으로 '가족'을 규정하는 개정안을 마련해 보시죠."

얼마 후 강 장관이 법안을 만들었다고 전화했다. 다시 2차 가족관계장관 회의가 열렸다. 부부 중심의 '가족' 규정을 담은 법무부의 수정법안을 심의한 후 그 자리에서 합의에 이르렀다.

현행 제도의 민법 가족 규정(민법 제779조)이 부활된 것이다. 결국 '호적'을 대체한 '가족관계부'가 탄생한 것이다. '가족 실종사건'의 전말이랄까, 다행히도 사건은 해피엔딩으로 막을 내렸다.

내가 만일 그때 국무회의에서 그냥 넘겼다면 민법상 가족이 없어졌을지도 모른다. 마치 정부가 앞장서서 '제도상 가족을 폐지한다'는 격이 되었을 것이다. 그런 일이 생기면 국가가 사회에 무슨 메시지를 줄 것인가. 가족해체 현상이 점점 더 심각해지는 이 시대에 말이다. 지금 생각해도 아찔했던 일이다.

거부권(拒否權). 대통령이 국회에서 통과한 법안을 다시 의결해 달라고 요구하는 권한이다. 대통령도 거부권을 쓰려면 정치권 눈치를 안 볼 수 없다.

늘 어려운 일은 연거푸 닥치는 법이다. 2004년 3월 2일 국회는 대통령의 특별사면권을 제한하는 사면법 개정안을 의결했다. 대통령이 특별사면을 결정하기 1주일 전 국회에 먼저 알려 국회의 의견을 들어야 하는 법안이다. 국회에서 의결한 대로 법률공포를 한다면, 무엇보다 특별사면 대상에 누구를 넣고 빼는지를 놓고 정치권에서 나눠먹기를 할 위험이 컸다.

국회 본회의를 통과한 '거창사건 등 관련자 명예회복 및 보상에 관한 특별조치법'도 마찬가지였다. 6·25 때 거창에서 발생한 양민학살사건의 피해자에게 보상금을 지급하는 내용이다. 전란에 휘말려 희생당한 다른 지역 피해자와의 형평성도 문제였지만 막대한 재정부담을 받아들일 수 없었다.

박정규(朴正圭) 청와대 민정수석은 '특별사면권 제한 법안은 받아들여도 무방하지 않겠나' 하는 검토의견을 냈다. 그러나 권한대행일수록 원칙을 지켜야 한다고 생각했다.

결단을 내렸다. 2004년 3월 23일 국무회의에서 거부권 행사를 의결했다.

"사면법 개정은 법리적으로 위헌 소지가 있고, 거창사건 보상 조치법은 유사사건에 대한 파급효과를 고려할 때 국가재정에 막대한 부담을 줄 수 있습니다. 재의를 요구하겠습니다."

그리고 박관용(朴寬用) 국회의장에게 전화했다.

"법안을 그대로 받아들일 순 없습니다. 거부권을 행사하겠습니다."

박 의장의 대답은 명쾌했다.

"잘 알겠습니다."

야당인 한나라당 대표에게도 전화했다. 박근혜(朴槿惠) 당시 대표다. 탄핵소추 사태 후폭풍으로 최병렬 대표는 물러나고 한나라당이 천막당사에 있던 때다.

"거부권을 행사하겠습니다. 양해해 주셨으면 좋겠습니다."

박 대표가 어떤 대답을 했는지는 정확히 기억나지 않지만 반대하지는 않았던 것으로 안다.

국회는 권한대행이 행사한 거부권을 받아들였다.

대신 나는 법무부에 "정부로서 사면권을 남용한다는 지적을 유념해 사법권의 본질적 내용을 침해하는 일은 자제해야 한다. 사면권 행사의 공정성과 투명성을 확보하는 차원에서 사법부 인사들이 참여하는 특별사면 심의기구를 설치하라"고 지시했다.

대법관 출신 등 권위 있고 독립성을 갖춘 인사들로 위원회를 꾸린다는 구상이었다. 하지만 지금의 사면심사위원회는 법무부 보조기관에 불과하다. 원래 구상과는 한참이나 차이가 있다. 2013년 1월 이명박 전 대통령이 정치권과 여론의 반대를 무릅쓰고 특별사면을 단행할 때 뒷맛이 씁쓸했던 이유다.

사람은 가도 시스템은 남는다

1997년 3월 5일 오전 11시 서울 세종로 정부중앙청사 대회의실. 총리 이·취임식이 처음으로 동시에 열렸다. 이수성(李壽成) 총리와 나는 서울대 56학번 동기다. 떠나는 이 총리는 신임인 나에게 웃으며 한마디 건넸다.

"총리자리가 너무 힘들어서 축하는 못 하고 ⋯."

"위로라도 해줘야지."

나는 웃으며 답했지만 마음속은 걱정으로 차 있었다. 한보사태로 김영삼 정부는 신뢰의 위기를 맞고 있었다. 정경유착이 경제를 좀먹게 했고 국민의 불신은 극에 달했다. 해법이 필요했다. 나는 문제의 핵심을 규제라고 봤다. 단상에 올라가 마이크 앞에 섰다.

"행정의 투명성을 가로막는 허다한 정부규제가 특혜와 정경유착을 가져와 나라의 국제경쟁력을 떨어뜨리는 요인이 되고 있습니다. 경제 활성화와 국가경쟁력 향상을 위해 규제혁파 작업을 강력하게 추진할 것입니다."

당시 스위스 국제경영개발원(IMD)은 한국의 국가경쟁력을 31위로 평가했다. 2년 전에 비해 7단계나 떨어졌다. 정부규제와 행정의 불투명성이 점수를 깎아먹는 주요인이었다. 나는 대통령 자문기구인 행정쇄신위원회 회의에 참석해 "행정쇄신 정도가 아니라 규제를 혁파해야 한다"고 밝혔다. 쇄신과 개혁을 넘어 틀을 부수는 노력이 필요하다는 뜻이었다.

규제혁파의 목표는 두 가지였다. 경제 활성화와 반(反)부패가 그것이다. 규제와 특혜는 동전의 양면과 같다. 규제가 있기 때문에 특혜가 있다. 규제 없이 투명하고 공정하게 경쟁하게 한다면 특혜와 부패는 사라진다.

시간이 없었다. 김영삼 정부의 임기가 채 1년도 남지 않았다. 주변 상황도 여러 모로 나빴다. 한보사태와 경기침체로 여론은 차가웠다. 기득권을 놓지 않으려는 관련부처 공무원의 저항도 문제였다. 다음 정부만 바라보는 관료들이 움직이지 않으리란 것은 불 보듯 뻔했다.

'사람은 가도 시스템은 남는다.'

2003년 4월 18일 서울 세종로 정부중앙청사에서 열린 취임 후
첫 기자회견에서 '2003년 규제개혁 추진 계획'을 발표하고 있다.

이 원칙을 되뇌며 밀고 나갔다. 먼저 김영삼 대통령에게 "규제개
혁을 중점시책으로 삼겠다"고 보고했다. 대통령이 재가해 줬다. 속
도를 냈다.

4월 2일 가칭 '규제개혁 추진회의'를 만들겠다고 발표했다. 벤처
기업 활성화를 위한 창업규제 완화, 규제 일몰제(일정 기간이 지나
면 자동으로 규제가 사라지도록 하는 제도) 단계적 도입, 규제영향 평
가제도 시행 등 10가지 원칙도 함께 공개했다.

없애야 할 규제와 강화해야 할 규제는 따로 있다. 환경·안전 규
제는 강화해야 한다. 지금의 경제민주화 관련법처럼 공정하게 경쟁
할 수 있도록 기반을 닦는 공정거래 규제는 필요하다. 하지만 지나
친 진입 규제 등 쓸모없는 규제는 부패를 불러올 따름이다. 이런
규제를 없애는 시스템을 만드는 게 목표였다.

4월 21일 '규제개혁 추진회의'가 공식 출범했다. 각 부처에 흩어

져 있던 규제개혁 기구를 하나로 통합했다. 나와 김상하(金相廈) 대한상공회의소 회장이 공동의장을 맡았다. 강경식 경제부총리, 전윤철(田允喆) 공정거래위원장, 최종현(崔鍾賢) 전국경제인연합회 회장, 박상희(朴相熙) 중소기업협동조합중앙회장 등 22명을 위원으로 위촉했다. 그리고 7월 30일 국회 본회의에서 이 정책을 뒷받침하는 행정규제기본법안이 통과됐다. 지금의 대통령 직속 '규제개혁위원회'는 이렇게 출발했다. 전윤철 공정위원장이 실무를 주도했고 수고를 많이 했다.

1997년 한 해만 100여 건의 규제개혁 과제를 정했고 추진했다. 기대가 컸던 만큼 비판도 많았다. 굵직굵직한 규제개혁 방안은 관련부처의 반발이나 이해관계가 얽힌 민간단체의 반대로 가로막히기 일쑤였다. 지엽적 규제만 손질한다는 비판을 받았다. 하지만 나는 시스템을 탄탄히 갖춰 놓는다면 실효성 있는 규제개혁은 언제든 가능하리라는 믿음을 가졌다. 1998년 8월 '행정규제기본법'이 발효되면서 규제개혁 작업이 본궤도에 올랐다.

2003년 2월 27일 나는 다시 국무총리가 됐다. 출범 7년째를 맞이한 규제개혁위원회는 한층 성장해 있었다. 경제위기 속에 규제를 개선하는 틀로서 역할도 해냈다. 뿌듯했다. 두 번째로 총리를 맡았을 때 "양 위주에서 질 위주 규제개혁을 하겠다"고 선언하고 규제개혁의 내실화에 중점을 뒀다.

EBS 수능방송의 시작

김영삼 정부 시절인 1997년 8월 25일 EBS의 '위성교육방송'이 실시됐다. 교육부가 마련한 '과열과외 완화 및 과외비 경감대책'의 하나였다. 김영삼 대통령은 이전부터 EBS 수능과외 방송에 특별한 관심을 보였다. 어느 날 설렁탕에 깍두기를 곁들인 청와대 주례오찬 중에 그가 말했다.

"수능과외 방송, 그걸 꼭 했으면 좋겠어요. 잘 좀 해보세요."

"네. 염려 마십시오. 반드시 성공시키겠습니다."

위성방송 개국을 넉 달 앞둔 1997년 4월 총리공관에서 안병영 교육부 장관을 비롯해 관계자들을 불러 간담회를 했다. 수능시험을 관장하는 국립교육평가원(지금의 한국교육과정평가원) 간부들과 전년도 수능출제위원, 고교교사들도 있었다. 회의 도중 나는 한 가지 제안을 던졌다.

"이 수능과외 방송이 실제로 효과를 보려면 방송내용이 수능시험에 꼭 출제돼야 하는 거 아니오? 방송내용 중에서 60% 이상 출제하는 게 어때요?"

마침 수능시험을 관장하는 김정길(金正吉) 국립교육평가원장도 참석 중이었다. 참석자들은 "수능시험의 60%는 EBS 수능과외 방송에서 출제한다"는 데 인식을 함께했다. EBS 수능과외 교재는 2년간 불티가 났다.

EBS 위성교육방송이 개국한 1997년 8월 25일 김영삼 대통령은 축하 메시지를 영상으로 띄웠다. 나는 서울 서초구 우면동 한국교육개발원에 직접 가서 축사를 했다. 재원 마련을 위해 9월 1일부터는 광고방송도 했다. 위성방송 개시 전에 일종의 권한 다툼도 있었다. 위성방송 관계장관 회의를 하면 위성방송이 교육부 소관이냐 정보통신부 소관이냐를 놓고 부처끼리 많이 싸웠다. 광고할 수 있는지 없는지를 놓고도 갈등이 심했다. 4월 25일 총리주재 오찬간담회에서 업무조정을 마무리했다.

7년 뒤인 2004년 노무현 정부도 부동산과 함께 사교육비 문제를 민생과 관련한 가장 시급한 정책과제로 설정했다. 2004년 2월 17일 안병영 부총리 겸 교육인적자원부 장관은 또다시 '사교육비 경감대책'을 발표했다. 이번 대책의 핵심은 EBS 인터넷 수능강의였다. 교육부의 수장은 7년 전과 똑같이 안병영 장관이었다. 서삼영(徐三英) 한국전산원(지금의 한국정보화진흥원) 원장, 박경재 교육부 국장과 EBS의 고석만(高錫晚) 사장, 배종대 국장이 적극 참여했다.

인터넷 수능강의의 취지는 인터넷 접속이 되는 곳이면 언제 어디서든 수능강의를 들을 수 있게 하는 것이었다. 인터넷 강의에 인기 강사들을 출연시키기로 했다. 단기간에 시스템을 구축하는 건 쉽지 않았다. 3월 11일 정통부·EBS·한국전산원·KT·두루넷 등 11개 유관기관 전문가로 구성된 대책반을 만들었다. 예상되는 문제들을 함께 점검했다. 그런데 서버다운을 막으려면 최소 10만 회선을 확보해야 했다. 교육부는 속수무책이었다. 진대제(陳大濟) 정통부 장관 손을 빌려야 했다.

"진 장관, 당신이 책임지고 10만 회선을 확보하세요. 4월 1일 강의 시작 전까지 무슨 수를 써서라도 해내시오."

우격다짐으로 진 장관을 몰아세웠다. 진 장관이 미국에 급히 연락해 들여온 CDN(*Contents Delivery Network*) 서버가 인천공항을 통과한 것은 3월 30일 새벽이었다. 덕분에 이틀 후 인터넷 강의가 시작됐을 때 접속이 폭주했지만 서버에는 아무 문제도 생기지 않았다.

사교육비 부담이 국민에게 큰 고통을 주고 있었고 EBS 위성방송과 인터넷 강의는 '국가대표 수능과외'로 인정받기 시작했다. 그해 7월 9일 EBS 회원 100만 명 시대가 열렸다.

공교육을 책임지는 정부가 수능과외 공부에 앞장을 섰다. 수능과외는 정부가 성공시킨 유일한 사교육 정책이라고 생각한다.

KTX 고속철 부실시공에 좌초 위기

2004년 3월 30일 오전 서울역 광장. 고속철도(KTX) 개통식이 열렸다. 12년간 3만 명의 인원과 20조 원의 자금을 투자한 대역사였다. 국무총리이자 대통령 권한대행이었던 나는 목포행 KTX 열차에 올랐다. '웅' 낮은 소리를 내며 열차가 서울역을 출발했다.

요란했던 개통 행사와 촬영, 기자회견이 끝났다. KTX 의자에 몸을 기댔다. 서울시장 때 타 봤던 런던~파리 구간 유로스타의 승차감, 안락함과 비교해 손색이 없었다. 30분이 채 지나기 전 열차는 빠른 속도로 천안아산역을 향해 다가가고 있었다. 7년 전 일이 기억났다.

1997년 4월 세계적 안전진단 기업인 미국 WJE는 경부고속철도 1차 공구인 서울~천안, 천안~대전 구간의 철도·교량·터널 등 1,012개 구조물의 70%가 부실시공됐다고 발표했다. 한국고속철도건설공단이 정밀안전점검을 의뢰한 결과였다. 설계부터 시공, 감리까지

2004년 3월 30일 서울역에서 열린 KTX 개통행사 모습이다.

총체적 부실이었다. 2002년 개통 목표에 차질이 생겼을 뿐 아니라 5조 원으로 계획한 공사비가 30조 원으로 불어난다는 분석이 나왔다.

연이은 성수대교와 삼풍백화점 붕괴사고로 부실공사에 대한 국민의 공포감은 극에 달했던 시기다. 경기침체 때문에 세금낭비라는 비판까지 받았다. 고속철도 반대론이 비등했다.

그런데 착공 후 지금까지 투자한 막대한 세금이 문제였다. 매몰(埋沒) 비용으로 처리하기엔 너무 큰 액수였다. 대통령 선거를 6개월여 앞두고 고속철도 공사를 포기하느냐 마느냐가 국가적 고민으로 부상했다. 공사 초기부터 갈렸던 고속철도 반대론과 찬성론이 다시 팽팽하게 맞섰다.

김영삼 대통령은 한보사태에 부심하고 있었다. 총리인 나에게 사회적 합의를 도출하는 과제가 맡겨졌다. 교통부 장관을 할 때의 경험을 살렸다. 토목공학, 교통정책, 재정 등 전문가를 서울 삼청동 총리공관에 초청해 간담회를 열었다. 토론 결과를 바탕으로 찬성론자, 반대론자 그리고 중립적 전문가가 참여하는 조사위원회를 구성했다.

부실공사에 대한 조사결과, 보완공사 가능성 판단, 공사 계속 여부 등을 가지고 총리주재 위원회 회의에서 난상토론이 벌어졌다. 공사를 계속 추진하되 사업계획을 대폭 보완한다는 쪽으로 결론이 났다.

그리고 9월 9일 건설교통부·고속철도건설공단·교통개발연구원은 경부고속철도 서울~대구 구간은 2003년 7월 개통하고 부산까지는 기존 경부선을 활용해 일단 사용한다는 계획을 발표했다. 서울~부산 간 완전 개통 시기는 2005년 11월로 늦춰졌다. 1989년 기준 5조 8천억 원이었던 사업비는 1997년 1월 기준 17조 6,300억 원으로 늘어났다. 공사비가 3배 이상으로 늘어난다는 데 대한 비판은 감수해야 했다.

고속철도와 얽힌 사연은 또 있다. 2003년 경부고속철도 천성산 구간이 문제가 돼 공사가 중단됐다. 두 번째 총리 시절 국정현안정책 조정회의를 통해 문제를 돌파했다. 2003년 9월 19일 총리주재 국정현안정책 조정회의에서 예정대로 천성산 구간 공사를 진행한다고 결론을 냈다.

다음해 KTX 경부선보다 호남선 구간이 먼저 완공됐다. 내가 교통부 장관이었던 시절 호남선 복선화 공사를 하면서 곡선이던 구간을 직선으로 만들었던 게 도움이 됐다.

단군 이래 최대의 토목사업이라던 고속철도 공사가 중단될 뻔한

위기를 극복한 것은 공론화 과정을 거친 사회적 합의가 있어서였다.

공론화 과정과 국민적 합의가 바로 소통(疏通)이다. 고속철도 개통식에서 내 감회가 남달랐던 이유다. 하지만 우리 좁은 국토에서 KTX가 기능을 제대로 발휘하려면 북한을 거쳐 중국 대륙과 시베리아 대륙을 거쳐 유럽과 연결이 되는 '철(鐵)의 실크로드'가 완성돼야 하지 않을까.

제14장

대통령 탄핵 위기 24시

설마 했던 대통령 탄핵

2004년 3월 12일 날씨는 맑았다. 이날의 폭풍을 나는 예감하지 못했다. 노무현 대통령은 그날 서울에 없었다. 진해 해군사관학교 졸업식에 참석하기 위해 경남에 가 있었다. 국회에선 당시 야당인 한나라당이 대통령을 탄핵하겠다고 기세가 등등했고, 집권당에서 하루아침에 야당으로 변신한 민주당도 여기에 가세하고 있었다.

노 대통령이 선거중립 의무를 위반했고 측근 비리에 대해 사과하지 않았다는 게 이유였다. 노 대통령은 '설마?' 하는 마음이었는지도 모른다. 아니 어쩌면 이미 예정됐던 행사니 가지 않을 수 없는지도 모른다.

솔직히 나는 탄핵소추안 통과는 상상도 못 했다. 여당인 열린우리당이 점거한 단상 아래서 한나라당이 탄핵사유를 읽는 정치적 선언만하고 마치려니 했다. 표가 당연히 모자랄 것으로 생각했다. 하지만 전날 남상국 전 대우건설 사장의 자살사건이 모든 상황을 뒤집었다.

오전 11시 10분쯤. 서울 세종로 정부중앙청사 총리집무실 별실에서 TV 생중계를 통해 여의도 국회 상황을 지켜보고 있었다. 의장석 주변에선 여당과 야당의원들이 서로 뒤엉켜 있었다. 시루떡 같았다. 여당의원 한 겹, 야당의원 한 겹 뒤섞여 있었다. 여든, 야든 한 당이 똘똘 뭉쳐 의장석을 지켰던 이전 단상 점거와는 달랐다.

사태는 걷잡을 수 없는 방향으로 흘러가고 있었다. 박관용 국회의장은 경호권을 발동한 상태였다. 국회 경위들이 우르르 달려가 국회의장 단상 주변을 가로막고 있던 열린우리당 의원들을 끌어내기 시작했다.

'잘못하면 통과되겠네.'

내가 처음으로 위기를 직감한 것은 그때였다.

"어, 어, 어….."

나도 모르게 입에서 소리가 흘러나왔다. 현직 대통령이 국정에서 손을 떼야 하는, 헌정 사상 초유의 사태가 올 수 있겠다 싶었다. 놀라움에 맥박이 세차게 뛰기 시작했다. 별실 서가에 있던 《헌법학 개론》 책부터 집어 들었다. 대통령이 탄핵당하면 그 이후 상황을 수습해야 하는 것은 국무총리인 나였다.

정신이 번쩍 들었다. 대통령 탄핵에 대비한 국정 위기관리 매뉴얼 따위는 없었다. 직감에 따라 움직여야 했다. 그때가 오전 11시 30분쯤. 애써 마음을 가다듬으며 속으로 하나하나 되뇌기 시작했다.

'만약 탄핵안이 통과된다면 이거 내가 어떻게 해야 하지? 안보가 중요하니까 우선 조영길 국방장관을 찾아야겠다. 조 장관에게 전화를…. 아, 내가 아직 대통령 권한대행이 아닌데…. 그럼 청와대 비서실에 양해부터 구해야겠구나.'

2004년 3월 12일 노무현 대통령 탄핵소추안이 가결되기 직전, 국회 본회의장의
단상에서 여야 의원들과 국회 경위들이 뒤엉켜 몸싸움을 하고 있다.

바로 인터폰으로 지시했다.

"김우식 비서실장 연결해 줘요, 빨리."

시간이 없었다. 김우식(金雨植) 실장에게 왜 준비를 시작해야 하는
지 설명했다.

"통과될 것 같은데 … ."

"그런 것 같아요."

"지금부터 준비해야 할 것 같습니다."

김 실장의 대답은 간결했다.

"그렇게 하시죠."

김 실장은 이날 노 대통령을 수행하지 않았다. 그도 TV로 상황
을 지켜보고 있었을 터였다. 짧은 대답이었지만 목소리는 무겁게
가라앉아 있었다. 내 마음도 깊게 가라앉았다. 하지만 비감(悲感)

에 빠져 있을 여유는 없었다.

오전 11시 40분, 서둘러 비서실에 말했다.

"조영길 국방장관 연결해요."

조 장관과는 통화하지 못했다. 노 대통령을 수행해 행사에 참석하느라 통화할 수 없다는 비서실의 답이 돌아왔다. 대신 유보선 국방부 차관과 통화했다.

"만일 탄핵안이 통과되면 즉시 경계 태세를 갖춰야 하는데 뭘 내려야 하는 거요? 데프콘 같은 '전군 비상경계태세'를 발령해야 합니까?"

"총리님, 그것까지는 아니고요. 군 지휘관들을 정위치하도록 하는 '전군 지휘경계령'을 내려야 합니다."

"그래요. 만일 탄핵안이 통과된다면 바로 지휘경계령을 발동하세요. 그리고 국방장관에게 바로 보고하도록 해요."

이어 이종석 국가안전보장회의(NSC) 사무차장에게 전화했다.

"만약의 사태를 대비해 비상근무 태세를 갖춰 주세요."

국방 다음은 외교였다. 반기문 외교통상부 장관을 찾았다. 반 장관과 휴대전화로 연결됐다. 주한 외교사절들을 데리고 대전행 KTX 시승 행사를 하는 중이라고 했다. 차라리 잘됐다 싶었다.

"주재 대사들 모여 있죠?"

"네. 곧 내려서 오찬 행사를 할 겁니다."

"점심 행사하면서 이 얘기를 꼭 해주세요. '국회에서 대통령 탄핵소추안이 통과되더라도 대한민국 정부의 외교·안보·경제정책에 추호의 변화도 없다' 이렇게 말입니다. 각 대사에게 분명히 알리세요. 똑같은 내용을 해외 주재 공관을 통해 주재국 정부에도 전달하도록 하세요."

534

"네. 그러겠습니다."

"아, 특히 6자회담에 참가하는 미국·일본·중국·러시아 등 4개 국 외무장관에게는 직접 전화를 걸어 이런 내용을 알려야 합니다."

"네. 총리님."

오전 11시 57분. TV에서 박관용 의장의 목소리가 흘러나왔다.

"투표 결과를 발표하겠습니다. 195표 중 가(可) 193표, 부(否) 2표 로 헌법 제65조에 의해 탄핵안이 가결됐음을 선언합니다."

탄핵안이 통과됐다. 이제 분초를 다투는 급박한 상황에 접어들고 있었다. 바로 윤영철(尹永哲) 헌법재판소장에게 전화를 걸었다. 탄 핵소추안이 가결되면 헌재로 넘어간다. 과도기가 길어선 안 된다.

"심의기간을 가급적 단축시켜 주십시오. 얼마나 걸리겠습니까?"

"처음 있는 일이라서 저도 잘 모르겠네요."

윤 소장의 목소리에도 당혹감이 묻어 있었다. 그에게도 예상치 못한 유례없는 일이었기 때문이었다. 이어 허성관(許成寬) 행정자 치부 장관에게 전화했다.

"전국 경찰의 경계태세를 강화하십시오."

경제·외교·안보 관계장관 회의를 오후 1시 30분 소집하겠다고 비서실에 지시했다. 그리고 수화기를 내려놨다. 눈앞이 캄캄했다. 4월 총선을 앞두고 노 대통령은 취임 1년 2개월 만에 직무 정지됐 고, 국무총리로서 대통령 권한대행으로 국정을 꾸려가게 되었다.

내 인생 가장 길었던 63일의 시작이었다.

대한민국의 명운을 쥐다

점심으로 도시락이 배달됐다. 입맛이 있을 리 없었다. 젓가락을 몇 번 들지도 못했다. 다시 전화를 걸고 받고…. 내내 수화기를 손에 쥐고 있어야 했다. 노무현 대통령과의 전화는 연결되지 않았다. 비서실은 행사 중이라 통화가 어렵다고 했다.

2004년 3월 12일 낮 12시 20분 이헌재 경제부총리를 불렀다.

"해외 공관과 외교 채널 연락은 반기문 장관에게 지시해 조치했습니다. 이 부총리께선 '대통령 탄핵소추안이 통과됐지만 우리 정부의 외교·안보·경제정책에 변화는 없다'는 메시지를 외국인 투자자에게 보내주십시오. 대외 신인도가 무엇보다 중요합니다."

"네. 그렇게 하죠."

오후 1시 30분 경제·외교·안보 관계장관 회의를 열었다. 서울 세종로 정부중앙청사 총리집무실 안의 직사각형 회의 탁자에 장관들이 둘러앉았다. 모두 말없이 시선은 아래로 향하고 있었다. 내가 입을 열어야 했다. 크게 숨을 들이마셨다.

"오늘 헌정 사상 초유의 사태가 일어난 데 대해 개탄스럽게 생각합니다. 비상상황인 만큼 행정 각부가 흔들림 없이 국정 수행에 임해 주기를 당부드립니다."

모두(冒頭) 발언이 끝나고 장관들이 돌아가며 보고했다. 노 대통령을 수행하고 있는 조영길 국방부 장관을 대신해 유보선 국방부 차관이 첫 보고를 맡았다.

"감시와 경계태세를 강화할 것을 주 내용으로 하는 군사 대비태세 강화 지시를 이미 전군에 하달했습니다."

2004년 3월 12일 국무총리실에서 긴급 장관회의를 열고 있다.

다음은 이종석 국가안전보장회의 사무차장 차례였다.

"국가안전보장회의 상임위원회 등을 조속히 개최하겠습니다. 노 대통령의 각종 외교 일정을 조정하겠습니다."

그리고 이헌재 경제부총리가 보고했다.

"13일 아침 경제장관 회의를 개최해 부처별 당면 경제현안을 점 검하고 대응책을 강구하겠습니다."

허성관 행정자치부 장관의 보고가 이어졌다.

"경찰 비상경계령을 발표했습니다. 13일 시·도 행정부시장, 부 지사 회의를 소집해 민생안정 대책을 당부할 계획입니다."

위기 속에 실낱같은 안도감을 느꼈다. 모든 부처가 기민하고 신 속하게 움직였다. 회의는 길지 않았다. 30분 만에 끝났다.

오후 2시 미리 정리해 놓은 총리의 입장을 발표했다.

"헌정 사상 초유의 사태가 일어난 데 대해 개탄스럽게 생각한다.

이런 상황에 대해 국민에게 죄송스러운 마음을 금할 길이 없다"는 내용이었다. 급한 일은 더 있었다. 박관용 국회의장에게 전화했다.

"대통령이 진해 행사에 가 계십니다. 오후 5시는 돼야 오십니다. 탄핵안 의결서는 5시 이후에 보내주십시오."

"그러겠습니다."

법적으로 의결서가 청와대에 도착하는 순간 대통령 직무는 정지된다. 대통령이 청와대에 없는 상태에서 직무가 정지되는 사태를 막아야 했다. 노 대통령은 진해에서 급거 상경 중이었다. 도대체 대통령이 돌아오면 무슨 말로, 어떻게 위로해야 하는가. 다시 한숨이 나왔다. 하지만 감정에 빠져 있을 시간은 없었다.

오후 3시 위기관리 내각의 첫 국무회의를 소집했다. 1시간 30분 전 경제·외교·안보 관계장관 회의에서 논의한 조치를 공식화하기 위한 절차였다.

"전 세계가 걱정과 우려를 갖고 우리를 지켜보고 있습니다. 저를 비롯해 국무위원 모두 일체의 동요 없이 시급히 처리돼야 할 국정 현안을 추진해야 합니다."

그리고 서둘러 정리한 최우선 국정 현안 10가지를 차례로 말했다. 국정이 정상적으로 돌아가고 있다는 메시지를 대외에 알리기 위해서였다.

"먼저 한·미 동맹, 남북관계의 평화적 발전, 6자 회담의 성공적 추진을 포함해 대북 정책과 대미 정책, 외교 정책의 일관성을 차질 없이 유지해야 합니다. 둘째로 군은 이번 사태에 흔들림 없이 맡은 바 임무에 충실함으로써 국가 안보에 추호의 틈이 발생하지 않도록 노력해야 합니다. 셋째로….."

말을 마쳤다. 국무위원들의 토론이 이어졌다. 그런데 토론의 흐름과 맞지 않는 돌출발언이 나왔다.

"권한대행은 대통령의 권한을 소극적으로 대행하는 것이지 적극적인 대행은 할 수 없다고 생각합니다."

강금실 법무부 장관이었다. 나는 별다른 대응을 하지 않았다. 강장관은 며칠 후 또 "가능하다면 (17대 국회에서) 탄핵소추를 취하하는 게 현재로선 가장 적절한 방법"이라고 발언했다. 야당의 반발과 선거중립 시비를 불러일으켰다.

나는 3월 17일 열린 국무회의에서 "민감한 시기에 민감한 정치 사안에 대해 발언할 때는 신중에 신중을 기해 달라"고 말했다. 강장관을 겨냥한 경고였다. 강 장관이 한 번만 더 그런 언행을 한다면 법무장관직에서 물러나게 할 작정이었다. 다행히 그런 일은 일어나지 않았다.

국무회의를 끝내고 청와대로 이동했다. 오후 4시 30분 국무위원 간담회가 열렸다. 20여 분이 지나 비서진의 목소리가 들렸다.

"대통령께서 도착하셨습니다."

노무현 대통령은 담담했다. 그의 머릿속에서 어떤 상념이 휘몰아치고 있는지 짐작할 수 없었다.

"법적인 판단과 국민의 판단이 남아 있어 기대를 하고 있습니다. 결과를 겸허히 기다리고 정책과 국정의 흐름을 놓치지 않도록 학습에 전념하겠습니다."

노 대통령은 말을 마치고 청와대 본관 현관으로 걸어 나갔다. 나와 같이였다.

"자주 보고자료를 올리겠습니다."

"……."

노 대통령은 말이 없었다. 그는 나와 악수를 나누고 청와대 현관 앞에 대기하고 있던 차에 올라탔다. 차 문은 내가 닫았다. 경호원이 닫는 게 관례였지만 그때만큼은 내 몫 같았다. 떠나는 차 뒤를 지켜봤다. 깊이를 알 수 없는 무거운 감정이 밀려왔다.

'아, 이제 내가 대한민국을 관리해야 하는구나!'

1962년 공직생활을 시작했다. 10·26 박정희 전 대통령 서거, 5·17 비상계엄령 전국확대, 그리고 두 번의 국무총리. 많은 일을 겪었다. 긴장을 먹고사는 삶이었다. 하지만 지금까지 한 번도 느껴보지 못한 무거운 마음이었다.

청와대 현관에 함께 서 있던 김우식 대통령 비서실장이 정적을 깼다.

"앞으로 주 1회 청와대에 오셔서 수석비서관 회의를 주재해 주셔야겠습니다."

"……."

나는 대답하지 않았다.

탄핵반대 촛불 만류

청와대에서 나와 국무총리실이 있는 서울 세종로 정부중앙청사로 향했다. 차를 타고 가는 5분이 지난 5시간보다 더 길게 느껴졌다. 갑작스레 대한민국이 내 어깨에 얹혀 있었다. 하지만 감상에 잠겨 있을 시간이 없었다.

2004년 3월 22일 촛불시위를 주도한 시민단체를 포함해 18개 단체 대표를
삼청동 총리공관에 초청해 "탄핵 찬반 시위를 자제해야 할 시점"이라고 당부했다.
왼쪽부터 최열 환경운동연합 대표, 송보경 시민사회발전위원장, 이학영 한국 YMCA사무총장
(민주통합당 의원), 김상희 여성민우회 대표(민주통합당 의원)와 이야기를 나누고 있다. 〈중앙일보〉

대통령 탄핵으로 한국 경제가 정치적 격랑 속에 빠져들고 있다.
　　　　　　　　　　　　　　　　　　　　　　　－〈워싱턴포스트〉

외국 투자자들에게는 정치 불안이 북한 핵 위기보다 더 심각한 불
확실성의 원천이 됐다."－〈파이낸셜타임스〉

외신은 분주하게 한국의 위기를 타전했다. 금융시장은 요동쳤다.
2004년 3월 12일 종합주가지수는 전날보다 2.43% 급락한 848.8로
마감했다. 오후 5시 50분 반기문 외교통상부 장관과 정세현(丁世
鉉) 통일부 장관을 총리집무실로 불렀다. 반 장관에게는 "정부 방침
이 해외에 제대로 전파됐는지 확인하라"고, 정 장관에게는 "남북관
계 상황관리에 차질이 없도록 하라"고 지시했다.

반드시 해야 할 일도 남아 있었다. 최병렬 한나라당 대표와의 전
화 통화였다. 오후 6시 15분이었다.

"헌정의 비정상 운영을 초래한 탄핵소추에 대해 깊은 유감입니다. 전 국무위원의 뜻입니다. 하지만 국정 현안을 일체의 동요 없이 추진하기로 했습니다."

송수화기 너머 최 대표는 잠깐 숨을 고르는 듯하더니 답했다.

"국정운영에 한나라당이 적극 협조하겠습니다."

1998년 서울시장 선거에서 나는 국민회의 후보로, 최 대표는 한나라당 후보로 맞붙었다. 6년이 지나 나는 대통령 권한대행으로, 최 대표는 대통령 탄핵소추안 의결을 이끈 야당의 대표로 다시 만났다. 통화는 짧았다.

오후 8시, 1급 이상 간부들을 모아 회의를 하고 나서야 공식일정을 마칠 수 있었다. 이날 밤, 극도의 피곤이 몰려왔지만 잠이 올 리 없었다. 그래도 13일 아침은 왔다. 오전 9시, 중앙청사 총리실 브리핑룸. 수많은 카메라 앞에 섰다. 대국민 담화를 발표했다.

"저는 헌법에 따른 국정의 관리자로서 막중한 책임감을 갖고 비상한 각오로 국가적 어려움을 극복하는 데 혼신의 노력을 다해 나가겠다는 것을 다짐드립니다."

오전 9시 30분, 국가안전보장회의를 열었다. 대통령 권한대행 자격으로 주재한 첫 공식회의였다. 30분 뒤 경제·외교·안보장관 회의를 개최했다.

오후엔 톰 리지 미 국토안보부 장관을 만났다. 그는 노무현 대통령을 만나러 한국에 왔지만 권한대행인 나와 마주 앉아야 했다. 대통령을 대신한 첫 외빈 접견이었다.

"탄핵소추에도 불구하고 한국의 상황은 안정돼 있습니다. 한·미 동맹을 기반으로 한 외교정책 기조를 계속 유지할 것입니다."

2004년 3월 13일 국무총리실에서 국가안전보장회의를 열고 있다.

나의 말에 리지 장관은 답했다.

"현재 한국이 정치적으로 어려운 상황임에도 대외적으로는 안정적으로 운영되고 있다는 인상을 받았습니다."

그리고 14일 오전 충남 논산으로 향했다. 폭설 피해를 본 농가 현장을 챙기기 위해서였다. 분초를 다투는 위기상황이지만 '한국 국정은 정상적으로 돌아가고 있다'는 것을 대외에 알리는 게 중요했다. 폭설현장 점검일정을 마치고 서둘러 귀경했다.

서울에서 시민단체 주요 인사들과 점심이 예정돼 있었다. 약속 시간인 오후 1시를 한참 넘긴 오후 2시쯤 인사동 밥집 '산호'에 도착했다.

"아이고, 늦어서 정말 죄송합니다. 현장에 다녀오느라 … ."

서영훈 전 적십자사 총재, 이세중 전 변호사협회장, 최열(崔洌) 환경운동연합 대표, 한덕수 국무조정실장, 정경균 전 서울대 교수가 나를 맞았다. 그들을 만난 것은 탄핵소추 가결반대 촛불시위 때문이었다. 당시 촛불시위는 문화행사로 진행되고 있었다. 법으로 시위를 막을 방법은 없었다. 양해부터 구했다.

"이미 탄핵소추안 가결에 반대하는 시민사회단체와 국민의 뜻은 충분히 표현됐다고 봅니다. 더 이상의 촛불집회는 반대편 입장에 서 있는 이들을 자극할 수 있습니다. 4·15 총선이 코앞에 닥친 지금 상황에서 시위를 자제하는 게 현명할 것 같아요."

최열 대표가 입을 열었다.

"다음 촛불시위 날짜와 장소는 이미 정해져 공고됐습니다. 모든 준비도 마쳤고요. 한 번만 더 촛불시위를 하고 더 이상은 하지 않도록 힘쓰겠습니다."

부탁을 들어줘 고마웠다. 5년 전 환경운동연합에서 나와 이세중 전 협회장은 공동대표로, 최열 대표는 사무총장으로 함께 활동했다. 신뢰와 우정이 있어 가능했다고 생각한다.

숙제는 남아 있었다. 13일 최병렬 한나라당 대표, 조순형 민주당 대표와 김종필 자민련 총재 등 3당 대표가 만나 18일 임시국회를 소집하겠다고 합의했다. 이날 나에게 시정연설을 하라는 요구도 했다. 탄핵정국의 정치게임이었다. 나도 정치적으로 응수했다.

"원내 4당이 합의하면 시정연설을 할 수도 있습니다."

그것으로 그만이었다.

금융시장도 챙겨야 했다. 탄핵사태 첫날 월가에서 한국의 외평채 가산금리가 급상승했다. 외평채 가산금리는 한국 대외 신인도가 어느 수준인지 평가하는 잣대가 된다. 외평채 가산금리가 급등한다는 것은 한국 경제를 보는 외국인 투자자의 시각이 그만큼 부정적이란 의미다. 반 장관에게 연락이 왔다.

"중·일·러 장관과는 통화했습니다. 그런데 아직 미 국무장관과는 통화를 못 했습니다."

"왜 통화를 못 합니까?"

"시차 때문인지 연결이 …"

"새벽이라도 깨워서 연락하세요."

한국 시간으로 다음날인 3월 13일, 미국시간으로 12일 리처드 바우처 미 국무부 대변인은 "한·미 동맹은 여전히 강력하고 안정적이며 긴요하다"고 밝혔다. 요동치는 금융시장을 가라앉히는 단초가 됐다. 반 장관이 애쓴 덕분이었다.

월요일인 15일 종합주가지수는 지난 12일보다 0.4% 오른 852.26으로 마감했다. 급등했던 환율도 하락세로 돌아섰다.

폭풍 같은 나흘이 지났다. 눈을 감았다. 2002년 12월 말 당선자 신분이었던 노무현 대통령과 만났을 때 그가 했던 말이 생각났다.

"몽돌과 받침대 … ."

노 대통령과의 통화 3번

"저만 1인 2역을 할 뿐입니다. 달라질 게 없습니다."

2004년 3월 13일 오전, 서울 정부중앙청사 총리집무실.

한덕수 국무조정실장·김대곤(金大坤) 비서실장을 비롯해 1급 이상 간부들이 앉아 있었다. 노무현 대통령 탄핵소추안이 국회에서 의결된 지 20시간 정도 지났다. 밤새 고민하며 준비한 말을 했다.

"국무조정실(지금의 국무총리실)은 종전에 하던 일을 그대로 하시면 됩니다. 총리로서 해야 할 일은 예전처럼 보좌해 주십시오. 권한대행으로서의 일은 청와대 비서실에서 맡아 보좌할 것입니다. 15일 예정된 청와대 수석보좌관 회의에는 참석하지 않겠어요. 앞으로도 참석하지 않을 겁니다. 대신 그 결과만 나한테 보고하면 된다고 청와대에 전하세요. 16일 국무회의는 정부중앙청사에서 열도록 하겠습니다. 청와대와 정부청사에서 번갈아 하던 국무회의는 앞으로 모두 정부청사에서만 할 계획입니다. 제 결정에 따라 주셨으면 합니다."

직무가 정지된 대통령을 대신하는 권한대행의 역할과 업무범위를 정해야 하는 일이다. 대통령 탄핵은 헌정사상 초유의 사태였다. 참고할 법전도 규정도 없었다. '상식과 원칙 … .' 두 가지 기준을 되뇌며 결론을 내렸다.

법무부에서는 〈권한행사 정지된 대통령의 지위〉란 제목의 보고서를 만들어 보냈다. 보고서에 따르면 직무가 정지된 대통령은 외교권, 공무원 임면권, 국군통수권 등 모든 권한을 행사할 수 없다. 다만 관저 생활, 관용차·전용기 이용, 경호 등 대통령에게 따라붙는 예우는 변함이 없다. 총리, 국무위원 등 공무원으로부터 대통령 권한행사와 관련한 보고를 받거나 그들에게 지시하는 일은 할 수 없다. 업무 연속성 유지 차원에서 비공식 보고는 받아도 된다는 법적 해석이 있지만, 공무상 비밀 누설 등의 문제가 있어 주의가 필요했다.

몸 낮춘 행보를 선택했다. 직무가 정지됐다 해도 노 대통령은 청와대 관저에 머물고 있다. 불필요한 긴장관계를 만들 필요는 없었다. 총리 역할도 하고 대통령 권한대행도 하고, 나만 1인 2역을 하면 됐다. 그 구분은 철저히 하려고 노력했다.

546

2004년 3월 17일 공군사관학교 졸업식에 참석해 1인 2역을 했다. 임혁 소위에겐 권한대행 자격으로 대통령상을, 김희영 소위에겐 국무총리 명의로 총리상을 수여했다. 〈중앙일보〉

3월 17일 공군사관학교 졸업 및 임관식이 열렸다. 행사를 앞두고 청와대 비서실에서 연설문을 담당하는 보좌관이 원고를 가져왔다. 그런데 총리실 연설담당 보좌관이 원고에 손을 댔다. 내가 평소 하는 연설 화법에 맞춰 문장을 수정했다. 당장 "원본을 가져오라"고 했다. 청와대에서 써온 원래 연설문에서 나는 딱 두 글자만 고쳤다. 그만큼 신경을 썼다.

63일 동안 권한대행으로 일하면서 청와대에 출입한 일은 단 한 번이었다. 3월 25일 그리스·아프가니스탄·쿠웨이트·태국 등 신임 주한 대사들로부터 신임장을 제정받기 위해서였다. 청와대가 아닌 총리실이나 외교부에서 행사를 열려고 했다. 하지만 상대국에 대한 외교 의전에 맞지 않는다는 지적 때문에 어쩔 수 없이 청와대로 갔을 뿐이었다.

대통령의 직무가 정지되고 청와대는 한동안 혼란에 휩싸였다. 노 대통령에 대한 청와대 참모들의 보고 범위가 모호했기 때문이다.

청와대 관저로 떠나는 노 대통령에게 "자주 보고자료를 올리겠다"고 했다. 대통령과 한 약속을 지켜야 했다. 국회에서 탄핵안이 가결되고 사흘 후 박봉흠 청와대 정책실장이 첫 보고를 하러 왔다.

"앞으로 국정 연속성을 위해 필요하다고 판단되는 사항은 대통령이 계속 파악할 수 있도록 하라"고 교통정리를 해줬다. 북한 정세 등 안보 관련 정보가 핵심이다. 국가안전보장회의 사무처는 보고가 아닌 친전(親展) 형태로 노 대통령에게 매일의 상황을 알려줬다.

박 실장은 국무회의와 부처 업무보고 자리에 배석하고 관저에 머물고 있는 노 대통령에게 국정의 흐름을 전했다. 정무 기능이 강한 비서실 대신 정치색 옅은 정책실에 '채널' 역할을 맡긴 것이다.

박 실장에게 당부한 뒤 대통령에게 전화를 걸었다.

"말씀드렸던 대로 보고자료를 자주 올리겠습니다. 박봉흠 정책실장을 통해 서면자료를 전달하겠습니다. 북한 정세 등과 같은 안보자료도 국가안전보장회의 사무처에서 일일 자료를 올릴 것입니다."

"네. 그러시죠."

통화는 간단했다. 63일간 권한대행으로 일하며 대통령과 세 번 통화했다. 이번이 첫 번째였다. 1주일여 지나 사면법 개정안 등에 대한 거부권을 행사하기 전 대통령에게 다시 전화를 걸었다. 거부권 행사는 일상적인 국정업무라고 보기 어렵다. 이례적 결정을 하기 전에 대통령에게 알려야 한다고 생각했다.

북한 용천역 폭발사고로 인도적 지원을 결정할 때도 대통령에게 전화를 걸었다. 국내 문제가 아닌 대외관계에 대한 판단이었기 때문이었다.

"용천역 폭발사고와 관련해 북한에 인도적 지원을 하겠습니다."

"네. 좋습니다."

권한대행 기간 중 대통령과 한 마지막 통화였다. 전화할 때마다 대통령은 "좋습니다", "그러시죠"라고 간단하게 답했다. 세 번의 통화는 모두 짧았다. 탄핵소추 기간 얼굴을 맞대고 만난 일은 물론 없었다.

권한대행에서 물러나자 "왜 대통령과 따로 만나 얘기도 나누고 하지 않았느냐. 몰래 만나 소회도 묻고 하지 그랬느냐"고 궁금해하는 사람이 있었다. 한가한 질문이었다.

국회에서 탄핵소추안을 의결했고 헌법에 따라 대통령의 권한이 정지됐다. 공식적으로 보고할 수 없었다. 대통령과 내가 따로 만나 국정에 대해 깊이 의논한다면 법을 어기는 일이 된다. 사적 만남이라도 마찬가지다. 대통령이 나에게 업무지시를 했다는 오해를 받는다면 상황은 더욱 악화될 수 있다. 대통령에게도 크게 누가 되는 행동일 뿐이다. 박봉흠 실장을 통한 서면보고, 간단한 전화 통화. 모두 고심 끝에 택한 행동이었다.

정치권과 법조계는 물론 청와대에서 나의 행동과 말 하나하나에 촉각을 세우고 지켜보았다. 고달프기만 한 권한대행 생활이었다.

권한대행, 고난대행

노무현 대통령 탄핵소추 사태가 일어나고 2주 정도가 지난 어느 주말 오후. 전화가 울렸다. 손자(당시 8세)였다.

'아, 맞다. 까맣게 잊고 있었구나.'

피로와 긴장 속에 하루하루를 버티고 있었다. 시간이 어떻게 흘렀는지 몰랐다. 전화로 낭랑한 손자 목소리가 들려왔다.

"할아버지, 왜 전화 안 하셨어요? 두 번이나 빼먹으셨는데. 그래서 제가 전화드렸어요."

"어, 그래? 할아버지가 잊고 전화를 못 했네. 미안, 미안."

바쁜 총리 생활이었지만 틈틈이 손자에게 한자를 가르치고 있었다. 1주일에 한 번씩 손자에게 전화해서 새로 배운 사자성어를 물어봤다. 그리고 내가 더 설명을 해주곤 했다. 총리라는 직분을 잠시 내려놓고 손자 목소리도 듣고 정도 나눌 수 있는, 나에게는 나름 소중한 시간이었다. 아무리 바쁘더라도 매번 주말마다 한 번씩 빼먹지 않았는데, 이번엔 2주일이나 건너뛰었다.

"바빠서 할아버지가 깜박했구나. 그래, 이번 주는 어떤 사자성어를 배웠지?"

손자가 자신 있게 소리쳤다.

"고난대행."

"… 하하하."

웃음이 나왔다. 그러면서도 마음 한 곳이 쓰렸다. 여기저기 언론에서 '권한대행이 고난(苦難) 대행'이란 기사가 실렸다. 8살 어린 손자도 그 얘기를 어디서 주워들었나 보다. 고난대행. 그랬다. 매일이 고난이었다.

"할아버지 많이 힘드시죠? 맨날 할아버지가 TV에 나와요. 그런데 고난대행하면서 월급은 얼마나 더 올랐어요?"

수당 한 푼 더 얹어 주지 않는 '고난대행' 생활이었다. 웃으며 답했다.

"하나도 안 올랐다. 그러니까 네 용돈도 못 올려 준다. 하하!"

이렇게 잠깐이라도 웃을 거리가 있다면 운 좋은 날이었다. 책임감과 걱정으로 잠을 이루지 못하는 날이 대부분이었다.

특히 안보문제가 마음에 걸렸다. 갑작스레 권한대행이 되고 나서 가장 걱정한 것은 우발적으로 남북 간 긴장상황이 발생하는 일이었다. 김대중 정부 시절 북한은 연평(延平)해전을 일으켰다. 대통령 탄핵소추 정국을 틈타 국지적 군사충돌을 감행할 위험이 있었다. 북한에 도발의 구실을 줘서도 안 됐다.

2004년 3월 22일 서울 세종로 정부중앙청사 국무위원 식당에서 점심식사를 겸한 서해접경 해역 조업질서 확립대책 회의를 열었다. 궁리 끝에 나온 방안이었다. 봄 꽃게잡이 철을 맞아 중국 어선의 불법조업을 막는다는 명목으로 회의를 개최했다. 진짜 목적은 따로 있었다. 북한의 무력도발 가능성을 염두에 두고 북방한계선(NLL) 경계를 강화하라고 당부하기 위해서였다. 회의 시작 부분만 언론에 공개하고 핵심 보고사항은 비공개에 부친 이유도 거기 있었다.

반기문 외교통상부 장관, 장승우(張丞玗) 해양수산부 장관, 조영길 국방부 장관, 이승재(李承栽) 해양경찰청장이 참여했다. 안상수(安相洙) 인천시장과 조건호(趙健鎬) 옹진 군수까지 배석하도록 했다. 사흘 전인 3월 19일 국가안전보장회의의 관계부처 대책회의 결과를 종합해서 공유하는 자리이기도 했다.

반기문 외교부 장관이 먼저 보고했다.

"3월 28일부터 30일까지 중국을 방문할 예정입니다. 방중 기간 각종 외교채널을 활용해서 실효적 단속 조치를 강구해 달라고 요청하겠습니다."

장승우 해수부 장관이 현안과 조치사항을 설명했다. 이어 조영길 국방장관의 차례였다.

"중국 어선의 불법조업 상황을 고려해 대응전력을 증강 배치하겠습니다. 또 중국 어선의 NLL 진입을 차단하고, 만약 그런 사태가 벌어진다면 즉각 나포 및 퇴거 조치를 하겠습니다."

조 장관의 핵심 보고사항은 그다음 내용이었다.

"북한 경비정의 NLL 침범을 불허하고 대응지침에 의거해 NLL을 수호하도록 하겠습니다. 중국 어선 단속과정에서 남북의 우발적 충돌이 일어나지 않도록 조치할 계획입니다. 이를 위해 남북 장성급 군사회담을 개최하는 방안을 추진하겠습니다."

이승재 청장의 보고까지 끝나자 준비했던 당부사항을 말했다.

"NLL에서의 남북 간 우발적 충돌이 없도록 대책을 마련하세요. 그와 동시에 만반의 대비태세를 확립해야 할 것입니다."

그런데 내가 가장 걱정했던 남북관계에 전혀 예상치 못한 일이 일어났다. 2004년 4월 22일 북한 평안북도에서 발생한 경의선 용천역 폭발사고였다.

용천역 폭발사고와 불면의 밤

저녁모임을 마치고 삼청동 총리공관으로 돌아왔다. 관저 거실 안 흔들의자에 앉아 버릇처럼 TV 뉴스 채널을 켰다. 저녁 8시쯤 됐을까. 북한 용천역에서 폭발사고가 발생했다는 CNN 속보가 떴다. 심장이 덜컥 내려앉았다.

'김정일 국방위원장이 중국 방문을 마치고 특별열차편으로 돌아온다고 하지 않았나. 설마 ….'

동시에 거실에 있던 팩스의 소리가 분주하게 울리기 시작했다. 국가안전보장회의 사무처, 국방부 등에서 급히 보낸 정보보고였다.

'2004년 4월 22일 하오 1시께 북한 평양 북방 약 150㎞ 정도 떨어진 평안북도 용천군 용천역에서 대규모 폭발사고 발생. 김정일 국방위원장이 탄 특별열차가 사고지점을 지났는지 여부와 통과시간은 현재 확인되지 않음. 폭발사고 규모와 원인은 ….'

팩스 종이를 쥔 손이 떨렸다. 바로 수화기를 들었다. 외교안보 라인에 전화를 돌렸다.

"김정일 신변이 어떤지가 가장 중요합니다. 수단과 방법을 가리지 말고 알아본 뒤 즉시 보고하세요."

그날 밤, 누워 봐도 잠이 올 리가 없었다. 관저의 거실로 나가 흔들의자에 다시 앉았다. CNN 채널을 켰다 껐다 했다. 그때까지 확실한 것은 없었다.

'폭발사고로 김정일이 만약 죽었다면, 그럼 친(親)중국 군사정권이 들어설 수밖에 없다. 남북 간 긴장관계가 심해지면 어떻게 되나.'

김정은이 등장하기 한참 전의 일이다. 후계구도는 윤곽도 드러나지 않은 때다.

'김정일의 사망이라고 하는 급변사태가 일어난다면….'

우리가 할 수 있는 일이, 쓸 수 있는 수단이 머리에 떠오르지 않았다.

남북 간 대화가 완전히 단절된 시기는 아니었다.

'최악의 상황이 닥치면 1947년 UN 총회의 결의사항을 내세워 남북 총선거를 하자고 제안해야 하나. 그 조항이 지금도 유효한가.'

심지어 고민은 거기까지 치달았다. 밤을 새면서 '제발 김정일이 안 죽었으면…' 하고 바랐다.

얼마나 시간이 지났을까. 창에서 뿌옇게 빛이 새어 들어왔다. 오전 4시쯤 기다리던 소식이 CNN 속보로 보도됐다. 엇비슷한 시간 팩스로 들어온 정보보고도 같은 내용이었다.

'… 김정일 국방위원장은 평양에 도착. 신변에는 이상이 없는 것으로 확인.'

그제야 의자 뒤로 몸을 기대며 한숨을 내쉬었다.

'다행이다.'

23일 오전 용천 재해대책 관계장관 회의를 소집했다. 반기문 외교통상부 장관, 조영길 국방부 장관, 정세현 통일부 장관, 고영구(高泳耉) 국정원장, 한덕수 국무조정실장은 물론 이헌재 경제부총리 등 경제 장관까지 불렀다. 내가 먼저 발언했다.

"우선 인도적 지원을 합시다. 북한의 요청이 있든 없든 상관없습니다. 동포애(同胞愛)로 접근해야 해요. 의약품 등 구호품을 대한적십자사를 통해 북한에 전달하도록 합시다. 북한이 희망한다면 시설 복구까지 해주도록 합시다."

2004년 4월 22일 평안북도 용천의 용천역에서 원인을 알 수 없는 폭발사고가 일어나
160여 명이 사망했다. 용천역에서 200m 쯤 떨어진 용천(북한 표기로는 룡천) 소학교에서만
어린이 70여 명이 숨졌다. 사진은 건물 형체만 남은 용천소학교의 모습이다. 〈중앙일보〉

그리고 반기문 외교부 장관에게 물었다.

"지원 금액은 얼마로 하는 게 좋겠습니까?"

"30만 달러 정도가 적당할 것 같습니다."

"좀 부족한 것 같은데요."

"50만 달러 정도는 어떨까요?"

"중국은 어느 정도 할까 모르겠네요. 그래, 100만 달러로 합시다."

나중에 따져 보니 100만 달러는 잘한 결정이었다. 중국이 96만 달
러 물품을 지원했다. 외교부가 쓸 수 있는 돈은 그리 많지 않았다.
반기문 장관이 큰 예산을 선뜻 내놓기 어려웠을 거다. 하지만 30만~
50만 달러를 지원했다면 같은 동포국가로서 체면이 안 설 뻔했다.

회의는 1시간 만에 끝났다. 경제부처 장관들은 회의실에서 내보
냈다. 통일·외교·국방장관과 국정원장에게만 "잠깐 앉으시라. 회
의를 조금만 더 하겠다"고 했다. 긴히 물어볼 게 있었다.

"제가 어제 한숨도 못 잤어요."

다들 표정이 이상했다. 왜 내가 잠을 못 잤는지 이해하지 못하는 얼굴이었다. 아, 혼자만 잠을 설쳤나 보다. 고민은 대통령 권한대행 혼자만의 몫이었나 보다. 저절로 한숨이 나왔다.

"김정일이 죽었으면 … 급변사태로 이어졌다면 어떻게 했을 겁니까. 무슨 대책이라도 구상해 둔 게 있습니까."

"…… ."

회의장에 침묵만이 흘렀다. 한국의 외교안보를 책임지는 수장들이 입을 다물고 아래만 쳐다보던 그 풍경, 지금도 잊지 못한다. 그후 한국과 미국이 '작전계획 5029'를 내놓았지만 한반도 미래전략이 아닌 군사계획일 뿐이다.

이제 다시 한국의 외교·안보를 지금 책임지고 있는 사람들에게 묻고 싶다.

"한반도 미래전략이 있습니까?"

대통령의 귀환, 그리고 사퇴 표명

"총리님, 요즘 시중에 이런 얘기가 돕니다."
한덕수 국무조정실장이 낮고 조용한 목소리로 말을 건넸다. 한 실장이 가지고 온 보고서류를 읽다가 그를 쳐다봤다.

"무슨 얘기 말입니까?"

2004년 4월 어느 날. 서울 세종로 정부중앙청사 총리집무실엔 그와 나만 앉아 있었다. 누구 들을 사람도 없는데 한 실장은 목소리

556

를 한껏 가라앉히며 답했다.

"탄핵으로 재결이 나면 그때는 권한대행을 하는 현직 총리가 (대통령 선거에) 나올 수밖에 없지 않느냐는 얘기가 있습니다."

"절대 안 될 일입니다. 내가 권한대행으로 국가를 책임지고 관리하는 사람인데 누구한테 맡기고 입후보합니까."

"아, 그것도 그렇네요. 그럼 국정운영은 경제부총리한테 맡겨야 하는 겁니까?"

"말도 안 돼요. 위기관리를 끝까지 책임지는 것이 내 소명입니다."

탄핵사태가 일어난 지 한 달 정도 지났다. 2004년 4월 15일 17대 국회의원 선거는 무사히 치러졌다. 열린우리당의 승리였다. 탄핵 역풍의 영향이었다.

이제 정치권의 시선은 헌법재판소로 몰렸다. 노 대통령의 탄핵 소추안에 대해 헌재가 어떤 결정을 내릴지를 놓고 말들이 많았다. 대통령을 대신해 일하다 보니 TV 뉴스만 틀면 내 얼굴, 신문만 펴면 내 기사가 나왔다. 청와대 386 참모들의 속이 부글부글 끓었다고 한다. "청와대로부터 압박을 받는다"는 국무조정실 간부들의 보고가 자주 올라오기 시작한 것도 그때쯤이었다.

헌재의 탄핵심판까지 시한이 남았지만 총리의 향후 행보에 대해 밝힐 필요가 있었다. 한덕수 실장에게 이미 "총리에서 물러나고 미국에서 공부할 곳을 물색해 달라"고 요청한 터였다. 한 실장을 다시 불렀다.

"긴히 부탁할 게 있어요. 전에 제가 부탁드린 미국의 대학, 알아보고 계시죠? 그 사실을 언론에 흘려주셨으면 합니다."

"… 네. 알겠습니다."

헌법재판소가 탄핵심판 사건을 기각하고 나흘이 지난 2004년 5월 18일 노무현 대통령은
복귀 후 첫 국무회의를 열었다. 회의 시작 전에 나와 이헌재 경제부총리(오른쪽) 등이
박수를 치자 노 대통령이 고개를 숙여 인사하고 있다. 〈중앙일보〉

　　얼마 후 신문에 기사가 났다. 4월 20일 기자단 만찬이 있었다.
당연히 그 질문이 나왔다.
　　"맡겨진 역할을 수행하고 '재수(再修) 총리'를 졸업한다는 것은 지
난해부터 해온 얘기입니다. 그때의 역할이란 게 17대 총선의 공명관
리였는데 여기에 탄핵정국이 붙었으니 그것까지는 끝나야 할 것 같
습니다. 졸업 시기는 5월 중순에서 6월 이전으로 생각하고 있어요."
　　5월 14일 오전 10시 헌법재판소는 노 대통령 탄핵심판 사건을 "기
각한다"고 결정했다. 63일간 무거웠던 권한대행의 짐은 그렇게 내
려놓게 되었고 노 대통령은 대통령직에 복귀했다.
　　그날 저녁 6시 30분 청와대 관저에서 만찬이 열렸다. 내가 청와
대에 전화로 요청해 이뤄진 저녁자리였다. 권양숙 여사, 청와대의
김우식 비서실장, 이병완(李炳浣) 홍보수석이 참석했다.
　　권한대행 기간 중 국정처리 사항을 정리한 사무인계서를 준비해
갔다. 딕 체니 미 부통령 방한 결과와 최근 국내 경제상황, 특히

정부 초기 만든 6자회담의 진전 상황에 대해 구두로 설명했다.

"그동안 얼마나 마음고생이 크고 답답하셨습니까?"

"정말 고생이 많으셨습니다. 총리께서 너무 큰 책임을 지셨던 것 같습니다. 훌륭히 국정운영을 해주신 것을 고맙게 생각합니다."

"1년 3개월간 총리를 열심히 하느라고 했지만 별 도움을 드리지 못한 것 같습니다."

답을 한 뒤 본론을 꺼냈다.

"저 스스로 1기 총리의 임기를 총선이 끝나고 새 국회가 개원하기 전까지로 생각해왔고, 이제 그때가 됐으니 졸업시켜 주시길 바랍니다."

"그동안 열심히 잘해 오셨는데 계속하는 것이 맞지 않습니까?"

노 대통령은 두 차례 만류했다. 진짜 거절의 뜻이 아니라는 것은 잘 알고 있었다. 이미 청와대 고위 관계자가 "김혁규 전 경남 도지사가 후임 총리로 유력하게 검토되고 있다"고 말했다는 보도가 나오고 있었다. 후임 총리 지명 시기는 20일쯤이라는 분석도 따라붙었다. 내 대답은 변함이 없었다.

"대통령이 큰 강을 건넜으니 말을 바꾸는 것이 순리라고 생각합니다. 대통령이 새로운 국정운영의 틀을 만드실 수 있는 편리한 시기에 졸업시켜 주시길 바랍니다."

노 대통령은 내 말에 공감했다. 모든 언론은 "대통령이 총리의 사의를 가납(嘉納·기꺼이 받아들임)했다"고 보도했다. 그렇게 잘 마무리됐다고 느꼈다. 하지만 나만의 생각이었다.

신임각료 제청 거부

"차 한잔 하시죠."

국무회의가 끝나고 청와대 세종실을 나오는데 노무현 대통령이 말을 건넸다. 차 한잔. 단 둘이 얘기를 나누자는 신호다.

"네. 그러시죠."

2004년 5월 18일 대통령이 복귀하고 처음 연 국무회의였다. 나흘 전 만찬에서 사의를 밝혔고, 대통령도 받아들였다. 이미 나는 물러나는 총리였다. 언론도 다 그렇게 보도했다. 집무실에서도 짐을 싸고 인수인계를 준비하는 게 주로 하는 일이었다. 그런데 무슨 할 말이 있을까 싶었다.

별실에 마주 앉았다. 대통령이 입을 열었다.

"통일부 장관과 복지부 장관을 경질하는 인사를 하려고 합니다. 김근태 의원이 통일부 장관을 희망하고 있지만, 복지부 장관으로 내정했어요."

그의 말을 들으면서 속으로 생각했다.

'왜 나한테 개각에 대해 설명하는 거지?'

의문은 바로 풀렸다.

"새 장관들을 임명제청해 주십시오."

1998년 김대중 정부 조각 때 물러나는 총리로서 각료 제청권을 행사했다. 김종필 서리의 총리 임명이 국회 반대로 늦어졌고, 국정 공백사태를 방치할 수 없어 불가피하게 나섰었다. 이제는 상황이 달랐다. 내가 제청하지 않더라도 국정 혼란이나 법적 다툼을 걱정할 일이 없었다. 정중하지만 단호하게 거절했다.

"물러나는 총리가 신임 장관을 제청할 수 없습니다."

대통령이 놀란 얼굴로 나를 바라봤다. 나는 다시 말했다.

"새로 임명된 총리가 신임각료를 임명제청하는 게 좋겠습니다."

그의 얼굴이 갑자기 굳어졌다. 그래도 그걸로 결말이 난 줄 알았는데 아니었다. 김우식 대통령비서실장이 나를 찾아오기 시작했다. 19일과 21일 나를 만나 "각료 제청권을 행사해 달라"는 대통령의 뜻을 다시 전했다. 그때마다 내 답은 "안 된다"였다.

그즈음 청와대가 총리에게 신임각료 제청을 요구했고, 내가 거부하고 있다는 보도가 나오기 시작했다. 23일 김우식 비서실장이 기자들과의 오찬에서 그 사실을 확인해 줬다.

더 이상 내가 입을 다물고 있을 순 없었다. 김덕봉(金德奉) 총리 공보수석을 통해 입장을 밝혔다. 김우식 실장과 두 차례 만난 사실을 인정했다. "김 실장에게 '헌법상의 국무위원 임명제청권 제도의 취지에 비춰 물러나는 총리가 신임 장관을 임명제청하는 것은 바람직하지 않다'고 고사했고, 그 입장은 지금도 변함이 없다"고 했다.

다음날인 5월 24일 오전 11시 30분 서울 세종로 정부중앙청사 집무실에 있는데 김우식 비서실장으로부터 연락이 왔다. 세 번째 면담 요청이었다. 노 대통령 나름의 삼고초려(三顧草廬·세 번 찾아 간청함)였나 보다.

"제가 총리실로 가겠습니다."

"아니, 기자들이 보면 어떡합니까. 그러지 말고 공관으로 오세요."

예정돼 있던 점심 약속을 서둘러 취소하고 삼청동 총리공관으로 갔다. 공관 뒷문을 열어 둘 테니 그쪽 통로를 이용하라고 일러 뒀다. 청와대 비서실장 관저에서 나오면 공관 후문으로 연결되면서 눈에 잘 안 띄는 길이 있다. 기자들의 눈을 피하는 게 가능했다.

김우식 실장이 공관 집무실로 들어왔다. 장관 제청을 할 수 없는 이유를 정리한 문서 원본과 복사본을 책상 위에 펼쳐 놓고 그에게 차근히 설명했다.

"헌법학자 · 정치인 · 언론인을 두루 만나서 제청권 행사에 대해 의견을 들었습니다. 한결같이 물러나는 총리가 제청권을 행사하는 것은 순리가 아니라는 점을 지적했어요. 사퇴하는 제가 새 장관을 제청하면 헌법정신에도 어긋나고 국정을 편법으로 운영하는 게 됩니다."

'대통령이 총리의 사의 표명을 가납했다'는 보도가 며칠 전 대대적으로 나왔다. 굳이 사표를 쓸 필요는 없었다. 하지만 대통령이 장관 제청을 계속 요청하는 상황에서 내 입장을 상기시켜야겠다는 생각에 직접 사표를 썼다. 사표 한 장과 장관 제청을 할 수 없는 이유를 적은 원본 한 장. 그렇게 두 장 종이를 접어 봉투에 넣어 김 실장에게 줬다.

"대통령께 전달해 주십시오."

공직생활 30여 년을 마무리하는 일곱 번째 사표였다.

일곱 번째 사표

사표는 노무현 대통령에게 갔다. 일곱 번째이자 마지막 사표다. 1962년 내무부에서 공직생활을 시작했다. 그만두고 또다시 들어가기를 반복했지만 공직에서 보낸 시간이 30여 년이다. 소신과 원칙,

各 界 意 見

□ 辭退를 旣定事實化한 總理가 새長官의 提請權을 행사
하는 것은 憲法精神과 趣旨를 毁損한다는 專門家들의 指摘

※ 慶熙大 Y敎授
"實質的으로 新任總理가 行使해야할 權限을 事前에 遮斷
한다는 側面에서 憲法精神에 맞지 않는 便法運營이다."

※ 高麗대 J敎授
"憲法上 保障된 總理의 閣僚提請權을 無力化시키는 處事
이다. 憲法精神上 總理의 閣僚提請權은 大統領의 閣僚
人事權을 牽制하기 위해 있는 것인데, 辭任할 總理에게
提請權을 行使하게 하는 것은 이같은 憲法趣旨에 전혀
맞지 않는 것이다."

□ 떠나는 總理가 提請權을 行使하는 것은 矛盾이며
新任總理가 新任閣僚에 대한 提請權을 갖는 것이
順理이고 合理的이라는 政治人들의 指摘

※ 總理問題를 正面突破 해야하는데 그렇게 便法으로
改閣할 수는 없다. - 여당 M當選者

※ 次期總理 問題를 슬기롭게 풀어야 하는 것이 優先이다.
- 여당 C議員

※ 特別히 時急하게 改閣할 理由가 없으며 新任總理가
提請해도 늦지 않다. - 여당 J議員

사표와 함께 노무현 대통령에게 전달한
장관 제청을 할 수 없는 이유를 적은 문서.

두 가지로 버틴 세월이었다. 물러나는 국무총리가 각료 제청권을
행사한다면 헌법정신을 어기는 일이 된다. 권한대행으로 일하며 원
칙의 중요성을 더 깊이 새겼다.

노 대통령이 왜 나에게 자꾸 장관을 제청해 달라고 요청하는지
이해할 수 없었다. 서둘러 개각해야 할 이유가 없었다. 지금 장관
들에게 문제가 있는 것도 아니었다.

청와대는 "정치상황 변화에 따른 조기 개각"이라고 밝혔다. 집권
여당 내 정치 역학구도에 따라 일시적으로 개각 수요가 생겨났다는
설명이다. 그렇다고 해서 법과 원칙을 무시해선 안 된다.

김우식 실장 편에 사표와 함께 청와대로 보낸 문서도 문제가 됐

다. 장관 제청을 할 수 없는 이유를 적었고 조언을 해준 사람을 'Y 교수', '여당 C 의원' 등 익명으로 표기했다. 청와대가 국가정보원 등을 통해 이들이 누구인지 색출에 나섰다. 국무조정실 사람 몇몇 이 조사받기도 했다. 총리를 그만두고 나서 전해들은 얘기다. 적잖 이 마음이 불편했지만 참는 수밖에 없었다.

다음날인 2004년 5월 25일 오전 8시 50분쯤 청와대 세종실에 들 어섰다. 천천히 한 바퀴 돌며 국무위원들에게 악수를 청했다.

이헌재 경제부총리가 자신이 매고 있는 넥타이를 들어 보이며 말 을 건넸다.

"오늘은 밝은 넥타이를 매고 와야 할 것 같았습니다."

후임 총리가 임명될 때까지 총리대행을 하게 될 그다.

강금실 법무부 장관이 웃으며 말을 했다.

"저에게 허락도 안 받고 그만둬도 되나요?"

재치 있는 사람이다. 나도 웃으며 답했다.

"아…. 법무부 장관에게 허락의 법적 절차를 밟아야 하는 건가요?"

그렇게 한 바퀴를 다 돌고 다시 세종실 입구로 걸어나갔다. 오 전 9시가 다 되자 회의장으로 오는 노 대통령이 보였다. 그를 맞 이한 후 나란히 걸어 회의실로 들어갔다. 총리석에 앉았다. 보통 총리가 국무회의 개회선언을 한다. 말을 꺼내기 전 고개를 들어 노 대통령 쪽을 봤다. 그도 나를 보고 있었다. 눈이 마주치자 그 가 말했다.

"인사 말씀을 하시죠."

지금 이임인사를 하란 얘기다.

'그 시간이 왔구나.'

2004년 5월 25일에 국무회의에서 "저는 물러갑니다. 그동안 수고 많이 하셨습니다" 라는 이임인사를 남기고 회의장을 떠났다. 뒤로 노무현 대통령과 이헌재 경제부총리 등이 서 있다. 〈중앙일보〉

　이임사를 적어온 종이를 안주머니에서 꺼내 펼쳤다. 표정을 가다 듬으려고 노력했다. 하지만 목소리까지 숨길 수는 없었다.

　"그동안 감사했습니다."

　목소리가 떨렸다. 다시 숨을 들이마시고 얘기했다.

　"(노무현 정부) 첫 번째 총리로서 17대 총선을 관리하고 새 국회 가 구성되는 직전 시점이 마칠 시기라고 생각했습니다. 이런 뜻을 대통령이 가납해 주셔서 짐을 벗게 됐습니다."

　마지막 인사다.

　"저는 물러갑니다. 그동안 수고 많이 하셨습니다."

30여 년의 공직생활은 이렇게 끝이 났다. 정치권과 언론에서 내가 정치를 할 거다, 아니다를 놓고 말이 많았다. 신경 안 썼다. 이번이 마지막 사표라는 사실은 내가 가장 잘 알았다.

자리에서 일어났다. 국무위원 모두가 같이 일어나 박수를 쳤다. 등을 돌려 회의장 문을 향했다. 짧은 시간이지만 공무원으로 일하며 겪은 많은 장면이 스쳐갔다. 공직 30년. 긴 세월이었지만 어느새 흘러갔다. 사표를 쓰고 다시 공직에 들어서고 7번을 반복했다. 이번이 마지막 공직이었다. '몽돌과 받침대'가 생각났다.

제 15 장

왜 대선에 출마하지 않았는가?

우민(又民), 시민으로 다시 돌아가다

서울시장 임기 내내 나는 한 질문에 시달렸다.

"시장선거에 다시 출마할 겁니까?"

"그렇지 않습니다."

국정감사나 시정(市政) 질의 자리에서 30번 넘게 같은 대답을 해야 했다. 한광옥 당시 새천년민주당 대표에게 다음과 같은 뜻의 서신을 보내기도 했다.

'불출마의 공언을 거둬들일 수가 없습니다. 지난 3년 전 당의 부름을 받아들여 시장선거에 나섰던 것은 10여 년 전 임명직 시장 시절 구상했다가 타의로 물러나면서 다하지 못했던 일들을 마무리하기 위해서였습니다. 이제 제 역할을 다했다고 생각합니다.'

다른 물음을 던지는 사람도 있었다. 2000년과 2001년 사이의 일이다. 권노갑 민주당 최고위원과 만났다. 남산이 내다보이는 신라

567

호텔 일식집의 별실이었다.

"앞으로 어떻게 하시려고 합니까?"

또 시장 '삼수'(三修)에 대한 애기인가 했다.

"저는 약속한 대로 다음 시장선거에 출마하지 않겠습니다."

그런데 권 위원이 의외의 말을 했다.

"아니 그 애기 말구요."

그는 대선출마에 대해 물은 것이었다. 놀랐다. 내 의중(意中)을 솔직하게 말했다.

"호남출신의 김대중 대통령이 당선되면서 국민은 대탕평 인사를 통해 지역감정 대립을 해소할 것으로 기대했습니다. 그런데 탕평 인사를 하려고 노력했지만 결과적으로는 국정원의 차장급 세 사람을 전부 호남출신으로 인선하지 않았습니까. 그때부터 지역감정이 오히려 더 나빠졌습니다. 그런 상황에서 호남출신으로 알려진 내가 대선에 뜻을 두고 움직인다는 것은 도리에 맞지 않습니다."

권 위원과의 만남은 그렇게 일단락 났다.

얼마 후 강원용(姜元龍) 목사가 나에게 차 한잔 하자고 연락했다. 그와는 공동체의식개혁 국민운동협의회 등 시민단체에서 활동하며 자주 만났던 사이였다. 강 목사의 종로구 재동 사무실에서 만났다.

"아무리 생각해 봐도 고 시장이 짐을 지는 수밖에 없겠어요. 그 뜻을 내일 김대중 대통령에게 건의하려고 하는데 사전에 본인한테는 얘기해야 할 것 같아서 만나자고 했어요."

"김 대통령에게 그 말씀을 드리지 마십시오."

강 목사는 놀란 표정을 지었다. 나는 권 위원을 만난 일을 얘기했다. 그런데 강 목사는 이튿날 DJ를 만나 나를 대선후보로 천거했다.

2002년 6월 29일 이임식을 마치고 서울시청을 떠나는 모습. 다음날 일본 요코하마 한·일 월드컵 폐막식 참석을 끝으로 시장 임기를 마무리했다. 〈중앙일보〉

강 목사의 말에 DJ는 단 한마디 대답을 했다고 한다.

"고 시장은 호남출신 아닙니까?"

그리고 1년여 지난 2001년 말, 강 목사가 다시 내게 만남을 청했다.

"아무래도 안 되겠어요. 김 대통령에게 또 얘기하려고 합니다."

나는 또 만류했지만 그는 DJ를 만났다. 이번엔 그는 DJ의 대답이 무엇이었는지 나에게 전해 주지 않았다. 하지만 결과가 무엇인지 충분히 짐작할 수 있었다.

서울시장의 임기 마지막 날인 2002년 6월 30일. 나는 요코하마에서 열린 한·일 월드컵 폐막식에 참석했다. 시장으로서 마지막 일정을 일본에서 마쳤다. 7월 1일 인천공항으로 돌아올 때 나는 이미 시장이 아닌 서울시민 중 한 사람이었다. 우민(又民·다산연구소가 정해 준 나의 호, '다시 또 시민'이란 뜻)으로 돌아왔다.

기성정치의 벽

2005년 2월 어느 날 서울 동교동 김대중 전 대통령 자택. 김 전 대통령과 단둘이 자택 응접실에 마주 앉았다. 다음달인 3월 16일 나는 미국 하버드대 케네디스쿨(행정대학원) 초청으로 강연할 예정이었다. 김 전 대통령은 과거 이 대학에서 연설했다. 먼저 강연한 선배에게 조언을 구해 보자는 생각에 찾아갔다.

"어, 고 총리. 지금 나이가 어떻게 돼요?"

"1938년생에 만으로 67세가 됩니다."

대답을 듣더니 그는 가만히 뭘 계산했다. 내 나이를 따져 보는 것 같았다. 제17대 대통령 선거에 도전한다면 2007년 내 나이는 만 69세, 제18대 대선에 나선다면 2012년 만 74세가 된다. DJ는 대통령에 당선된 1997년에 만 73세였다.

'대선에 나가겠다'고 말 한 번 한 적 없는데 2007년 대권후보로서 내 지지율이 치솟기 시작한 시기였다. 나를 지지하는 모임이 우후죽순(雨後竹筍)처럼 생겨났다.

'정중동'(靜中動). 언론은 내 행보를 그렇게 표현했다. 사실 '정중정'(靜中靜)이었다. 다산연구소 고문직에 국제투명성기구 자문위원직만 맡았을 뿐 사회활동은 거의 안 했다. 해외 대학에서 강연 요청이 와서 두세 건 응한 게 다였다. 국내에서 강연은 일절 하지 않았다.

2004년 5월 25일 국무총리 자리에서 물러나며 "1년 동안 일절 인터뷰에 응하지 않겠다"고 밝혔다. 대외활동을 하지 않겠다는 공언이었다. 노무현 대통령에 대한 예의라고 생각했다. 1년이 지났고 내 잠행(潛行)은 어느새 1년 6개월로 이어지고 있었다.

그런데 국민들로부터 과분한 지지와 사랑을 받았다. 활동도 안 하고 출마의사도 표시를 안 했는데 지지율 1위를 달렸다. 17대 대선을 앞두고 당시 이명박·박근혜·정동영·손학규 등 여야의 경쟁자 중 지지율 1위를 달리는 선두주자였다. 2005년 말, 2006년 초 내가 짊어져야 할 역할이 있다고 판단했다. 소명의식을 느꼈다. 나는 2007년 대선출마를 결심했다.

'국민의 기대에 부응해 새로운 정치를 해야겠다.'

2006년 7월 23일 강원도 평창군 진부면. 수해로 농가 앞마당에 들이닥친 진흙을 삽으로 퍼냈다. 그러자 요란하게 카메라 셔터 소리가 울렸다. 기자가 많았다. 웃으며 다시 한 번 흙을 퍼올렸다. 나를 지지하는 모임인 '우민회' 회원 2백여 명과 함께 수해복구 봉사활동을 하러 평창에 갔다. 숨이 가쁘고 어지러웠지만 참았다.

그날 찍은 사진을 보고 나 자신도 놀랐다. 병색이 완연했다. 늘 보던 낯빛이 아니었다. 나는 폐렴을 앓고 있었다. 의사도 원인균을 모르겠다고 했다. 약물치료를 받고 있었지만 좀처럼 낫지 않았다.

피로감이 커지고 있었다. 아픈 몸 때문만은 아니었다. 기성정치의 벽은 너무 높았다. 이념과 계층, 지역 간 갈등이 심각했다. 통합의 리더십이 필요했다. 국민이 나에게 바라는 것이기도 했다. 나는 국민대통합 신당을 추진했다. 중도·실용·개혁의 새 정치에 뜻을 같이하는 양심적인 사람들과 대안 정당을 만들려고 했다.

2006년 말 나는 정치인들에게 원탁(圓卓)회의를 제시했다. 기득권을 내려놓고 새로운 정치를 위해 원탁회의에 나와 허심탄회하게 얘기하자고 제안했다. 하지만 기성정치인과 정당의 호응은 적었다.

국회의원 선거까지 2년여 시간이 남아 있었다. 미리 정치적 입지를 결정하는 위험부담을 현역의원들은 지지 않으려고 했다.

2006년 11월 13일 열린우리당 문희상 전 의장과 대학로 일식집 '석정'에서 만났다. 내 구상을 설명했다.

"당을 재건축해야 합니다."

"리모델링 정도면 충분하지 않을까요."

문 전 의장의 반응은 미지근했다. 김한길·김영환·이낙연·정동영·김근태·안영근·최인기·신중식 등 전·현직 의원을 접촉해 설득했다. 역시 반응은 비슷했다. 나의 피로감은 극에 달했다.

보길도 세연정(洗然亭)에서 마음을 씻고 …

2007년 새해를 맞았다. 대선출마 여부에 대한 내 입장을 밝혀야 했다. 나는 2주일 동안 칩거하며 장고(長考)에 들어갔다. 2006년 10월 9일 북한은 핵실험을 했다. 내 지지율은 하강곡선을 그렸다.

나는 호남출신이어서 천시(天時) 지리(地利) 중에 지리는 없는 사람이므로 영남에서의 25% 지지 없이는 수학적으로 당선이 어려웠다. 또한 새 정치를 향한 열망보다 '보수의 잃어버린 10년', '영남의 잃어버린 10년'이란 정서가 너무 강했기에 천시도 안 맞았다. 영남에서 내 지지율은 급락했다. 나는 정치적 구심력을 상실했고 독자적 세력을 확보하는 데 실패했다. 대선출마의 뜻을 접기로 했다.

2007년 1월 16일 오전 10시 기자회견을 열기로 했다. 동숭동 집에서 나오는 골목부터 지지자들이 나를 막아섰다.

2007년 1월 16일 오전 서울 종로구 연지동 여전도회관에서 대선 불출마 기자회견을
하려 했으나 반대하는 지지자들의 저지로 엘리베이터에서 내리지 못하고 있다.

"대선 포기는 안 됩니다. 기자회견은 절대 안 됩니다."

그들은 소리쳤다. 실랑이 끝에 간신히 차를 탔다. 내 사무실이
있는 종로구 연지동 여전도회관 지하주차장에 도착했다. 무거운 마
음으로 엘리베이터를 탔다. 회견장이 있는 14층에서 엘리베이터 문
이 열렸다. 지지자들과 취재진이 얽혀 있었다. 수십 명이 나를 둘
러쌌다. 엘리베이터에서 나갈 수가 없었다. 지지자들이 "대선 포기
는 무효!"라고 외쳤다. 나는 질끈 눈을 감았다.

김덕봉 전 국무총리 공보수석에게 기자회견문을 대신 읽어 달라
고 부탁했다.

"기성정치권의 벽이 지나치게 높아 저로서는 역부족임을 실감하
고 불출마하기로 결정했습니다."

나는 엘리베이터에서 못 내린 채 지하층으로 다시 내려가 주차돼
있던 차에 몸을 실었다. 기사에게 말했다.

"남해안으로 갑시다."

차 안에서 50여 통 전화를 했다. 미처 상의하지 못한 후원자들에게 불출마 이유를 설명했다.

6~7시간 달렸을까. 나는 짙푸른 바다를 바라보며 서 있었다. 경상남도 통영시였다. 한산도에 가려고 했지만 배 시간이 맞지 않았다. 발길을 돌려 이순신(李舜臣) 장군의 족적이 어른거리는 세병관(洗兵館)을 찾았다. '병기와 말을 씻어 두고 전쟁이 일어나지 않길 바란다'는 두보의 시 '세병마'(洗兵馬)에서 따온 이름이었다.

세병관을 나와 강진 고려청자 도요지 전시관으로 향했다. 사람들 눈에 안 띄려고 모자를 깊게 눌러썼다. 전시관 안에 들어갔다. 사진 하나가 눈에 들어왔다. 전남 도지사 시절 청자 도요지를 복원하는 기공식에서 삽을 들고 있는 젊은 내 모습이 담겨 있었다. '숨기가, 잠행하기가 참 어렵구나' 생각했다.

다음 여정은 보길도였다. 고산 윤선도(尹善道)가 지은 정자 하나와 마주쳤다. 세연정(洗然亭)이었다. '자연으로 마음을 씻으라(然洗)는 뜻인가'라고 짐작했다.

그렇게 3일을 남해안에서 보내고 상경했다. 집 근처 마로니에 공원에서 지지자 5백여 명이 "돌아오라"며 시위를 벌이고 있었다. 멀리서 그 광경을 본 뒤 집으로 발길을 돌렸다.

1월 20일 전화가 왔다. 정세현 전 통일부 장관이었다. 그와 대학로 중국집 '진아춘'에서 만났다.

"불출마 뜻을 번의해 주십시오. 김대중 전 대통령의 뜻입니다."

DJ는 그때 처음 나를 지지한다는 뜻을 전한 것이었다. 하지만 대답은 같았다.

"새로운 정치를 하기 위해 대안정당을 만들려고 했습니다. 기득권을 버리고 원탁회의를 제안했지만 기성정치권의 호응이 없었습니다. 뜻을 접을 수밖에 없었습니다."

직업정치인이었다면 '고맙다'고 수락했을 것이다. 하지만 나는 직업정치인이 아니었다. 국민의 지지에 부응해야겠다는 소명의식에 정치를 시작했을 뿐이다. 열린우리당, 민주당에 들어가 공천지분권이나 즐기면서 구태정치에 몸을 담그기는 싫었다.

사실 낙선을 감수하고서라도 기성정당의 후보로 출마해 짐을 져야 한다는 생각도 잠시 했다. 당을 혁신하고 새 정치를 위한 추동력을 발휘할 수 있다는 조건이 갖춰진다면 말이다. 그 추동력은 차차기 대선후보여야 가질 수 있었다. 5년 후인 2012년 나는 만 74세가 된다. DJ가 대통령에 당선됐을 때도 만 73세였다. 차차기 대선은 나에게 노욕(老慾)이었다. 언론은 '새 정치를 표방한 제 3후보의 정치적 좌절', '권력의지가 약한 비정당정치인의 중도하차'라고 했다. 틀린 얘기가 아니었다.

1월 21일 늦은 밤. 추위가 매서웠다. 집 앞에 10여 명 시위대가 철야농성을 하고 있었다. 엄동설한에 밖에서 밤을 새우게 둘 수 없었다. 자정을 넘긴 시간, 그들에게 다가갔다. '다다미'라는 집 근처 작은 국숫집으로 함께 갔다. 소주와 국수로 몸을 데웠다. 그리고 말했다.

"미안합니다. 기성정당에 들어가 출마해도 호남인으로서 수학적으론 당선이 불가능합니다."

그중 한 사람이 반문했다.

"DJ는 당선되지 않았습니까?"

"… DJ 때는 이인제 후보가 있어 가능했던 겁니다."

그들을 돌려보냈다. 집으로 발걸음을 옮겼다. 새벽 찬바람이 얼굴을 스쳤다.

눈을 감았다. 공인으로 보낸 지난날들이 머리를 스쳐갔다. 지금까지 걸어온 길은 운명이 아니라 나의 선택이었다. 그렇게 나는 한 시민으로 돌아가는 우민(又民)의 길을 선택했다.

열정과 배려는 공직자의 영혼이다[*]

대선출마를 포기하는 과정의 이야기는 왜 서둘러 마무리하셨는지요?
공인으로서 제일 큰 실패였고 마지막 실패였습니다. 나름대로 대선출마의 뜻을 접게 된 이유만은 분명히 얘기했다고 생각합니다.

예전에 "대통령의 꿈이 있었느냐"는 질문에 "모르겠다"고 답한 것을 '꿈은 있었지만 대통령을 향한 권력의지가 분명히 있었는지 모르겠다'고 해석해도 될지요?
그렇다고 대답할 수 있겠지요. 나랏일에 대한 열정은 누구보다도 뜨거웠습니다. 그러나 권력쟁취에 대한 의지는 그만큼 강하지 못했습니다. 본업이 국민을 위해 봉사하는 전문행정가였고 그렇게 체질화됐습니다. 권력지향적이라기보다는 권력중립적이라고 표현할 수 있겠지요. 직업정치인들처럼 권력투쟁 의지가 강하지 못했습니다.

---

[*] 이 글은 2013년 7월 31일 〈중앙일보〉 조현숙 기자와의 인터뷰를 옮긴 것이다.

대권의 목표를 가진 사람들에게 어떤 얘기를 하고 싶습니까?

패장(敗將)이 훈수를 해선 안 되지요. 권력투쟁과 정당정치에 대해선 일정한 거리를 뒀습니다. 그게 제가 걸어온 길입니다.

소통만큼, 혹은 소통보다 중요한 키워드를 꼽는다면 무엇일까요?

저는 '국정은 소통'이라고 했는데 다르게 표현하면 '국정은 혁신(革新)'이라고 할 수 있습니다. 나날이 변화하는 행정환경에 적응하기 위해선 일일신(日日新)해야 하고 혁신해야 합니다. 저 역시 정부에 몸담고 있을 때 국정 시스템 혁신에 많은 정성을 쏟았습니다. 정책을 수립할 때도 하나의 작품을 만들듯이 해야 합니다. 어느 작품이든 작가의 이름이 붙듯이 정책을 수립한 사람의 이름을 밝히는 정책 실명제가 필요하다고 봅니다.

회고 내용 중 실패담이 적어 아쉽다는 반응이 있습니다.

저도 그 점이 아쉽습니다. 우리 실생활과 밀접하게 관련돼 있는, 현존하는 행정 시스템이거나 사업의 결과이거나 또는 건설된 시설 등과 같은 행정의 결과에 중점을 두고 소개하다 보니 자연히 성공담 위주로 흘러갔습니다. 실패에서 배우지 않는 성공은 없습니다. 언젠가 실패담을 모아 풀어놓을 기회가 있겠지요.

평생 공인으로 살아왔는데 후회는 없으신지요?

공직자로 30년, 공인으로 50년을 살았습니다. 지금도 지하철 타서 많은 승객이 이용하는 걸 보면 '그때 내가 2기 지하철을 만드느라고 이렇게 했지. 아, 이게 공인의 보람이다' 이런 생각을 합니다. 국민을 위해 일할 수 있는 기회를 얻었고 보람을 찾았으니 공인으로서의 생활에 회한은 없습니다.

다시 공직에 나갈 생각은 없으신가요?
아니, 전혀 없습니다. 젊은 후배들이 잘할 수 있도록 뒤에서 응원하고 박수 치는 것이 제 역할입니다.

후배 공직자에게 하고 싶은 말씀은 무엇인지요?
공무원은 영혼이 없다는 얘기들을 합니다. 하지만 그렇지 않습니다. 저는 자신에게 맡겨진 일에 미칠 정도로 열정을 가진 현장주의자들을 아주 좋아했고 많이 만났습니다. 그런 파트너들과 함께 어려운 과제를 풀어갔습니다. 지금도 지하철을 타고 가다가 누군가 '노숙자대책팀에서 일한 아무개입니다', 'CNG 버스 처음 시작할 때 일했습니다'라고 말을 걸어옵니다. 물러난 공인으로서 큰 보람을 느낍니다. 자기가 맡은 일에 대한 뜨거운 열정(*passion*)과 어려운 국민을 위한 배려(*compassion*)가 공무원의 영혼입니다.

고건의 공인 50년 연보*

1938. 1. 2   서울 출생

학력

1950   서울 창천초등학교 졸업, 경기중 입학

1950. 6. 25   한국전쟁 발발

1956   경기고 졸업

1960   서울대 문리과대학 정치학과 졸업(정치학 학사)

1971   서울대 환경대학원 졸업(도시계획학 석사)

1983   미국 하버드대 객원 연구원

1984   미국 MIT 대 국제문제연구소 객원 연구원

1992   원광대 명예 법학 박사

2001. 5   미국 시라큐스대 명예 법학 박사

2007. 6   불가리아 소피아대 명예 정치학 박사

경력

1959   서울대 총학생회 회장

1961. 12. 5   제13회 고등고시 행정과 합격

1962   내무부 지방국 행정과 수습행정사무관

1963. 12   박정희(朴正熙) 대통령 취임

1968~1971   전라북도 식산·내무국장

                 전북은행 설립

---

* 독자의 편의를 위해 직함 아래의 공직활동은 본문의 소제목을 활용해 서술했다.

1971~1973	내무부 지역개발담당관, 새마을담당관
	'국토조림녹화 10개년 계획' (이후 '치산녹화 10개년 계획') 수립
	'새마을사업' 기획, 추진
1973	강원도 부지사
1973~1975	내무부 지방국장
1975~1979	전라남도 지사
	영산강 유역 개발 (장성댐 준공)
1979. 1	청와대 비서실 정무 제2 수석비서관
10. 26	박정희 대통령 서거
12	최규하(崔圭夏) 대통령 취임
	청와대 비서실 정무수석비서관
1980. 5. 17	신군부의 비상계엄령 확대에 반대해 사표 제출
	국토개발연구원 고문
	남산재에 칩거, 국보위 참여 제안 거절
9	전두환(全斗煥) 대통령 취임
1981	교통부 장관
1981~1982	농수산부 장관
	'쌀 자급 7개년 계획' 발표
1985~1988	제12대 국회의원
	지방자치제도 부활 위해 지방자치법 입안
1987	내무부 장관
	6·10 민주항쟁 때 명동성당 전경투입 반대
1988. 2	노태우(盧泰愚) 대통령 취임
1988~1990	제22대 서울특별시장
	2기 지하철 착공
	서울 내부·외부 순환도로 건설 시작
	교통방송과 교통 (카드) 시스템 마련
	남산과 한강 잇는 용산민족공원 조성 계획
	남산 복원사업 시작
	'시민과의 토요데이트'를 가짐
	영구임대아파트 제도 도입
	도시가스로 서울의 난방연료 전환

한보 수서 토지특혜(청와대 지시) 거부

1993. 2   김영삼(金永三) 대통령 취임

1994~1997   명지대 총장

1996~1997   환경운동연합 공동대표

1997. 3~1998. 3 제30대 국무총리

한보사태 위기정국 수습

'ASEAN + 3' 정상회담에서 외환위기 극복 위한 '금모으기
운동'을 전함

EBS 수능방송 시작

규제개혁시스템(기본법) 마련

1998. 2   김대중(金大中) 대통령 취임

1998. 4~현재   명지대 석좌교수

1998. 7~2002. 6 민선 2기 서울특별시장

시정 시스템 혁신 시작

서울의 물, 한강의 수계관리 대책 마련

서울의 CNG 버스 도입

외환위기에 내몰린 노숙자 대책 마련

서울종합방재센터와 지리정보시스템 도입

민원처리 온라인 공개 시스템 '오픈시스템' 탄생

서울시청 '복마전' 추방

북촌과 인사동 복원사업으로 역사의 숨결 살림

쓰레기산 난지도, 하늘공원으로 탈바꿈

창조경제의 요람, 디지털미디어시티 개발

외환위기 극복의 상징, 서울 월드컵경기장 건설

서울의 정보고속도로와 전자정부 시스템 마련

서울지하철 파업을 종식, 노사정 서울모델협의회 출범

2002. 8~2003. 2 국제투명성기구 한국본부 회장

2003. 2   노무현(盧武鉉) 대통령 취임

2003. 2~2004. 5 제35대 국무총리

범정부 차원의 사스방역 작전 마치고 CDC(질병관리본부) 창설

2004. 3. 12~5. 14 대통령 권한대행

국회와 정부 간 협력시스템 '4당 국정협의회' 출범

	제주 4·3사건 진상보고서 최종 채택
2004. 9~현재	국제투명성기구 자문위원
2004. 11~현재	미국 시라큐스대 이사
2008. 2	이명박(李明博) 대통령 취임
2008. 2~2010	기후변화센터를 창립(이사장)
2009. 12~2010. 12	대통령자문 사회통합위원회 위원장
	'사회통합 컨센서스 2010: 보수와 진보가 함께 가는 미래한국'
	합의 발표
2010. 4~현재	기후변화센터 명예 이사장
2013. 2	박근혜(朴槿惠) 대통령 취임
2014. 3~현재	아시아녹화기구 운영위원장
2014. 7~현재	통일준비위원회 사회문화분야 민간위원
	'한반도녹화계획' 추진 제안
2015. 1~현재	한국국제협력단 자문위원
2016. 10. 30	박근혜 대통령과 티타임 갖고 비상시국에 대해 진언
2017. 5. 10	문재인(文在寅) 대통령 취임
9. 14	아시아녹화기구·통일과 나눔재단·강원도와 함께 강원도 철원
	통일양묘장 기공

수상

1973	청조근정훈장
1982	홍조근정훈장
2001	국제투명성기구 세계청렴인상
2002	몽골 북극성훈장

저서

2002	《행정도 예술이다》(매일경제신문사)
2013	《국정은 소통이더라》(동방의 빛)